रघुवंश

मानवपुत्र ईसा

जीवन और दर्शन

लोकभारती पेपरबैक्स

प्रथम पेपरबैक संस्करण : 2008

लोकभारती पेपरबैक्स : उत्कृष्ट साहित्य के लोकप्रिय संस्करण

लोकभारती प्रकाशन
पहली मंजिल, दरबारी बिल्डिंग, महात्मा गाँधी मार्ग,
इलाहाबाद-211 001

वेबसाइट : www.lokbhartiprakashan.com
ईमेल : info@lokbhartiprakashan.com

शाखाएँ : 1-बी, नेताजी सुभाष मार्ग, दरियागंज, नई दिल्ली-110 002
अशोक राजपथ, साइंस कॉलेज के सामने, पटना-800 006 (बिहार)
36-ए, शेक्सपियर सरणी, कोलकाता-700 017

इण्डियन प्रेस
इलाहाबाद द्वारा मुद्रित

मूल्य : ₹ 125

MANAVPUTRA ISA
by Raghuvansh

ISBN : 978-81-8031-225-0

मानवपुत्र ईसा

मानवपुत्र ईसा

जीवन और दर्शन • रघुवंश

लोकभारती प्रकाशन

१५-ए, महात्मा गांधी मार्ग, इलाहाबाद-१

समर्पण

आदरणीय कामिल दादा को
(फ़ादर कामिल बुल्के)
जिनका आत्मीय प्यार
मेरे जीवन का आधार रहा है
और व्यक्तिगत आग्रह
इस रचना की प्रेरणा
रही है।

मेरी बात

'मानवपुत्र ईसा' फ़ादर कामिल बुल्के की प्रेरणा का परिणाम है। सन् १६४५ में बुल्के जी ने एम० ए० हिन्दी की कक्षा में प्रवेश लिया। वे सेण्ट जोसेफ़ सेमिनरी और स्कूल के कम्पाउण्ड में बिशप-गृह के एक कमरे में थे, और मैं हिन्दू हास्टल में था। मेरे शोधकार्य का यह दूसरा वर्ष था। हम दोनों विश्वविद्यालय के विज्ञान-विभागों के कम्पाउण्ड से होकर विभाग और पुस्तकालय जाते थे। संयोग से हमारी मुलाकात इसी विज्ञान संकाय के कम्पाउण्ड में हुई। उसके बाद निरन्तर हमारी घनिष्ठता बढ़ती गयी। मैं उनका 'भइया' हो गया और वे हमारे 'दादा'। जीवन भर बे मुझको 'भइया' कह कर पुकारते रहे और मैं उन्हें 'दादा' कहता रहा। मैं एक गर्मी की छुट्टियों में उनके पास 'सेण्ट स्टेनिलस कालेज' (धर्म-कालेज) में पाँच सप्ताह रहा। उस काल की मेरी स्मृतियाँ 'हरी घाटी' नामक मेरी यात्रा-संस्मरण की पुस्तक में सुरक्षित हैं। तभी एक दिन कम्पाउण्ड की ऊँची-नीची पर्वतीय सड़कों पर घूमते हुए मैंने बुल्के जी से कहा था कि उनकी इच्छा के अनुसार ईसाई धर्म से सम्बन्धित कोई एक पुस्तक कभी मैं लिखूंगा।

सन् १६७५ के नवम्बर मास में अपनी सौ दिन की जेल-यात्रा के कुछ ही दिनों बाद बुल्के जी के एक शोध छात्र श्री प्यारेलाल शुक्ल की मौखिक परीक्षा लेने के लिए मैं राँची गया। इस बार बुल्के जी के सामने मैंने अपनी बात रखी कि मैं अपना पुराना वादा पूरा करना चाहता हूँ। उन्होंने बहुत प्यार से मेरे दोनों हाथों को अपने हाथों से पकड़कर कहा—"भइया, तुम प्रभु ईसा की जीवनी क्या लिखना चाहोगे?" मैंने सहज भाव से स्वीकार किया—"मैं इस सम्बन्ध में आपकी किसी भी आज्ञा का पालन करने के लिए प्रस्तुत हूँ। प्रभु ईसा का जीवन-चरित्र तो मुझे रचनात्मक अभिव्यक्ति की परितृप्ति भी दे सकेगा।" एक क्षण के लिए कामिल दादा ने अपनी बड़ी-बड़ी भुजाओं के पाश में मुझे ले लिया और मैंने अद्‌भुत सुख और सन्तोष का अनुभव किया। कुछ क्षणों बाद उन्होंने पुनः कहा—"देखो, रघुवंश, यह कार्य तुम दो प्रकार से कर सकते हो। यदि तुम इस जीवनी के लिये मेरी स्वीकृति चाहोगे, तो मैं उसे पढ़ कर देखूंगा। और इस दृष्टि से उसमें संशोधन करना चाहूँगा कि वह जीवनी हमारे धर्मभाव के अनुकूल हो। दूसरे तुम पूरी स्वतन्त्रता के साथ जीवनी प्रस्तुत कर सकते हो। वह भी हमारे लिए हर्ष की बात है।" मैंने निःसंकोच भाव से उत्तर दिया—"कामिल दादा, यह कार्य तो मैं आपकी इच्छा और आपके समर्थन के आधार पर ही करूँगा, यही मेरी प्रतिश्रुति है।"

इस बातचीत के बाद इलाहाबाद वापस आकर मैंने ईसा की जीवनी लिखने के लिए तैयारी शुरू की। बुल्के जी ने अपने व्यक्तिगत पुस्तकालय से फ़ादर फ़र्डिनेण्ड प्रेट, एस० जे० द्वारा लिखित 'जीसस क्राइस्ट' नामक जीवनी मुझे देते हुए बताया था कि उनकी दृष्टि में यह ईसा का मानक जीवन चरित्र है। उसके बाद मैंने अनेक महत्वपूर्ण यूरोपीय लेखकों के द्वारा लिखी गयी जीवनियों का अध्ययन किया। इन लेखकों में कुछ का आधार तो मुख्यतः बाइबिल के चार प्रमुख सन्तों के द्वारा प्रस्तुत सुसमाचार हैं। कुछ अन्यों ने विभिन्न प्रकार के शोध कार्यों के आधार पर ईसा के जीवन को रचना चाहा। परन्तु मुझको अन्ततः यही चार सुसमाचारों का आधार ग्राह्य लगा। फ़ादर फर्डिनेण्ड प्रेट की जीवनी का आधार भी सुसमाचार है। अतः मैंने सब प्रकार से विचार कर चारों सुसमाचार का मुख्य आधार ग्रहण किया और फ़ादर प्रेट की जीवनी का सहारा लिया।

मेरा ध्यान जीवनी के बारे में विचार करते समय यहूदी जाति के इतिहास और अर्द्धचन्द्राकार के अन्तर्गत आने वाले देशों के भूगोल की ओर बार-बार जा रहा था। अतः मैंने यहूदी जाति का इतिहास और इन देशों के भूगोल का अध्ययन व्यापक रूप से किया। इसमें मेरा काफी समय बीता, पर ईसा के जीवन को इस ऐतिहासिक क्रम और इस भौगोलिक परिवेश में ग्रहण करने में मुझे रचनात्मक अनुभव हुआ। इस प्रकार चारों सुसमाचारों के तथ्यों और कथ्यों को जीवनी का स्वरूप देने में सहजता हुई। मैंने उन समस्त परिस्थितियों और घटनाओं, दृष्टान्तों और प्रतीक कथाओं का उपयोग इस जीवनी की रचना में किया है जो इन सुसमाचारों से प्राप्त होते हैं। उदाहरणार्थ, किसी स्वर्गदूत द्वारा दिव्य संदेश सुनाने की शैलात्मक प्रस्तुति को वास्तविक विवरण से अलग नहीं किया गया है। परन्तु इस ऐतिहासिक क्रम में और प्राकृतिक दृश्य-विधान में सब कुछ अधिक सजीव और मार्मिक बन पड़ा है। मुझे इस जीवनी में कई स्तर के अनुभवों का संयोजन सहज ही व्यंजित जान पड़ता है। और इसलिए विभिन्न मानसिक स्तरों पर इस महान् जीवनी का अनुभव किया जाना संभव है।

मैं उन तमाम रचनाओं और ग्रन्थों का उल्लेख नहीं कर रहा हूँ जिनका अध्ययन मैंने किया है। कम से कम उनसे इस महान् 'घटना' को समझने में सहायता मिली। मैंने जब इस रचना के लगभग सौ पृष्ठ पूरे कर लिए थे, मैं राँची फ़ादर बुल्के के पास कुछ दिन रहा। मैंने उन्हें उस अंश को सुनाया, उन्होंने बड़े ध्यान से सुनकर बीच-बीच में अपनी राय दी। फिर उन्होंने वह सामग्री रख ली और बाद में उसे देख कर उस पर अपने हाथ से किए गए संशोधनों के साथ इलाहाबाद आने पर मुझे वापस दिया। उसके बाद का घटनाक्रम कुछ इस प्रकार चलता रहा कि मैं इस पुस्तक को अधिक आगे नहीं बढ़ा सका। इस बीच आकस्मिक रूप से बुल्के जी बीमार हुए और दिल्ली में उनकी मृत्यु भी हो गयी।

कुछ ऐसा दुर्भाग्यपूर्ण संयोग रहा कि मैं जिस दिन सुबह दिल्ली पहुँचा, उसी दिन सुबह उनकी मृत्यु हो गयी थी। मुझे उनके शव के दर्शन मात्र का अवसर मिल सका। इसके बाद मेरे मन में मेरी प्रतिश्रुति बुल्के जी की स्मृति के साथ अधिक उमड़ने-घुमड़ने लगी। और सन् ८३ के अन्त तक निरन्तर लगे रह कर मैंने यह कार्य पूरा किया। मेरे सामने प्रश्न था कि इस रचना को बुल्के जी की इच्छा के अनुसार देखकर अन्तिम रूप किसकी सहायता से दिया जा सके। तब मेरे स्नेही मित्र फ़ादर भट्ट का सहयोग मेरा सहायक हुआ। उन्होंने बड़े उत्साह और लगन से पूरी पुस्तक को ध्यानपूर्वक देखा और सुझाव दिए। उन्होंने इस कार्य में आदरणीय बिशप बैप्टिस्ट मुदार्थ से परामर्श लिया। इस प्रकार एक ओर यह रचना मेरे माध्यम से ईसा के पवित्र जीवन की अभिव्यक्ति है, और दूसरी ओर इसमें ईसाई धर्म-भावना की स्वीकृति भी है।

इस कृति को प्रस्तुत करने में मुझे अनेक मित्रों का सहयोग मिला है। और उनके प्रति मैं अपना कृतज्ञता का भाव प्रकट करता हूँ। विशेष रूप से फ़ादर भट्ट और आदरणीय बिशप का मैं कृतज्ञ हूँ, क्योंकि उन्होंने अत्यन्त आत्मीय भाव के साथ इस कार्य में मुझे अपना सहयोग दिया है। लोकभारती प्रकाशन के श्री दिनेशचन्द्र ने बुल्के जी से ही इस रचना के प्रकाशन के लिए सहमति ले ली थी और बहुत उत्साह के साथ उसके प्रकाशन के लिए निरन्तर उसे पूरा करने का आग्रह करते रहे हैं।

—रघुवंश

६-४-८५

दो शब्द

सुप्रसिद्ध साहित्यकार और प्रयाग विश्वविद्यालय के हिन्दी के भूतपूर्व अध्यक्ष डॉ० रघुवंश की पुस्तक 'मानवपुत्र ईसा' के लिए दो शब्द लिखना मेरे लिए हार्दिक प्रसन्नता और गौरव की बात है। विशेषकर इस अर्थ में कि हिन्दी साहित्य में पहली बार एक सृजनात्मक लेखक और साहित्यालोचक ने ईसा मसीह की प्रेरणादायी जीवनी लिखी है। दुनिया की प्रत्येक समृद्ध भाषा में लेखकों ने ईसा मसीह के जीवन और आदर्श की सृजनात्मक साहित्य का आधार बनाया है। उन्हें आज की विग्रह-भरी, प्रशान्त दुनिया में ईसा के अपूर्व त्यागमय जीवनदान से आलोक और पथ-प्रदर्शन की आशा बँधी होगी।

वैसे ईसा मसीह के जीवन पर संसार में अनेकानेक ग्रन्थ लिखे गये हैं। धार्मिक दृष्टि से लिखी गयी पुस्तकों की तो गणना ही मुश्किल है, लेकिन हिन्दी के जीवनी-साहित्य में डॉ० रघुवंश की यह नयी देन विशेष महत्त्व रखती है। हमारी कामना है कि ईसा-सम्बन्धी व्यापक अध्ययन-परम्परा में डॉ० रघुवंश की यह पुस्तक एक सहयोगी प्रयास सिद्ध हो।

स्व० डॉ० कॉमिल बुल्के के साथ डॉ० रघुवंश का मैत्री-भाव हम सभी जानते हैं। प्रयाग विश्वविद्यालय में उनके शोध-कार्य के दौरान मेरा सम्पर्क डॉ० रघुवंश से हुआ था और तभी से उनके विचारवान, गम्भीर-चिन्तक-स्वरूप से मैं परिचित हूँ। उनमें एक सहज जिज्ञासु प्रवृत्ति मुझे तभी मिली थी जब मैं पहली बार उनसे मिला था लेकिन वे भक्ति के मार्ग की ओर जाने वाली विचार-परम्परा की जगह बौद्धिक परीक्षण और अन्वेषण के मार्ग से अग्रसर होने वाले जिज्ञासु की श्रेणी में आने वाले चिन्तक हैं। सार्थकता, युगबोध और समकालीन जीवन से जुड़कर ही वे विचार को विचार मानते हैं। प्रायः उनकी वैचारिक अभिव्यक्तियों में मैंने उनके निजत्व को देखा और पहचाना है। उनकी समीक्षक दृष्टि हमेशा उनके विचारों का मुख्य आधार-सी जान पड़ती है। इसी कारण 'मानवपुत्र ईसा' का महत्व और भी असंदिग्ध हो उठता है, क्योंकि डॉ० रघुवंश जैसी विचार-प्रक्रिया के लेखक, विषय-वस्तु को सिर्फ भक्ति-भाव से स्वीकार नहीं करते। वस्तुपरक मूल्यांकन ही उनके सृजन का आधार बन सकता है।

आज से लगभग दस वर्ष पहले से यह चर्चा शुरू हुई थी कि डॉ० रघुवंश ईसा मसीह के जीवन पर एक पुस्तक लिखेंगे। तभी से उन्होंने अध्ययन और अनुसंधान करना भी प्रारम्भ किया था और अब यह पुस्तक आपके हाथों में जा रही है। आप देखेंगे कि डॉ० रघुवंश ने बाइबिल और उस पर लिखी गयी टीकाओं का कितना गहन अध्ययन-मनन किया है।

प्रभु ईसा एक अनोखे व्यक्ति हैं—शरीरधारी ईश्वर । ऐसे व्यक्ति को रचना का आधार बनाना असाधारण साहस का काम है । खास कर उन लोगों के लिए, जो उनके मुक्तिदाता धार्मिक स्वरूप मानने वाले नहीं हैं । डॉ० रघुवंश ने बाइबिल को ही मूलाधार मान कर अपनी यह सृजनात्मक पुस्तक लिखी है । विश्लेषणों की पद्धति और दृष्टिगत नवीनता के बावजूद ईसाइयों के लिए यह पुस्तक महत्वपूर्ण है क्योंकि मुक्तिदाता ईसा पर उनकी भक्ति इस पुस्तक के पढ़ने के बाद और भी बढ़ेगी, दृढ़ होगी—ऐसा मेरा विश्वास है ।

आज संसार में विभिन्न धर्म एक दूसरे को जानने-समझने की ओर प्रवृत्त हो रहे हैं । इस दिशा में यह पुस्तक विशेष सहायक सिद्ध होगी । संसार में मनुष्य में परस्पर प्रेम बढ़ाने की ऐसी तीव्र आवश्यकता इससे पहले कभी भी महसूस नहीं की गयी । धर्मों तथा धर्म-प्रवर्तकों के जीवन में उन बिन्दुओं की तलाश बहुत गहराई से का जा रही है, जो मनुष्य को मनुष्य से जोड़ सकें । अभिप्राय यह है कि मानवमूल्यों जैसे प्रेम,. उदारता, सत्य, सेवा आदि की अभिवृद्धि के लिए प्रभु ईसा मसीह का जीवन अगाध समुद्र के समान अनन्त गहराइयों का स्वामी है । मानवीय करुणा का ऐसा अनन्त विस्तार अन्यत्र देखने में ही नहीं आता ।

डॉ० रघुवंश की पुस्तक 'मानवपुत्र ईसा' जीवन के इन धुँधलाते आयामों को उजागर करके सामान्य पाठकों को ही नहीं, विश्वासियों को भी आलोक प्रदान करेगी, ऐसी आशा और विश्वास है ।

इलाहाबाद धर्मप्रान्त
२६-४-८४

बेप्टिस्ट मुदार्थ
बिशप

पूर्वरंग

ईसा का जीवन ईश्वर का महान् मानवीय विधान है। इसके इतिहास की रंग-स्थली बालचन्द्र रूप में सीरिया से मिस्र तक फैला हुआ उर्वर प्रदेश है। यह प्राकृतिक रूप में जैसो भव्य है, वैसी ही अपने आकर्षण में सुन्दर। इस मानवीय अभ्युदय के ईश्वरीय विधान के पीछे मानव-इतिहास का बड़ा ही रोमांचक घटना-क्रम है। एक ओर सुमेरी, सामी-आमोरी, मिस्री, असीरी-बेबिलोनी, पारसी, यूनानी तथा रोमी जातियों का आवागमन, उत्थान-पतन, आपसी मिश्रण तथा संघर्ष चलता रहा है, दूसरी ओर इन जातियों के साम्राज्यों का आपसी रक्त-रंजित संघर्ष का क्रम चला है। इन सबके बीच एक ऐसी जाति का इतिहास-क्रम रहा है, जो ईश्वरीय विधान को पूरा करने के लिए अपने को चुना मानने के साथ अभिशप्त भी रही है। यहूदी जाति का यह गौरव कि उनके बीच स्वर्ग-राज्य की संस्थापना मानव-मुक्ति के लिए होगी, उसके लिए अभिशाप भी रहा। उसने अहंकारवश इसका अर्थ भौतिक सन्दर्भ में सदा यही लिया कि उनके बीच एक "मसीहा" का अवतरण होगा, जो इस इतिहास में इस पीड़ित जाति का प्रभुत्व सब पर स्थापित कर देगा।

इतिहास-क्रम में धीरे-धीरे केनान अथवा प्राचीन फिलिस्तीन इस बालचन्द्र रूप में फैले हुए प्रदेश का घटना-केन्द्र बनता गया। सीरिया से मिस्र, अरब से मिस्र, यूनान-रोम से मिस्र के आवागमन का यह मार्ग था। व्यापारिक काफ़िलों के रास्ते में यह पड़ता था, साम्राज्य की स्थापना के महत्त्वाकांक्षी सम्राटों की टकराहट यहाँ होती थी। इन साम्राज्य विस्तार करने वालों की कहानियाँ इधर से उधर, उधर से इधर इस प्रदेश पर होकर गुजरती रहीं। इसी हलचल, अशांति, अस्थिरता, रक्तपात, हत्याओं, दुरभिसन्धियों तथा षड्यन्त्रों के बीच इस प्रदेश में इब्राहीम से प्रारम्भ होने वाली यहूदी जाति का इतिहास सिमटता गया। सीरिया से मिस्र, मिस्र से केनान, केनान से बेबीलोन, बेबीलोन से पुनः वापसी —यह इस जाति का भाग्य रहा है। दासता, श्रम, निष्कासन, निर्वासन, बंदी-जीवन, मुक्ति-संघर्ष, पराधीनता, स्वाधीनता के लिये संघर्ष—यह सब इस जाति का इतिहास रहा है।

अपने इतिहास में इस जाति ने महान् शासकों और राज्य का विस्तार करने वाले शक्तिशाली राजाओं को जन्म दिया। पर ये शासक, ये राजा सदा स्वाधीन नहीं रहे, काल-क्रम में किसी न किसी की अधीनता उन्हें स्वीकारनी पड़ी····कभी मिस्री, कभी असीरी, कभी पारसी और कभी यूनानी-रोमी। इतना ही नहीं, इनके राज-वंशों और पुरोहित-वंशों में उसी तरह की प्रतिद्वंद्विता,

संघर्ष, रक्तपात तथा हत्याएँ पायी जाती हैं, जैसी अन्यों में। पिता ने पुत्र की हत्या की, पुत्र ने पिता की, भाई ने भाई की, माँ ने बेटे की—यह नृशंस इतिहास यहाँ भी दुहराया गया है। पर इस जाति में प्रकाश की एक रेखा बनी रही है। उनके बीच मसीहा का जन्म होगा, जो उनको मुक्त करेगा, ईश्वर का साम्राज्य पृथ्वी पर लाएगा और जो सर्वशक्तिमान प्रभु का प्रतिनिधित्व होगा।

इस जाति के आदि पुरुष इब्राहीम की मातृ-भूमि उर (Ur) कही जाती है, यह उर्वर बालचन्द्र के बेबीलोनियन सिरे पर है। कुछ लोग मध्य में हरन (Haran) को भी मानते हैं। फ़ारस की खाड़ी के उत्तर से दजला-फ़रात का द्वाब शिनेर या सेन्नार (Shiner or Sennar) का प्रदेश कहलाता था, जहाँ के मूल निवासी सुमेरी थे। २६०० ई० पू० इस जाति का महान् शासक गिलगिमेश हुआ, जिसे जलप्लावन की कथा का नायक माना जाता है। आगे दक्षिण अरब या उत्तर-पश्चिम सीरिया से आने वाली सामी आमोरी जाति ने इस प्रदेश पर आक्रमण किया और बेबीलोन को केन्द्र बनाया। जब इब्राहीम ने अपने कबीले के साथ प्रस्थान किया, बेबीलोन में हम्मुरबी (Hammurabi) का आधिपत्य था। इब्राहीम ने उर से यात्रा शुरू की। इस यात्रा-क्रम में हरन (Haran) का भी स्थान है। आजकल फ़रात नदी जहाँ तुर्की की सीमा को काटती है, इस इतिहास से जुड़ा स्थान है—करकिमिश (Carchemish)। ६०० ई० पू० में यह हिट्टाइट (Hittite) साम्राज्य का सैनिक शिविर था। फिर इसी स्थल पर नेबूकदनेज़्ज़र (Nebuchadanezzar) ने असीरिया के विरुद्ध निर्णायक युद्ध लड़ा था। इस नगर से उर्वर बालचन्द्र का कारवाँ मार्ग एकदम दक्षिण की ओर मुड़ता है, और अलेप्पो (Aleppo), हमा (Hama), दमिश्क (Damascus) होता हुआ येरूसालेम से गुज़रता है। अलेप्पो के पश्चिम उगरित (Ugarit) का नगर राज्य था, और दूसरी ओर दक्षिण में हमाथ (Hamath) का नगर राज्य लेबनान श्रेणियों से जुड़ा हुआ था। यह मार्ग-द्वार ही फ़िलिस्तीन प्रदेश की उत्तरी सीमा बनी है।

सीरिया के दक्षिण में दमिश्क प्राचीन नगर है। इस मार्ग से गुज़रने वाले कारवाँ के लिए सामग्री पाने का यह अन्तिम पड़ाव था। आश्चर्य की बात है कि इब्राहीम के मार्ग में हरन के बाद केनान प्रदेश तक पहुँचने में किसी नगर का उल्लेख नहीं है। बाद में यह प्रदेश समारिया (Samaria) नाम से जाना गया। फ़िलिस्तीनी प्रदेश या केनान उर्वर बालचन्द्र का दक्षिणी-पश्चिमी कोना है। यह महत्त्वपूर्ण राज्यों के आपसी व्यापार-मार्ग का स्थल था। दक्षिण में अरब, दक्षिण-पश्चिम में मिस्र, उत्तर में हिट्टी और पूर्व में बेबीलोन पड़ते थे। अतः यह उर्वर बालचन्द्र के हलचल का प्रदेश रहा है। इब्राहीम से सिकन्दर तक इस ओर यह एक पूरा विश्व था। इब्राहीम का क़बीला मेसोपोटामिया से केनान आया। इस प्रदेश में शेकेम (Shechem), बेथेल (Bethel), हेब्रोन

(Hebron) और बेरशेवा (Beersheva) जैसे पूजा-केन्द्रों का अनुभव इब्राहीम को हुआ था।

बाद में शताब्दियों तक मिस्र के लिए इस रास्ते इस जाति का आगमन हुआ होगा। फिर इस जाति के विभिन्न कबीलों का मिस्र में आगमन-मिलन होता गया। यूसुफ तथा याकूब कबीलों का मिलन यहीं हुआ। मिस्र के हिइक्सोस (Hyksos) आन्दोलन को इतिहासकार इस जाति के आगमन के रूप में मानते हैं। मिस्री भाषा में इसका अर्थ विदेशी है। इस जाति के कबीले नील डेल्टा के अवरिस (Avaris) नगर के पास स्थिर होते गये और ई० पू० १७०० से १५७० तक इस क्षेत्र पर इनका शासन भी रहा। शासक वर्ग में सामी प्रधानता रही, पर कहते हैं शासक वर्ग के रूप में हुरियन (Hurrian) भी थे। इस जाति ने मिस्र में जो अनुभव प्राप्त किए उनसे उसकी राष्ट्रीय चेतना संघटित हुई है। पर यह अनुभव शासन से लेकर दासता तक का रहा है।

नील डेल्टा से ७०० मील जल-मार्ग से चलने पर एज़रानेहेमिह (Ezara-nehe-Miho) नगर है जहाँ शानदार मन्दिर थे। १०० मील और ऊपर चलने पर मिस्र की राजधानी थीब्स (Thebes) स्थित थी। नील डेल्टा के पूर्वी ओर हिइक्सोस की राजधानी अबरिस थी। इसी के पास तानिस (Tanis) नगर बसा था। रामज़ेस द्वितीय या उसके पिता सेती (Seti) ने इस नगर का पुनरुद्धार किया। इसका नाम रामज़ेस भी पड़ा। इसके पूर्वी क्षेत्र गोशेन (Goshen) में एशिया के अकाल-पीड़ित लोग सदियों से आकर बसते रहे थे। मिस्र के १८वें शासक-वंश के राजाओं ने १५७०-१३१० ई० पू० के बीच हिइक्सोस के आधिपत्य को समाप्त किया और इनको क्रमशः यहाँ से भगाया। १३वीं शताब्दी ई० पू० १९वें शासक वंश के राज्य-काल में इन पितर-पूजकों के वंशजों को गुलाम के रूप में काम करना पड़ा। इसकी स्मृति इस जाति के मन पर अंकित रही है।

मिस्र से यहूदी जाति का निष्क्रमण बहुत लम्बे काल तक चलता रहा। निष्क्रमण के मार्ग के बारे में मतभेद भी है। यह भी कहा जाता है कि निष्क्रमण कई मार्ग से चलता रहा है। इस लम्बे काल के सारे अनुभव इस जाति की स्मृति में सुरक्षित रहे। इस सन्दर्भ में सिनाई पर्वत का महत्वपूर्ण उल्लेख मिलता है, जिसमें ज़ेबल मूसा (Zebal Moosa) का शिखर है। यहाँ मूसा को ईश-दर्शन हुआ था। प्रायः द्वीप सिनाई के मार्ग से इस पर्वत से होकर यात्रा का मार्ग बहुत लम्बा है। यह मार्ग धुर दक्षिण होकर जाता है। और सिनाई पर्वत के समीप से गुज़रता है। इसके ज़ेबल सर्बल (Zebal Serbal) और ज़ेबल मूसा शिखर हिमाच्छादित हैं। इस मार्ग की मुक्ताला (Muktala) घाटी के प्रति धार्मिक आदर-भाव रहा है। पर अन्यों के अनुसार निष्क्रमण का यह मार्ग स्वाभाविक नहीं है। उनके मत से सिनाई नगेब में है और ईश-दर्शन कदेश-

बर्निया में हुआ। यह भी जरूरी नहीं है कि ईश-दर्शन का प्रसंग निष्क्रमण के मार्ग से अनिवार्यतः जुड़ा हो। तनिस-अबरिस-रामज़ेस नगर के पूर्व की ओर सिनाई के उत्तरी भाग को पार करते हुए कदेश-बर्निया होकर मिस्र से केनान जाने का यह मार्ग सबसे स्वाभाविक है। वस्तुतः रेड समुद्र (Red Sea) मेन-ज़लेह (Menzaleh) झील है जो भूमध्यसागर में मिली हुई है।

बाइबिल के अनुसार मृतसागर के दक्षिण में अपने निष्क्रमण-क्रम में इस जाति को एक बंजर प्रदेश का अनुभव हुआ। अकाबा की खाड़ी के सिरे पर एजियोन गेबर (Ezion Geber) नगर था। उसके उत्तर में चलने पर एलाथ (Elath) के पास यह बंजर प्रदेश शुरू होता है। इस अखाह प्रदेश से विभृंश घाटी होकर मृतसागर के दक्षिण से पूर्व के पठारी भाग एडोम और मोआब के सीमान्त को छूते हुए यह यात्रा-मार्ग गुज़रा होगा। अथवा अक़ाबा की खाड़ी के उत्तर-पूर्व वादी यतेम (Wadi Yatem) होते हुए उत्तर का यह रास्ता कारवाँ के मुख्य मार्ग से मिल गया होगा। एडोम और मोआब की रीढ़ जैसे पठार से होकर यह मार्ग जाता था। फिर धुर पूर्वी मार्ग भी हो सकता है। यह वादी यतेम से पूर्व की ओर मुड़कर एडोम तथा मोआब के पठारी पार्श्व में मुड़ता है।

जो भी हो, लम्बे अरसे तक यहूदी जाति मिस्र से केनान की ओर निष्क्रमण करती रही। मार्ग में अनेक कष्ट झेलने पड़े, कठिन जीवन बिताना पड़ा। पर इसी काल में उनमें जातीय चेतना का विकास हुआ, अपने नियमों को निश्चित करने का मौका मिला। मृतसागर के उत्तरी पूर्वी कोने पर स्थित नेबो (Nebo) पर्वत तक यह यात्रा-क्रम चला। मूसा की मृत्यु यहीं हुई और वे यहाँ दफ़नाये गये।

● ●

विषय-सूची

• •

प्रकरण एक

नाज़रेत : घाटी का कस्बा

१

नाज़रेत घाटी की तलहटी में चारों ओर पहाड़ियों से घिरा हुआ एकान्त में स्थित कस्बा है। प्राचीन काल में जिस पर्वतश्रेणी के पेटे में यह बसा हुआ था, उसके पास से होकर राजधानियों को जोड़ने वाली सड़क गुज़रती थी। पर घाटी के अन्दर होने के कारण न इधर होकर कोई आता-जाता था और न किसी की दृष्टि में वह पड़ता था। ऐसा जान पड़ता है कि मानव-मुक्ति के ईश्वरीय विधान की तैयारी के लिए चुना हुआ स्थान था। व्यापार का सर्वाधिक प्रसिद्ध मार्ग जो यहाँ से गुज़रता है, फ़िलिस्तिया, सरोन तथा फ़ीनिसिया के भूमध्य सागर के तटीय मैदानों के नगरों से शुरू होता है। मुख्यतः कार्मेल के मिगिड्डो दर्रे से गुज़र कर एस्द्रालोन के मैदान को पार कर पूर्व गलीलिया की ओर, बेथशेआन, यर्दन घाटी और गलीली समुद्र के तटीय क्षेत्र होते हुए दमिश्क तक चला गया था। नाज़रेत के गलीली प्रदेश के दक्षिण में एस्द्रालोन का मैदान है, जिसके पश्चिमी किनारे पर कीशोन नदी लेबानोन श्रेणी के दक्षिणी तट को छूती हुई कार्मेल पर्वत और इस श्रेणी के बीच प्रवाहित होकर भूमध्य सागर में गिरती है। भूमध्य सागर के २०० गज़ दूर पहुँच कर फ़िलिस्तीन की केन्द्रीय श्रेणी एकाएक २००० फ़ीट ऊँची उठ कर कार्मेल पर्वत का रूप ग्रहण कर लेती है। वनाच्छादित यह पर्वत भव्य जान पड़ता है। इसी प्रकार समारिया की पहाड़ियों के उत्तरी सीमान्त पर गिलबोआ पर्वत एस्द्रालोन मैदान के दक्षिण में १६५० फ़ीट ऊँचा है। इस मैदान के उत्तर-पूर्व में अकेला १८५० फ़ीट ऊँचा ताबोर पर्वत खड़ा हुआ है। यद्यपि इन पर्वतों की ऊँचाई अधिक नहीं है, पर पृष्ठभूमि पर एकाएक सीधे उभार में प्रकट हो जाने के कारण प्रभावी जान पड़ते हैं। नाज़रेत में जिस विधान की तैयारी हो रही थी, यह सारा प्रदेश अपने मैदानों, श्रेणियों, शिखरों और घाटियों के साथ उसकी विस्तृत रंगस्थली थी।

समस्त गलीलिया प्रदेश ऊपरी तथा निचले भागों में विभक्त था, नाज़रेत निचली गलीलिया में झील से कुछ मील दक्षिण-पश्चिम में स्थित था। यह झील जिसे समुद्र कहा गया है, ईसा के जीवन से घनिष्ठ रूप से जुड़ी रही है। यहाँ पश्चिम में गलीली पहाड़ियों और पूर्व में हर्मोन पठार के बीच समुद्र-तल से ६९६ फ़ीट निचली घाटी में यर्दन नदी के फैल जाने से यह झील बनी है। १३ मील लम्बी और ८ मील चौड़ी यह झील चारों ओर पहाड़ियों से घिरी है। पूर्व की

ओर पहाड़ी श्रेणियाँ तट के निकट आ गई हैं और तट से एकदम सीधे उठे हुए २७०० फ़ीट ऊँचाई के घाट हैं। इसकी तुलना में पश्चिमी तट अधिक सुगम है, अतः इधर नगर बसे तथा जनसंख्या भी अधिक रही है। निचला होने के कारण यहाँ पश्चिमी हवाएँ नहीं आ पाती हैं, अतः गर्मी अधिक होती है। फलोत्पादन, खेती और मछली मारना यहाँ के प्रमुख व्यवसाय थे। गेनेसरेथ के मैदान में मुख्यतः फलों के बगीचे थे, झील के पश्चिमी उर्वर तटीय मैदान में खेती होती थी और गलीली झील में मछुए मछली मारकर बाहर भेजते थे। यहाँ अंगूर की खेती का प्रचलन था। नाज़रेत इस भौगोलिक परिवेश में अपने पहाड़ी घाटी के आँचल में एकान्त तथा शान्ति के साथ ईश्वर के मानवीय महान् रूपक की तैयारी कर रहा था, जिसके दृश्य इन सभी स्थलों पर अभिनीत हुए हैं।

इस पुण्य स्थान में ५ या ६ वर्ष ईसा पूर्व एक कुँवारी रहती थी। एक सम्मानित परम्परा के अनुसार मरियम के माता-पिता के नाम एन्ना और योआक़िम थे। प्रौढ़ावस्था में उन्होंने मरियम को जन्म दिया था और जब वह कम ही आयु की थी, उनकी मृत्यु हो गयी। इस प्रकार वह अनाथ हो चुकी थी। उसका शरीर और उसकी आत्मा दोनों सुन्दर थे। सर्वोच्च के द्वारा रची हुई सृष्टि में वह सबसे अधिक सुन्दर, उदात्त और श्रेष्ठ थी। परन्तु उसके दैवी गुणों के बारे में कस्बे के निवासियों को कोई भी आभास नहीं था। वह जब गाँव के हाट में सामान लेने जाती थी अथवा सायंकाल गाँव के कुएँ से अपना घड़ा भरने जाती थी, तब वह अपनी शालीनता, विनयशीलता और सरल पर प्रभावी गरिमा में अपनी सहेलियों से अलग जान पड़ती थी। वस्तुतः उसके सही मूल्य को आँकना साधारण व्यक्ति के वश की बात नहीं, उसका ज्ञान केवल दैवी कलाकार को है, जिसने अपने महान् विधान के लिए उसे रचा था।

मरियम यूदा के यहूदी कुल के दाऊद घराने की संतान थी, जिसकी वंश-परम्परा इब्राहीम से मानी गयी है। उसके पिता-माता सामान्य हैसियत के होकर भी अपने लोगों के बीच प्रतिष्ठित रहे होंगे और उनके न रहने पर भी मरियम को कस्बे में आदर और प्यार प्राप्त था। अपने कस्बे की घाटी के एकान्त में चारों ओर उठती हुई पहाड़ी श्रेणियों के प्रकृति सौंदर्य के बीच अनजाने ही कुँवारी मरियम अपनी ईश्वरीय पवित्रता और गरिमा में कौमार्य की ओर बढ़ रही थी। कौन जानता था और स्वतः मरियम को ही कितना आभास था कि इस पवित्रतम के माध्यम से ईश्वर अपना वचन पूरा करने जा रहा है। मरियम के मन में कौमार्य का व्रत था, पर वंश-परम्परा के अनुसार उसी के समान यूदा कुल के दाऊद घराने के यूसुफ़ नामक पुरुष से उसकी मँगनी हो गयी थी। इब्रानी रीति के अनुसार मँगनी विवाह के समान ही थी, उसके आपसी कर्तव्य तथा अधिकार तथा उसकी वैधिक मान्यता उनके बीच विवाह के समान थी। केवल पति-पत्नी का सम्बन्ध इस स्थिति में कुछ काल के लिए स्थगित माना जाता था। उसका

भी कारण था, पति को अनुबन्ध की शर्तों को पूरा करने का समय मिल जाता था और पत्नी को युवा होने का। यूसुफ़ विनयी और शान्त प्रकृति का धार्मिक व्यक्ति था। निश्चय ही उसके साधारण व्यक्तित्व में अदृश्य गरिमा व्यंजित थी, क्योंकि उसे ईसा, मानवपुत्र को जन्म देनेवाली मरियम के साथी और संरक्षक की भूमिका अपनानी थी। इब्रानी परम्पराओं में एक ही कुल के वंशजों में विवाह सम्बन्ध प्रचलित था, प्रायः उत्तराधिकार में कुल की सम्पत्ति को कुल में ही सुरक्षित रखने की दृष्टि से। ऐसा लगता है कि यूसूफ़ नाज़रेत के उस परिवार का था, जिसने अनाथ मरियम और उसकी सम्पत्ति की देख-रेख की होगी। इसी दृष्टि से उनकी मँगनी भी हुई।

२

उन्हीं दिनों यहूदिया के एक पहाड़ी कस्बे, एन-करीम, में मरियम की निकट सम्बन्धी एलीज़बेथ अपने पति ज़कारियस के साथ रहती थी। यह कस्बा येरूसालेम से दक्षिण-पश्चिम ५ मील पर स्थित था। एलीज़बेथ लेवी कुल के हारून वंश की पुत्री थी। वे दोनों प्रभु की सभी आज्ञाओं और उनके दिए हुए सभी नियमों का निर्दोष पालन करते थे और ईश्वर की दृष्टि में धार्मिक थे। परन्तु अभी तक वे ईश्वरीय आशीर्वाद से वंचित थे, उनके कोई संतान नहीं थी, क्योंकि एलीज़बेथ बाँझ थी और अब दोनों बूढ़े हो रहे थे।

ज़कारियस यहूदी याजकों में था। लगभग बीस हज़ार यहूदी याजक चौबीस दलों में विभक्त थे और हर सप्ताह एक दल येरूसालेम के मन्दिर में सेवा कार्य करता था। आठवें समूह अबियस की पारी आई, जिसमें ज़कारियस था। वह अपने पहाड़ी कस्बे से घाटी को पार कर येरूसालेम पहुँचा। विश्राम शुरू होने के कुछ ही पहले वह पहुँच गया। प्रातः और सायं याजक मन्दिर गर्भ में प्रवेश कर धूपवेदी पर धूप जलाता था। यह बहुत ही महत्त्वपूर्ण दायित्व माना जाता था, अतः संख्या अधिक होने के कारण इस कार्य को सम्पन्न करने के लिए चिट्ठी डाली जाती थी। इस बार वेदी पर धूप-दान के दायित्व की चिट्ठी ज़कारियस के नाम निकली। यह सेवा कार्य उसे पहली बार करना था और अन्तिम बार भी, क्योंकि एक बार यह सम्मान प्राप्त हो जाने के बाद किसी को चिट्ठी निकालने में भाग लेने का अधिकार नहीं था। प्रातः-सायं दिन में दो बार यज्ञ के उपरान्त धूप-दान किया जाता था। यह पूजन-पद्धति का चरम बिन्दु था। ज़कारियस ने अपने हाथ में सुनहला धूप-दान लेकर भावोद्रेक के साथ मन्दिर गर्भ में प्रवेश किया। और वह मन्दिर में मन्दिर गर्भ की ओर बढ़ा। उसके बायें ओर सात शाखाओं वाला महान् दीपाधार और उसके दाहिनी ओर प्रसाद की रोटी की मेज़ थी। धूपदान के समय जन समूह मन्दिर के बाहर प्रार्थना कर रहा था। पहले से प्रदीप्त अंगारों पर उसने धूप फैलायी और सुगन्धित धुएँ का

बादल पूजागृह में भरने लगा। जब उसने आँखें उठाईं, सामने वेदी की दायीं ओर सुनहरे दीपाधार के बगल में प्रभु का दूत देखा। इस प्रकार के दिव्य दर्शन से इब्रानी जनों के मन में सदा भय समा जाता था और ज़कारियस स्वर्गदूत को देख कर भय से स्तब्ध रह गया। तब सान्त्वना देते हुए स्वर्गदूत ने उससे कहा—

"ज़कारियस! डरो नहीं। तुम्हारी प्रार्थना सुनी गई है। तुम्हारी पत्नी, एलीज़बेथ एक पुत्र को जन्म देगी और तुम उसका नाम योहन रखोगे अर्थात् प्रभु का अनुग्रह। वह तुम्हारे लिए आनन्द तथा उल्लास का स्रोत होगा और उसके जन्म पर बहुत से लोग आनन्द मनायेंगे, क्योंकि वह प्रभु की दृष्टि में महान् होगा। वह न अँगूरी पियेगा और न मदिरापान करेगा। अपनी माता के गर्भ में ही वह पवित्र आत्मा से परिपूर्ण हो जाएगा और इस्राएल के बहुत से लोगों का मन उनके प्रभु ईश्वर की ओर फेर देगा। वह नबी एलियस की आत्म-शक्ति तथा सामर्थ्य में प्रभु के आगे चलेगा, जिससे वह पिता और पुत्र का मेल कराए। वह स्वेच्छाचारियों को धर्मियों की सद्‌बुद्धि प्रदान करे और प्रभु के लिए एक सुयोग्य प्रजा तैयार करे।"

ज़कारियस के लिए यह अकस्मात् और अप्रत्याशित था। उसने पुत्र की कामना की थी, उसके लिए अनेक प्रार्थनाएँ भी की थीं पर इस प्रौढ़ावस्था में उसके मन में यह कामना शेष नहीं थी। अब उसकी प्रार्थनाओं का मात्र उद्देश्य कल्याण और मसीह के आगमन की कामना थी। इस स्थिति में यह समाचार उसके लिए असाधारण था और इसीलिए आत्मविश्वास के अभाव में स्वप्न से धोखा खाने के भय से ज़कारियस ने स्वर्गदूत से इस बात के प्रमाण रूप में जानना चाहा, "मैं कैसे जानूँ कि यह ऐसा होगा। मैं स्वयं बूढ़ा आदमी हूँ और मेरी पत्नी भी काफ़ी आयु की हो चुकी है।" इस प्रकार का प्रश्न क्षम्य माना जाएगा, क्योंकि उसके मन में चिन्ता के कारण द्विविधा होनी स्वाभाविक थी। पर यह शंका भी ईश्वर के प्रति अविश्वास का भाव व्यक्त करती है, अतः स्वर्गदूत के उत्तर में सख्ती झलकती है—"मैं गाब्रिएल हूँ—ईश्वर के सामने उपस्थित होता हूँ। मैं तुमको यह शुभ समाचार सुनाने के लिए भेजा गया हूँ। और देखिए, तुमने मेरी बातों पर विश्वास नहीं किया, जो अपने समय पर पूरी होंगी, अतः तुम उस दिन तक मौन रहोगे और बोलने में पूरी तरह असमर्थ रहोगे, जिस दिन तक ये बातें पूरी न हो जाएँ।"

यहूदी विश्वास की परम्परा में इब्राहीम, मूसा, गिदिओन और हिजकीया ने भी ईश्वरीय विधान के पूरा होने के बारे में चिह्न माँगा था और उन्हें अस्वीकार भी नहीं किया गया। पर ऐसा जान पड़ता है कि सुसमाचार का समय निकट था और इस कारण ईश्वर की आस्था की मनुष्य से अधिक माँग थी। ज़कारियस को उसका संकेत मिला, पर यह दण्ड और कृपा रूप में एक साथ था। उसके अपूर्ण विश्वास के लिए यह दण्ड भोग था और दूसरों के लिए

कृपा रूप में, क्योंकि उनके लिए योहन के दैवी मिशन पर अविश्वास करना सम्भव नहीं होगा। इस पूरे प्रसंग में अधिक समय नहीं लगा, पर बाहर प्रतीक्षा करने वाले लोग व्यग्र हो गये। भीड़ आश्चर्य कर रही थी कि वह मन्दिर में इतनी देर लगा रहा है। सामान्यतः धूपदान बहुत थोड़े समय का विधान था। एकत्र जनता प्रार्थना के स्वरों को गाने के लिए व्यग्र थी। जब ज़कारियस बाहर निकला तो उसके व्यवहार और उसकी चेष्टाओं से उन्होंने जान लिया कि किसी असाधारण घटना के कारण यह विलम्ब हुआ है, जिसके बारे में कुछ रहस्यात्मक भी है।

एक सप्ताह में सेवा के दिन पूरे हो जाने पर वह अपने घर अपने समूह के अन्य याजकों के साथ वापस लौटा। कुछ समय बाद उसकी पत्नी ने अनुभव किया कि वह माता होने वाली है। प्रौढ़ावस्था में माता बनने की बात से लज्जा तथा संकोचवश वह अपने घर एकान्त में रहती थी। वह अपनी सखी-सहेलियों के बीच कहती थी—"देखो, प्रभु ने मेरे लिए क्या किया है ? उसने समाज में मेरा कलंक दूर करने की कृपा की है।" घर के एकान्त में रहने का कारण यह भी था कि वह अपने गूँगे पति के अतिरिक्त यह समाचार किसी को बताना नहीं चाहती थी। कभी भविष्य का आभास मन पर हो जाता है, और इसी प्रकार एलीज़बेथ एकान्त और मौन भाव से मरियम की प्रतीक्षा में थी, जिसे इस दैवी उपहार का रहस्योद्घाटन सबसे पहले होने वाला था।

३

उन दिनों मरियम की मँगनी यूसुफ़ से हो चुकी थी और इस घटना को हुए छः माह बीत रहे थे। छठे महीने ईश्वर की ओर से स्वर्गदूत गाब्रिएल कुँवारी के पास नाजरेत भेजा गया। यहूदी विश्वास के अनुसार यह स्वर्गदूत पहले भी दैवी समाचार ला चुका था, नबी दानिएल को सत्तर सप्ताह के वर्ष के रहस्य को समझाने का काम इसी को सौंपा गया था, जो मसीह के समय समाप्त होनेवाला था। अब समय आ गया था और उसे सुसमाचार देने और इस मानव मुक्ति की योजना में भाग लेने के लिए नियुक्त किया गया। हरी झाड़ियों से ढकी हुई पहाड़ियों के पार्श्व में अपने कस्बे के छोटे से घर के अन्दर मरियम प्रार्थना की मुद्रा में बैठी थी। स्वर्गदूत ने अन्दर प्रवेश किया और उससे कहा—'नमस्कार करता हूँ, प्रभु की कृपा से परिपूर्ण ! तुम समस्त स्त्रियों में अनुग्रह प्राप्त हो, प्रभु तुम्हारे साथ है।" मरियम के सामने सुन्दर युवा आकृति में स्वर्गदूत था। उसके मन में आभासित था कि वह अपनी उज्ज्वल पवित्रता में ईश्वरीय विधान के लिए चुनी गई है। पर वह स्वर्गदूत के सम्बोधन में निहित अभिभूत करने वाले गौरव से चमत्कृत थी। यह कैसा नमस्कार है !

उसके ऊहापोह को स्वर्गदूत ने समझ लिया और उसने आश्वासन के स्वर

में कहा—"मरियम, डरो नहीं। आपको ईश्वर की कृपा प्राप्त हुई है। देखिए आप गर्भ धारण करेंगी, पुत्र प्रसव करेंगी और उसको ईसा के नाम से पुकारेंगी (जिसका अर्थ है 'प्रभु मुक्त करता')। वह महान् होंगे और सर्वोच्च के पुत्र कहलाएँगे। प्रभु परमेश्वर उन्हें उनके पिता दाऊद का सिंहासन प्रदान करेगा। वह याकूब के घराने पर सदा-सर्वदा राज्य करेंगे। उनके राज्य का अन्त कभी नहीं होगा।" मरियम यहूदी पवित्र ग्रन्थों की परम्परा से परिचित है। उनमें बार-बार मसीह के जन्म और अनन्त राज्य की भविष्यवाणी दुहराई गई है। उसे स्वर्गदूत के कथन पर विश्वास है, पर वह अपनी पवित्र रहने की प्रतिज्ञा के बारे में स्पष्टीकरण के रूप में पूछती है, "यह कैसे होगा? मेरा तो पुरुष से संसर्ग नहीं है?" स्पष्टतः मरियम को यूसुफ के साथ अपनी मँगनी का स्मरण है और वह यहाँ अपने संकल्प के प्रति जागरूक है।

स्वर्गदूत ने उत्तर दिया—"पवित्र आत्मा आप पर अवतरित होगा और सर्वोच्च की शक्ति की छाया आप पर पड़ेगी। इसलिए जो आप से उत्पन्न होंगे, वह पवित्र होंगे और ईश्वर के पुत्र कहलाएँगे।" इस कथन से मरियम की जिज्ञासा शान्त हो गयी। स्वर्गदूत ने अधिक स्पष्ट किया—"देखिए, आपकी कुटुम्बिनी एलीज़बेथ बुढ़ापे में पुत्रवती होनेवाली है। अब जो बाँझ कहलाती थी, उसका छठा महीना है, क्योंकि प्रभु की कृपा से कुछ भी असंभव नहीं है।" अपनी गरिमा में विनम्र भाव से मरियम ने कहा—"देखिए, मैं प्रभु की दासी हूँ। आपका कथन मुझमें पूरा हो।" इस प्रकार मरियम से आश्वासन पाकर स्वर्गदूत वहाँ से चला गया।

मरियम इस पहाड़ी कस्बे में उठती हुई पहाड़ियों की घाटी के बीच एकांत जीवन बिता रही थीं। उन्हें अपनी पवित्रता का बोध था और उसे सुरक्षित रखने का उनके मन में संकल्प था। मँगनी होने के बावजूद उन्हें अपने साथी यूसुफ़ की सज्जनता पर भरोसा था। स्वर्गदूत के सन्देश को पाकर मरियम के मन में यहूदी पूर्व धर्मग्रन्थों की भविष्यवाणी गूँज गई—"एक बच्चा हममें जन्म लेगा, एक पुत्र हमको प्रदान किया जाएगा। और वह पूरी प्रभुसत्ता का दायित्व अपने कन्धों पर वहन करेगा। वह महान् शासक यशस्वी शक्तिमान ईश्वर, अनन्त पिता और शान्ति का राजकुमार कहलाएगा। वह न्यायपूर्वक दीन-दुःखियों के मामलों पर विचार करेगा और निष्पक्ष होकर देश के दरिद्रों को न्याय दिलाएगा।" सन्देश से एक क्षण के लिए मरियम को विस्मय जरूर हुआ, पर आश्वासन पाकर उन्होंने इस ईश्वरीय मुक्ति-विधान के लिए अपने को समर्पण भाव से प्रस्तुत कर दिया।

जैसा कहा गया है, मरियम यूदा कुल में दाऊद-वंश की सन्तान थीं। और एलीज़बेथ लेवी कुल के हारून वंश में जन्मी थीं। दोनों वंश एक दूसरे के संबंधी रहे थे। अतः दोनों में मामी-भांजी अथवा मौसेरी बहनों का रिश्ता सम्भव है।

जो भी हो, इतना स्पष्ट है कि मरियम एलीज़बेथ की निकट सम्बन्धिनी थीं। यह सहज था कि प्रौढ़ावस्था में एलीज़बेथ सन्तान लाभ करने वाली हैं, यह समाचार पाकर मरियम के मन में उनसे मिलने की उत्सुकता जागती है। दैवी प्रेरणा का अपना संकेत भी था। वह अपनी सम्बन्धिनी को बधाई देना चाहती थीं और सहायता भी। इस कर्त्तव्य तथा आत्मीय भाव से मरियम यहूदिया प्रदेश में स्थित उनके कस्बे, एन करीम, की यात्रा के लिए तत्पर हुईं। यह एक लम्बी यात्रा थी, पहाड़ियों, वादियों, नदियों के पेटों से होकर मार्ग पार करना था। यद्यपि येरूसालेम से छः किलोमीटर मात्र दूर स्थित यह कस्बा प्रधान यातायात के मार्ग से बहुत हट कर नहीं होगा, पर अकेले एक युवती के लिए यह संभव नहीं था। वैवाहिक सम्बन्ध में बँध न जाने के कारण मँगनी हो जाने पर भी वह यूसुफ़ को साथ नहीं ले सकी। साथी मिलने में कुछ समय लगा। पास्का का त्योहार मनाने येरूसालेम जाने वाले यात्रियों के साथ मरियम ने अपनी सम्बन्धिनी से मिलने के लिए एन करीम की यात्रा की।

साथियों में से किसी ने उसे इस कस्बे तक पहुँचाया, इन कुलों के वंशजों के बीच आपसी सम्बन्ध थे और आना-जाना लगा रहता था। इस पहाड़ी कस्बे में एलीज़बेथ का घर बताने वाले अनेक पड़ोसी मरियम को वहाँ तक पहुँचाते हैं। नवागंतुक के बारे में उनकी सहज उत्सुकता होना स्वाभाविक था। फिर मरियम ने ज़कारियस के घर में प्रवेश किया। एकान्त में जब एलीज़बेथ से उसकी भेंट हुई, उसने अभिवादन किया। जिस क्षण एलीज़बेथ ने अभिवादन सुना, उसके गर्भ का बच्चा उछल पड़ा और वह पवित्र आत्मा से परिपूर्ण हो गई। अपनी सम्बन्धिनी के अकस्मात् आ जाने से उसका प्रसन्न हो जाना स्वाभाविक था। पर मरियम के अभिवादन के स्वरों से गर्भ पर हुई प्रतिक्रिया से उसे लगा बच्चा उल्लसित हो उठा है। उसे स्मरण आ गया। मन्दिर-गर्भ से धूप-दान करके निकलने के बाद उसके पति ज़कारियस की वाणी मौन हो गई है। उसी के बाद प्रभु की कृपा से वह गर्भवती हुई है। इस प्रकार ईश्वरीय विधान का उसे आभास पहले से था, इस क्षण इस संकेत से अवतरण का रहस्य जैसे उसके सामने खुल गया। वह दैवी प्रेरणा से उल्लसित होकर ऊँचे स्वरों में बोल उठी—'तुम नारियों में धन्य हो और धन्य है तुम्हारे गर्भ का फल! मुझे यह सौभाग्य कैसे प्राप्त हुआ कि मेरे प्रभु की माता मेरे पास आयी? जैसे ही तुम्हारा प्रणाम मेरे कानों में पड़ा, आनन्द से बच्चा गर्भ में उछल पड़ा। और धन्य है वह जिसने विश्वास किया कि प्रभु ने उससे जो कहा है, वह पूरा होगा।''

मरियम ने सुना, समझने का प्रयास किया। वह पहले से स्वर्गदूत का सन्देश पाकर पवित्र-आत्मा से आभासित थी। यहूदी परम्परा में सुरक्षित भावना

से वह उल्लसित हो उठी। उसके भाव प्रार्थना के स्वर में काव्यमयी भाषा में अभिव्यक्त हुए :

मेरी आत्मा मुखरित प्रभु के गौरव से,
मेरा मन आनन्दित अपने मुक्ति प्रदाता, ईश्वर में,
क्योंकि कृपाकोर है उसकी
अपनी दासी के दीन भाव पर।
देखो, अब से मुझको सभी पीढ़ियाँ धन्य कहेंगी
क्योंकि सर्वशक्तिमय प्रभु ने मेरे हित (मुझ में)
किये हैं कार्य महान्। है उसका पावन नाम!
जो श्रद्धा रखते हैं, उन पर कृपा बनी रहती है
उसकी पीढ़ी दर पीढ़ी
उसने किया प्रदर्शित भुज-बल अपना
छिन्न-भिन्न कर दिया उसी ने अहंमन्यों को।
किया शक्तिशालियों की भूलुंठित सिंहासन से
और किया है दीन जनों को गरिमामण्डित।
भरपूर दिया है दीन-जनों को
उसने लौटाया है, खाली हाथ सम्पन्नों को।
इब्राहीम और उसके वंशजों के प्रति
स्मरण कर अपनी चिरंतन दया को
हमारे पूर्वजों को दिए हुए वचनों के अनुसार
इस्राएल, अपने दास की सुधि लेने वह आया है।

फिर एन करीम के कस्बे में मरियम एलीज़बेथ के साथ लगभग तीन माह तक रुकी रहीं। ज़कारियस की वाणी मौन थी, अतः वह अधिकतर एकान्त में उपासना और प्रार्थना में लीन रहता है। दोनों सहेलियाँ निजी बातों में समय बितातीं। कभी कस्बे में निकलतीं और कभी पहाड़ी ढालों पर छोटे वृक्षों तथा झाड़ियों के बीच घूमती हुई यहूदी परम्परा से चले आनेवाले विश्वास की चर्चा करतीं। उन्हें इसका दृढ़ विश्वास है कि उनकी जाति को दिये हुए वचन को पूरा किया जायगा। इसके साथ ही उनके मन में अपने गर्भ के शिशुओं की कल्पना जागती और फिर वे अपने ईश्वरीय दायित्व की भावना से अभिभूत हो उठतीं। पर उसकी चर्चा वे नहीं करतीं, केवल सामान्य चर्चाओं में वह व्यंजित होता। कभी-कभी मुख्य मार्ग से हट कर हेब्रोन से येरूसालेम, येरूसालेम से समारिया और समारिया से नाइम, तिबेरियस, कफ़रनाहूम होते हुए दमिश्क जानेवाले यात्री यहाँ आ जाते हैं। उनसे कस्बे के निवासियों को देश-विदेश की खबरें मिलती हैं। तीन महीने बीत रहे हैं और मरियम को नाज़रेत वापस

जाना है। एलीज़बेथ के दिन पूरे हो रहे हैं, पर उनके लिये रुकना सम्भव नहीं है। वह सुविधानुसार यात्रियों के साथ वापस चल पड़ती हैं।

४

अब एलीज़बेथ के प्रसव का समय पूरा हो गया। उसने एक पुत्र को जन्म दिया। पड़ोसियों और सम्बन्धियों ने सुना कि प्रभु ने उस पर बड़ी कृपा की है, उन्होंने आकर बधाई दी और उनके साथ आनन्द मनाया। आठवें दिन बच्चे का ख़तना और नामकरण होना था, काफ़ी संख्या में वे लोग एकत्र हुए। यहूदी परम्परा के अनुसार स्वाभाविक था, वे उसका नाम पिता के नाम पर ज़कारियस रखना चाहते थे। परन्तु उसकी माँ ने यह स्वीकार नहीं किया और प्रस्ताव किया कि 'इसका नाम योहन रखा जायगा।' उन्होंने यह भी समझाया कि उनके कुल में किसी का नाम इस प्रकार नहीं है। हो सकता है कि एलीज़बेथ दैवी प्रेरणा से अथवा अपने पति के संकेत के कारण अपनी बात पर अड़ी रहीं। अब उन्होंने पिता से जानना चाहा कि पुत्र का नाम क्या रखा जाय? वे समझते थे कि ज़कारियस गूँगा होने के साथ बहरा भी होगा, अतः संकेत से ही पूछा गया। उसने पाटी माँगी और फिर लिखा—'इसका नाम योहन है' (जिसका अर्थ 'अनुग्रह' ही है)। सब आश्चर्यचकित थे, उन्हें यह अद्भुत लगा कि ज़कारियस और एलीज़बेथ इस सम्बन्ध में एकमत हैं, जबकि ज़कारियस प्रारम्भ से वाणी से असमर्थ हो गया था।

उसी क्षण ज़कारियस के वाणी के बन्धन खुल गये और वह ईश्वर की स्तुति करने लगा। उसने प्रभु को अनन्त धन्यवाद दिये। सभी एकत्र लोग विस्मित हो गये और धीरे-धीरे यहूदिया के पहाड़ी प्रदेश में ये सारी बातें फैल गईं। सभी सुननेवाले चमत्कृत होकर मन ही मन विचारने लगे—"कौन जाने यह बालक कैसा होगा!" बालक पर प्रभु का अनुग्रह अभिव्यक्त था। उसका पिता पवित्र आत्मा से परिपूर्ण होकर भविष्यवाणी के रूप में ईश्वर के गुण गाने लगा :

धन्य है प्रभु, इस्राएल का ईश्वर
क्योंकि उसने अपनी प्रजा की सुध ली और उद्धार किया।
अपने दास दाऊद के वंश में, उसने हमारे लिए
एक शक्तिमान् मुक्तिदाता पैदा किया।
अपने पवित्र नबियों के मुख से वह
प्राचीन काल से यह कहता आया है
कि शत्रुओं से हमें बचायेगा और छुड़ायेगा
उनके हाथों से जो हमें सताते आये हैं; और
हमारे पूर्वजों पर दया करेगा

कर स्मरण अपने पावन विधान को।
उसने पिता हमारे इब्राहीम से खाकर शपथ कहा था
कि वह हमको मुक्त करेगा बैरी के हाथों से
जिससे हम निर्भय हो जीवन भर पवित्र भाव से
धार्मिक बन उसके सम्मुख उसकी सेवा कर पायें।
और मेरे बालक, तू सर्वोच्च प्रभु का नबी कहायेगा
क्योंकि उसका मार्ग तैयार करने
तू उसके आगे-आगे चलेगा,
जिससे उसकी प्रजा को मुक्ति का ज्ञान कराये
जो उसे पाप क्षमा से मिलनेवाली है।
अपने ईश्वर की दयार्द्र कृपा से
हमें स्वर्ग से प्रकाश प्राप्त हो
जो अंधकार और मृत्यु की छाया में
बैठने वालों को ज्योति दान दे।
और बढ़ा दे शान्ति पथ पर चरण हमारे।

माता-पिता के उल्लास के साथ बालक बढ़ता गया और उसकी आत्मिक शक्ति विकसित होती गयी। इस्राएल के सामने प्रकट होने के लिए वह एक निर्जन प्रदेश में साधना करते रहे।

५

फिर ऐसा हुआ कि मरियम की मँगनी यूसुफ़ से हो गयी थी। पर उन दोनों के एक साथ आने के पहले मरियम पवित्र-आत्मा से गर्भवती हो गयी थी। उसका पति चुपके से उसे त्यागने का विचार कर रहा था। मरियम की पवित्रता से वह सहज ही परिचित रहा है। वह उसे दोषी नहीं समझता। पर वह नहीं जानता कि इस स्थिति में उसे क्या करना है? क्योंकि वह धार्मिक प्रवृत्ति का व्यक्ति था, वह मरियम को वदनाम नहीं करना चाहता था। वह इस सम्बन्ध में दिशा पाने की भावना से ईश्वर से प्रार्थना करता रहा। वह विचार कर ही रहा था कि उसे स्वप्न में यह कहते हुए प्रभु का दूत प्रकट हुआ—"हे यूसुफ़, दाऊद की सन्तान! अपनी पत्नी को अपने घर ले जाने से डरो मत, क्योंकि उसका गर्भ पवित्र आत्मा से है। वह पुत्र को प्रसव करेगी और आप उसका नाम 'ईसा' रखें (जिसका अर्थ है 'प्रभु मुक्त करता') क्योंकि वह अपने जनों को उनके पापों से मुक्त करेगा।" यहूदी परम्परा में चली आती नबी के मुख से कही गयी प्रभु की वाणी यूसुफ़ की स्मृति में कौंध गयी—"देखो, एक कुँवारी गर्ध धारण करेगी और पुत्र प्रसव करेगी। और उसका नाम एम्मानुएल अर्थात् ईश्वर हमारे साथ है, रखा जाएगा।"

वह चमत्कृत था, अज्ञात भाव से इस ईश्वरीय विधान के प्रति कृतज्ञ था। उसने अपनी भूमिका सहर्ष स्वीकार कर ली। ऊहा-पोह से उबर कर वह दूत के आज्ञानुसार मरियम को अपने यहाँ ले आया। ईसा को दाऊद वंश में जन्म लेना था, और यूसुफ़ दाऊद की वंश-परम्परा में आता था। सन्त मत्ती तथा सन्त लूकस ने अपने सुसमाचारों में ईसा की वंशावली दी है। यहूदी प्रथा के अनुसार वंशावलियों का बहुत महत्त्व रहा है। इस प्रकार स्मृति के आधार पर सदियों तक वे अपनी अस्मिता को सुरक्षित रख सके। मत्ती के विवरण के अनुसार इब्राहीम से दाऊद तक चौदह पीढ़ियाँ, दाऊद से बाबुल-निर्वासन तक चौदह पीढ़ियाँ और निर्वासन से ईसा मसीह के जन्म तक चौदह पीढ़ियाँ मानी गयी हैं। यह वंश-परम्परा रूप-रेखा प्रस्तुत करती है, और उसका उद्देश्य ईसा को इस वंश-परम्परा में स्वीकारना है। लूकस के सुसमाचार में इसी से शुरू कर पीढ़ियों के क्रम को दाऊद और इब्राहीम के आगे आदम अर्थात् आदि पुरुष तक पहुँचा दिया है। यह प्रतीकात्मक रूप में आदम से मानव के पतन से ईसा के द्वारा मानव-जाति की मुक्ति तक की अर्थ-व्यंजना को प्रस्तुत करती है।

यूसुफ़ पत्नी के रूप में मरियम को अपने घर ले आया और दोनों एक साथ रहने लगे। यहूदी रीति से संस्कार का विधान भी हुआ। ऐसा लगता है कि यूसुफ़ नाज़रेत का निवासी था और विवाह के बाद मरियम को अन्यत्र जाना नहीं था। दोनों उसी पहाड़ी घाटी के कस्बे में रहने लगे। दोनों के मन में भविष्य की ईश्वरीय घटना का आभास था, दोनों के मन में उसकी प्रतीक्षा थी। दोनों अपनी-अपनी भूमिकाओं के निर्वाह के लिए सर्मपित भाव से प्रस्तुत थे। यूसुफ़ जीवनयापन के योग्य अपने धन्धे का निर्वाह करता और प्रभु का स्मरण। मरियम प्रार्थना भाव से अपने घर के काम में लगी रहती। इस प्रकार चारों ओर की ढालू हरी-भरी पहाड़ियों को एक साथ नीरव क्षणों में देखते हुए दम्पति पवित्र जीवन व्यतीत कर रहे थे।

● ●

प्रकरण दो

बेथलेहम : ईसा का जन्म

१

उन दिनों ऐसा हुआ कि कैसर अगस्तस ने समस्त जगत् की अर्थात् अपने साम्राज्य की, जनगणना की राजाज्ञा निकाली। यद्यपि मिस्र और फ़िलिस्तीन जैसे राज्यों को काफ़ी अंशों में रोमन साम्राज्य के अन्तर्गत स्वतंत्रता प्राप्त थी पर अन्ततः सम्राट् की आज्ञा और इच्छा के अनुसार उन्हें चलना था। हेरोद उसकी राजाज्ञा का उल्लंघन करने का साहस नहीं कर सकता था, फिर इस प्रकार अपने आधिपत्य को यहूदी जाति पर बनाये रखने के लिए यह सहायक भी थी। कहते हैं कि यह पहली जनगणना थी और उस समय क्विरिनियुस सीरिया का राज्यपाल था, फ़िलिस्तीन पर उसी का निरीक्षण था। इस जनगणना के प्रथम होने के बारे में मतभेद हो सकता है, पर यह निश्चित है कि इस अवसर पर सभी को नाम लिखवाने के लिए अपने-अपने नगर जाना होता था। जैसा कहा गया है, यूसुफ़ दाऊद घराने का था, यह वंश-परम्परा यहूदिया से गलीलिया आई थी। अतः यूसुफ़ को अपने कस्बे नाजरेत से दाऊद के बेथलेहम नगर जाना था, जो यहूदिया में येरूसालेम के निकट ही स्थित है। नाम लिखवाने जाते समय उसकी गर्भवती पत्नी मरियम उसके साथ थी।

दिसम्बर माह के अन्तिम चरण में यह यात्रा दम्पति को वर्षा के दुर्दिनों में करनी पड़ी। ऊँचे पर्वतों और निचली पहाड़ियों के बीच दर्रों और वादियों के मार्ग से होकर वे अन्य यात्रियों के साथ येरूसालेम की ओर बढ़ रहे थे। मरियम को पूरे दिनों से होने के कारण यात्रा कठिन और लम्बी लग रही थी। चार दिन बीत गये, वे येरूसालेम के निकट लगभग चार मील पहाड़ी के उस स्थल पर पहुँचे जो अपनी ऊँची शृङ्खला में बेथलेहम को येरूसालेम से अलग करती है। दोनों नगर एक्कीस-बाईस सौ फ़ीट ऊँचाई पर स्थित हैं। इस ऊँचे स्थल से यात्री दोनों नगरों को देख सकता है। इस श्रेणी के पीछे राजधानी के विशाल भवनों की भव्यता दृष्टिगत होती है। सूर्य की किरणों से मन्दिर का सुनहला शिखर चमक उठता है। नग्न चट्टान के निकट हेरोद का वैभवशाली प्रासाद अपनी ऊँची बुर्जियों से घिरा हुआ दिखाई पड़ता है, इसी चट्टान पर बाद में मुक्तिदाता का क्रूस खड़ा किया जाना था। और सामने की ओर यहूदिया के पर्वतों की केन्द्रीय श्रेणी से निकली हुई पहाड़ी पर साधारण सा कस्बा बेथलेहम दिखाई देता है। आकाश के साफ़ होने पर जान पड़ता है कि कस्बे को छूने का अनुभव कर रहे हैं, पर वहाँ तक पहुँचने के लिए दो तंग दर्रों को किनारे-किनारे

पार करना पड़ता है। मार्ग में राखेल की कब्र के पास से गुज़रना होता है, जहाँ से मार्ग हेब्रोन नगर के लिए मोड़ लेता है।

जाड़े का मौसम था। अंगूर की बेलों तथा अंजीर के पेड़ों के पत्ते झड़ चुके हैं और जैतून के पेड़ के पत्तों का रंग अधिक गहरा गया है। पर फिर भी यहाँ सदाबहार वृक्षों के कुंजों से दृश्य प्रकाशित हो उठते हैं। शरदकालीन वर्षा से पहाड़ियाँ हरी-भरी हो जाती हैं और कुछ छायादार स्थानों पर प्रारम्भिक फूल भी दिखाई दे जाते हैं। यहाँ बर्फ़ किसी-किसी वर्ष पड़ती है और वह भी बहुत थोड़े काल के लिए। जमने का मौसम तो और भी कम समय का होता है। पर फिर भी ग़रीब लोग अपने साधारण छाये हुए मकानों में जाड़े की रातों में कड़कड़ाती शीत का अनुभव करते हैं। ठीक इसी मौसम में यूसुफ़ मरियम के साथ बेथलेहम पहुँचे। वहाँ उनके परिचित और सम्बन्धी रहे होंगे। यद्यपि जनगणना के कारण कस्बे में आनेवालों की भीड़ थी। यहूदी परिवार अतिथि का हर प्रकार से स्वागत करते हैं। पर उनके साधारण घरों में दम्पति को अपक्षित एकान्त नहीं मिल सकता था। बेथलेहम की सराय में भी भीड़ के कारण उनको कोई एकान्त स्थान नहीं मिल सका। तब उनका ध्यान प्राकृतिक पहाड़ी गुफ़ा में शरण लेने की ओर गया। इन गुफाओं का उपयोग वहाँ के चरवाहे अपने पशुओं के तथा कभी-कभी अपने रात्रि-निवास के लिए करते थे। इसीलिए उनमें दीवाल के सहारे चरनी की व्यवस्था रहती थी। ऐसी ही एक गुफ़ा में दम्पति ने रात बिताने का निश्चय किया।

बेथलेहम के छोर से लगी हुई पहाड़ी की एक छोटी कन्दरा में रात बिताने के लिए दम्पति ने व्यवस्था की। सराय में स्थान खोजने में सन्ध्या गहरा गई और रहने की सुरक्षित व्यवस्था करते-करते रात हो चुकी थी। यह कन्दरा भी चरवाहों के द्वारा रात बिताने के लिए पशुशाला की तरह इस्तेमाल में आती रही होगी। इस प्राकृतिक शाला के सामने खुला आकाश और कुछ दूरी पर उठती हुई पहाड़ी श्रेणी दिखाई दे रही थी। पार्श्व में वृक्षों तथा झाड़ियों की सघन छायाओं से आच्छादित श्रेणी ऐसी अनेक कन्दराओं के साथ फैली थी। यहाँ एकान्त था और प्रकृति के बीच उपयुक्त शान्ति भी। यूसुफ़ ने नीले आकाश को तारों के प्रकाश से भासित देखा।

२

फ़िलिस्तीन में भेड़-बकरियों के रेवड़ वर्ष भर गाँव-घरों के बाहर मैदान में रखे जाते थे। यहूदिया का रेगिस्तान बेथलेहम से बहुत दूर नहीं था, मुश्किल से दो-तीन मील पर पूर्व की ओर खेतिहर मैदान समाप्तप्राय हो जाते थे। फिर इस ऊसर भूमि में बिखरी हुई हरियाली के बीच रेगिस्तानी चरवाहे अपने रेवड़ को चराने के लिए जाड़ा-गरमी घूमते थे। जब रातों में बहुत ठर्रन की सम्भावना

होती थी, तब वे अपने जानवरों को पहाड़ी गुफ़ाओं अथवा चट्टानों की छाया में सुरक्षित रख देते थे और स्वयं पास की आबादियों में चले जाते थे। धर्मी इस्राएली इनको अवज्ञा भाव से देखते थे, क्योंकि वे अर्ध-जंगली कबीलाई ज़िन्दगी बिताते थे और मन्दिर तथा सभा-गृहों में जाने का उन्हें मौका नहीं था। शास्त्रीय नियमों का पालन करना उनके लिए संभव नहीं था। रेगिस्तानी चरवाहे विशेष रूप से शंका की दृष्टि से देखे जाते थे, यद्यपि सौभाग्य से वंचित दुर्बल शरीर वाले कठोर जीवन बिताते हुए इनमें अनेक सत्यनिष्ठ तथा शुद्ध हृदय के थे। ऐसा है कि चरनी के शिशु के रूप में प्रभु ने उन्हीं जैसे लोगों के लिए साधारण तथा दीन अस्तित्व स्वीकारा।

हरे-भरे मैदान और रेगिस्तान के सीमान्त पर इन ग़रीब चरवाहों के एक समूह ने बेथलेहम के निकट डेरा डाल रखा था। रात में पहरों के अनुसार कुछ लोग अपनी बारी पर रेवड़ की रखवाली कर रहे थे। और तभी प्रभु का एक दूत उनके पास आकर खड़ा हो गया। इस आकस्मिक स्थिति में उनके चमत्कृत तथा भयभीत हो जाने को समझा जा सकता है। स्वर्गदूत ने उनसे कहा—"डरो मत! क्योंकि देखो, मैं तुम लोगों को बड़े आनन्द का समाचार सुनाता हूँ, यह सारी मानव जाति के लिए भी होगा। आज दाऊद के नगर में तुम्हारे मुक्तिदाता, प्रभु मसीह का जन्म हुआ है। और यह तुम्हारे लिए पहचान होगी—तुम बालक को कपड़ों में लपेटा और चरनी में लेटा हुआ पाओगे।" स्पष्टतः एक बार इस शिशु के स्थिति विशेष में पा जाने के बाद उसे अन्य बच्चों से अलग पहचान लेना कठिन नहीं था। इसीलिए स्वर्गदूत का इतना संकेत पर्याप्त था। एकाएक इस स्वर्गदूत के साथ स्वर्गीय सेना का समूह दिखाई दिया जो उसके साथ ईश्वर की स्तुति इन शब्दों में करने लगा—

"सर्वोच्च स्वर्ग में ईश्वर की महिमा प्रकटित हो
और पृथ्वी पर उसके कृपापात्रों को शान्ति प्राप्त हो।"

इसमें एक ओर ईश्वर की कृपा का संकेत है, तो साथ ही मनुष्य द्वारा इस अनुग्रह को प्राप्त करने की संभावना का निर्देश है। इस दृष्टि से इस घोषणा में मानव-मुक्ति की व्यापक व्यंजना निहित है।

स्वर्गदूत उनके पास से स्वर्ग चले गये। इस आकस्मिक घटना से उबर कर चरवाहे एक-दूसरे से कहने लगे, "चलो, हम बेथलेहम चल कर इस घटना को देखें, जिसे प्रभु ने हम पर प्रकट किया है।" वहाँ जिन चरवाहों की पारी पशुओं की निगरानी की नहीं थी, वे जल्दी से बस्ती की ओर चल पड़े। वे उस रहस्यमय शिशु को देखने के लिए उत्सुक थे, जिसके बारे में स्वर्गदूत ने उन्हें सूचना दी थी।

इधर रात गहरा रही थी। ठंडक बढ़ रही थी। दम्पति सो नहीं सके, क्योंकि मरियम का प्रसव-काल निकट था। उन्हें किसी प्रकार की पीड़ा का

अनुभव नहीं हो रहा था, पर अस्तित्व आलोड़ित था और मन उल्लसित और उत्सुक था। यूसुफ़ सहज मन से कन्दरा के द्वार से प्रकाश-मण्डित आकाश के धुँधलाते हुए तारों को देख रहा था और अपनी संगिनी के साथ इस गहन दायित्व को वहन करने के लिए प्रस्तुत था। धीरे-धीरे मध्य रात्रि का समय आ गया। मरियम ने अपने पहलौठे पुत्र को जन्म दिया। दम्पति ने मिल कर व्यवस्था की। नवजात शिशु को कपड़े में लपेट कर कन्दरा के किनारे की चरनी में लिटा दिया। मानव इतिहास की महान् घटना प्रकृति के शांत और नीरव वातावरण में इस प्रकार बिना उत्सव के घटित होती है। यहाँ कन्दरा के बाहर टिमटिमाते तारों का प्रकाश था और अन्दर आगन्तुकों के द्वारा जलाये हुए दीपक का क्षुद्र प्रकाश। पर इस दम्पति के माध्मम से सम्पूर्ण मानवता के हर्षोल्लास के प्रकाश से यह घटना आभासित थी।

तभी शीघ्र चल कर चरवाहे वहाँ पहुँच गये। चरनी के संकेत से वे समझते थे कि शिशु को पाने की संभावना कहाँ है। उनके लिए यह जानना सहज था कि इस प्रकार की चरनियाँ पहाड़ी कन्दराओं में उनके जानवरों के लिए होती हैं। इसी दृष्टि से वे कस्बे की सीमान्त की पहाड़ी श्रेणी की कन्दराओं को देख रहे होंगे और उनकी दृष्टि उस आश्रय-स्थल कन्दरा पर पड़ी होगी, जिसमें जागरण और प्रकाश था। वहाँ उन्होंने मरियम और यूसुफ़ को देखा और चरनी में लेटे हुए बच्चे को पाया। इस प्रकार एकान्त में माता-पिता के अधीन चरनी में लेटे हुए बच्चे को पाकर उन्हें स्वर्गदूत के चिह्न पर विश्वास हो गया होगा, क्योंकि यह मात्र संयोग की बात नहीं हो सकती थी। उन्होंने विश्वास करके उस कोमल शिशु का विनय के साथ अभिवादन किया, उनके पास भाव के अतिरिक्त क्या था, जो वे इस शिशु, संसार के प्रभु और मानवता के मुक्तिदाता, को समर्पित करते। चरवाहों से उनके अनुभव की बात दम्पति ने सुनी, उन्हें अपने अनुभव स्मरण आ गये। वे अपने ईश्वरीय विधान के दायित्व के प्रति सजग थे। मरियम ने इन सारी बातों को अपने मन में संचित रखा और वह उन पर मनन किया करती थी।

इधर स्वर्गदूत के संकेत के अनुसार सब कुछ देख-सुन कर चरवाहे ईश्वर का गुणगान और प्रार्थना करते हुए वापस लौटे। और उन्होंने अन्य सभी को बताया कि इस बालक के विषय में उनसे क्या-क्या कहा गया है। उनकी बातों को सुनकर लोग चकित हो गये। इस प्रकार ईसा के जन्म का समाचार पहले इन साधारण भेड़-बकरी चराने वाले गड़रियों में फैला।

३

इस्राइलियों में बच्चे के जन्म के आठवें दिन खतना कराने की रीति बहुत अधिक महत्त्व रखती थी। सिवाय बच्चे के कमज़ोर होने की वजह से उत्पन्न

उसके जीवन के संकट के किसी हालत में इसको स्थगित नहीं किया जा सकता था। खतना का प्रचलन केवल इब्रानी विशेषता नहीं है। यह इब्राहीम के पहले मिस्र में और मोहम्मद के पहले अरब में प्रचलित था। अमरीका तथा अफ्रीका के कुछ आदिम कबीलों में भी इसका प्रचलन था। पर इसका धार्मिक अभिप्राय अन्यत्र कहीं नहीं था। यहूदियों के साथ स्थिति भिन्न थी। क्योंकि यहाँ इब्राहीम और ईश्वर के बीच प्रसंविदा का अर्थवान चिह्न इसे माना गया है। इसे नव-जात शिशु और पवित्र राष्ट्र के प्रभावी संयोजन के रूप में माना गया था। इस प्रकार अपने समाज की सदस्यता के कर्तव्यों और दायित्वों के प्रति स्वीकृति का भाव इस रीति में निहित था। अतः यह मुख्यतः धार्मिक संस्कार के रूप में यहूदियों में प्रचलित था और इसकी मान्यता मूसा के अन्य नियमों के समान स्वीकार की जाती थी, जिसका उल्लंघन क्षम्य नहीं था।

जनगणना की तिथि बीत चुकी थी और बेथलेहम में बाहर से आए हुए मेहमान धीरे-धीरे जा चुके थे। यूसुफ़ के लिए इस ठंडक और वर्षा के मौसम में नाज़रेत वापस लौटना कठिन था, इतने छोटे शिशु को साथ लेकर। अब कस्बे में सम्बन्धी परिवार के यहाँ यह छोटा परिवार चला गया। मूसा की संहिता के अनुसार आठ दिन बाद बच्चे का खतना होना था और उसी नियम के अन्तर्गत उसके बाद चालीस दिन तक शुद्धीकरण के लिए मरियम को घर पर रहना था। इन कारणों से भी दम्पत्ति का शिशु के साथ नाज़रेत वापस जाना सम्भव नहीं हुआ। इस अवधि में यूसुफ़ जीविका के लिए काम पर भी जाने लगे। आठ दिन पूरे हुए। निवास स्थान पर सम्बन्धी एकत्र हुए। सबके सामने खतने का संस्कार किया गया। उस शिशु का नाम ईसा रखा गया, गर्भाधान के पहले ही स्वर्गदूत ने उसे यही नाम दिया था, अतः कोई विकल्प नहीं था।

मूसा की संहिता के अनुसार शुद्धीकरण का दिन आया। जैसा कहा गया है मूसा-संहिता के आधार पर इस अवधि में प्रसूता किसी पवित्र वस्तु का स्पर्श नहीं करती थी और न मन्दिर में प्रवेश ही। इस अवधि के समाप्त होने पर उसे स्वयं अथवा अपने किसी प्रतिनिधि द्वारा मन्दिर के द्वार पर प्रस्तुत होकर पुरोहित को एक वर्ष के मेमने और एक कपोत या पण्डुक को चढ़ाने के लिए समर्पित करना होता था। अगर किसी स्त्री का इतना सामर्थ्य नहीं होता था, तो उसके लिए पण्डुकों का एक जोड़ा अथवा कपोत के दो बच्चे चढ़ाने की व्यवस्था थी। पुरोहित उसके लिए प्रायश्चित की प्रार्थना करता था और इस प्रकार वह शुद्ध हो जाती थी। मरियम ने पवित्र आत्मा को धारण किया था, वे कुँवारी थीं। इस प्रक्रिया से उन्हें भी गुजरना पड़ा, जिससे आस-पास के लोग सहज रूप में सारी बातों को ले सकें।

जन्म के चालीसवें दिन यूसुफ़ मरियम तथा शिशु को लेकर मन्दिर पर

पहुँचे। वहाँ मरियम ने शुद्धीकरण के लिए पण्डुक का एक जोड़ा अथवा कपोत के दो बच्चे पुरोहित को संर्मपित किये, जिससे वह उन्हें बलिदान में चढ़ाये। साथ ही पहलौठे होने के कारण ईसा को प्रभु को अर्पित करना था। माना जाता था कि परिवार का पहला बच्चा प्रभु को सर्मपित होता है, क्योंकि वह परिवार का पहला फल है और परिवार का मुखिया भी। पितृसत्तात्मक समाजों में परिवार का प्रमुख एक प्रकार का पुरोहित माना जाता था, क्योंकि उसे यज्ञ तथा बलिदान करने का अधिकार होता था और दैवी पूजा करने का दायित्व भी उसी पर होता था। यह सच है कि इस्राएल में पौरोहित्य का काम लेवी कबीला करने लगा था, पर पहलौठे पुत्र को ईश्वर को सर्मपित करने तथा फिर निश्चित मूल्य पर वापस खरीदने की परम्परा चली आ रही थी।

यह आवश्यक नहीं था कि शुद्धीकरण के लिए येरूसालेम जाया जाय। बलिदान दूसरे के द्वारा कराया जा सकता था। निष्कृति-धन भी किसी निश्चित स्थान पर अथवा मन्दिर में ही नहीं दिया जाता था। परन्तु येरूसालेम के निकट रहने वाले धर्मी यहूदी व्यक्तिगत रूप से प्रभु के सामने उपस्थित होना चाहते थे। यही बात यूसुफ़ और मरियम के लिए भी मानी जा सकती है। वे शिशु को पवित्र नगर ले गये, जिससे संहिता के निर्धारित नियम के अनुसार उसे प्रभु के सामने प्रस्तुत कर सकें। मार्ग लम्बा नहीं था, पर बच्चे को गोद में लेकर यात्रा श्रम-साध्य थी। निष्कृति-धन के लिए यूसुफ़ को श्रम करना पड़ा होगा, पर जहाँ तक बलिदान के लिए पण्डुकों के जोड़े अथवा कपोत के दो बच्चों को पाने की बात है, बेथलेहम के पूर्व केद्रोन की घाटी में बहुतायत से ये पाये जाते थे। साथ ही मन्दिर के प्रांगण में इन पक्षियों की बिक्री भी होती थी।

उसी समय येरूसालेम में सिमेयॉन नामक एक धर्मी तथा भक्त व्यक्ति वहाँ रहता था। उसे निश्चित विश्वास था कि इस्राएल को सान्त्वना प्रदान करने वाला जल्दी आने वाला है। पवित्र आत्मा की उस पर छाया थी, उसने उसे विश्वास दिलाया था कि प्रभु के मसीह को देखे बिना मरेगा नहीं। वह अन्तर की रहस्यमयी प्रेरणा से मन्दिर में आ गया था, क्योंकि पुरोहित नहीं था। दम्पत्ति जब शिशु ईसा को संहिता के अनुसार संस्कार करने मन्दिर में ला रहे थे, सिमेयॉन ने उसे अपनी गोद में ले लिया और ईश्वर के प्रति कृतज्ञता व्यक्त करते हुए भजन गाने लगा—

> हे प्रभु, अब तू अपने वचनों के अनुसार,
> सेवक को अपने विदा करो शान्ति के साथ।
> क्योंकि मेरी आँखों ने उसी मुक्ति को देखा,
> जिसे सभी राष्ट्रों के हित किया है तूने प्रस्तुत।
> ज्योति प्रबोधन की है ग़ैर-यहूदियों के हित,
> और तेरी प्रजा है गौरव इस्राएल का।

सिमेयॉन से बालक के बारे में बातें सुन कर माता-पिता अचम्भे में पड़ गये। वह अभी तक इस्राएल की आशा के फलीभूत होने की प्रतीक्षा में था, क्योंकि अन्तिम साँस लेने के पहले इसके पूरे होने का उसे दैवी वचन मिला था। सिमेयॉन ने उन्हें बधाई दी और आशीष दिया। फिर उसने माता से कहा—"देखिए, इस बालक के कारण इस्राएल में बहुतों का पतन और उत्थान होगा। वह एक चिह्न होगा, जिससे विरोध व्यक्त होगा। और एक तलवार आपके हृदय को आर-पार बेधेगी। इस प्रकार बहुत से हृदयों के विचार प्रकट होंगे।" इस कथन में संकेत है कि मुक्तिदाता मानव हृदय के रहस्यों पर अधिकार प्राप्त कर उनकी अच्छाई-बुराई की प्रवृत्तियों का उद्‌घाटन करेंगे। यही विरोध का चिह्न है, क्योंकि एक ओर इस पत्थर की ठोकर खाकर अपनी गलती से गिरेंगे, ऐसे अवसरों पर जब लोग उन्हें अस्वीकार करेंगे; पर दूसरी ओर वे उनका स्वागत करेंगे, उन सब के लिये यह गौरव का कारण होगा। ईसा के जीवन से स्पष्ट हुआ है कि अपने पुत्र के दुःखभोग के साथ मरियम की व्यथा का सम्बन्ध है।

मन्दिर में संस्कार सम्पन्न किये जाने के अवसर पर अन्ना नामक एक नबिया वहाँ उनसे मिली। वह असेर कबीले के फ़नुएल की बेटी थी। वह बहुत बूढ़ी हो चली थी। विवाह के बाद केवल सात बरस अपने पति के साथ रह कर वह विधवा हो गयी थी। वह अब चौरासी वर्ष की थी। वह बहुत ही कम मन्दिर के बाहर निकलती थी, और उपवास तथा प्रार्थना करते हुए रात-दिन ईश्वर की उपासना में लीन रहती थी। मिलते ही उसने जान लिया कि प्रभु ईसा का जन्म हुआ है और इस्राएल की सान्त्वना की प्रतीक्षा का अन्त हुआ है। यह सब उसने अपनी आन्तरिक प्रेरणा से जान लिया। उसी समय वह प्रभु की स्तुति करने लगी। जैसा यहूदी धर्मग्रन्थों से पता चलता है कि यह जाति येरूसालेम की मुक्ति की प्रतीक्षा में रही थी। वह उन सब लोगों के बीच बालक के विषय में बताने लगी कि वह उनका प्रतीक्षित मुक्तिदाता है।

४

यहूदिया के पूर्वी देशों में तीन भविष्य-द्रष्टा ज्योतिषियों ने एक पुच्छल तारा उदित होते देखा। उन्होंने अपनी दिव्य-दृष्टि से जान लिया कि यहूदिया में नये राजा ने जन्म लिया है, जो मानव का मुक्तिदाता होगा। उन्होंने उस पुच्छल तारे का अनुसरण करते हुए रेगिस्तान, पर्वत-श्रेणियों, वादियों, नदियों और मैदानों को पार कर येरूसालेम में प्रवेश किया। जैसा माना जाता है कि ईसा के जन्म के समय हेरोद शासन कर रहा था। वे सीधे राजा हेरोद के सामने उपस्थित हुए। और वे बोले—यहूदियों के नवजात राजा कहाँ हैं? हमने उनका तारा उदित होते देखा है और हम उन्हें दण्डवत् करने आये हैं।

निश्चय ही इस बात का परिचय कौन देता ? राजा हेरोद यह सुनकर घबरा गया, क्योंकि उसे लगा कि उसके प्रतिद्वन्द्वी का जन्म हुआ है। सामान्य विश्वास के आधार पर उसने भी राजा का अर्थ शासक ही लिया। राजा ही नहीं, सारा येरूसालेम घबरा गया। उसने पूर्व के ज्योतिषियों को आतिथ्य दिया। और इस बीच अपने सब याजकों तथा यहूदी शास्त्रियों की सभा बुलाई। उसने सभा के सामने प्रश्न किया—"मसीह कहाँ जन्म लेंगे ?" उन्होंने अपने शास्त्रों तथा नबियों के अनुसार उत्तर दिया—'यहूदिया के बेथलेहम में, क्योंकि नबी ने इस विषय में पहले ही लिखा है—बेथलेहम, यूदा की भूमि ! तू यूदा के नगरों में किसी से कम नहीं है क्योंकि तुझ में एक ऐसा नेता जन्म लेगा जो मेरी प्रजा इस्राएल का चरवाहा बनेगा।"

यह सब जान कर हेरोद ने चाल से चुपचाप ज्योतिषियों को बुलाया। और उनसे एकान्त में पूछ कर यह जान लिया कि वह पुच्छल तारा ठीक किस समय दिखाई दिया था। वह जानता था कि ये ज्योतिषी पूर्वी देशों से सारा रास्ता पार करके इस नवजात 'राजा' के दर्शन करने आये हैं। वह नहीं चाहता था कि उसके मन की बात खुले। अतः उसने चालाकी से उन्हें बेथलेहम भेजते हुए कहा—"जाइए, बालक का ठीक-ठीक पता चलाइए। उसे पाने पर मुझे भी सूचित करने की कृपा कीजिए। मैं भी वहाँ जाकर उसे प्रणाम करना चाहता हूँ।" स्पष्ट है कि पूर्व के ज्योतिषियों को अपनी अन्तर्दृष्टि से ज्ञात हुआ था कि ईसा का जन्म यहूदिया में हुआ है। तारे ने यहाँ तक मार्ग-दर्शन भी किया था। पर निश्चित स्थान का अन्दाज़ शास्त्रों के वचन के अनुसार लगा।

फिर वे राजा की बात मान कर चले। जिसे पुच्छल तारे को उदित होते उन्होंने देखा था, वही तारा फिर उनका मार्ग-दर्शन कर रहा था। तारा आकाश में चलता गया और अन्त में बालक के ऊपर जाकर ठहर गया। ठहरे हुए तारे के संकेत से वे बहुत आनन्दित हुए। जिस घर में यूसुफ़ और मरियम बच्चे के साथ रुके हुए थे, उसमें उन्होंने प्रवेश किया। बालक को उन्होंने माता मरियम की गोद में देखा और उसे प्रणाम किया। पूर्व की परम्परा के अनुसार ज्योतिषी भेंट लेकर प्रस्तुत हुए थे। वे अपने देश से बहुमूल्य वस्तुएँ लाये थे। उन्होंने अपना-अपना सन्दूक खोल कर बालक को सोना, गन्धरस तथा लोबान की भेंट समर्पित की। यह देव-पूजा की पद्धति प्रचलित रही थी। अतः लम्बी यात्रा करके उनका वहाँ आना और शिशु ईसा को दण्डवत् करके भेंट देना प्रतीकात्मक रूप से माना जा सकता है।

वस्तुतः हेरोद ने चालाकी की थी। वैसे उसके लिए कोई भी क्रूर कर्म संभव था, वह बेथलेहम के सभी नवजात शिशुओं का वध करवा कर निश्चिन्त हो सकता था। इस प्रकार वह अपने प्रतिद्वन्द्वी से छुटकारा पा सकता था। उसका उसके मन पर कोई आतंक भी नहीं था। पर वह इस संहार को बचाना चाहता था।

उसने सोचा कि ज्योतिषी उसके शिकार को खोजने में सहज ही सहायक होंगे। वे भेंट करने के बाद येरूसालेम लौटने वाले थे, पर दैव ने बाधा उपस्थित की। स्वप्न में एक स्वर्गदूत ने उन्हें चेतावनी दी कि वे हेरोद के पास नहीं लौटें। फिर वे दूसरे रास्ते से अपने देश वापस लौट गये। सात-आठ घंटे में वे यर्दन नदी पर केद्रोन के परे पहुँच गये; जब तक हेरोद को उनके भागने के बारे में ज्ञात हुआ वे उसकी पहुँच के बाहर हो चुके थे।

५

उनके जाने के बाद स्वर्गदूत यूसुफ़ को स्वप्न में दिखाई दिया और वह बोला—"उठिए, बालक और उसकी माँ को लेकर मिस्र देश भाग जाइए। जब तक मैं आप से न कहूँ, वहीं रहिए। हेरोद बालक को मरवा डालने के लिए ढूंढ़ रहा है।" यूसुफ़ यह आदेश पाकर तुरन्त वहाँ से रवाना होने के लिए तैयार हो गया। तैयारी में समय नहीं लगना था, विशेष सामग्री साथ ले जाना संभव नहीं था। बच्चा साथ था। मरियम को लेकर इस प्रकार यूसुफ़ रवाना हो जाता है। यहूदी लोग प्रायः भाग कर मिस्र में शरण लेते रहे हैं। अतः यह परिवार गाज़ा अथवा हेब्रोन के मार्ग से मिस्र की ओर बढ़ता होगा। गाज़ा का मार्ग पकड़ने पर उन्हें फ़िलिस्तीनी समुद्र-तटवर्ती मैदान पहुँचने के लिए यहूदिया की मध्यवर्ती श्रेणी को किसी घाटी से पार करना था। फिर यात्रियों का समूह शेफेल्ला के मैदान से होकर गाज़ा पहुँच सकता था। वहाँ से भूमध्यसागर के तट पर चलते हुए वे सीधे मिस्र को जा सकते थे। अन्यथा मध्यवर्ती श्रेणी के पार्श्व से गुज़रने वाले मार्ग से होकर ये यात्री हेब्रोन पहुँच सकते थे। वहाँ से उन्हें बेरोत का मार्ग अपनाना पड़ा। यह इदूमैया का नगर था। फिर उन्हें नबातैया प्रदेश होकर कदेशबर्निया की ओर मिस्र का मार्ग अपनाना पड़ा। यात्रा की सुरक्षा की दृष्टि से यूसुफ़ ने कुछ यात्रियों का साथ पकड़ा। कारवाँ में शामिल होना अधिक संगत नहीं लगता। हेरोद से बचने की दृष्टि से और अधिक भीड़ से बचने के लिए भी कुछ यात्रियों का साथ पकड़ना अधिक संगत था। चार-पाँच दिन की यात्रा के बाद शिशु के साथ दम्पति मिस्र के सीमान्त पर पहुँच गये और हेरोद से सुरक्षित हो सके। यहाँ उन्हें अपने देशवासी मिल गये, जिनके सहयोग से उनके लिए वहाँ गुप्त निवास का पाना संभव हुआ। यह यात्रा निश्चय ही कठिन और कष्टसाध्य थी, क्योंकि इस मार्ग पर बीरान बंजर क्षेत्र पड़ते हैं।

यूसुफ़ और मरियम बच्चे को लेकर बहुत दूर नहीं गये होंगे, तभी हेरोद को पता चल गया कि ज्योतिषी उसे धोखा देकर वापस लौट गये हैं। वह बहुत क्रुद्ध हुआ। ज्योतिषियों ने उसे तारा उगने तथा शिशु-जन्म का समय पहले ही बताया था। पर वह कोई खतरा नहीं उठाना चाहता था, इसलिए उसने बेथलेहम तथा उसके आस-पास के दो वर्ष तक के सभी बच्चों को मार डालने की

आज्ञा दी। उसके प्यादों ने उसकी आज्ञानुसार उस क्षेत्र के सारे इस उम्र के बच्चों को मार डाला। यह घटना हेरोद के चरित्र को देखते विश्वसनीय है। उसने अपने ससुर बूढ़े राजा हिरकानुस, अपनी प्रिय पत्नी मरियम, अपनी सास अलेक्ज़ेन्ड्रा, अपने साले कास्तोबर, तथा अपने पुत्रों अलेक्ज़ेन्डर तथा अरिस्तोबुलुस की क्रमशः हत्या कराई थी। यहाँ तक कि अपने तीसरे पुत्र अन्तिपाटर को मृत्यु-दण्ड देने की अनुमति अगस्तस से पाने की प्रतीक्षा कर रहा था। उन दिनों संसार के इस भाग के देशों में मनुष्य का जीवन ले लेना बहुत आसान बात थी।

ईसा के जन्म के साथ इन छोटे बालकों की हत्या का महत्त्व है। इन पवित्र अनजान शिशुओं की हत्या क्रूरता के साथ की गयी, जैसे किसी तूफ़ान ने उपवन की कलियों को तहस-नहस कर दिया हो। यह एक संकेत भी है कि मानव-मुक्ति का मार्ग निर्मल आत्माओं के बलिदान से प्रशस्त हुआ है। बेथलेहम तथा उसके पास के क्षेत्र की माताओं की वेदना तथा पीड़ा की कल्पना की जा सकती है। रोना-बिलखना स्वाभाविक था और इसी का प्रतीकात्मक उल्लेख नबी येरेमियस के कथन में हुआ है—"रामा में रुदन और दारुण विलाप सुनाई दिया। राखेल अपने बच्चों के लिए रो रही है, और अपने आँसू किसी को पोंछने नहीं देती, क्योंकि वे अब जीवित नहीं हैं।" वस्तुतः बेनयामीन कबीले का केन्द्र रामा माना गया है और राखेल याकूब के अन्य पुत्र यूसुफ़ के क्षेत्र एफ़्रइम के विनाश पर रोती हुई प्रस्तुत की गई है। इस प्रकार वह इन सभी माताओं के प्रतीक रूप में निर्दिष्ट है।

जान पड़ता है कि इन दुधमुँहे बच्चों की हत्या हेरोद के अन्तिम पापकर्मों में से थी। उसका प्याला भर चुका था। उसका उत्तराधिकारी पुत्र अन्तिपाटर राज्य प्राप्त करने के लिए उतावला होकर पिता की हत्या के लिए षड्यन्त्र कर रहा था। पर हेरोद को पता चल गया। उसने विशेष न्यायपीठ को बुला कर मृत्यु-दण्ड की सज़ा उसे दिलायी। एक दूत रोम भेजा गया, इस फ़ैसले की सम्राट् से सम्पुष्टि कराने के लिए। परन्तु इस बीच एक बीमारी से वह भयानक रूप से पीड़ित हो गया। आन्तरिक दाह उसे खाये जा रहा था। उसके हाथ-पैरों तथा पेट में सूजन आ गई। सारे शरीर के जोड़ दर्द से टूट रहे थे। उसका गुर्दा बेकार हो रहा था। पर उसकी जिजीविषा बनी हुई थी। ज्योतिषियों तथा वैद्यों ने उसे कलीरोई के जल के सेवन का सुझाव दिया। यह प्रसिद्ध गर्म पानी का झरना मृत सागर के पूर्व में स्थित था। यह उस पर्वत के पार्श्व में था, जिस पर मकेरस का क़िला खड़ा हुआ था। येरिको नगर से हेरोद वहाँ गया, पर इस चमत्कारी जल का उस पर कोई प्रभाव नहीं पड़ा। वह पुनः जल्दी से येरिको वापस चला गया। उसकी मृत्यु की अफ़वाह से हर जगह विद्रोह भड़क उठा। यूदा तथा मत्थियस, दोनों धर्मगुरुओं ने अपने अनुयायियों की सेना के

साथ दिन दहाड़े हेरोद के द्वारा मन्दिर की त्रिकोणिका पर स्थापित सुनहली चील्ह को नोच डाला। रोमन चिह्न का यहाँ स्थापित किया जाना यहूदी नियम के विरुद्ध था। जब हेरोद को मृत्युशय्या पर ज्ञात हुआ तो क्षुब्ध होकर वह सोच नहीं पाया इन्हें क्या दण्ड दिया जाय। अन्ततः उसने इन नेताओं को जिन्दा जलवा दिया। उनके साथ के पचास सहयोगियों की भी यही गति हुई। कुछ ही दिनों बाद उसे जीवन के अन्तिम अन्धकारपूर्ण क्षणों में कुछ सन्तोष मिला, क्योंकि सम्राट् अगस्तस ने अन्तिपाटर की मृत्यु-दण्ड की सम्पुष्टि कर दी थी। और इस मृत्यु-दण्ड के पाँच दिन बाद ही उसकी भी मृत्यु हो गयी।

हेरोद की मृत्यु के बाद इस्राएल में उथल-पुथल मची। हेरोद ने अपनी वसीयत में यहूदिया, समारिया और इदुमैया के प्रदेश तथा राजा की उपाधि अरखेलौस को प्रदान किया था। दूसरे प्रदेशों को अन्तिपस तथा फ़िलिप को राज्यपाल (शासक) की उपाधि के साथ बाँटा गया था। परन्तु उसने यह प्रतिबन्ध भी लगाया था कि उनकी वसीयत की सम्पुष्टि अगस्तस के द्वारा होना चाहिए। इस प्रकार उत्तराधिकार के बारे में काफ़ी दाँव-पेंच और झगड़े चलते रहे। पर अन्ततः अरखेलौस को उल्लिखित प्रदेश प्राप्त हुए। पर पिता द्वारा वांछित राजसी मुकुट उसे प्राप्त नहीं हुआ। उसे राज्यपाल पद से ही संतुष्ट रहना पड़ा। अंतिपस को गलीलिया और पेरेआ के प्रदेश मिले और फ़िलिप को उत्तरी प्रदेश प्राप्त हुए जिनमें यहूदियों से इतर जनसंख्या अधिक थी। ईसा सन् के चार वर्ष पूर्व शरद् ऋतु में यह सब घटित हो रहा था और उसी समय अरखेलौस येरूसालेम वापस आया।

●●

प्रकरण तीन

प्रारम्भिक गुप्त जीवन का रहस्य

१

फ़िलिस्तीन से मिस्र का उत्तरी सीमान्त जहाँ यूसुफ़ अपने परिवार के साथ एकान्तवास कर रहे थे, बहुत दूर नहीं था। इस क्षेत्र में बहुत बड़ी संख्या में यहूदी रहते थे। बराबर फ़िलिस्तीन के नगरों से होकर गुज़रने वाले मार्गों से मिस्र के साथ रोम, सीरिया और अरब से यातायात बना हुआ था। हेरोद की मृत्यु का समाचार यूसुफ़ को मिला। प्रारंभ से यूसुफ़ ईश्वरीय विधान के प्रति समर्पित भाव से अपनी भूमिका को पूरा कर रहा है। पुनः प्रभु का दूत यूसुफ़ को स्वप्न में दिखाई दिया। वह उनसे बोला—"उठो, बालक और उसकी माता को लेकर इस्राएल देश चले जाओ, क्योंकि जो बालक के प्राण लेना चाहते थे, मर गये हैं।" इस सूचना से वह प्रसन्न हुआ, अब वह अपने देश सम्बन्धियों के बीच वापस जा रहा था। उसे वापसी की तैयारी में देर नहीं लगी। साथ के यात्रियों की खोज ज़रूरी थी। किसी मार्ग से अक़वाह खाड़ी से वादी यतेम का अनुसरण करते हुए मीडियन पर्वत के ग्रेनाइट दर्रे से गुज़र कर यह परिवार आगे बढ़ा होगा। नगेव जैसे मरु प्रदेश को पार करने में भूख-प्यास-थकान का अनुभव हुआ होगा। मार्ग में बेर-शेबा नगर भी पड़ा। ये यात्री बेथलेहम की ओर बढ़ रहे थे। दैवी-विधान के अनुसार ईसा का जन्म दाऊद के कुल में हुआ था। उनका जन्म-स्थान बेथलेहम था। इसीलिए यूसुफ़ मरियम तथा शिशु के साथ बेथलेहम ही जा रहे थे। पर जब उन लोगों ने यहूदिया के सीमान्त में प्रवेश किया, उन्हें मालूम हुआ अरखेलौस ने सत्ता प्राप्त की है। अन्तिपाटर के अतिरिक्त इससे अधिक हेरोद के पुत्रों में कोई क्रूर कर्मी नहीं था। पाशविक क्रूरता, प्रतिबन्धहीन सुखभोग की कामना, और चतुराई तथा धूर्तता को इसने उत्तराधिकार में प्राप्त किया था। यूसुफ़ के मन में यह खतरा आभासित था कि, अरखेलौस के मन में यह अन्धविश्वास जमा है कि उसके संहारक ने जन्म लिया है।

यहूदिया की उथल-पुथल के बारे में यूसुफ़ को संभवतः गाज़ा में ज्ञात हुआ। बेथलेहम यहाँ से आसानी से दो दिन की यात्रा में पहुँचा जा सकता था। पर वहाँ जाने का विचार छोड़कर उन्होंने उत्तर की ओर यात्रा की। अब वे नाज़रेत पहुँच कर वहाँ निवास करना चाहते थे, क्योंकि गलीलिया अपेक्षाकृत सुरक्षित स्थान था। मार्ग में इस परिवार को अस्कलॉन, अशदोद और कैसरिया नगरों

से गुज़रना पड़ा। मिगिड्डो दर्रे से होकर जानेवाले सीधे रास्ते से एसद्रालोन मैदान को पार कर वे नाज़रेत पहुँचे। मिस्र का प्रवास लगभग एक वर्ष का था, क्योंकि हेरोद की मृत्यु इस समय के अन्दर ही हो गयी थी। ईसा का बचपन इसी गाँव में बीता। नबियों ने पहले ही कहा था—वह नाज़री कहलाएगा। नबियों ने यह भी कहा था कि मसीहा का उपहास किया जाएगा, उससे घृणा प्रकट की जाएगी, वह अपमान का पात्र बनेगा; और उससे कटूक्तियाँ कही जाएँगी। और यह सब ईसा के कुख्यात प्रदेश के इस अज्ञात गाँव के निवास से जुड़ गया है। उन्हें गलीली कहा गया और उनके क्रूस पर भी उनके नाज़री होने का उल्लेख किया गया।

ईसा का जन्म बेथलेहम में हुआ था, जो उनके पूर्वजों का स्थान था। बाद में जन-समाज के बीच अपने उपदेश तथा सन्देश के प्रचार के लिए कफ़रनाउम को उन्होंने केन्द्र बनाया। पर नाज़रेत उनका घर था जहाँ उनका बचपन बीता। अपने माता की स्नेहमयी छाया में वे बढ़े। फिर अपने पिता के काम में सहायता देने लायक़ भी वह हुए। पिता कस्बे में बढ़ई का काम करके जीविका का अर्जन करते थे। बालक ईसा ने यह कार्य अपने पिता से सीखा और बढ़ईगीरी का काम उन्होंने किया भी। उन्हें नाज़रेत का बढ़ई कहा भी गया है। ईसा अपने माता-पिता के साथ इस गाँव के एकान्त में बढ़ रहे थे। धीरे-धीरे वे अपनी शारीरिक शक्ति-सौन्दर्य में विकसित हो रहे थे। इसी बीच रोमीय साम्राज्य में उथल-पुथल चल रही थी। सम्राट् अगस्तस अपनी शक्ति और वैभव के शिखर पर पहुँच कर पारिवारिक आपत्तियों तथा राष्ट्रीय स्तर के दैवी-प्रकोप में घिर गया था। इधर अरखेलौस की सीमा बढ़ती जा रही थी, अपने अत्याचार तथा अपनी क्रूरताओं में उसने अपने पिता को भी पीछे छोड़ दिया था। अन्ततः यहूदियों ने उत्तेजित होकर रोम जाकर सम्राट् से उसकी शिकायत की और उसके आधार पर अगस्तस ने गॉल के वियाने नगर में उसे निर्वासित कर दिया। उसके राज्य को सीरिया के प्रांत में शामिल कर दिया गया। उस समय सीरिया का गवर्नर क्विरीनियस था। उसके अन्तर्गत इन प्रदेशों का शासक कोपोनियस नियुक्त किया गया।

२

उस समय ईसा बारह वर्ष के हो रहे थे। मूसा की संहिता के अनुसार समस्त वयस्क यहूदी वर्ष में तीन बार सर्वशक्तिमान् ईश्वर की पूजा करने तथा वेदी पर बलिदान करने येरूसालेम आते थे। ये पर्व के तीन दिन थे—पास्का, पेंतेकोस्त और शिविरों का पर्व। प्रायः एक दिन की यात्रा करके येरूसालेम पहुँचनेवाले यहूदी इन तीनों त्योहारों पर यहाँ आना ज़रूरी समझते थे। पर दूर के लोग अथवा अपने काम में व्यस्त लोग इस नियम में छूट ले लेते थे। पर फ़िलिस्तीन

के यहूदी पास्का पर्व मनाने के लिए येरूसालेम अवश्य आना चाहते थे। यहाँ के नियम के अनुसार इन पर्वों पर स्त्रियों का वहाँ उपस्थित होना ज़रूरी नहीं था। और तेरह वर्ष के पहले बालकों पर धार्मिक नियमों का प्रतिबन्ध नहीं था। मरियम नाज़रेत में अकेले रहने के बजाय अपने पति यूसुफ़ के साथ पर्व मनाने येरूसालेम जाना पसन्द करती थीं। इस बार उन्होंने बालक ईसा को भी साथ ले लिया।

नाज़रेत से येरूसालेम की यात्रा सत्तर-पच्छहत्तर मील से अधिक नहीं है और तीन-चार दिन में पूरी की जा सकती है। कारवाँ में यात्रा करने वाले तीर्थयात्री चार पड़ाव जरूर डालते होंगे। पास्का पर्व मनाने यूसुफ़ का परिवार कुछ साथियों के साथ रवाना हुआ। दक्षिण-पश्चिम के पहाड़ी ढाल से होकर वे लोग एसद्रालोन के मैदान पर उतर आये। इस क्रम में यात्री थाबोर पर्वत को बायें छोड़ते हुए आगे बढ़ते गये। फिर वे लघु हेरमोन पर्वत के किनारे-किनारे गुज़रे। अन्ततः गेल्बोआ के समीप से यात्रा करते हुए उनकी आँखों के सामने कीशोन नदी से सिंचित मैदान फैले हुए थे। दक्षिणी क्षितिज पर कार्मेल पर्वत के शिखर दिखाई दे रहे थे। इस प्रकार पहले दिन की यात्रा का पड़ाव गलीलिया के सीमान्त पर डाला गया। इस दिन की यात्रा में प्राचीन विभधान की अनेक घटनाओं का स्मरण आया होगा। यिज्रएल की ऊँचाई के रूप में लघु हेरमोन पर्वत राजा अहाब और उसकी पत्नी के रहने का निन्दनीय स्थान था। इसी प्रकार गेल्बोआ राजा साऊल तथा योनाथन के कारुणिक अन्त का स्थल था। कीशोन के मैदान नबियानी दबोरा के विजयगीतों में अमर बना दिये गये हैं।

यात्रा-क्रम में कारवाँ समारी सीमा-क्षेत्र में एक दिन से अधिक नहीं लगाना चाहता था। उसकी राजधानी समारिया को दूर से ही छोड़ कर आगे बढ़ते हुए वे लोग दूसरे दिन सिखेम पहुँच गये। यहाँ उन्हें यूसुफ़ और याकूब की स्मृतियों ने घेर लिया। तीसरे दिन के सायं तक वे यहूदिया में पहुँच गये, जिसकी उत्तरी सीमा प्राचीन सीलो से किंचित् उत्तर में पड़ती है। यह वह स्थान है जहाँ अस्थायी रूप में विधान की मंजूषा को रक्षित स्थान मिला था। फिर चौथे दिन की यात्रा में इन यात्रियों ने बेनयामीन कबीले के पठारी क्षेत्र से होकर यात्रा की और मार्ग के कई नगरों, बेथेल, बेरोथ, रामा तथा अनायोथ आदि को पार करते हुए सायंकाल उनकी दृष्टि में येरूसालेम के ऊँचे शिखर तथा बुर्जियाँ दिखाई देने लगीं।

अधिकांश बाहर से आये हुए यहूदी पास्का त्योहार भर वहाँ रुकते हैं। इन लोगों ने भी निश्चय किया था कि पर्व समाप्त होने के बाद वापस चलेंगे। पर्व की समाप्ति का दिन विश्राम-दिवस जैसा मनाया जाता था। वापसी की यात्रा उसके अगले दिन ही शुरू की जाती थी। पर्व के अवसर पर चारों ओर से आये हुए यात्रियों की काफी भीड़ एकत्र हो जाती थी। उस भीड़ के कारण

क़िसी-किसी अवसर पर लोगों को अपने साथी तथा पड़ोसी को खोजने में भटकना पड़ता था, देर-सबेर भी हो जाती थी। साथी-सम्बन्धी साथ-साथ यात्रा करने के लिए एक दूसरे को खोजते थे, उनकी प्रतीक्षा करते थे। धीमी-तेज़ चाल के कारण भी लोग अगड़-पिछड़ जाते थे और प्रायः सायं पड़ाव पर आकर एकजुट होते थे।

सपरिवार यूसुफ़ ने पास्का पर्व मनाया। उसके बाद एक दिन विश्राम दिवस जैसा बिता कर अपने साथियों-पड़ोसियों के साथ नाज़रेत के लिए परिवार रवाना हुआ। भीड़-भाड़ में उन्हें ईसा का ध्यान नहीं रहा, वे समझ रहे थे कि वह आगे-पीछे यात्री-दल के साथ होगा। उस यात्रा में अनेक समूह आगे-पीछे चलते थे, और इनमें से किसी के साथ बालक का लग जाना स्वाभाविक था। सायं उनका दल बेरोथ पहुँचा, विलम्ब से यात्रा शुरू करने के कारण पहले दिन अधिक मार्ग पूरा नहीं किया जा सका। सायंकाल रात के भोजन तथा विश्राम के लिए लोग अपने-अपने गाँव तथा परिवार के अनुसार दलों में इकट्ठा होने लगे। तब यूसूफ़ और मरियम ने देखा कि बालक ईसा यात्रियों के बीच नहीं हैं। रास्ते में उनका ध्यान नहीं गया था, वे समझ रहे थे कि बालक किसी न किसी के साथ होगा। पर अब क्या किया जाय! रात में वापस जाकर खोजना भी संभव नहीं था। निश्चय ही दम्पति ने कष्ट के साथ जाग कर रात काटी।

दूसरे दिन सुबह साथ के सभी यात्रियों ने फिर आगे की यात्रा शुरू की। पर मरियम और यूसुफ़ येरूसालेम की ओर वापस लौटे। वे मार्ग में उधर से आने वाले यात्रियों से बालक ईसा के बारे में पूछते जा रहे थे, पर उन्हें किसी प्रकार की सूचना नहीं मिल सकी। मार्ग में चौराहों पर खोजा और परिचित लोगों के परिवारों में पता लगाया। पर सारा दिन बीत गया और ईसा का कोई अता-पता नहीं मिला। चिन्ता और परेशानी में दूसरी रात भी दम्पति ने बिताई। फिर तीसरे दिन वे मन्दिर में प्रभु के सामने अपना दुःख व्यक्त करने तथा निर्देश लेने की भावना से पहुँचे। वहाँ मिलने की क्षीण आशा भी हो सकती है।

लेकिन आश्चर्य के साथ उन्होंने देखा कि ईसा मन्दिर में शास्त्रियों के बीच बैठे हैं। उन दिनों शास्त्रियों के व्याख्यान बहुत प्रचलित और परिचित थे। अनौपचारिक ढंग से वे अपनी बातें श्रोताओं को बताते थे और उनके प्रश्नों का उत्तर देते थे। इस प्रकार वे अपने श्रोताओं को आकर्षित करने में अधिक सफल होते थे। बालक ईसा शास्त्रियों की बातें सुन रहे थे और उनसे प्रश्न भी कर रहे थे। ईसा संहिता और धर्म की बातों को ध्यान से सुन कर ऐसे प्रश्न कर रहे थे, जिससे उनकी बुद्धि तथा समझ का परिचय मिलता था। शास्त्रियों के प्रश्नों के वे सहज ढंग से उत्तर भी दे रहे थे। वहाँ सभी उपस्थित श्रोता उनकी बुद्धि तथा उत्तरों से चकित रह जाते थे। इस दृश्य को देख कर मरियम और

यूसुफ़ को भी आश्चर्य हुआ। यद्यपि उन्हें अपने पुत्र के बारे में आभास था, उन्होंने पुत्र के स्वर्गीय ज्ञान की अभिव्यक्ति को कभी नहीं देखा था।

जब बैठक समाप्त हुई और एकत्र भीड़ बिखर गई, मरियम ईसा के निकट पहुँचीं और कोमल भाव से पुत्र से कहा—"बेटा, तुमने हमारे साथ ऐसा क्यों किया ? देखो तो, तुम्हारे पिता और मैं दुःखी होकर तुमको ढूँढ़ते रहे।" सरल और अनुवर्ती पुत्र के इस व्यवहार से माता का चकित होना स्वाभाविक था। इसीलिए माँ के प्रश्न में यह भाव व्यक्त है। ईसा ने माता-पिता से कहा—"मुझे ढूंढ़ने की ज़रूरत क्या थी ? क्या आप यह नहीं जानते थे कि मैं निश्चय ही अपने पिता के घर में होऊँगा ?" माता-पिता का बालक ईसा के लिए चिंतित होना स्वाभाविक था। उसी सरलता से ईसा ने अपने माता-पिता को ईश्वरीय विधान का संकेत दे दिया। यहाँ आरोप का भार नहीं है, वरन् स्मरण दिलाने की बात है। साथ ही मुक्तिदाता के रूप में ईसा के आचरण का यह प्रारम्भ माना जा सकता है।

३

इस घटना के बाद ईसा अपने माता-पिता के साथ नाज़रेत वापस आये और उनके अधीन रहे। यह छोटा सा परिवार अपने पड़ोसियों तथा स्वजनों के बीच साधारण जीवन बिता रहा था। इस जीवन के साथ बालक ईसा सहज रूप में विकसित हो रहे थे। मरियम अपने पुत्र के दिव्य व्यक्तित्व के बारे में अपने हृदय में सोचती थीं। जो कुछ उन्होंने देखा और सुना था, उन सब बातों को उन्होंने अपने हृदय में संचित रखा। प्रभु की इच्छा के पूरी होने में उन्हें माध्यम बनना था। अतः ईसा का विकास अपने माता-पिता के साधारण जीवन-क्रम के साथ हो रहा था। यहूदी परिवार के दायित्वों का निर्वाह करते हुए मरियम को सुबह के झुटपुटे में उठकर आटा पीसने के लिए चक्की पर बैठ जाना था। सूर्योदय होते-होते उनकी चक्की की घुर्घुराहट सुनाई पड़ती थी। इसकी ध्वनि से प्रातः का वातावरण गुंजित हो जाता था। भोजन की तैयारी श्रमसाध्य नहीं थी। आटा गूंध कर और अँगीठी जला कर तपते हुए पत्थरों पर रोटी सेंकती थी। फिर अंडे, पनीर, दूध, शहद, शहतूत, मछली और फल इकट्ठा करते थे। मरियम अपने परिवार की व्यवस्था में इस प्रकार व्यस्त रहती। वह तकली पर ऊन, रुई तथा रेशम कातती और वस्त्र बुनती। हम कल्पना कर सकते हैं कि पति-पुत्र के वस्त्र उसी के द्वारा तैयार किये गये होंगे। बालक ईसा अपने आयु के अनुसार माँ की सहायता करते थे।

जब ईसा कुछ बड़े हो चुके थे, उन्होंने अपने पिता का हाथ बटाना शुरू किया। घर से कुछ दूर पहाड़ी ढाल जहाँ शुरू होता है, उसके समीप यूसुफ़ का छोटा बढ़ई का कारखाना था। घर में काम करने से काम की खटर-पटर और

गाहकों की बातचीत से वहाँ की शान्ति भंग होती, इसीलिए प्रायः कारीगर अपने कारखाने घर से अलग रखते थे। लकड़ी के छिलाई, चिराई और कटाई से लेकर दरवाजे, पल्ले, खिड़की, छतें आदि सभी कुछ यहाँ बनाया जाता था। और ईसा अपने पिता के साथ वहाँ परिश्रम करते थे। यह श्रम से ईमानदारी के साथ जीविका उपार्जन करने का आदर्श था। वह माता-पिता की आज्ञा पालन करते थे और भरसक उनकी सहायता करते थे।

इस प्रकार नाज़रेत के नीले आकाश के नीचे, पहाड़ी ढालों के वृक्षों की हरियाली और झाड़ों के रंगबिरंगे फूलों से घिरे रहकर तथा कुछ दूरी पर गुज़रनेवाला कारवाँ की वातावरण में गूँजती ध्वनियों-घंटियों को सुनते हुए ईसा युवा हो रहे थे। उनके शरीर का स्वस्थ आकार बढ़ता जा रहा था। साथ ही बुद्धि भी विकसित हो रही थी। इस प्रकार वह शरीर और मन, मन और बुद्धि, बुद्धि और विवेक में सन्तुलित ढंग से विकसित हो रहे थे। ईश्वरीय विधान को पूरा करने के लिए ईसा का जन्म हुआ था। इसलिए साधारण मनुष्य के जीवन का वरण करके भी वह ईश्वर और मनुष्य के अनुग्रह में बढ़ते जा रहे थे। उनके साधारण जीवन में गरिमा तथा महिमा अन्तर्निहित थी, जो एक ओर उनके ईश्वर-पुत्र होने की व्यंजना थी और दूसरी ओर मानवीय मुक्ति के लिए क्रूस ग्रहण करने का संकेत भी। निश्चय ही नाज़रेत का यह बालक ज्यों-ज्यों बढ़ रहा था, अपने हृदय की सम्पन्नता से अपने आस-पास के लोगों को आकर्षित कर रहा था। लगातार वह उनसे प्यार और प्रशंसा प्राप्त कर रहा था। वह बालक अपनी कोमलता, अपने शील, सौजन्य तथा विनम्रता से सभी को प्रसन्न कर लेता था। और इस प्रकार अपने परमपिता की आज्ञा का पालन करने के अर्थ में वह अनेक नैतिक गुणों को अभिव्यक्त करनेवाले कृत्य कर रहे थे।

नये विधान और सुसमाचार में ईसा के सम्बन्धियों तथा यूसुफ़ के परिवार का स्पष्ट विवरण नहीं मिलता। कुछ उल्लेखों से पता चलता है कि याकूब, यूसुफ़, सीमोन तथा यूदा इसी क्रम में ईसा के भाई माने गये हैं। इनमें याकूब और यूसुफ़ का एक जोड़ा और सीमोन तथा यूदा का दूसरा जोड़ा माना गया है। मरियम की बहन दूसरी मरियम को याकूब और यूसुफ़ की माँ कहा गया है, सीमोन और यूदा की नहीं। हेगेसिप्पस के साक्ष्य के अनुसार सीमोन क्लियोफ़स का पुत्र है तथा सीमोन और यूदा दाऊद के वंशधर हैं। परम्परा के अनुसार याकूब, दूसरी मरियम का पुत्र, प्रेरित शिष्यों में है और अलफेयुस का पुत्र है। सन्त यूसुफ़ के भाई की पत्नी होने के कारण अलफेयुस की मरियम वस्तुतः माता मरियम की देवरानी थीं न कि बहन, जैसा सुसमाचार में कहा गया है। अन्ततः अलफेयुस और सन्त यूसुफ़ की मृत्यु के पश्चात् उनके परिवार एक साथ एक परिवार के रूप में रहने लगे। इन सबका समाधान इस प्रकार हो सकता है कि दूसरी मरियम का पहला विवाह लेवी परिवार के अलफेयुस नामक व्यक्ति से

हुआ था जिससे उनके दो पुत्र हुए थे याकूब तथा यूसुफ़। इसी मरियम ने पति की मृत्यु के बाद सन्त यूसुफ़ के भाई क्लियोफ़स से विवाह किया, जिसके पहली पत्नी से दो पुत्र थे सीमोन तथा यूदा। यहूदी परम्परा में इस प्रकार के विवाह प्रचलित थे। इस रूप में इन चारों को ईसा के भाई माना गया है।

ऐसा जान पड़ता है कि ईसा के बालपन में ही पिता यूसुफ़ की मृत्यु हो गयी। उनके आगे के जीवन-क्रम में किसी भी सुसमाचार में यूसुफ़ उपस्थित नहीं हैं। आगे के जीवन में ईसा केवल मरियम के पुत्र तथा बढ़ई के रूप में दिखाये गये हैं। उदाहरण के लिए काना में विवाह के प्रसंग में ईसा के साथ उनकी माता, भाई तथा शिष्य हैं, पर पिता का उल्लेख नहीं है। कफ़रनाहूम के निवास काल में अन्य लोगों के साथ यूसुफ़ का नाम नहीं है और जब किसी धर्मोपदेश की अवधि में ईसा से मिलने के लिए माता तथा भाई जाते हैं तो उनके साथ यूसुफ़ नहीं हैं। इससे स्पष्ट है कि यूसुफ़ ने अपना दायित्व पूरा करने के बाद मरियम तथा पुत्र की शान्तिपूर्ण गोद में अन्तिम साँस ली होगी। इन्हीं साक्ष्यों के आधार पर यह भी पता चलता है कि क्लियोफ़स ने अपने भाई का अनुसरण किया। तब दोनों परिवार एक साथ रहने लगे। उनके इन भाइयों ने अपनी स्थिति और प्रतिभा के अनुसार बड़ी देर से ईसा का अनुकरण किया। यद्यपि वे नित्य दैवी चमत्कारों को अपनी आँखों से देखते थे, पर उन्हें ईसा की मसीहाई में विश्वास धीरे-धीरे ही हुआ।

ईसा के शिष्यों के साथ उनके इन भाइयों ने धर्म-विश्वास को फैलाने का कार्य किया। उसके लिए उन्हें कष्ट और अत्याचार भी सहने पड़े। यूसुफ़ की मृत्यु कम उम्र में हो गई थी, क्योंकि उसका उल्लेख आगे नहीं मिलता। इसका बड़ा भाई याकूब सबसे अधिक प्रसिद्ध हुआ, वह बराबर सर्वश्रेष्ठ 'प्रभु के भाई' के रूप में याद किया गया है। इसको 'छोटे याकूब' कह कर बताया गया है। संभवत. जेबेदी के इसी नाम के पुत्र से भिन्न बताने के लिए ऐसा कहा गया है। वह पवित्र तथा साधु जीवन के लिए जनश्रुतियों में प्रसिद्ध हो गया है। उसके प्रभाव से ईर्ष्या करनेवाले यहूदियों ने, कहते हैं, उसे मन्दिर की चोटी से केद्रोन की घाटी में फेंक दिया। इसी प्रकार यूदा और सीमोन को दाऊद वंश के होने तथा अपने धर्म-विश्वास करने के कारण कष्ट झेलने पड़े।

पहाड़ियों की घाटी में बसे हुए कस्बे के प्राकृतिक सौन्दर्य के बीच ईसा बढ़ रहे थे। अभी तक उनके ईश्वरीय व्यक्तित्व की अभिव्यक्ति नहीं हुई थी। उनके पड़ोसी और सम्बन्धी इस शान्त भाव से अपने पिता-माता के काम में हाथ बटाने वाले बेटे की ओर आकर्षित थे। उसका आकार-प्रकार, रूप-रंग तथा नाक-नक्शा आकर्षक तथा प्रभावी हैं। विशेष कर उसकी आँखों की चमक में उसकी दृष्टि के निक्षेप में रहस्यमय आकर्षण है। व्यक्तित्व के आकर्षण के कारण अपने सारे क्षेत्र में प्रसिद्ध तथा प्रभावी होते गये।

प्रकरण चार

योहन और ईसा

१

कहा गया है कि ज़करियस का पुत्र योहन ऊजड़ प्रदेश में एकान्त रूप से शारीरिक तथा आत्मिक विकास करता रहा। ईश्वरीय विधान में अपनी भूमिका निभाने के लिए योहन की तैयारी थी। बालपन में योहन तथा ईसा दोनों अपने एकाकीपन में बौद्धिक तथा आत्मिक विकास करते रहे, पर ईसा का किशोर जीवन अपने माता-पिता के साथ बीता, जबकि योहन ने प्रारम्भिक अवस्था से ही ऊजड़ प्रदेश में निवास किया। फ़िलिस्तीन में बेथेल से हेब्रोन तक येरूसालेम तथा बेथेलेहेम होती हुई यहूदिया की पहाड़ी श्रृङ्खला चली गई है। पूर्व की ओर से प्रारम्भ में भूमि अदृश्य रूप से ढालू है, फिर दो-तीन मील के बाद ही एकाएक चारों ओर फैली हुई नंगी चट्टानों और गहरे खड्डों में यह ढाल फैल जाता है, जिसके पेटे में जाड़े के मौसम में पानी की तेज़ धाराएँ उमड़ती-गरजती हुई दर्रों-घाटियों को पार करती हुई मृत सागर में प्रवेश करती हैं। यह गर्म और ऊजड़ प्रदेश है। इसमें सिवाय अपनी भेड़ों को कटीली झाड़ों तथा पेड़ों के बीच चरागाहों में ले जाते हुए गड़रियों के और कोई दिखाई नहीं देता है। इब्रानी में इसी कारण इस प्रदेश को 'वीरान' कहा गया है।

इसी प्रदेश में योहन ने एकान्तवास किया। इन्हीं चट्टानों के घुमावदार रास्तों और इस ऊबड़-खाबड़ प्रदेश की गुफ़ाओं में उन्हे आश्रय मिलता था। जन-समाज के बीच शिक्षा देने के पहले उन्होंने तपस्या साधना की। वे ऊँट की रोंयेदार खाल के कपड़े पहनते थे और कमर में चमड़े का पट्टा बाँधते थे। चट्टानों की दरारों में लगाये हुए मधुमक्खी के छत्तों से मधु निकाल कर वे टिड्डियों के साथ खाते थे। उनके इस प्रकार के सादे जीवन से धीरे-धीरे लोगों का आकर्षित होना स्वाभाविक था। इस प्रकार एकान्त में रहकर और कष्ट का जीवन बिता कर योहन अपनी साधना से आत्मिक विकास करते रहे। उन्हें मुक्तिदाता ईसा के ईश्वरीय कार्य की भूमिका प्रस्तुत करनी थी और उसी के लिए वे इस ऊजड़-बंजर पहाड़ी प्रदेश में एकान्तवास कर रहे थे।

फिर इस ऊजड़ से निकल कर जन-समाज के बीच उनके आने का समय आ गया। यह तिबेरियुस कैसर के शासन का पन्द्रहवाँ वर्ष था। इस समय यहूदिया का राज्यपाल पिलातुस था; हेरोद गलीलिया का राजा था। उसका भाई फ़िलिप इतूरेया तथा त्रखोनितिस का राजा था और लुसानियस अबिलेना का राजा था।

इस काल में अन्नस तथा कैफ़स प्रधान याजक के पद पर थे। तब ज़करियस के पुत्र योहन को ऊजड़ प्रदेश में प्रभु की वाणी सुनाई पड़ी। वह यर्दन के सारे प्रदेश में घूम-घूम कर पाप-क्षमा के लिए पश्चात्ताप के बपतिस्मा का उपदेश देता था। इसका पूर्व-संकेत नबी इसायस की पुस्तक में मिलता है :

उजाड़ निर्जन में पुकारने वाले की आवाज़—
प्रभु का मार्ग तैयार करो, उसके पथ सीधे कर दो।
हर एक घाटी भर दी जायगी,
हर एक पहाड़ और पहाड़ी समतल की जायगी,
टेढ़े रास्ते सीधे और ऊबड़-खाबड़ रास्ते बराबर कर दिये जायँगे
और सब शरीरधारी ईश्वर के
मुक्ति-विधान के दर्शन करेंगे।

फ़िलिस्तीन के इन प्रदेशों में कुछ दशकों के बाद एक वर्ष विश्राम का मनाया जाता था। भूमि की उर्वरता पुनः प्राप्त करने के लिए पूरे वर्ष भूमि को बिना जोते-बोये छोड़ दिया जाता था। शरद्-ऋतु में अंगूर तथा फल की फ़सल को पाने के बाद खेती-बाड़ी का काम बारह महीने तक बन्द रहता था। इस बीच न जोता जाता था, न बोया जाता था और न काटा ही। इस काल में अंगूर की लताओं और फल के वृक्षों की छटाई भी नहीं होती थी। परन्तु फिर लोग तरह-तरह के कामों में लगे रहते थे। यहूदी लोग इस बीच औज़ार बनाते या सुधार लेते थे। अपने घर बनाते थे। फिर भी इस बीच उन्हें योहन के पास ऊजड़ प्रदेश में जाकर उनके वचनों को सुनने का मौक़ा मिलता था। और उस समय येरूसालेम तथा यहूदिया और यर्दन के आस-पास के निवासी योहन के पास आते थे। लोग अपने पापों को स्वीकार करते हुए यर्दन नदी में उनसे बपतिस्मा लेते थे।

राजा-महाराजाओं की लम्बी यात्राओं में मार्ग की मरम्मत करने तथा उसे गमन योग्य बनाने के लिए पहले ही वाहनी भेजी जाती थी। इसी प्रकार की भूमिका योहन की थी, उन्हें ईसा के मार्ग को प्रशस्त करना था, जो संसार में प्रकट होने ही वाले थे और उनके स्वागत के लिए हृदयों को तैयार करना था। वह बार-बार यह दुहराते थे—"पश्चात्ताप करो, स्वर्ग राज्य निकट आ गया है।" साधारण जन-समाज योहन की सरल निष्ठा से प्रभावित होते थे। वे उनसे सहज मुक्ति पाने का लाभ उठाना चाहते थे। परन्तु योहन के पास ऐसे भी तमाम लोग एकत्र होते थे, जो बिना विश्वास और पश्चात्ताप के इन अनुष्ठानों को करते थे। पर बहुत से ऐसे लोग भी योहन के पास आते थे जो दम्भी और मक्कार थे। ऐसे बहुत से फ़रीसियों तथा सदूकियों को बपतिस्मा के लिए आते देख कर उनसे उन्होंने कहा—"साँप के बच्चो! किसने तुम लोगों को आगामी कोप से भागने का रहस्य बताया? पश्चात्ताप का उचित फल उत्पन्न करो,

और यह न सोचा करो—'हम इब्राहीम की सन्तान हैं।' मैं तुमसे कहता हूँ—ईश्वर इन पत्थरों से इब्राहीम के लिए सन्तान उत्पन्न कर सकता है। अब पेड़ों की जड़ों में कुल्हाड़ा लग चुका है, जो पेड़ अच्छा फल नहीं देता, वह काटा और आग में झोंक दिया जायगा।" फ़रीसी और सदूकी अपनी मक्कारी तथा द्वेष भाव के लिए आगे ईसा के द्वारा भी प्रताड़ित किये गये हैं। फ़िलिस्तीन में वृक्ष फलों के लिए ही लगाये जाते थे, और फल न देने पर अंजीर तथा जैतून के पेड़ काट कर ईंधन के काम लाये जाते थे। योहन के कथन में इन बातों के सन्दर्भ हैं।

२

योहन घूमते रहते थे। प्रायः कस्बों तथा नगरों में नहीं जाते थे। लोग उनकी साधुता और उनके पवित्र जीवन के बारे में सुनकर उनके पास आते थे। अब वे एकदम निर्जन पहाड़ी घाटियों, दर्रों, कन्दराओं से निकल कर आबादी के निकट घूमते और डेरा डालते थे। वह दम्भियों और अहंकारियों के प्रति कठोर थे, पर विनम्र तथा सच्चे लोगों के प्रति उनमें कोमल तथा क्षमा-भाव था। ऐसी भीड़ उनसे पूछती थी—"तो हमें क्या करना चाहिए ?" वह उन्हें उत्तर देते थे—"जिसके पास दो कुरते हों वह एक उसे दे दे जिसके पास नहीं है। और जिसके पास भोजन है वह भी ऐसा ही करे।" यहूदियों में दान की बहुत महिमा थी। नबी दानिएल ने लिखा था—"दान देकर अपने पापों का प्रच्छालन करो।" अन्यत्र भी कहा गया है—"पानी जैसे आग को बुझा देता है, उसी प्रकार दान से पाप दूर हो जाता है।" वस्तुतः यह पश्चात्ताप की सामाजिक व्यवहार की पद्धति है।

नाकेदार जैसे शासन-तंत्र से जुड़े लोग उस समय अपने व्यवहार और कार्यों से जनता की सहानुभूति से वंचित थे। कर आदि की वसूली में कठोरता तथा ज्यादती करने के कारण जनता उन्हें शंका और घृणा की दृष्टि से देखती थी। पर ये लोग भी बपतिस्मा ग्रहण करते थे और उनसे यह पूछते थे, "गुरु ! हमें क्या करना चाहिए ?" वह उनसे कहते थे—"जितना तुम्हारे लिए नियत है, उससे अधिक मत माँगो।" योहन का राज्य से विरोध नहीं था। वह समाज के हर व्यक्ति और वर्ग को अपने कर्त्तव्य पर आरूढ़ रहने की शिक्षा देते थे। इसीलिए उन्होंने किसी से नौकरी छोड़ने की बात नहीं कही। न्यायसंगत और निश्चित कर वसूलने का उनका अधिकार है, और कर्त्तव्य-भाव से ऐसा उन्हें करना चाहिए। अगर वे किसी के प्रति अन्याय नहीं करते और गैर-कानूनी ढंग से वसूली नहीं करते तो उन्हें भी स्वर्ग के राज्य में प्रवेश पाने का अधिकार है।

इस प्रदेश पर हेरोद अन्तिपस का शासन था। यहाँ के सिपाही शांति क़ायम रखने तथा व्यवस्था बनाये रखने के लिए नियुक्त थे। वे अनेक तरह से जनता

को सताते और उसका शोषण करते थे। इसीलिए जब सैनिक उनके पास गये और उनसे पूछा—"और हमें क्या करना चाहिए ?" तब वह उनसे कहते थे—"किसी पर अत्याचार मत करो, किसी पर झूठा दोष मत लगाओ। और अपने वेतन से सन्तुष्ट रहो।" इस प्रकार योहन अलग-अलग क्षेत्र के व्यक्तियों को उन्हीं की भाषा में समझाते थे और उन्हें कर्त्तव्य का बोध कराते थे।

फ़िलिस्तीन को बीच से विभक्त करनेवाली यर्दन संसार की सबसे तीव्र प्रवाहित होनेवाली तथा चक्करदार नदी है। पास के पहाड़ी शिखरों से देखने पर ऐसा लगता है कि जैसे पुरा काल में भारी भूचाल से फट कर बनी हुई खाइँ के तल में एक हरी पट्टी चक्कर खाती लहरा रही है। झाऊ, भिसा, पहाड़ी पीपल और लता-कुंजों के जंगल में यहाँ एक समय सिंह, चीता तथा अन्य जंगली बराह की माँदें थीं। यह यर्दन की गरिमा और अभिमान माना जाता था। नदी के तटीय क्षेत्र खेती योग्य नहीं हैं, और ऊँचे कगारों के कारण नदी के पानी से सिंचाई नहीं की जा सकती। दोनों ओर से घेरनेवाली पहाड़ियों के ढाल पर तेज़ वर्षा की धाराएँ केवल चिकनी मिट्टी को काट कर खड्ड बनाती हैं। उनसे भूमि उपजाऊ नहीं होती। तिबेरियस झील में प्रवेश करते-करते और मृत सागर तक पहुँचने पर घाटी चौड़ी हो जाती है। यहाँ झरनों की बहुलता है और रेगिस्तानी पुष्पपुंजों की बहुतायत है। मृत सागर के उत्तर में नदी के दोनों ओर लगभग बारह मील का क्षेत्र बहुत बड़ी रंगशाला जान पड़ता है। उन दिनों यहूदी इसे यर्दन का सर्कस कहते थे। ईसा के युग में यहाँ ताड़ और मोखा के वृक्षों का जंगल था और इसके लिए यह प्रदेश प्रसिद्ध भी था। फिर भी मृत सागर के निकट के क्षेत्र नमक से इस क़दर प्रभावित थे कि इनमें खेती करना लगभग असम्भव था। जहाँ झरने नहीं थे, वहाँ केवल बंजर भूमि थी। इन्हीं क्षेत्रों में योहन बपतिस्ता घूमते हुए लोगों को बपतिस्मा देते थे, वस्तुतः यह यर्दन के परे बेथानिया के पास का स्थान था।

कहा जाता है कि इस क्षेत्र में योहन ने तीन बार साक्ष्य दिया। यह निश्चयपूर्वक नहीं कहा जा सकता है कि उन्होंने ईसा को यहाँ बपतिस्मा दिया, क्योंकि मौसम के अनुसार और अनुयायियों की सुविधा के अनुसार वह स्थान परिवर्तन करते थे। चौथी शती से इस स्थान को नदी के दक्षिण तट पर माना गया है, जो मृत सागर से चार-पाँच मील है। इस बीच जनता में उत्सुकता बढ़ती जा रही थी। वे मन ही मन यह सोचने लगे कि कहीं यही तो मसीह नहीं है इसलिए योहन ने सबसे कहा—"मैं तुमको जल से बपतिस्मा देता हूँ। पर एक आने वाले हैं, जो मुझसे अधिक शक्तिशाली हैं। मैं उनके जूते उठाने लायक़ भी नहीं हूँ। वह तुम लोगों को पवित्र आत्मा और अग्नि से बपतिस्मा देंगे। उन्होंने अपने हाथ में सूप ले लिया है, जिससे वह अपना खलिहान ओसा

कर साफ़ करें और अपना गेहूँ अपनी बखार में जमा करें। वह भूसी को न बुझनेवाली आग में जला देंगे।''

यह सन्देश फ़िलिस्तीनी जनता के लिए बड़ा सार्थक था। इसमें निहित रूपक-विधान उनके जीवन से प्रस्तुत किया गया है। खेतिहर जीवन में खलिहान में बालियों के गट्ठे एकत्र किये जाते थे, फिर बैल के पैरों से उसे माड़ा जाता था। तब एक में मिले हुए भूसे तथा दाने को डलिया में रख के ऊपर से हवा में गिराया जाता था और सूप से फटक कर भूसा उड़ा कर दाना अलग किया जाता था, जो नीचे गिरकर एकत्र हो जाता था। इसी प्रकार योहन के अनुसार ईसा अपने व्यक्तित्व के प्रभाव से अच्छे-बुरे को अलग कर देंगे। हवा से फैलाया गया भूसा एकट्ठा करके जलाने के काम आता था। इसी तरह बुरे लोगों को न बुझनेवाली आग में जलना होगा। इस प्रकार के उपदेश के द्वारा योहन जनता को संदेश सुनाते थे।

३

फिर ऐसा हुआ जाड़े के एक दिन अब तक अज्ञात नाज़रेत का बढ़ई यर्दन के तट पर अन्य पश्चात्ताप करनेवालों के साथ दिखाई पड़ा। यह आश्चर्य की बात लग सकती है, पर योहन व्यक्ति रूप से अपने सम्बन्धी भाई से अपरिचित थे। बचपन से ऊजड़ प्रदेश में एकान्तवास करने के कारण योहन को ईसा से मिलने का मौक़ा नहीं मिला था, जो निरन्तर येरूसालेम की तीर्थयात्रा करने के अलावा नाज़रेत में ही रहे थे। पर योहन को अपनी भूमिका का ज्ञान था, वह मसीहा के आगमन की भूमि तैयार कर रहे थे, जिनका अवतरण अनिवार्य था। उन्हें यह दैवी ज्ञान भी था कि पवित्र आत्मा कपोत के रूप में उन पर उतरेगा, और यह उनकी पहचान होगी।

गलीलिया से बपतिस्मा लेने के लिए आई भीड़ के छटने पर अलग होकर ईसा बपतिस्मा लेने के लिए योहन के सामने खड़े हुए थे, तो योहन ने आन्तरिक प्रेरणा से उन्हें पहचान कर आग्रह के साथ रोकना चाहा—''मुझे आप से बपतिस्मा लेना चाहिए, और आप मेरे पास आये हैं!'' पर ईसा ने उन्हें उत्तर दिया—''अभी ऐसा ही होने दीजिए। यह हमारे लिए उचित है कि हम इस तरह धर्म-विधि पूरी करें।'' जैसा योहन ने अपने साक्ष्य में पहले ही घोषित किया था कि वास्तविक बपतिस्मा पवित्र आत्मा तथा अग्नि से ईसा के द्वारा दिया जायगा, जो व्यक्ति का आन्तरिक परिवर्तन करने में सक्षम होगा। पर ईसा के कहने से योहन ने बात मान ली और उन्हें बपतिस्मा दिया। इसे ग्रहण करने के बाद ईसा तुरन्त जल से बाहर निकले। उसी समय स्वर्ग खुल गया और अकस्मात् पवित्र आत्मा को कपोत के रूप में उन पर उतरते देखा गया। उसी समय स्वर्ग से यह वाणी

सुनाई दी—"यह मेरा प्रिय पुत्र है, जिसमें मेरी प्रसन्नता निहित है।" यहाँ से ईसा के ईश्वरीय सन्देश की प्रत्यक्ष अभिव्यक्ति शुरू होती है।

मुक्तिदाता के रूप में संदेश देना शुरू करने के पहले ईसा आध्यात्मिक साधना तथा प्रार्थना करने के लिए ऊजड़ पर्वतीय कन्दराओं में चले गये। येरिको नगर के पश्चिम दूसरी ओर बहुत ढालू पर्वत है, जिसे क्वॉरन्तीन कहते हैं। यह नाम बाद में ईसा के उपवास तथा उनकी परीक्षा के कारण पड़ा है। इसमें एक श्रेणी के बाद उठती हुई दूसरी श्रेणी में असंख्य गुफाएँ थीं जिनमें साधक एकान्तवास करते थे। यर्दन के तट से ईसा उपवास तथा प्रार्थना करने के लिए इन्हीं कन्दराओं में गये। ईसा चालीस दिन और चालीस रात उपवास करते रहे। उसके बाद उन्हें भूख लगी। इतने दिनों की साधना के बाद भूख का लगना मात्र शारीरिक आवश्यकता का सूचक था। परन्तु शैतान को परीक्षा लेने का मौक़ा मिला। उसने पास आकर उनसे कहा, "यदि आप ईश्वर के पुत्र हैं, तो कह दीजिए ये पत्थर रोटियाँ बन जायँ।" शैतान चाहता था कि ईसा चमत्कार के लिए प्रेरित होकर अपने मार्ग से विचलित हो जायँ। पर उन्होंने उत्तर दिया—"लिखा है—मनुष्य रोटी से ही नहीं जीता है, वरन् वह ईश्वर की आज्ञा के हर एक शब्द से जीता है।" शैतान पराजित हुआ।

तब शैतान उन्हें पवित्र नगर येरूसालेम ले गया और मन्दिर के शिखर पर खड़ा कर दिया और कहा, "यदि आप ईश्वर के पुत्र हैं, तो नीचे कूद आइए, क्योंकि लिखा है—वह तुम्हारे विषय में अपने दूतों को आदेश देगा। वे तुम्हें अपने हाथों पर संभाल लेंगे कि कहीं तुम्हारे पैरों को पत्थर से चोट न लगे।" तब ईसा ने उससे कहा, "यह भी लिखा है—अपने प्रभु ईश्वर की परीक्षा मत लो।" शैतान के प्रयत्नों से पता चलता है कि वह ईसा को चमत्कार प्रदर्शित करके अपने को ईश्वर-पुत्र सिद्ध करने के लिए प्रेरित करता है। पर ईश्वरीय महिला केवल अद्भुत चमत्कारों के द्वारा प्रकट नहीं होती, वरन प्रेम, सेवा, प्रार्थना और अनुग्रह जैसे ईश्वरीय गुणों की मानवीय अभिव्यक्ति में उसे देखा जाता है। ईसा ने इसीलिए बार-बार शैतान का प्रस्ताव अस्वीकार कर दिया।

फिर शैतान उन्हें एक बहुत ऊँचे पहाड़ पर ले गया। वहाँ संसार, राज्य और उनका वैभव दिखा कर वह बोला—"यदि तुम दण्डवत् करके मेरी आराधना करो तो मैं तुमको यह सब दे दूंगा।" शैतान ने पहले चमत्कार की प्रेरणा दी थी, क्योंकि उनके ईश्वर-पुत्र होने का प्रमाण चाहता था। और अब साधारण मनुष्य मान कर उन्हें सांसारिक वैभव का लालच देना चाहता था। पर ईसा ने उत्तर दिया, "दूर हट शैतान! लिखा है—अपने प्रभु की आराधना करो और केवल उसी की सेवा करो।" शैतान समझ गया कि ईसा ईश्वर-पुत्र हैं और उन्हें विचलित नहीं किया जा सकता, अतः वह उन्हें छोड़ कर चला गया और स्वर्गदूत आकर उनकी सेवा-परिचर्या करते रहे।

४

योहन के दृढ़ और प्रेरित वचनों से प्रभावित होकर जन-समूह उन्हें नये मसीहा के रूप में समझने लगा । यद्यपि योहन ने प्रारम्भ से स्पष्ट शब्दों में घोषित किया था कि वह मसीहा नहीं हैं, केवल उसके साक्षी हैं । पर उनके व्यक्तित्व तथा उपदेशों से जन-समाज में उनके मसीहा होने की बात फैल रही थी । उस समय एक नये मसीहा के अवतरण की बात प्रचलित थी और ईसा अभी तक अप्रत्यक्ष जीवन बिता रहे थे, लोगों में योहन के बारे में यह भ्रम फैलना सहज था । पुरोहित और याजक भी इस सम्बन्ध में निश्चय करना चाहते थे । योहन ने बपतिस्मा का प्रचार किया था, जो मूसा के नियमों से भिन्न था और प्रकृतिपूजकों की पूजा-पद्धति से कुछ समता रखता था । इस कारण भी उन्हें चिन्ता थी । उन्हें यह शक भी था कि योहन मसीहा के जन्म की जनश्रुति के फैलाने में सहयोग दे रहे हैं ।

अत: येरूसालेम से योहन के पास जानकारी पाने के लिए एक शिष्टमण्डल भेजने की बात निश्चित की गई । यहूदियों ने याजकों तथा लेवियों को उनके पास भेजा । इनमें कुछ फ़रीसी भी शामिल हो सकते हैं । ये लोग योहन के उद्देश्य और दावे को जानने के लिए भेजे गये थे, पर अनजाने ही योहन को पुन: साक्ष्य देने का मौक़ा भी मिल गया । उन्होंने योहन से प्रश्न किया—"आप कौन हैं ?" सीधे यह प्रश्न करना कि क्या आप मसीह हैं, शिष्टाचार के विरुद्ध होता । पर योहन ने उनके मन की शंका को समझ कर सीधा और स्पष्ट उत्तर दिया—"नहीं, मैं मसीह नहीं हूँ ।" इस उत्तर से यह स्पष्ट हो गया कि योहन अपने को मसीह के रूप में प्रचारित नहीं करते हैं ।

अब प्रश्न था कि योहन कौन है ? उनके मन में यह भाव उठना स्वाभाविक था कि क्या यह एलियस तो नहीं हैं । एलियस के बारे में अनन्त जनश्रुतियाँ प्रचलित हैं । वह सबसे अधिक जनप्रिय नबी हैं, वे कभी भी प्रकट हो सकते हैं, ऐसा विश्वास चला आ रहा है । योहन का रहन-सहन और पोशाक—मोटे कपड़े, चमड़े की पेटी और अर्द्ध-जंगली व्यक्तित्व—एलियस के समान थे, इस कारण भी उनके मन में यह विचार उठ सकता था । उन्होंने पूछा—"क्या आप एलियस हैं ?" उन्होंने स्पष्ट उत्तर दिया—"मैं एलियस नहीं हूँ ।" वे योहन की स्थिति को समझ लेना चाहते थे, उन पर यह दायित्व छोड़ा गया था । यहूदियों में नबी के आने का यह विशेष विश्वास प्रचलित था, जो मूसा के समान माना गया है । उसकी आज्ञा-पालन पर बल दिया गया है । इसीलिए उनका अगला प्रश्न था—"क्या आप वह (विशेष) नबी हैं ।" योहन को उत्तर देने में क्षण भर भी नहीं लगा—"नहीं ।"

तब विवश होकर उन्होंने उनसे पूछा—"तो आप कौन हैं ? जिन्होंने हमें भेजा है उन्हें हमको कोई उत्तर देना है । अपने विषय में आप क्या कहते हैं ?"

उन्होंने उत्तर दिया—"मैं हूँ—जैसा कि नबी इसायस ने कहा है—निर्जन प्रदेश में पुकारने वाले की आवाज़ : प्रभु का मार्ग सीधा करो।" भेजे जानेवाले लोगों में कुछ फ़रीसी भी थे, जो गहरे और चतुर व्यक्ति थे और उन्हें सन्तुष्ट कर पाना आसान न था। उन्होंने उनसे पूछा—"यदि आप न मसीह हैं, न एलियस और न वह विशेष नबी, तो बपतिस्मा क्यों देते हैं?" बपतिस्मा को मसीह के द्वारा सम्पन्न होने वाला कर्म माना गया है, परन्तु इसके साथ अनुग्रह का भाव जुड़ा हुआ था, जबकि योहन ने अनुग्रह प्रदान करने का दावा नहीं किया। योहन ने उत्तर दिया—"मैं जल से बपतिस्मा देता हूँ। तुम्हारे बीच एक हैं जिन्हें तुम पहिचानते नहीं हो, वह मेरे बाद आने वाले हैं। मैं उनके जूते के फ़ीते खोलने लायक भी नहीं हूँ। वह तुमको अग्नि तथा पवित्र आत्मा से बपतिस्मा देंगे।" यर्दन नदी के पार बेथानिया में यह सब घटित हुआ। यहाँ योहन बपतिस्मा देते थे।

प्रधान याजकों का शिष्ट-मण्डल येरूसालेम वापस आ गया, उसी बीच ईसा क्वॉरन्तीन पर्वत से नीचे उतरे। उनका उपवास और परीक्षा समाप्त हो गये थे। दूसरे दिन योहन से मिलने के लिए यर्दन के तट पर ईसा दिखाई दिये। उनके आते ही अपने चारों ओर के लोगों से योहन ने कहा—"देखो, ईश्वर का मेमना, जो संसार का पाप हर लेता है। यह वही है जिसके विषय में मैंने कहा, मेरे बाद एक पुरुष आने वाले हैं। वह मुझसे बढ़ कर हैं, क्योंकि वह मुझसे पहले विद्यमान थे। मैं भी उन्हें नहीं जानता था, परन्तु मैं इसलिए जल से बपतिस्मा देने आया हूँ कि वह इस्राएल पर प्रकट हो जायँ।"

'मेमना' शब्द से ईसा के व्यक्तित्व को अभिव्यक्त करने में सन्त योहन की बहुत रुचि है। भविष्य कथन के सन्दर्भ में बलिदान किये गये मेमना का रक्त समस्त पापों को धोता है, जो ईश्वर के दाहिनी ओर गद्दी पर बैठता है और जिसका शाश्वत उत्सव (विवाह) सदा अनुग्रह प्राप्त जनों द्वारा मनाया जाता है। ईसा के प्रतीक रूप में यह मेमना दुःख-भोग सहता है और बिना प्रतिवाद के बलिदान के लिए प्रस्तुत होता है। मूसा की शास्त्रविधि के अनुसार मेमना का बलिदान क्रूस पर ईसा के बलिदान का पूर्व-संकेत माना जाता है, यज्ञमण्डप में प्रातः सायं उसका बलिदान केवल पूर्णाहुति तथा प्रशंसा के बलिदान का प्रतीक मात्र है। यहाँ योहन ने ईसा को निर्दोषिता के प्रतीक के रूप में निर्दिष्ट किया है।

योहन बपतिस्ता जानते थे कि मनुष्यों की मुक्ति के लिए ईसा का अवतरण हो चुका है। अभी तक ईसा के बारे में उन्हें भी पता नहीं था। अपने सामने पाकर वह 'मेमना' शब्द से सर्वप्रथम उनका परिचय देते हैं, जो उनकी पहिचान का पहला संकेत माना जा सकता है। फिर योहन ने यह साक्ष्य दिया—"मैंने

आत्मा को कपोत के रूप में स्वर्ग से उतरते और उन पर बैठते देखा है। मैं भी उन्हें नहीं जानता था; परन्तु जिसने मुझे जल से बपतिस्मा देने भैजा, उसने मुझसे कहा था—'तुम जिन पर आत्मा को उतरते और ठहरते देखोगे, वही पवित्र आत्मा से बपतिस्मा देते हैं। मैंने देखा है और साक्ष्य दे रहा हूँ कि यह ईश्वर के पुत्र हैं'।"

●●

प्रकरण पाँच

क्रमशः रंगमंच पर अवतरण

१

दूसरे दिन यर्दन के तट पर योहन अपने दो शिष्यों के साथ खड़े थे। अभी पिछले दिन ही उन्होंने ईसा का पावन साक्ष्य दिया था। वहाँ उन्होंने कुछ दूरी पर ईसा को गुज़रते देखा। यर्दन का नीला पानी नीचे प्रवाहित था और ऊपर आकाश की फैली हुई नीलिमा थी। ईसा को आन्तरिक भाव से देखते हुए योहन की आँखों में प्रेम झलक रहा था। उन्होंने सहज भाव से कहा—"देखो, ईश्वर का मेमना।" उनकी यह बात सुनते ही दोनों शिष्य ईसा के पीछे हो लिये। उनमें से एक सिमोन पेत्रुस का भाई अन्द्रेयस था और दूसरा जान पड़ता है स्वयं योहन (सन्त) थे, क्योंकि सुसमाचार में उन्होंने अपना नाम नहीं दिया है। एक दिन पहले योहन बपतिस्ता ने ईसा को मेमना कहा था। पर इस दिन उनके कथन की शैली, नेत्रों की अभिव्यक्ति और चेहरे की भावभंगिमा से शिष्यों के मन प्रभु की कृपा से अनुप्राणित हो गये।

यह अनुभव करके कि वे पीछे आ रहे हैं, ईसा ने मुड़कर कहा—"क्या चाहते हो, किसको ढूंढ़ते हो?" उन्होंने उत्तर दिया—"रब्बी (गुरु), आप कहाँ रहते हैं?" ईसा ने उनसे कहा—"आओ और देखो।" वहीं तटीय कन्दराओं में खरपतवार की झोपड़ी में ईसा का निवास था। रात को ठंडक और ओस से बचने के लिए ऐसी झोपड़ियाँ यात्री प्रायः बना लिया करते थे। वहीं ये लोग भी पहुँचे और शेष दिन तथा रात भर उनके साथ ठहरे। सन्त योहन के अनुसार उस समय शाम के चार बजे थे।

अगले दिन प्रातः अन्द्रेयस ने अपने भाई सिमोन से मिल कर कहा—"हमें मसीह मिल गये हैं।" और वह उसे ईसा के पास ले गया। ईसा ने उसे अन्तः में प्रवेश करनेवाली दृष्टि से देख कर कहा—"तुम योहन के पुत्र सिमोन हो। तुम केफ़स (अर्थात पेत्रुस) कहलाओगे।" ऐसा माना जाता है कि इसी प्रकार सन्त योहन अपने भाई याकूब को ईसा के पास लाये, यद्यपि उन्होंने अपने सुसमाचार में इसका उल्लेख नहीं किया है। शिष्यों की सूची में याकूब का नाम प्रारम्भिक अनुयायियों में आता है, इससे यह स्पष्ट होता है।

दूसरे दिन ईसा ने गलीलिया जाना चाहा। मार्ग में फ़िलिप से भेंट हुई और उन्होंने उनसे कहा—"मेरे पीछे चले आओ।" फ़िलिप अन्द्रेयस और पेत्रुस के नगर बेथसाइदा का निवासी था। उसने सर्वप्रथम यह आवाहन सुना।

फ़िलिप नथानाएल से मिला और बोला—"मूसा ने संहिता में और नबियों ने जिनके बारे में लिखा है, वही हमें मिल गये हैं। वह यूसुफ़ के पुत्र नाज़रेत के ईसा हैं।" नथानाएल ने उपेक्षा-भाव से उत्तर दिया—"क्या नाज़रेत से भी कोई अच्छी चीज आ सकती है?" नाज़रेत अन्य नगरों तथा कस्बों की अपेक्षा नगण्य था और प्रायः इस तरह का भाव एक स्थान के निवासी दूसरे स्थान के प्रति व्यक्त करते हैं। फ़िलिप ने केवल सहज भाव से कहा—"आओ और स्वयं देख लो।" नथानाएल ने कहने को कह दिया था, पर वह विनम्र भाव से फ़िलिप के साथ ईसा के पास गया।

ईसा ने नथानाएल को अपने पास आते देखा और अपने चारों ओर के लोगों से उसके विषय में उच्च स्वर से कहा—"देखो, यह एक सच्चा इस्राएली है। इसमें कोई कपट नहीं है।" यह उपाधि यहूदियों के लिए बहुत सम्माननीय थी। उसने अविभूत होकर उनसे कहा—"आप मुझे कैसे जानते हैं?" ईसा ने उत्तर दिया—"फ़िलिप द्वारा तुम्हारे बुलाये जाने के पहले, मैंने तुम्हें अंजीर के पेड़ के नीचे देखा है।" नथानाएल ने उनसे कहा—"गुरुवर, आप ईश्वर के पुत्र हैं, आप इस्राएल के राजा हैं।" ईसा ने उत्तर दिया—"क्योंकि मैंने तुमसे कहा कि तुम्हें अंजीर के पेड़ के नीचे देखा है, इसलिए विश्वास करते हो। तुम इससे भी महान् चमत्कार देखोगे।" ईसा ने उससे यह भी कहा—"मैं तुमसे कहता हूँ, तुम स्वर्ग को खुला हुआ और ईश्वरीय दूतों को मानवपुत्र के ऊपर उतरते-चढ़ते हुए देखोगे।" वस्तुतः यहाँ ईसा का संकेत है कि वह स्वर्ग और पृथ्वी, ईश्वर और ईश्वरपुत्र के बीच निरन्तर घटित होने वाले सम्बन्ध का सेतु होगा।

२

तीसरे दिन गलीलिया के काना में एक विवाह था। यह पहाड़ी के पार्श्व में स्थित उस समय एक महत्वपूर्ण स्थान था। समीप ही एक सुन्दर झरना था। अंजीर और अनार के वृक्ष चारों ओर फैले थे और पहाड़ी के ऊपर तक कटीली झाड़ियाँ फैली थीं। विवाह में भाग लेने के लिए ईसा की माता वहाँ थीं। ईसा और उनके शिष्य भी विवाह में निमंत्रित थे। ईसा पेत्रुस के मिलने के बाद अगले दिन बेथानिया को छोड़कर बेथसाइदा के लिए रवाना हुए थे। यहाँ उन्हें फ़िलिप मिला और उसका मित्र नथानाएल, जो काना का निवासी था। यहाँ उन्हें विवाह का निमन्त्रण मिला था। फ़िलिप तथा नथानाएल से बातचीत के बाद यहीं से रवाना होकर तीसरे दिन ये लोग काना पहुँचे। यहूदियों के विवाह का उत्सव बड़ी धूमधाम से कई दिनों तक मनाया जाता था। वर-वधू को राजसी शान-शौकत से सम्मानित किया जाता था। वधू की सुन्दर वस्त्राभूषणों से सज्जा की जाती थी। सन्ध्या समय वर बरात के साथ निकलता था, साथ

में रोशनी तथा बाजे भी रहते थे। पूरा गाँव-नगर इसमें भाग लेता था। ऐसा लगता है कि काना के विवाह में ईसा अपने शिष्यों के साथ देर से पहुँचे थे। उनकी माता विवाह के प्रबन्ध के सम्बन्ध में वहाँ पहले से आ चुकी थीं।

मेहमानों के अधिक आ जाने के कारण अंगूरी समाप्त हो गई थी और अभी उत्सव का भोज चल रहा था। ईसा की माता ने चिन्तित होकर ईसा से कहा —"उन लोगों के पास अंगूरी नहीं रह गई है।" ईसा ने उत्तर दिया—"भद्रे, इससे मुझको और आपको क्या? अभी तक मेरा समय नहीं आया है।" ईसा इस अवसर पर अपने प्रभाव को व्यक्त करने में संकोच करते हैं, क्योंकि अभी समय उपयुक्त नहीं मानते। पर माता की इच्छा थी, जो उन्होंने सहज ढंग से व्यक्त की थी। उनकी माता ने समझ कर सेवकों से भी कहा—"वह तुम लोगों से जो कुछ कहे, वही करना।"

वहाँ यहूदियों के शुद्धीकरण के लिए पत्थर के छह मटके रखे थे, उनमें दो-दो तीन-तीन मन समाता था। ईसा ने सेवकों से कहा—"मटकों में पानी भर दो।" सेवकों ने उन्हें लबालब भर दिया। फिर ईसा ने सेवकों से कहा—"अब निकाल कर भोज के प्रबन्धक के पास ले जाओ।" सेवक मटकों से निकालकर प्रबन्धक के पास ले गये, उसने यह पानी चखा, जो अंगूरी बन गया था। उसे मालूम नहीं था, वह अंगूरी कहाँ से आई है। जिन सेवकों ने पानी निकाला था, वे ही जानते थे। तब प्रबन्धक ने दूल्हे को बुलाकर कहा—"सभी लोग पहले बढ़िया अंगूरी पिलाते हैं और लोगों के नशे में आ जाने पर घटिया देते हैं। आपने तो अब तक बढ़िया अंगूरी रख छोड़ी है।" इस प्रकार ईसा की उपस्थिति से एक नवीन सांकेतिक विवाह-भोज आरम्भ हुआ, जो मसीह के आगमन-काल का एक चिह्न ही था।

वस्तुतः ईसा अपने को प्रकट करने का समय नहीं मानते हैं, अतः इस चिह्न को दिखाना नहीं चाहते थे। पर माता की अनकही आज्ञा को वह मना नहीं कर सकते थे। अतः यह अपनी इच्छा से नहीं, माता की प्रेरणा से घटित हुआ। इस प्रकार ईसा ने अपना यह पहला अद्‌भुत चिह्न गलीलिया के काना में दिखाया। उन्होंने अपनी महिमा प्रकट की और उनके शिष्यों ने उनमें विश्वास किया। इसके बाद ईसा और उनकी माँ, भाई और शिष्य कफ़रनाहूम गये। ऐसा समझा जाता है कि नाज़रेत को अनुपयुक्त समझकर ईसा ने यह नया स्थान अपने कार्यकलाप के लिए चुना। पर पास्का पर्व मनाने के लिए उन्हें शीघ्र ही येरूसालेम के लिए रवाना होना पड़ा। वहाँ वह थोड़े ही दिन रहे।

३

पास्का पर्व निकट आ रहा था। येरूसालेम में इस पर्व पर यात्रियों तथा सौदागरों की भारी भीड़ इकट्ठा होती थी। पास्का यज्ञ के लिए मेमने और

बकरियाँ, जानवर तथा भेड़ें उत्सव तथा शान्ति-यज्ञ के लिए, गरीब स्त्रियों के पवित्रीकरण के लिए कबूतर और फ़ाख्ता तथा कई तरह के बलिदानों में प्रयुक्त होने के लिए अंगूरी, तेल, नमक और आटा वहाँ तत्काल स्थान पर मिलने की दृष्टि से बेचा जाता था। इसी तरह मन्दिर के कोष में व्यक्ति-कर जमा करने के लिये यात्रियों में प्रत्येक बालिग को अपने सिक्कों को शेकल में बदलाने के लिए रुपया बदलने वालों की दूकान पर जाना पड़ता था। मन्दिर और उसके साथ की इमारतों ने बहुत बड़ा क्षेत्र घेर रखा था। मुख्य पूजा-गृह के चारों ओर यह क्षेत्र समान रूप से पवित्र नहीं माना जाता था। पूजा-गृह जंगला से सुरक्षित था, जिसमें होकर इस्राएली जा सकते थे। विस्तृत आँगन के चारों ओर खम्भों के दालान थे। यह ग़ैर-यहूदियों का आँगन कहलाता था। इसमें ग़ैर यहूदियों को प्रवेश दिया जाता था। फिर भी यह एकदम लौकिक स्थान नहीं था और यहाँ प्रवेश करने के भी नियम थे। ईसा के समय यहूदी इनका पालन करते थे। पूजा-गृह की निकटता के कारण यह सारा मन्दिर का स्थान पवित्र माना जाता था। परन्तु पर्वों के अवसर पर स्थान सौदागरों से भर जाता था। पुरोहित और पुजारियों का उनसे समझौता रहता था, क्योंकि वे उनसे लाभ उठाते थे। पास्का पर्व के समीप आने पर मन्दिर का सारा प्रांगण बाज़ार बन गया था और हजारों पशुओं द्वारा गन्दा कर दिया गया था। यहाँ पवित्र पूजन-पद्धति के गम्भीरतम अवसर पर भी भेड़ों का मिमियाना, पशुओं का रँभाना और बाज़ार का शोरगुल चलता रहता था।

इस पास्का पर्व पर ईसा येरूसालेम पहुँचे। ईश्वरीय सन्देश से अधिकृत होने के बाद पहली बार ईसा मन्दिर में प्रवेश कर रहे थे। उन्होंने मन्दिर में बैल, भेड़ें और कबूतर बेचने वालों तथा अपनी मेज़ों पर बैठे हुए सराफ़ों को देखा। उन्होंने रस्सियों का कोड़ा बनाकर भेड़ों और बैलों सहित सबको मन्दिर से बाहर निकाल दिया, सराफ़ों के सिक्के छितरा दिए, उनकी मेजें उलट दीं। कबूतर बेचने वालों के पिंजड़े तुरन्त ले जाने की आज्ञा दी और कहा—"यह सब यहाँ से हटा ले जाओ। मेरे पिता के घर को बाज़ार मत बनाओ।" और वे किसी को भी बोझ लिए हुए मन्दिर से होकर आने-जाने नहीं देते थे। वे उन्हें शिक्षा देते थे—"क्या यही नहीं लिखा है कि मेरा घर सब जातियों का प्रार्थना-घर कहलाएगा। पर तुमने उसको डाकुओं की खोह बना रखा है।" इस पर उनके शिष्यों को धर्म-ग्रन्थ का यह कथन याद आया—"तेरे घर का उत्साह मुझे खा जायगा।"

जिन याजकों को वहाँ की व्यवस्था का काम सौंपा गया था, इस घटना से वे चमत्कृत और विस्मित थे और उन्होंने हस्तक्षेप नहीं किया। प्रकृतस्थ होने पर वहाँ के यहूदियों ने ईसा से कहा—"आप हमें कौन सा चमत्कार दिखा सकते हैं, जिससे हम यह जानें कि आप ऐसा करने के अधिकारी हैं।" ईसा के कथन

से यह ध्वनित था कि वे ईश्वर द्वारा भेजे गये हैं, अतः वे कुछ न कहकर केवल प्रमाण माँगते हैं। ईसा ने उन्हें उत्तर दिया—"इस मन्दिर को ढहा दो और मैं इसे तीन दिन के अन्दर फिर खड़ा कर दूँगा।" ईसा इस प्रकार अपने शरीर के सन्दर्भ में कह रहे थे। यहूदियों ने इसे नहीं समझा और न समझने की चेष्टा की। उस समय शिष्य भी इस कथन को भली-भाँति नहीं समझे, केवल आदर-भाव से मौन रहे। यहूदियों ने कहा—"इस मन्दिर के निर्माण में छियालीस वर्ष लगे और आप इसे तीन दिन के अन्दर खड़ा कर देंगे ?" हेरोद ने ई० पू० २६ में सीरिया में सम्राट् अगस्तस के आगमन के वर्ष इसे बनवाना शुरू किया था, अतः यह ईसा पूर्व २६ की घटना है। पर यहाँ ईसा तो अपने शरीर के मन्दिर के बारे में कह रहे थे। क्रूसित होने के बाद जब वह पुनर्जीवित हो उठे, तब उनके शिष्यों को स्मरण आया कि उन्होंने यह कहा था। इसलिए उनका विश्वास बढ़ा।

ईसा ने प्रमुख यहूदी याजकों को उत्तर देना नहीं चाहा। उन्होंने उनका यह प्रश्न करने का अधिकार ही नहीं स्वीकार किया और अपने मिशन की प्रामाणिकता के समर्थन के लिए चमत्कारों के चुनाव का अधिकार स्वतः सुरक्षित रखा। इस बीच ईसा पास्का पर्व के दिनों में येरूसालेम में थे, और बहुत से लोगों ने उनके किये हुए चमत्कार देखे और उनके नाम में विश्वास किया। इन चमत्कारों में ईश्बरीय संकेत मिला। इन चमत्कारों की स्मृति उनके मन में बाद में ताज़ी रही, पर उनका यह विश्वास कच्चा था और स्वार्थ तथा वासना के धक्के को सह पाने में समर्थ नहीं था। इसीलिए ईसा को उन पर कोई विश्वास नहीं था, क्योंकि वह सबको जानते थे। इसकी कोई ज़रूरत नहीं थी कि कोई उन्हें मनुष्य के विषय में बताये। वह तो स्वयं मनुष्य का स्वभाव जानते थे।

४

उनके चमत्कारी व्यक्तित्व से प्रभावित लोगों में येरूसालेम का एक सम्पन्न और प्रभावी व्यक्ति निकोदेमुस था। वह यहूदियों की महासभा का सदस्य और फ़रीसीवाद का स्तम्भ था। वह युवा गलीली से मिलना चाहता था, पर अपने सम्प्रदाय के लोगों के कारण संकोच में था। अतः वह रात में ईसा के पास आया और बोला—"रब्बी, हम जानते हैं कि आप ईश्वर की ओर से हमको शिक्षा देने आये हो। आप जो चमत्कार दिखाते हैं, उन्हें कोई तब तक नहीं कर सकता है, जब तक कि ईश्वर उसके साथ न हो।" निकोदेमुस फ़रीसी है, संभवतः उसके जैसे अनेक लोग उस सम्प्रदाय में थे जो योहन के द्वारा घोषित और अब ईसा द्वारा प्रचारित स्वर्ग राज्य के बारे में जानना चाहते थे। इसी जिज्ञासा को लेकर वह ईसा के पास आया और इस प्रकार प्रश्न किया। ईसा ने उत्तर दिया—"मैं आप से कह सकता हूँ—जब तक कोई दुबारा जन्म न ले, तब तक

वह स्वर्ग का राज्य नहीं देख सकता।''

इन शब्दों में आन्तरिक आध्यात्मिक अर्थ व्यंजना है और जानबूझ कर आध्यात्मिक अर्थ की ओर प्रेरित है। निकोदेमुस ने संकेत ग्रहण न किया हो, ऐसा नहीं है, पर मुक्तिदाता से व्याख्या कराने के भाव से पूछा—''बूढ़ा हो जाने पर मनुष्य कैसे दुबारा जन्म ले सकता है? क्या वह अपनी माता के गर्भ में दूसरी बार प्रवेश कर जन्म ले सकता है?'' उसके प्रश्न की अगम्भीरता की उपेक्षा करते हुए ईसा ने गम्भीर उत्तर दिया—''मैं आपसे यह कहता हूँ—जब तक कोई जल और पवित्र आत्मा से जन्म न ले, तब तक वह ईश्वर के राज्य में प्रवेश नहीं कर सकता। जो देह से उत्पन्न होता है वह देह है और जो आत्मा से उत्पन्न होता है, वह आत्मा है। आश्चर्य न कीजिए कि मैंने यह कहा—आप को दुबारा जन्म लेना है। हवा जिधर चाहती है, उधर बहती है। आप उसकी आवाज़ सुनते हैं, किन्तु यह नहीं जानते कि वह किधर से आती है और किंधर जाती है। जो आत्मा से जन्मा है, वह ऐसा ही है।'' इस दृष्टान्त से ईसा ने स्पष्ट किया है कि आत्मा की अभिव्यक्ति रहस्यमय होती है, इस कारण उसके अस्तित्व को अस्वीकार नहीं किया जा सकता, जैसे हवा अदृश्य है, पर उसके अस्तित्व को हम उसके चलने और वृक्षों की डालियों, पत्तों के हिलने तथा लहरों के उठने से अनुभव करते हैं।

तब निकोदेमुस ने उनसे पूछा—''यह कैसे हो सकता है?'' ईसा ने उसे उत्तर दिया—''इस्राएल के गुरु होकर आप यह नहीं समझ सकते हैं? मैं आप से यह कहता हूँ—हम जो जानते हैं, वही कहते हैं और हमने जो देखा है, उसी का साक्ष्य देते हैं, किन्तु आप लोग हमारा साक्ष्य स्वीकार नहीं करते। मैंने आप को पृथ्वी की बातें बतायीं और आप विश्वास नहीं करते। यदि मैं आपको स्वर्ग की बातें बताऊँ, तो आप कैसे विश्वास करेंगे?'' यहाँ ईसा पूर्व नबियों के वचनों की ओर ध्यान आकर्षित करते हैं, जिन्होंने प्रभु की महिमा और कृपा के बारे में भविष्य कथन किया था। निकोदेमुस धर्म-गुरुओं में है और उसे याद आना चाहिए था कि मसीहा के अवतरण से 'मनुष्य को नया हृदय और नयी आत्मा प्राप्त होंगे, उनके पत्थर के हृदय निकाले जायँगे और स्पन्दित हृदय प्रदान किये जायँगे।' उसे शंका और प्रश्न के बजाय ईसा के प्रति विश्वास प्रकट करना चाहिए था। वे जिन नैतिक जीवन के मूल्यों की स्थापना करना चाहते थे तथा जिन आध्यात्मिक मूल्यों का साक्ष्य देने के लिए आये थे, उनका आधार आस्था है।

आगे ईसा ने स्पष्ट किया—''मानवपुत्र स्वर्ग से उतरा है। उसके सिवा कोई स्वर्ग नहीं पहुँचा। जिस तरह मूसा ने मरुभूमि में साँप को ऊपर उठाया था, उसी तरह मानवपुत्र को भी ऊपर उठाया जाना है, जिससे जो उसमें विश्वास

करता है, वह अनन्त जीवन प्राप्त करे'* इस प्रकार उन्होंने अपने आध्यात्मिक जीवन की ओर निर्देश किया, क्योंकि उनका स्रोत उच्चतम ईश्वर है जो समस्त आध्यात्मिक मूल्यों का आधार है। और वे इस बात का भी संकेत देते हैं कि वे मनुष्य के नैतिक मूल्यों को भी स्थापित करने आये हैं। इन मूल्यों के जीवन में मनुष्य की सार्थकता मानी गई है।

५

येरूसालेम में ईसा शिष्यों के साथ कुछ समय रहे। क्रमशः जन-समाज का ध्यान उनकी ओर आकर्षित हुआ। समूहों में लोग उनसे मिलने आते थे और शिक्षा ग्रहण करते थे। पुरोहित वर्ग के लोगों में उन पर अविश्वास करनेवालों की कमी नहीं थी। उन्हें उनके उपदेशों में अपना विरोध लगता था। निश्चय ही पुरोहित तथा शास्त्री वर्ग का अपना निहित स्वार्थ था। वे शास्त्र के नियमों के पालन पर जड़ आग्रह प्रकट करते थे और अपने प्रभाव-क्षेत्र से जन-समाज को मुक्त नहीं होने देना चाहते थे। नगर के जीवन, वहाँ के बाजार, वहाँ की सड़कों और मन्दिर में उनका गहरा प्रभाव तथा नियंत्रण था। यहूदी नियमों के अनुशासन को मान कर चलते आये थे, उनके चरित्र में सदियों के संघर्ष से कठोरता आ चुकी थी। इसीलिए वे ग़ैर यहूदियों के स्वच्छन्द जीवन और मुक्त आचरण को घृणा तथा उपेक्षा के भाव से देखते थे। पर ईसा ने शास्त्र के जड़ नियमों पर आघात करना शुरू किया, उन्होंने नैतिक तथा आध्यात्मिक मूल्यों की नई तथा गतिशील (सजीव) व्याख्या प्रस्तुत की। इस परिस्थिति में पुरोहितों तथा शास्त्रियों के निहित स्वार्थ पर आघात लगना स्वाभाविक था।

ईसा अपने वचनों से और कृत्यों से जन-समाज में प्रिय होते जा रहे थे। प्रेम तथा कृपा जैसे मानवीय तथा आध्यात्मिक मूल्यों के संस्पर्श से जन-समाज को ऐसा लगा कि ईश्वर ने संसार को इतना प्यार किया कि उसने उनके लिए अपने एकलौते पुत्र को अर्पित कर दिया। जो उसमें विश्वास करता है, उसका सर्वनाश नहीं होता, वरन् उसे अनन्त जीवन प्राप्त होता है। 'ईश्वर ने अपने पुत्र को संसार में इसलिए नहीं भेजा है कि वह संसार को दोषी ठहराये। उसने उसे इसलिए भेजा है कि संसार उसके द्वारा मुक्ति प्राप्त करे।' वह अपने पिता का पुत्र होने के कारण आध्यात्मिक मूल्यों का वाहक है और मानव स्वरूप होने के कारण मानवीय मूल्यों को धारण करता है। इसलिए उसके माध्यम से मनुष्य इन मूल्यों की रचनात्मक उपलब्धि करने में सक्षम हो सकेगा और अपने को मुक्ति का अधिकारी बना सकेगा।

ईसा ने मनुष्य को मूल्यों से सम्पन्न जीवन का मार्ग दिखलाना शुरू किया

* ऊपर उठाया जाना : अर्थात् क्रूस (सलीब) पर लटकाया जाना।

था। पृथ्वी और स्वर्ग को जोड़ने या मिलाने का काम उनका था, अर्थात् दोनों के मूल्यों का साक्ष्य उन्हें देना था। मूल्यों का जीवन तर्क और प्रश्न पर नहीं, आस्था और विश्वास पर आश्रित होता है। अतः कहा गया है 'जो पुत्र में विश्वास करता है, वह दोषी नहीं ठहराया जाता है, जो विश्वास नहीं करता, वह दोषी ठहराया जा चुका है, क्योंकि वह ईश्वर के एकलौते पुत्र के नाम में विश्वास नहीं करता।' पुत्र समस्त आध्यात्मिक तथा मानवीय मूल्यों का वाहक है और नाम को उनके माध्यम से मूल्य के अनुभावन रूप में माना जा सकता है। इसीलिए 'दण्डाज्ञा का कारण यह है कि ज्योति संसार में आयी है और मनुष्यों ने ज्योति की अपेक्षा अन्धकार को अधिक पसन्द किया, क्योंकि उनके कर्म बुरे थे।' ऐसा नहीं था कि ईसा के व्यक्तित्व को सभी ने पहचाना हो, विश्वास किया हो। मूल्यों का जीवन जीना आसान नहीं होता, विशेष कर जिन्हें संसार के निचले जीवन का अभ्यास हो चुका है। ऐसे लोगों ने प्रकाश के स्थान पर अन्धकार को ही अपनाया।

येरूसालेम यहूदियों का सबसे बड़ा केन्द्र था। यहाँ उनके धर्मशास्त्रियों तथा पुरोहितों का गढ़ था। और इन सब लेवी पुरोहितों तथा फ़रीसी शास्त्रियों को ईसा का व्यक्तित्व चुनौती लगना स्वाभाविक था। उनकी प्रतिष्ठा और सत्ता का गढ़ ईसा के सहज और मानवीय उपदेशों से ढहने लगा था। वे उनके विरोधी होते जा रहे। सहज है 'जो बुराई करता हैं, वह ज्योति से बैर करता है और ज्योति के पास इसलिए नहीं आता कि कहीं उनके कर्म प्रकट न हो जायें।' ज्योति प्रकाश है और प्रकाश गुण-दोष, भलाई-बुराई को उजागर करने में सक्षम होता है। ज्योति को ग्रहण करने में वही समर्थ होता है जो सत्य का वरण कर सकता है। ज्योति, सत्य और सारे मानवीय मूल्यों का स्रोत ईश्वर है, अतः उसी की सहायता से उन्हें उपलब्ध करना संभव होता है। कहा गया है—'किन्तु जो सत्य पर चलता है, वह ज्योति के पास आता है जिससे यह प्रकट हो कि उनके कर्म ईश्वर की प्रेरणा से हुए हैं।'

ईसा के प्रभाव के विस्तार के साथ येरूसालेम में उनका विरोध बढ़ता जा रहा था। लेवी पुरोहित उनसे अनायास द्वेष भाव रखते थे, फ़रीसी द्वेष भाव से विरोध करते थे और साथ ही साधारण जन-समाज उपेक्षाशील था। इस वातावरण में ईसा ने अनुभव किया कि येरूसालेम में संदेश का समय नहीं है। लोगों में विश्वास उत्पन्न करने और विरोध के कम होने के लिए प्रतीक्षा करने की अपेक्षा थी, अतः ईसा ने येरूसालेम छोड़ दिया।

६

इसके बाद ईसा अपने शिष्यों के साथ यहूदिया प्रदेश में आये और उनके साथ वहाँ रहे। वहाँ भीड़ एकत्र होने लगी थी, क्योंकि लोग आसानी से पहुँच

जाते थे। शिष्य लोगों को हृदय-परिवर्तन का बपतिस्मा अथवा शुद्धि-स्नान देते थे। उसी समय योहन भी सलीम के निकट एनोन में बपतिस्मा दे रहे थे। एनोन झरनों के कारण इस नाम से पुकारा गया है। झरनों से घिरा यह स्थान योहन ने सुरक्षा की दृष्टि से चुना होगा। उन्हें फ़रीसियों से विश्वासघात का भय था और राजा अन्तिपस उनसे शत्रुता का भाव रखता था। बेथानिया उसी के शासन में थी। इसीलिए उन्होंने समारिया और ग्रीक नगर सिथोपोलिस के मध्य में यह स्थान अपने लिए चुना था। यद्यपि ऋतु के अनुसार (यह अप्रिल माह का प्रारम्भ था) यह काम करने के लिए अच्छा स्थान नहीं माना जायगा। जाड़े के अन्तिम भाग की वर्षा और हेर्मोन पर्वत की बर्फ़ के गलने से यर्दन नदी की तटीय कटानें सैलाब के पानी से प्लावित हो जाती थीं। इस समय यहाँ घूम-फिरकर काम करना कठिन हो जाता था। एनोन पहाड़ी पर स्थित होने के कारण अपेक्षाकृत सुविधाजनक स्थान था और उसके चारों ओर के झरनों में पानी की कमी नहीं थी। ये झरने अन्ततः धाराओं में प्रवाहित होकर यर्दन में मिलते थे। लोग यहाँ आकर योहन से बपतिस्मा ग्रहण करते थे।

योहन अभी तक गिरफ्तार नहीं हुए थे। परन्तु इसका खतरा बढ़ता जा रहा था। राजा, पुरोहित तथा शास्त्री सभी उनके विरुद्ध हो गये थे। वह जनता का उद्बोधन कर रहे थे। भेद-भाव मिटा कर जन-समाज को ईश्वर के सरल मार्ग का वह उपदेश दे रहे थे और इस प्रकार ईसा का मार्ग प्रशस्त कर रहे थे। जनता की इस जागरूकता से सभी को अपने निहित स्वार्थ खतरे में जान पड़े। और योहन के विरुद्ध षड्यंत्र चल रहे थे। इसी बीच ईसा और योहन के बपतिस्मा को लेकर यहूदियों ने विवाद खड़ा कर दिया। एक दिन उनके और योहन के शिष्यों के बीच 'शुद्धीकरण' के प्रश्न को लेकर विवाद चल पड़ा। इसमें भी दोनों के बपतिस्मा की बात भी उठ खड़ी हुई। योहन के शिष्यों ने आकर उनसे कहा—"गुरुवर, देखिए, जो यर्दन के उस पार आपके साथ थे और जिनके विषय में आपने साक्ष्य दिया, वह बपतिस्मा देते हैं और सब लोग उनके पास जाते हैं।" शिष्यों के मन में चिन्ता थी कि उनके गुरु की अपेक्षा ईसा का महत्त्व बढ़ता जा रहा था, जबकि कार्य का प्रारम्भ योहन ने किया था।

योहन ने उन्हें सन्तुष्ट करने के भाव से कहा—"मनुष्य को वही प्राप्त हो सकता है जो उसे स्वर्ग की ओर से दिया जाता है। तुम लोग स्वयं जानते हो कि मैंने यह कहा—मैं मसीह नहीं हूँ। मैं तो उनका अग्रदूत हूँ। वधू वर की ही होती है; परन्तु वर का मित्र, जो उसके साथ रह कर उनकी बातें सुनता है, उनकी वाणी पर आनन्दित हो उठता है। मेरा आनन्द ऐसा ही है और अब वह परिपूर्ण है। यह उचित है कि वह बढ़ते जायँ और मैं घटता जाऊँ।" सभी जानते हैं, सूर्योदय के साथ प्रातः का तारा विलीन हो जाता है। योहन को यह ज्ञात था और उन्होंने अपनी अग्रदूत की स्थिति सहर्ष स्वीकार की थी। मानव

हित के लिए योहन ईसा के कृतित्व में अपने को मिला देना चाहते थे।

सन्त योहन अपने सुसमाचार में स्वीकार करते हैं, जो ईश्वरीय है अर्थात् ऊपर से आता है, वह सर्वोपरि मूल्य है। पृथ्वी के भौतिक मूल्यों का सम्बन्ध पृथ्वी के भौतिक जीवन से है, क्योंकि उसमें इन्हीं मूल्यों की अभिव्यक्ति होती है। स्वर्गीय जीवन अपने मूल्यों के सन्दर्भ में सर्वोपरि होता है। उसने जो भी देखा अथवा सुना है, वह उसी का साक्ष्य देता है। यह अलग बात है कि उसका साक्ष्य कोई स्वीकार नहीं करता, अविश्वासी जन ऐसे ही होते हैं। जो उसका साक्ष्य स्वीकार करता है वह ईश्वर की सत्यता को प्रमाणित करता है। जिसे ईश्वर ने अपने प्रतिनिधि के रूप में भेजा है, वह ईश्वर के ही शब्द बोलता है। ईश्वर उसे प्रचुर मात्रा में पवित्र आत्मा प्रदान करता है। ईश्वर पिता के रूप में पुत्र को प्यार करता है और उसी के हाथ उसने सब कुछ दे दिया है। जो पुत्र पर विश्वास करता है, उसे अनन्त जीवन प्राप्त है, पर ऐसे लोग जो पुत्र में विश्वास नहीं करते हैं, उन्हें जीवन अर्थात् मूल्यों का जीवन प्राप्त नहीं होता। ईश्वर का क्रोध उन पर बना रहेगा।

ईसा ने अनुभव किया कि यहूदिया में योहन और उनके शिष्यों के बीच प्रतिद्वंद्विता का भाव आने लगा, क्योंकि उनके शिष्य बढ़ रहे थे। उन्होंने यहूदिया को छोड़कर गलीलिया वापस जाने का निश्चय किया। इसी बीच हेरोद अन्तिपस ने स्वयं लोगों को भेज कर योहन को पकड़वाया और कैदखाने में डाल दिया। ऐसा था कि हेरोद महान् के पुत्रों में अन्तिपस और फ़िलिप गलीलिया तथा पेरेआ और इतूरिया तथा त्रखोनितिस के शासक थे। तीसरे पुत्र को भी हेरोद कहा गया है, पर जिसे सन्त मारकुस ने फ़िलिप पुकारा है, सम्भवतः जनता के बीच प्रचलित होने के कारण। इस पुत्र को पिता के उत्तराधिकार में कुछ नहीं मिला था। इसने अपनी भतीजी हेरोदियस से विवाह किया था, ऐसा इस परिवार में प्रचलित था। पर अन्तिपस ने रोम जाते समय उसकी पत्नी को बहकाया और कुछ समय बाद रोम से लौट कर उसने हेरोदियस को अपनाना चाहा। पर उसने शर्त रखी कि वह अपनी पत्नी को तलाक़ दे। अन्ततः उसकी पत्नी, नबातियन, राजा अरेतस की पुत्री जान बचा कर अपने पिता के पास चली गई और अन्तिपस हेरोद ने उससे विवाह कर लिया।

हेरोदियस अपनी पन्द्रह वर्ष की पुत्री सलोमी के साथ अन्तिपस के राजमहल में आ गई है। इस सम्बन्ध के बारे में जन-समाज में क्षोभ और विरोध था। योहन बपतिस्ता ने जन-भावना के प्रवक्ता के रूप में और नैतिक मूल्य की रक्षा की दृष्टि से हेरोद से कहा—"अपने भाई की पत्नी को रखना आपके लिए उचित नहीं है।' इसी कारण हेरोदियस योहन से बैर रखती थी और वह उसे मार डालने का जाल रचने लगी। पर वह ऐसा नहीं कर पाती थी, क्योंकि हेरोद योहन को धर्मात्मा और सन्त जान कर उस पर श्रद्धा भाव रखता था

और उसकी रक्षा करता था। हेरोद उसकी बातें सुन कर असमंजस में पड़ जाता था, फिर भी उसकी बातें खुशी से सुनता था।

जनता हेरोद के इस आचरण को अनैतिक मानती थी और उसमें विक्षोभ था। और योहन ने इस बदनामी के कारण उसे फटकारा था। अन्तिपस की अधिकांश शिक्षा रोम में हुई थी और धार्मिक मामलों में वह पूरी तरह अविश्वासी था। पर वहाँ उसने सीखा था कि जन-मत की अवहेलना नहीं करनी चाहिए। रोम के शासक अपनी जनता की रूढ़ियों तथा परम्पराओं को भी आदर की दृष्टि से देखते थे। इस कारण यह आशा थी कि वह योहन जैसे जनता की भावना को मुखरित करने वाले व्यक्ति के कहने से अपने कर्त्तव्य तथा सम्मान के प्रति सजग होगा। पर योहन का साहसिक विरोध व्यर्थ गया।

हेरोद नाराज़ हुआ, पर कुशल शासक की तरह उसने इस बात के लिए योहन से कुछ भी नहीं कहा। उसने व्यक्तिगत मामले के बजाय जन-हित की आड़ लेकर योहन को फँसाने का प्रयत्न किया। कहा गया कि वह अपने भाषणों से जनता को उत्तेजित करता है, आन्दोलन करने के लिए भड़काता है और शासन की व्यवस्था और शान्ति की दृष्टि से यह आवश्यक है कि उसे रोका जाय। उसे योहन से वास्तविक भय भी था, क्योंकि उनका जन-समाज पर व्यापक प्रभाव था और उनके व्याख्यानों से जनता में विद्रोह हो सकता था। अतः उसने उन्हें क़ैद करने का विचार किया। योहन बपतिस्ता उसके शासन में नहीं था। एनोन समारिया तथा सिथोपोलिस के स्वतंत्र नगर के बीच में स्थित था। अतः वहाँ उसे क़ैद करना संभव नहीं था। कहा गया है कि शत्रुओं ने उन्हें पकड़वा दिया। इससे यही कहा जा सकता है कि फ़रीसियों ने यह कार्य किया होगा। उन्हें योहन के बढ़ते हुए प्रभाव की चिन्ता थी। और इसी प्रकार ईसा के शिष्यों की बढ़ती हुई संख्या की ओर जब उनका ध्यान गया, ईसा को यहूदिया छोड़ना पड़ा।

हेरोद ने योहन को क़ैद करके मकेरियस भेज दिया। यहाँ का क़ैदखाना सुरक्षित और एकान्त स्थान पर था, जहाँ तक जनता के पहुँचने की संभावना कम थी। यह स्थान निर्मल आकाश के दिनों में जैतून पर्वत तथा बेथलेहेम की ऊँचाइयों से स्पष्ट दिखाई पड़ता था। यह बेथलेहेम के समानान्तर मृत सागर से लगभग ६ मील दूर और साढ़े तीन हज़ार फ़ीट की ऊँचाई पर स्थित था। परन्तु यहाँ का मार्ग पहाड़ियों के बीच चक्करदार है, इस कारण पहुँचने में प्रायः तीन दिन लग जाते थे। निश्चय ही यह मार्ग सुन्दर वृक्षों और झाड़ियों से आच्छादित था। पर्वत के शिखर और मृत सागर का नीला जल स्थान-स्थान से झलक मारते थे। इस प्रकार योहन के क़ैद हो जाने से उनका कार्य रुक गया। ऐसा जान पड़ता है, यह भी ईश्वरीय विधान के अनुसार था। अब ईसा का सुसमाचार प्रारम्भ हो चुका था। ●●

प्रकरण छः

गलीलिया की वापसी

१

ईसा अपने शिष्यों के साथ यहूदिया छोड़ कर गलीलिया जा रहे थे। उन्हें समारिया होकर जाना था। मार्ग पहाड़ी घाटियों से होकर गरिज़िम तथा हेबल जैसे पर्वतों को पार करता हुआ जाता था, पर सबसे सीधा और सुविधाजनक मार्ग यही था। समारिया प्रदेश को पार करने में दो दिन लग जाते थे। बीच में समारिया के सिकार नामक नगर में पड़ाव डालना पड़ता। यह मई का महीना था और सूर्य की किरणें तीखी हो गई थीं। घाटियों के चढ़ाव-उतार को पार करते हुए सात-आठ घंटे की यात्रा के पहले गरिज़िम और हेबल पर्वतों की घाटी तक नहीं पहुँचा जा सकता था। सुबह से यात्रा शुरू करके दोपहर हो चुकी थी। गरिज़िम पर्वत के किनारे गुज़रती हुई सड़क से वे लोग उस भूमि के निकट पहुँचे, जिसे याकूब ने अपने पुत्र यूसुफ़ को दिया था। यहाँ याकूब का सौ फ़ीट गहरा कुआँ था, जो अपने पहाड़ी अन्तर्वर्ती स्रोत के कारण झरना भी कहा गया है। वह स्थान खम्भों पर छाया हुआ था, जिससे धूप से तपे हुए यात्री वहाँ रुक कर विश्राम ले सकें, पानी पी सकें। कड़ी धूप में लम्बी यात्रा के बाद ईसा थक कर सुस्ताने के लिए रुके। दोपहर हो चली थी। सुस्ताने के साथ यहाँ प्यास बुझानी थी और दोपहर का भोजन भी करना था। ईसा झरने के निकट बैठ गये और शिष्य पास के नगर में सामान लेने गये।

इसी बीच एक समारी स्त्री पानी खींचने आयी। वह नगर की नहीं बल्कि समारिया प्रदेश की रहने वाली थी। इस स्थान के निकट तीन झरने भी हैं, पर ऐसा जान पड़ता है कि इस कुएँ का पानी अधिक अच्छा माना जाता था। स्त्री सिर पर गगरा रखे थी और बाँह पर बालों से बनी रस्सी। ईसा ने उससे कहा—"मुझे पानी पिला दो।" उन्हें प्यास लगी थी और उनके शिष्य नगर में भोजन खरीदने गये थे। यहूदी लोग समारियों से प्रायः सम्बन्ध रखना पसन्द नहीं करते थे। इसीलिए समारी स्त्री ने कहा—"यह क्या कि आप यहूदी होकर भी मुझ समारी स्त्री से पीने के लिए पानी माँगते हैं?" ईसा ने उत्तर दिया—"यदि तुम ईश्वर का वरदान पहचानती और यह जानती कि वह कौन है जो तुमसे कहता है—मुझे पानी पिला दो, तो तुम उससे माँगती और वह तुम्हें संजीवन जल देता।"

समारी स्त्री ने सहज भाव से उनसे कहा—"मालिक, कुआँ गहरा है, और

आपके पास पानी खींचने का कोई साधन नहीं है। तो आपको वह संजीवन जल कहाँ से मिलेगा ? क्या आप हमारे पिता याकूब से भी महान् हैं ? उन्होंने हमें यह कुआँ दिया। वह स्वयं, उनके पुत्र और उनके पशु भी इसमें से पानी पीते थे।" ईसा ने कहा—"जो यह पानी पीता है, उसे फिर प्यास लगेगी, किन्तु जो मेरा दिया हुआ जल पीता है, उसे फिर कभी प्यास नहीं लगेगी। जो जल मैं उसे प्रदान करूँगा, वह उसमें ऐसा स्रोत बन जायगा जो अनन्त जीवन के लिए उमड़ता रहता है।" इस पर स्त्री ने कहा—"मालिक ! मुझे वह जल दीजिए, जिससे मुझे फिर प्यास न लगे और यहाँ पानी खींचने नहीं आना पड़े।"

यहाँ ईसा अपने मानव-मुक्ति के सन्देश को सबसे पहले सामान्य जन से इस साधारण प्रसंग के माध्यम से कहते हैं। समारी स्त्री पानी के प्रसंग को सहज ढंग से लेती है। ईसा के कथन में रहस्य नहीं है, उनकी भाषा में जल से प्यास बुझाने की बात है। एक स्तर पर इसकी अर्थ व्यंजना हमारे लिए स्पष्ट है, ईसा मानव-जीवन को चरम सत्य से मानव-मूल्यों के अनन्त स्रोत के माध्यम से जोड़ने का सन्देश देते हैं। समारी स्त्री पूरी तरह इसको समझ नहीं सकी, उस साधारण स्त्री के लिए पानी खींचने के लिए याकूब के झरने पर न आने की बात अधिक स्पष्ट है। फिर भी उसने संकेत को एक स्तर पर ग्रहण किया, यह जान पड़ता है। आगे ईसा ने उससे पूछा—"जा कर अपने पति को यहाँ बुला लाओ।" विवश भाव से स्त्री ने उत्तर दिया—"मेरा कोई पति नहीं है।"ईसा के वचनों का पूरा सन्दर्भ वह समझ पाने में असमर्थ थी। ईसा ने उससे कहा—"तुमने ठीक ही कहा कि मेरा कोई पति नहीं है। तुम्हारे पाँच पति रह चुके हैं और जिसके साथ अभी रहती हो, वह तुम्हारा पति नहीं है। यह तुमने ठीक ही कहा।"

स्त्री ने उनसे कहा—"मालिक, मैं समझ गयी—आप नबी हैं। हमारे पुरखे इस पहाड़ पर आराधना करते थे और आप लोग कहते हैं कि येरूसालेम में आराधना करनी चाहिए।" यह जानकर कि ईसा हृदय की बात जान सकते हैं, बहुत निजी रहस्यों का उद्‌घाटन कर सकते हैं, स्त्री को ईसा के नबी होने पर विश्वास हुआ। जन साधारण इस प्रकार के चमत्कारों से प्रभावित होते हैं। ईसा ने उससे कहा—"स्त्री, मैं तुम्हें विश्वास दिलाता हूँ कि वह समय आ गया है, जब तुम लोग न तो इस पहाड़ पर पिता की आराधना करोगे और न येरूसालेम में ही। तुम लोग जिसकी आराधना करते हो, उसे नहीं जानते। हम लोग जिसकी आराधना करते हैं, उसे जानते हैं; क्योंकि मुक्ति यहूदियों से प्रारम्भ होती है। परन्तु वह समय आ गया है, जब सच्चे आराधक आत्मा और सच्चाई से पिता की आराधना करें। पिता ऐसे ही आराधकों को चाहता है। ईश्वर आत्मा है। और जो उसकी आराधना करें, उन्हें उसकी आराधना आत्मा और सच्चाई से करनी चाहिए।"

परम्परा के अनुसार समारी स्त्री को मालूम था कि ईसा का कथन मसीह में पूरा होने वाला है। अतः उसने कहा—"मैं जानती हूँ कि मसीह जो खीस्त कहलाते हैं, आने वाले हैं। जब वह आयेंगे, तो हमें सब कुछ बता देंगे।" वह नहीं जानती थी कि उसके सामने कौन है। ईसा ने उससे कहा—"मैं, जो तुम से बोल रहा हूँ, वही हूँ।" यहाँ साधारण जन से ईसा ने स्पष्ट शब्दों में मसीह होने की घोषणा की है। अब तक अपने कार्यों से इसकी व्यंजना और शब्दों से इस बात का संकेत वे कई बार दे चुके हैं। उसी समय कस्बे से शिष्य वापस आ गये और एक साधारण स्त्री के साथ उन्हें बात करते देख कर अचम्भे में पड़ गये। फ़रीसी अपरिचित स्त्रियों से बातचीत करना पसन्द नहीं करते थे, विशेष कर यहूदी का समारी स्त्री से बातचीत करना स्वाभाविक नहीं था। पर आदर भाव के कारण शिष्य ईसा से प्रश्न नहीं कर सकते थे। किसी ने यह नहीं कहा—"इससे आप को क्या ?" अथवा—"आप उससे क्या बातें करते थे ?"

२

उस स्त्री ने अपना घड़ा वहीं छोड़ दिया। उसने नगर जाकर लोगों से कहा—"चल कर एक मनुष्य को देख लीजिए, जिसने मुझे वह सब, जो पहले मैंने किया, बता दिया है। कहीं वह मसीह तो नहीं है ?" नगर के लोग उन्हें जानने को उत्सुक हो गये। इस बीच उनके शिष्य उनसे यह कहते हुए अनुरोध करते रहे—"गुरुवर, खाना खा लीजिए।" वे खाने की सामग्री बाज़ार से ले आये थे और ईसा को भोजन कराना चाहते थे। पर वह गहन चिन्तन में डूबे हुए थे। उसी ऊँची भूमिका से उन्होंने कहा—"खाने के लिए मेरे पास वह भोजन है, जिसके बारे में तुम लोग कुछ नहीं जानते हो।" उनको आश्चर्य हुआ, उन्होंने आपस में पूछा—"क्या कोई उनके लिए कुछ खाने को ले आया है ?" ईसा ने उनके भाव को समझ लिया और उनसे कहा—"जिसने मुझे भेजा, उसकी इच्छा पर चलना और उसका कार्य पूरा करना यही मेरा भोजन है।"

इस समय ईसा जिस भूमिका से बोल रहे थे, उस पर उनका कथन मानव भविष्य का संकेत देता है। आगे अपनी बात का विस्तार करते हुए ईसा कहते हैं—"क्या तुम यह नहीं जानते कि अब कटनी के चार महीने रह गये हैं ? पर मैं तुम लोगों से कहता हूँ—आँखें उठा कर खेतों को देखो। वे कटनी के लिए पक चुके हैं। अब तक काटने वाला मज़दूरी पाता और अनन्त जीवन के लिए फ़सल जमा करता है, जिससे बोने वाला और काटने वाला दोनों मिल कर आनन्द मनायें। क्योंकि इस कहावत में सच्चाई है—एक बोता है और दूसरा काटता है। मैंने तुम लोगों को वह खेत क़ाटने भेजा और तुमने उसमें परिश्रम नहीं किया—दूसरों ने परिश्रम किया और तुम्हें उनके परिश्रम का फल मिल रहा है।"

ईसा ने अपने शिष्यों का ध्यान मखनाह के मैदान की ओर आकर्षित किया, उनके चेहरे पर एक अर्थवान् भंगिमा थी। उनकी आँखों के सामने पकी हुई फ़सल के खेत फैले थे, जो दोपहर की हवा चलने से अपनी रजत आभा में लहरा रहे थे। ग्रीष्म के सूर्य की किरणों के ताप से पकी हुई गेहूँ की फ़सल काटने वालों को प्रेरित करती है। ईसा इस प्रकार प्रकृति के परिवेश में ईश्वरीय विधान के रहस्य का संकेत देते हैं। निश्चय ही ईसा सामने की फ़सल के आधार पर 'अनन्त जीवन के लिए फलों को धारण करने' की व्यंजना करते हैं। यहाँ बीज बोने वाले स्वतः ईश्वर पुत्र हैं, जिन्होंने मानव मुक्ति के लिए चरम मूल्य की ओर उन्मुख मानव मूल्यों का स्रोत प्रवाहित किया है। अब इसकी उपलब्धि (फल) दूसरे प्राप्त करेंगे।

इस बीच समारी स्त्री के कहने पर उसके कस्बे के लोगों ने ईसा पर विश्वास किया। स्त्री ने अपनी ओर से दृढ़ता से नहीं कहा था कि ईसा मसीह हैं, केवल संभावना के रूप में अपनी बात रखी थी। वे समूहों में ईसा के पास इकट्ठा हुए। कहा नहीं जा सकता कि उसके कथन से अथवा ईसा के व्यक्तित्व से उन्हें विश्वास हुआ। यहाँ उनकी बातचीत का कोई उल्लेख नहीं है, पर ईसा ने उनसे कुछ बातचीत की हो, यह संभावना है। पर जब वे उनके पास थे, तो उन्होंने अनुरोध किया कि आप हमारे यहाँ रहिए। वह दो दिन उनके बीच वहाँ रहे। पहाड़ियों के बीच इस कस्बे के लोगों में समारी अधिक थे, वे सरल विश्वासी लोग थे। घाटी में उनके खेतों में इस मौसम में फ़सल पकी खड़ी थी। ईसा अपने शिष्यों के साथ इनके बीच रहे और इधर-उधर घूम कर उस क्षेत्र में उपदेश देते रहे। समारी स्त्री के कस्बे के अलावा थोड़ी-थोड़ी दूरी पर यहाँ कई अन्य बस्तियाँ थीं और उन लोगों के बीच ईसा ने अपनी शैली में अपना सन्देश दिया। इस प्रकार बहुत लोगों ने उन पर विश्वास किया। उन्होंने स्त्री से कहा—"अब हम तुम्हारे कहने के कारण ही विश्वास नहीं करते। हमने स्वयं उन्हें सुन लिया है और हम जान गये हैं कि वह सचमुच संसार के मुक्तिदाता हैं।"

३

दो दिन समारियों के बीच बिता कर ईसा विदा होकर गलीलिया गये। पहाड़ी श्रेणियों की घाटियों के बीच से पार करते हुए समारिया प्रदेश से गुज़रते हुए ईसा और उनके शिष्य गलीलिया पहुँचे। समारिया को पार करने पर गेलबोआ पर्वत के पार्श्व से गुज़रना था। फिर एस्ड्रेलॉन की घाटी को पार कर थाबोर पर्वत के दर्रे से गुज़रना था। वहाँ पहुँचने पर लोगों ने उनका बहुत आदर किया, यद्यपि ईसा ने स्वयं कहा था—अपने देश में नबी का आदर नहीं होता। सम्भवतः इस समय उनकी दृष्टि यहूदिया पर थी। उनका जन्म

बेथलेहम में हुआ था अतः यह कहना भी ठीक माना जाएगा। ईसा ने पर्व के दिनों येरूसालेम में जो कुछ किया था, वह सब उन्होंने देखा था। पर्व के लिए वे भी वहाँ आए थे। यद्यपि नाज़रेत में परिवार के साथ ईसा के जीवन का अधिकांश समय बीता था, पर वापसी में यहाँ आने पर ईसा ने अपने ईश्वरीय विधान को पूरा करने के लिए नाज़रेत के बजाय कफ़रनाहूम नगर को चुना। वहाँ पहुँचने के क्रम में ये लोग काना नगर पहुँच गये।

यह वही नगर था, जहाँ उन्होंने पानी को अंगूरी बना दिया था। उनके आने का समाचार इस क्षेत्र में फैल गया। कफ़रनाहूम में राज्य के किसी अधिकारी का लड़का बीमार था। ईसा के चमत्कारों की जनश्रुति उससे सुनी थी। यह जानकर कि ईसा यहूदिया से गलीलिया आ गये हैं, वह तुरन्त काना के लिए रवाना हुआ। उसे आशा थी कि वहाँ ईसा से भेंट हो सकेगी। कफ़रनाहूम से काना का रास्ता आसान नहीं है। पहाड़ी मार्ग एक तीखे ढाल वाले चट्टानी दर्रे से गुज़रता है। वह छः-सात घण्टे की कठिन यात्रा के बाद काना पहुँचा। तुरंत वह उनके पास गया और उसने उनसे प्रार्थना की कि वह कफ़रनाहूम चल कर उसके पुत्र को चंगा कर दें, क्योंकि वह मरणासन्न है। यह अधिकारी जाति और धर्म से यहूदी था, पर वह ईसा को मात्र एक नबी तथा चमत्कार करने वाला मान रहा था। और प्राचीन विधान की परम्परा में दूरी से चंगा करने के बहुत कम उल्लेख होने के कारण उसके मन में यह भाव नहीं आया कि उसके पुत्र को स्वस्थ करने के लिए ईसा का वहाँ जाना जरूरी नहीं है।

ईसा संसार में मानव-मुक्ति का सन्देश लेकर आये थे। इस मुक्ति के मार्ग को मानव-मूल्यों के माध्यम से ईसा ने निर्दिष्ट किया है, जिन्हें ईश्वरीय विधान के रूप में मनुष्य को स्वीकारना है। पर उन्हें जिन लोगों के बीच अपना कार्य करना था, उनमें विश्वास तथा आस्था जगाने के लिए उन्हें दैवी कार्यों अथवा चमत्कारों का आश्रय लेना पड़ता था। परन्तु उन्होंने इन कार्यों को उतना महत्त्व नहीं दिया और अनेक स्थानों पर संकेत किया है कि ऐसा जन-समाज के सामने साक्ष्य देने के लिए उन्हें करना पड़ा है। इसी भाव से ईसा ने उससे कहा —"आप लोग चिह्न और चमत्कार देखे बिना विश्वास नहीं करेंगे।" यह उन्होंने सारी इकट्ठा हुई जनता को लक्ष्य करके ही कहा, केवल अधिकारी से नहीं।

पर अधिकारी इस कथन के गहरे अर्थ और उसके व्यंग को समझ पाने की मनःस्थिति में नहीं था। अपने पुत्र की बीमारी को लेकर बहुत चिन्तित था और उसने आग्रह किया—"महोदय, कृपा करके चलिए, कहीं मेरा बच्चा आपके पहुँचने के पहले मर न जाय।" उसकी वेदना और आस्था से प्रभावित होकर ईसा ने उत्तर दिया—"जाओ, तुम्हारा पुत्र अच्छा हो गया है।" सायंकाल हो रहा था। रात में वापसी की यात्रा और मुश्किल थी, सुबह की यात्रा की थकान भी

थी। ईसा के वचनों से उसका मन शान्त भी हुआ था। अतः उसने दूसरे दिन सुबह यात्रा शुरू की। वापसी में रास्ते पर उसे नौकर मिल गये। उन्होंने सूचना दी कि आपका पुत्र अच्छा हो गया है। अधिकारी के मन में सहज जिज्ञासा हुई। उसने पूछा कि वह किस समय अच्छा होने लगा था। उन्होंने कहा कल दिन में एक बजे उसका बुखार उतर गया। तब पिता समझ गया कि ठीक उसी समय ईसा ने उससे कहा था—"आपका पुत्र अच्छा है।" वह अपने सारे परिवार के साथ ईसा का भक्त तथा अनुयायी हो गया।

४

इस बार ईसा ने नाज़रेत के बजाय जैसा कहा गया है कफ़रनाहूम को अपना निवास स्थान बनाया। अपने परिवार तथा शिष्यों के साथ वह वहीं गये। वस्तुतः नाज़रेत मुख्य मार्ग से काफी हट कर एकान्त में पड़ता था, जहाँ वह अपना प्रचार केन्द्र नहीं बना सकते थे। इसके अलावा नाज़रेत में उनका सारा बचपन बीता था, वहाँ वह युवा हुए थे। वहाँ के निवासियों ने ईसा को अपने पिता के साथ बढ़ईगीरी करते देखा था। वहाँ उन्होंने साधारण जीवन बिताया था। उनके लिए ईसा की महानता को देख-समझ पाना आसान नहीं था। गलीलिया की दोनों राजधानियाँ सेप्फ़ोरिस और हेरोद अन्तिपस द्वारा बनाई नई राजधानी तिबेरियस में ग़ैर यहूदी प्रभाव अधिक था। अतः ईसा ने जबुलोन और नेफताली के देश में समुद्र किनारे स्थित कफ़रनाहूम नगर को अपना केन्द्र बनाया। यह नगर गेनेसरेत (गलीली) झील के उत्तर में यर्दन नदी के मुहाने से दो-तीन मील दूरी पर स्थित था। उन दिनों यह नगर गुंजान था। दश्मिक, मिस्र तथा भूमध्य सागर के बीच यातायात के मार्ग के केन्द्र के रूप में व्यापारियों का भी स्थान था। यहाँ लोगों का आना-जाना बना रहता था। यहाँ कभी कोई सैनिक अड्डा नहीं रहा होगा। इसकी मिली-जुली जन-संख्या में अधिकांश मछुए, दूकानदार, व्यापारी तथा कर वसूल करने वाले थे। हेरोद अन्तिपस की एक सैनिक टुकड़ी भी यहाँ सीमांत की रक्षा, व्यवस्था बनाये रखने और अधिकारियों की सहायता के लिए नियुक्त थी।

इस प्रकार इसायस नबी का कथन पूरा हुआ—"हे जबुलोन के देश और नेफताली के देश, हे यर्दन के पार के समुद्र पथ, हे अन्य जातियों के गलीलिया! जो लोग अन्धकार में बैठे थे उन्होंने बड़ी ज्योति देखी है। और जो मृत्युच्छाया के देश में बैठे थे, उन पर ज्योति का उदय हुआ है।" उस समय कफ़रनाहूम पहले नेफताली कबीले के अधिकार में था। जबुलोन का छोटा कबीला, जिसमें नाज़रेत शामिल था, इस्साकार कबीले से अधिकृत एस्ड्रालोन के मैदान तथा आशेर कबीले के भूमध्य सागर के तटीय क्षेत्र के बीच घिरा हुआ था। और इन चारों को मिला कर गलीलिया का प्रदेश बनता था। यह प्रदेश ग़ैर-यहूदियों

से घिरे होने के कारण 'ग़ैर यहूदियों का गलीली' कहलाता था।

यह प्रदेश बहुत विस्तृत नहीं था और ईसा के धर्म-प्रचार का क्षेत्र और भी सीमित था। पहाड़ियों से घिरी हुई गलीली झील मुख्यतः उनके 'ईश्वर के राज्य' के उपदेश की रंगस्थली थी। इसी झील के चारों ओर फैले हुए नीले क्षितिज के अन्तर्गत ईसा के सुसमाचार में वर्णित चमत्कारी कार्य घटित हुए हैं। यूसेफ़ुस के अनुसार इस झील के तट पर उन दिनों अनेक कस्बे और गाँव बसे हुए थे, इनमें हिप्पोस, तिबेरियस, मगदाला, कफ़रनाहूम और बेथसाइदा का अनेक बार उल्लेख हुआ है। यहाँ की वायु स्वच्छ थी, जल निर्मल था और जलवायु स्वास्थ्य के अनुकूल थी। घाटियों की गहराइयों में ताड़ और खजूर के वृक्ष छाये हुए थे। पहाड़ियों की ढाल पर जैतून और शहतूत के वृक्ष और अंगूर की लताएँ छायी हुई थीं। पर्वत शिखरों पर बाँज और अखरोट के वृक्ष उगे हुए थे। उन दिनों झील के पानी पर सैकड़ों नावों के पाल दिखाई देते थे, जिन पर मछुए मछलियाँ पकड़ते थे। आज जिस प्रकार का ऊजड़-बंजर प्रदेश यह दिखाई देता है, उससे उस युग की कल्पना करना कठिन है। फिर भी इसका प्राकृतिक आकर्षण बना हुआ है। इस परिदृश्य से उत्पन्न शान्ति, मौन और पवित्रता का अनुभव मुख्यतः उससे जाग्रत होने वाली स्मृतियों से जुड़ा हुआ है। परन्तु पास्का पर्व के निकट फूलों से भरे हुए मैदान और हरी-भरी पहाड़ियाँ जादुई प्रभाव डालते थे। आज तो यात्री अपने प्रभु के पदचिह्नों की खोज में विचरण करते हैं। इस प्रदेश के प्रत्येक भूखण्ड में और समुद्र-तट की प्रत्येक कटान में उसके चमत्कारी कार्यों और शिक्षाओं की स्मृतियाँ वापस आ जाती हैं। यहाँ के सभा-गृह में ईसा ने विश्वासियों को परम प्रसाद के उपहार का वचन दिया था। यहाँ कफ़रनाहूम में उन्होंने अनेक चमत्कारी कार्य किये थे।

तिबेरियस (गलीली) झील और उसके तट ईसा की कृपा से अनुप्राणित थे। यहाँ से थाबोर पर्वत का शिखर दिखाई देता है, जहाँ ईसा महिमान्वित हुए थे और इस पावन पर्वत के पीछे छिपा हुआ नाईम का छोटा सा कस्बा है। झील मछलियों से भरी है, उनके झुण्ड के झुण्ड पानी की सतह पर तैरते दिखाई देते हैं। वे इस प्रकार आपस में गुँथी रहती हैं कि पानी के तल में भित्ति जैसी जान पड़ती हैं। यहाँ अनेक प्रकार की मछली खानेवाले पक्षी—सफ़ेद हवासिल, रजत पनडुब्बी और काले पंखों वाले जलकौवा—झुण्ड के झुण्ड उतरते हैं और झील के सुनसान तटों को गुंजान करते हैं।

५

गलीलिया वापस आकर ईसा ने इस क्षेत्र में सक्रिय रूप से धर्म प्रचार का कार्य प्रारम्भ किया। इसके पूर्व अनेक बार कई स्थानों पर उन्होंने अपने चमत्कारों से जन-समूह के सामने प्रमाण प्रस्तुत कर धर्म उपदेश जरूर किया था, पर

संयोजित रूप से यह कार्य यहाँ और कफ़रनाहूम में बसने के बाद शुरू हुआ। ऐसा भी है कि अपने प्रेरित शिष्यों को अपने साथ स्पष्टतः सम्बद्ध करने के पहले ईसा गलीलिया के सभा-गृहों में स्वतः उपदेश देते थे। यहाँ से उनकी प्रसिद्धि सारे देश में फैल गई। प्रत्येक शनिवार को गलीलिया के सभा-गृहों में उन्हें उपदेश देने के लिए जन-समूह मिलता था। सप्ताह में तीन दिन महत्त्वपूर्ण जन-स्थानों में मौक़ा मिल जाता था। और ईश्वरीय सेवा के लिए किसी भी दिन और कहीं भी उनके लिए दस श्रोताओं को एकत्र कर लेना सरल बात थी। गलीलिया के ये सभागृह प्रायः समान शैली के थे, उनके भग्नावशेषों से ऐसा जान पड़ता है। इनको पत्थरों की सन्धि से बिना चूना-गारा के उठाया गया था। बाहर से पत्थरों को कुशलता के साथ छाँट दिया जाता था और अन्दर गचकारी की पर्त पर अलंकरण किया जाता था। इनमें तीन स्थलों पर विभक्त स्तम्भों की दो पंक्तियाँ होती थीं और प्रवेश द्वार के ठीक सामने जाकर ये दोनों पंक्तियाँ मिल जाती थीं। यह स्तम्भावली प्रायः उस गैलरी को सहारा देती थी जो महिलाओं के बैठने के लिए उपयोग में आती थी। इस सभागृह के अग्रभाग में भारी फाटक होता था, जिसके ऊपर अत्यधिक अलंकृत त्रिकोण रहता था और उसके बगल में दोनों ओर छोटे द्वार होते थे।

कफ़रनाहूम में इस क्षेत्र का बड़ा और महत्त्वपूर्ण सभागृह था। यह चारों ओर के तल से ऊँची नींव पर खड़ा था और इसके तीनों द्वार, मुख्य फाटक और उसके दोनों ओर के द्वार दक्षिण दिशा में खुलते थे। उसके ऊपर के छज्जे से झील के किनारे बसे हुए नगर तथा झील को घेरे हुई पहाड़ी शृङ्खला का सुन्दर दृश्य दिखायी देता था। इस क्षेत्र के अधिकांश सभागृह काले भासिताश्म के बने थे जो पत्थर यहाँ बहुतायत से पाया जाता है। पर कफ़रनाहूम का यह सभागृह सफ़ेद चूना-पत्थर का बना था और संगमर्मर जैसा चमकता था। ईसा यहाँ धर्म प्रचार कर रहे थे और उनका सन्देश यर्दन के तट पर योहन के सन्देश से भिन्न नहीं था। ईश्वर के राज्य के सुसमाचार का प्रचार करते हुए ईसा कहने लगे— "समय पूरा हुआ और ईश्वर का राज्य निकट आया है, पछताओ और सुसमाचार पर विश्वास करो।" योहन इस प्रकार का उपदेश मसीह के आगमन के साक्ष्य के रूप में देते थे। और ईसा इस प्रकार अपने को प्रकट करते थे। 'नबी के कथन के अनुसार सत्य पर आरूढ़ रहो, न्याय करो, मेरी मुक्ति जल्दी आने को है और मेरा न्याय जल्द ही प्रकट होगा।'

यहूदी परम्परा में 'ईश्वर का राज्य' और 'स्वर्ग का राज्य' समानार्थी अभिव्यक्तियाँ हैं। ईश्वर का एक नाम स्वर्ग भी था। इब्रानी, यूनानी तथा लातिनी में इस शब्द का तीन अर्थों में प्रयोग होता था। ईश्वर की सर्वोपरि सत्ता के लिए, इस सत्ता के प्रयोग के लिए और जिस प्रदेश में इसका शासन हो, उसके लिए। यहूदियों में ईश्वर विश्व का राजा माना जाता था, पर वह

इस्राएल पर शासन करता है और व्यक्तिगत हृदयों पर भी उसका शासन होगा, यह विश्वास प्रचलित था। यह एक विशेष स्थिति थी कि यहूदी अपने को ईश्वर के चुने हुए लोग, चुनी हुई जाति का मानते थे। मिस्री बन्धन से मुक्त होने के बाद सिनाई पर प्रसंविदा के अनुसमर्थन से यह भाव उनमें पुष्ट हुआ और इस पुरोहित जाति ने अपने को प्रभु की प्रजा माना। ईश्वर को राजा स्वीकार करने को दृष्टि से ये लोग, यह जाति अपने चारों ओर के राष्ट्रों तथा जातियों से भिन्न थी। यह परिकल्पना यहूदियों के बीच इस सीमा तक दृढ़मूल रही है कि ये प्रत्यक्ष भौमिक राजा को अदृश्य राजा अर्थात् ईश्वर का प्रतिनिधि मानते रहे हैं। साथ ही उनके लिए भौतिक राज्य से भिन्न ईसा के ईश्वर के राज्य की परिकल्पना को स्वीकार कर पाना कठिन था। पूरी जाति और राष्ट्र के रूप में निरन्तर पद-दलित होने तथा संघर्षरत रहने के कारण उनमें ऐसे ईश्वरीय राजा तथा राज्य की प्रतीक्षा थी, जो उनका प्रभुत्व सारे संसार में स्थापित कर सके।

उनके बीच मसीहा के आगमन का भविष्य कथन किया गया था। और वे शताब्दियों से मौन रह कर प्रतीक्षा कर रहे थे। पर उनकी भावना के अनुसार उनकी कल्पना में—'वह राजा, उनका राजा उनके बीच दाऊद की संतान होगा, जिसकी सत्ता के अधीन तमाम राष्ट्र होंगे। तमाम देशों के लोग उसकी महिमा का दर्शन करने आयेंगे। उसके शासन-काल में उनके बीच कोई अन्याय नहीं होगा, और सब कुछ पावन होगा। प्रभु ईसा उनके राजा हैं।' (सुलेमान का सातवाँ गीत)। अतः ईसा के श्रोता वर्ग के मन में उनके सन्देश को सुन कर कई तरह के विचार उठ सकते थे। अपनी निजी धारणाओं के अनुसार वे अलग-अलग अर्थ ले सकते थे। परन्तु उनके समाचार से उन सबके मन को यह आश्वासन जरूर मिलता था कि ईश्वर के राज्य के रूप में कुछ ऐसा घटित होने वाला है जो इस्राएल को उसके ईश्वरीय मिशन के योग्य बनायेगा।

सभा-गृहों में ईसा के उपदेश को सुनकर श्रोता-वर्ग अभिभूत हो जाता था। उसका गहरा प्रभाव पड़ता था। शास्त्रियों से उन्होंने ऐसा कभी नहीं सुना था। वे कभी अपनी ओर से कुछ कहने का साहस नहीं करते थे, बराबर किसी प्रसिद्ध व्यक्ति या नबी का प्रमाण देते थे। परन्तु ईसा अपने प्रमाण पर स्पष्ट शैली में अपनी बात कहते थे। वह गहरे से गहरे नैतिक प्रश्न और समस्याओं पर सीधे अपने साक्ष्य पर बोलते थे। उनका समाधान अपना था और वह निःसंग भाव से उसे प्रस्तुत करते थे। उन्हें किसी के साक्ष्य की अपेक्षा नहीं थी।

••

प्रकरण सात

गलीली झील के तटवर्ती प्रदेश

१

गेनेसरेत झील के किनारे ईसा उपदेश दे रहे थे। झील के उस पार पहाड़ी श्रेणियाँ चली गई थीं। सामने क्षितिज पर वे झलक रही थीं। लोग ईश्वर के वचन सुनने के लिए उन पर गिरे पड़ते थे। भीड़ बढ़ती जा रही थी। उनके सुसमाचार को सुनने के लिये एक दूसरे पर टूटी पड़ रही थी। तट से उन्होंने देखा, झील के किनारे दो नावें बँधी हुई हैं। मछुए उनसे उतर कर जाल धो और साफ़ कर रहे थे। ईसा ने सिमोन की नाव पर सवार होकर उसे किनारे से कुछ दूर ले चलने के लिए कहा। सिमोन नाव पर आ गया और अपनी नाव थोड़ा पानी के अन्दर हटा कर ले गया। और वह भीड़ को सम्बोधित करते हुए उपदेश देते रहे। उपदेश समाप्त करने के बाद उन्होंने सिमोन से कहा—"नाव को गहरे पानी में ले चलो और मछलियाँ पकड़ने के लिए अपना जाल डालो।" सिमौन ने उत्तर दिया—"गुरुवर! रात भर मेहनत करने पर भी हम कुछ भी मछलियाँ नहीं पकड़ सके, पर आपके कहने पर मैं जाल डालूँगा।"

इस झील में मछुए जाल में मछलियाँ फँसाने का काम काफ़ी संख्या में करते थे। उनका यह पेशा था और उनकी जीविका इसी पर निर्भर थी। मछलियाँ नाव से जाल डाल कर पकड़ी जाती थीं। प्रायः वह जाल डालने का काम रात में किया जाता था। इस काम में अर्थात् जाल डालने और खींचने में कई लोग लगते थे। इसलिए कई परिवार मिल कर यह काम करते थे। ऐसा ज़ान पड़ता है कि सिमोन और उसका भाई अन्द्रेयस और इसी प्रकार ज़ेबेदी के पुत्र याकूब और योहन आदि कई लोग ईसा के साथ पहले से थे। येरूसालेम के पास्का पर्व से लेकर योहन बपतिस्ता की गिरफ़्तारी तक उनके कार्यों से प्रभावित होकर उनके अनेक शिष्य हो चुके थे। यहूदिया और समारिया में तथा यर्दन तट पर धर्म उपदेश तथा चमत्कारी कार्यों के क्रम में उनके साथ अनेक शिष्य थे। उनमें गलीली झील के मछुआरे परिवार के ये लड़के भी रहे होंगे।

सिमोन नाव को अधिक दूर ले गया और फिर जाल फेंका। पिछली रात वे लोग जाल फैला चुके थे और जाल में मछलियों के न आने से निराश थे, इसीलिये उसने ऐसा कहा था। लेकिन अब जाल में मछलियों का भारी झुंड फँस गया। यहाँ तक कि जाल फट रहा था। उन्होंने दूसरी नाव के अपने साथियों को इशारा किया कि आकर हमारी मदद करो। पास ही सिमोन के

साझीदार ज़ेबेदी के पुत्र याकूब और योहन की नाव थी। वे लोग आ गये और उन्होंने जाल से मछलियाँ नावों में भरना शुरू कीं। जाल में इतनी अधिक मछलियाँ थी कि नावें इस प्रकार भर गईं कि डूबने को हो गईं।

यह देख कर सिमोन ने ईसा से कहा—"प्रभु! मेरे पास से चले जाइए। मैं तो पापी मनुष्य हूँ।" मछलियों के जाल में फँसने के कारण वह और उसके साथी विस्मित हो गये। योहन, याकूब, अन्द्रेयस आदि सभी की यही दशा थी। ईसा ने सिमोन से कहा—"डरो मत। अब से तू मनुष्यों को पकड़ेगा।" इसके बाद नावें आसानी से झील के किनारे आ लगीं। उन्होंने अपनी नावें किनारे बाँध दीं और सब कुछ छोड़ कर ईसा के पीछे हो लिये। अभी तक ये शिष्य ईसा के साथ थे और उनके वचनों से प्रभावित थे। उनके अनुसार अपना जीवन-यापन करने के लिए प्रतिश्रुत थे। पर इस बार ईसा ने उन्हें अपने सुसमाचार के लिए प्रेरित किया। यहाँ उनका विशेष दायित्व था जो ईसा ने उन्हें सौंपा।

ईसा के सुसमाचार तथा चमत्कारी कार्यों की सूचनाओं से उनके चारों ओर भारी भीड़ आकर्षित होने लगी थी। वे लोग यूदिया, ग़लीलिया, येरुसालेम और इदूमेया, यर्दन पार के देशों तथा तीरस और सिदोन के पड़ोस से आते थे। वे सभी जाति तथा धर्म से यहूदी थे। इस बीच वह कफ़रनाहूम पहुँच गये। यहाँ विश्राम के दिन सभागृह में प्रवेश कर उन्होंने उपदेश देना शुरू कर दिया। उनकी शिक्षा पर लोग चकित होते थे, क्योंकि उनकी कथन-शैली अधिकारपूर्ण थी। सभागृह में एक व्यक्ति था, जो अपदूत से ग्रस्त था। ईसा को देख कर वह ऊँचे स्वर से चिल्लाया—"ईसा नाज़री, हम को आप से क्या? तुम हमारा सर्वनाश करने आये हो। मैं जानता हूँ कि तुम कौन हो—ईश्वर के पावन-पुरुष।" प्रेत अपने द्वारा अधिकृत पुरुष के मुख से यह कह कर उनको प्रसन्न करना चाहता है। यह भी हो सकता है कि इस प्रकार ईसा के ईश्वरीय होने का प्रमाण चाहता हो। जो भी हो, ईसा ने उसके द्वारा 'ईश्वर के पावन-पुरुष' कहा जाना सहन न करके उसे डाँट बताई—"चुप रह! इस मनुष्य से बाहर निकल जा।" अपदूत उस व्यक्ति को झकझोर कर ऊँचे स्वर से चिल्लाते हुए उसमें से निकल गया। सब चकित रह गये और आपस में कहते रहे—"यह क्या है? यह तो नयी शिक्षा है। वह अधिकार के साथ बोलते हैं। वह अशुद्ध आत्माओं को भी आदेश देते हैं और वे उनकी आज्ञा मानते हैं।" जो लोग ईसा के चमत्कारी कार्यों से परिचित नहीं थे, वे चकित थे। उन्होंने कभी ऐसा नहीं देखा था। यहूदियों की परम्परा में बहुत सी रीतियाँ और उपचार प्रचलित थे। झाड़-फूंक तथा जड़ी-बूटियों का प्रयोग इस प्रकार के अवसरों पर किया जाता था। पर ईसा का अधिकारपूर्ण ढंग उनके लिए नया था।

इस प्रकार के कार्यों का समाचार फैलता गया और ईसा का नाम देश के कोने-कोने में फैल गया। फिर सभागृह से निकल कर वह याकूब और योहन के

साथ सिमोन तथा अन्द्रेयस के घर गये। सिमोन की सास बुखार में पड़ी हुई थी। लोगों ने तुरन्त उसके विषय में उन्हें बताया। ईसा उसके पास आये और उन्होंने हाथ पकड़ कर उसे उठाया। उसका बुखार जाता रहा और वह उन लोगों के सेवा-सत्कार में लग गई। यह दोपहर के भोजन का समय था। सभी मेहमानों को भोजन कराना था, अतः सिमोन की सास को यह कार्य करना था। इन दो चमत्कारों की चर्चा नगर में फैल चुकी थी और सूर्यास्त के बाद सन्ध्या समय लोग सभी रोगियों और अपदूत-ग्रस्तों को उनके पास ले आये। दरवाजे पर सारा नगर इकट्ठा हो गया। ईसा ने नाना प्रकार की बीमारियों से पीड़ित बहुत से रोगियों को चंगा कर दिया और बहुत से अपदूतों को निकाला। बहुतों में से अपदूत यह चिल्लाते हुए निकलते थे—"आप ईश्वर के पुत्र हैं।" पर ईसा उनको बोलने से रोकते थे, क्योंकि वे जानते थे कि वह कौन है! और ईसा इस बात को अभी प्रकट करना नहीं चाहते थे। इन कार्यों के साथ नबी इसायस का यह कथन पूरा हुआ—"उसने हमारी पीड़ाओं को अपने ऊपर ले लिया और उसने हमारे दुःखों को स्वयं स्वीकार कर लिया।"

२

ईसा की प्रसिद्धि के साथ उनके चारों ओर भीड़ बढ़ती जा रही थी। हर समय लोग उन्हें घेरे रहते थे। उन्हें विश्राम-ध्यान करने का समय भी नहीं मिल पाता था। अतः दूसरे दिन ईसा बहुत तड़के उठ कर घर से दूर किसी एकान्त स्थान जा कर प्रार्थना करते रहे। लोग आकर उनके बारे में पूछने लगे। जब देर होने लगी तब सिमोन पेत्रुस और उसके साथी उनकी खोज में निकले। कस्बे की पहाड़ी तलहटी में खोजते हुए वे उस एकान्त उपत्यका में पहुँच गये, जहाँ कन्दरा में ईसा ध्यान-मग्न थे, प्रभु के साथ उनका संलाप चल रहा था। उन्हें पाकर सब समीप गये। सिमोन ने अपने गुरु की समाधि भंग करते हुए कहा—"सब लोग आपकी खोज कर रहे हैं।" ईसा ने उन्हें उत्तर दिया—"एक ही स्थान पर रहना उचित नहीं है। हम आस-पास छोटी बस्तियों में भी चलें, मुझे वहाँ भी उपदेश देना है। इसीलिए तो मैं आया हूँ।" इसके बाद ईसा शिष्यों के साथ सारे गलीलिया के छोटे-छोटे कस्बों-गाँवों में घूमते रहे। उनके सभाघरों में उपदेश देते थे। और वहाँ के लोगों के हर रोग तथा निर्बलताओं को चंगा करते थे, अपदूतों से उन्हें मुक्त करते थे।

उन दिनों फ़िलिस्तीन में कोढ़ प्रचलित था। उस समय इस रोग के अन्तर्गत अनेक कठिन त्वचा-रोग शामिल किये जाते थे। पर वास्तविक कोढ़ का कोई इलाज नहीं था, रोकथाम भले ही हो सकती हो। यह भयानक रोग था, जो नाक-कान-ओंठ तथा अंगुलियों को पोरों से शुरू होकर सारे शरीर को गला देता था। मूसा के नियम के अनुसार कोढ़ी बहिष्कृत था। उसे सबसे अलग रहना होता

था। बाहर सिर खोल कर जाना होता था, जिससे लोग पहचान सकें। किसी के पास से गुजरने पर उन्हें मुँह पर कपड़ा लगा कर 'अशुद्ध' घोषित करना पड़ता था। इसी प्रकार का एक कोढ़ी ईसा की प्रसिद्धि सुन कर एक दिन उनके समीप आया। घुटने टेक कर वह उनसे अनुनय-विनय करते हुए बोला—'आप चाहें तो मुझे शुद्ध कर सकते हैं।' ईसा को दया आ गई। उन्होंने हाथ बढ़ा कर यह कहते हुए उसका स्पर्श किया—"मैं यही चाहता हूँ—शुद्ध हो जाओ।" स्पर्श करते ही उसी समय उसका कोढ़ दूर हो गया और वह शुद्ध हो गया। ईसा ने उसे विदा करते समय उसे कड़ी चेतावनी दी—'सावधान! किसी से कुछ न कहना। जाकर याजकों को अपने को दिखाओ और अपने शुद्धीकरण के लिए मूसा द्वारा निर्धारित भेंट चढ़ाओ, जिससे तुम स्वस्थ प्रमाणित हो सको।"

वस्तुतः उन दिनों इस असाध्य रोग से अगर मुक्त कोई माना जाता था तो उसे पुरोहित के पास जाकर प्रमाण-पत्र लेना होता और भेंट चढ़ानी पड़ती थी। इस प्रकार वह समाज में स्वीकृत माना जाता था। इसीलिए ईसा ने उसे निर्देश दिया था। वह चमत्कार पर बल न देकर सदा अपने ईश्वरीय सन्देश पर बल देते थे, यह भी इस बात से प्रमाणित होता है। उनके चमत्कारी कार्यों में दो दृष्टियाँ परिलक्षित होती हैं। एक तो उस जन-समाज में ईश्वरीय विश्वास जगाना, उनके लिए ईश्वरीय कृपा का यह रूप अधिक प्रभावी था। दूसरी अपने चारों ओर के पीड़ित, रोगग्रस्त और दुःखी जन-समाज के प्रति उनकी मानवीय कृपा की यह व्यापक तथा गहन अभिव्यक्ति का रूप भी है। उस रोगी ने अपनी शुद्धि का प्रमाण-पत्र प्राप्त किया होगा और नियमानुसार भेंट चढ़ाई होगी। पर उसने ईसा के निर्देश का पालन नहीं किया, यह स्पष्ट है। संभवतः वह ईश्वर की कृपा से अभिभूत और प्रभावित होकर अपने को रोक पाने में असमर्थ रहा। वह इस बात का प्रचार करने लगा और इस बात को सब जगह फैलाने लगा।

इसका परिणाम हुआ कि जन-समाज में ईसा की ख्याति और फैल गयी। साधारण लोग चमत्कारों से आकर्षित होते हैं। साथ ही अपने कष्टों, रोगों तथा दुःखों से मुक्त होने की कामना से उनकी ओर प्रेरित होना भी स्वाभाविक था। भीड़ उनके चारों ओर इस प्रकार इकट्ठा होने लगी कि प्रकट रूप से नगर में उनका जाना कठिन हो गया। इसीलिए वे निर्जन स्थानों में रहते थे। वह जिस सन्देश को प्रचारित करना चाहते थे, उसके लिए यह आवश्यक था कि जन-समाज उनके उपदेशों के मानवीय सन्दर्भ तथा ईश्वरीय सन्देश को क्रमशः ग्रहण कर सके। अतः अपने कार्यों से भीड़ को चमत्कृत मात्र करना अपेक्षित नहीं था। उनके पास एकान्त स्थान पर भी चारों ओर से लोग आते थे और उपदेश ग्रहण करते थे।

३

ईसा गलीली-झील के तटवर्ती प्रदेशों तथा उसके किनारे की पहाड़ी श्रेणियों के एकान्त स्थानों पर निवास करते थे और समीपवर्ती बस्तियों के लोग पता लगा कर उनके पास उपदेश सुनने तथा कृपा प्राप्त करने जुटते थे। वे सेफ़ोरिस, तिबेरियस, मगदला, बेथसाइदा आदि कस्बों के आस-पास तथा समीपवर्ती अन्य बस्तियों के निकट घूमते रहे। ईसा ने जब अनुभव किया कि जन-समाज का उत्साह कुछ कम हुआ है, तब वह कफ़रनाहूम लौटे। भीड़ से बचने के लिए उन्होंने रात के अँधेरे में वहाँ प्रवेश किया। परन्तु अधिक समय यह बात छिपी नहीं रह सकी। लोगों ने सुन लिया कि वह घर पर हैं। फिर वहाँ लोग एकत्र होने लगे। यहाँ तक कि द्वार पर जगह नहीं रह गई। ईसा उन्हें सुसमाचार सुना रहे थे। सारे गलीलिया, यहूदिया के हर गाँव से और येरुसालेम से आये हुए फ़रीसी और नियम के शास्त्री भी वहाँ साथ बैठे थे। उनके मन में यह शंका थी कि यह कौन है, जो अपने कार्य, आचरण तथा वचनों से अपने में प्रभु की शक्ति की घोषणा करता है।

उसी समय लोग खाट पर पड़े एक अर्धांग रोगी को लाये। चार व्यक्ति उसे उठा कर वहाँ ले आये। भीड़ इस क़दर ठसी हुई थी कि ईसा तक रोगी को ले जाने का कोई उपाय नहीं था। इसीलिए जहाँ ईसा बैठे थे, उसके ऊपर की छत उन्होंने खोल दी और उस छेद से अर्धांग रोगी की चारपाई ईसा के सामने उतार दी। इनके विश्वास को देख कर ईसा ने उस अर्धांग रोगी से कहा—"बेटा, तुम्हारे पाप क्षमा हो गये हैं।" इस पर शास्त्री तथा फ़रीसी इस प्रकार सोचने लगे—"यह क्या कहता है? यह ईश निन्दा करता है। ईश्वर के सिवा पाप कौन क्षमा कर सकता है।" ईसा समझ रहे थे कि वे मन ही मन क्या सोच रहे हैं। उन्होंने शास्त्रियों से कहा—"मन ही मन क्या सोच रहे हो? अधिक सहज क्या है—अर्धाङ्ग रोगी से कहना, 'तुम्हारे पाप क्षमा हो गये हैं', अथवा यह कहना—'उठो और अपनी चारपाई लेकर चल दो।' पर इसलिए कि तुम लोग जान लो कि मानवपुत्र को पृथ्वी पर पाप क्षमा करने का अधिकार है (उन्होंने अर्धाङ्ग रोगी से कहा)—"मैं तुमसे कहता हूँ: उठो, अपनी खाट उठाओ और घर चले जाओ।" उनके सामने ही उठ कर उसने वह खाट उठा ली, जिस पर वह लेटा था, और सबके देखते-देखते बाहर चला गया। सबके सब बड़े अचम्भे में पड़ गये, और उन्होंने यह कहते हुए ईश्वर की प्रार्थना की—हमने ऐसा चमत्कार कभी नहीं देखा।

शास्त्रियों तथा फ़रीसियों को चुप रह जाना पड़ा। उन्हें विश्वास नहीं हो पा रहा था कि ईसा मानवपुत्र हैं। परन्तु ईसा ने अधिकारपूर्वक जो कहा और कर दिखाया, उसे अस्वीकार करना भी सम्भव नहीं था। ईसा फिर नगर से निकल कर समुद्र के तट पर निकल गये। भीड़ उनके पीछे लग जाती थी और ईसा

लोगों को उपदेश देकर विदा करते थे। मार्ग में ईसा ने अलफ़ाई के पुत्र लेवी (मत्ती) को चुंगीघर में बैठा हुआ देखा। उन्होंने आदेश के स्वर में कहा—"मेरे पीछे चले आओ।" और वह उठ कर उनके पीछे हो लिया। मत्ती का इस प्रकार ईसा द्वारा स्वीकार किया जाना फ़रीसियों को अच्छा नहीं लगा। साधारण, गरीब तथा निम्न वर्ग के लोगों के साथ उनके सम्बन्ध को लेकर वे कुचर्चा करते थे। इस बीच एक दिन ईसा अपने शिष्यों के साथ लेवी के घर भोजन पर बैठे। बहुत से नाकेदार तथा साधारण लोग उनके साथ भोजन कर रहे थे। वे बड़ी संख्या में ईसा के अनुयायी बन गये थे। फ़रीसी दल के कुछ शास्त्री भी पता लगाने के लिए वहाँ चुपचाप आ गये थे। ईसा से प्रश्न करने का उन्होंने साहस नहीं किया। पर यह देख कर उन्होंने ईसा के शिष्यों से कहा—"वह नाकेदार तथा पापियों के साथ क्यों भोजन करते हैं?" ईसा ने उनके इस प्रश्न को सुन लिया और कहा—"नीरोगों को नहीं, रोगियों को वैद्य की ज़रूरत होती है। मैं धर्मियों को नहीं, पापियों को बुलाने आया हूँ। जाओ, और समझो कि इसका क्या अर्थ है—'मैं दया चाहता हूँ, बलिदान नहीं।' उन फ़रीसी शास्त्रियों को यह ईसा का उत्तर था, जो नियम-पालन, बलिदान, व्रत-उपवास को ही धर्म मानते थे और ईश्वर को प्रसन्न करने का उपाय मानते थे।

योहन के शिष्य फ़रीसियों की कठोर रूढ़िवादिता और शास्त्र-प्रमाण से मुक्त थे। पर योहन के जीवन की सागदी तथा साधना से वे प्रभावित थे। अतः ईसा के शिष्यों का सहज खान-पान का जीवन उन्हें उचित नहीं लगता था। योहन के शिष्य और फरीसी किसी दिन उपवास कर रहे थे और ईसा के शिष्य इसका पालन नहीं कर रहे थे, क्योंकि उनके गुरु का ऐसा आदेश नहीं था। अतः उनमें से कुछ लोग आकर ईसा से बोले—"योहन के शिष्य और फ़रीसी उपवास कर रहे हैं। आपके शिष्य उपवास क्यों नहीं करते।" ईसा ने उत्तर दिया—"जब तक दूल्हा साथ है, क्या बराती शोक मना सकते हैं? क्या तुम बरातियों से उपवास करा सकते हो? किन्तु वे दिन आयेंगे, जब दूल्हा उनसे बिछुड़ जायगा, उन दिनों वे उपवास करेंगे।" इस दृष्टान्त से कई अर्थों की व्यंजना होती है। मानव-मुक्तिदाता के रूप में वह जीवन के आनन्द तथा उल्लास के प्रतीक हैं, क्योंकि मानव जीवन की उपलब्धि मूल्यों की विभिन्न भूमिकाओं पर संचरण करने में है। साथ ही इसमें आगे आनेवाली महान् घटना का संकेत है, जिससे यह व्यंजित होता है कि भविष्य में ईसा के शिष्यों को इन मूल्यों के लिए दुःख भोगना होगा।

ईसा ने अगले दृष्टान्त से अपने अभिप्राय को व्यंजित किया—"पुराने कपड़े में कोरे कपड़े का पेबन्द कोई नहीं लगाता। नहीं तो वह नया कपड़ा फाड़ देता है और नये कपड़े का पेबन्द पुराने कपड़े के साथ मेल भी नहीं खाता है। नये

कपड़े का पेबन्द सिकुड़ कर पुराना कपड़ा फाड़ देगा और चीर बढ़ जायगी। और नयी अंगूरी पुरानी मशकों में कोई नहीं भरता। नहीं तो नयी अंगूरी पुरानी मशकों को फाड़ देगी, अंगूरी भी बह जायगी और पुरानी मशकें भी बरबाद हो जायेंगी। पर नयी अंगूरी नयी मशकों में ही भरनी चाहिए, जिससे दोनों बचे रहें।" इसके अतिरिक्त, ईसा ने कहा—"कोई पुरानी अंगूरी पीकर नयी नहीं चाहता; वह तो कहता है—पुरानी ही अच्छी है।" यहाँ ईसा ने स्पष्ट शब्दों में संकेत किया है कि उनके द्वारा प्रचारित सुसमाचार पुराने नियमों में जोड़कर नहीं ग्रहण किये जा सकते। उनकी उपयोगिता पहले रही है, पर मानव कल्याण के लिये नये मूल्यों का सन्देश मिला है। उसका सन्दर्भ अलग है, उसकी दिशा भिन्न है। एक साथ दूसरे को मिलाने से दोनों का महत्त्व नष्ट होगा। मनुष्य-समाज परम्परावादी होता है। अतः पुराने को स्वीकार करने पर लोग उसी को ग्रहण किये रहते हैं। नये मार्ग को ग्रहण करने के लिए पुराने रूढ़िवादी और शास्त्रवादी मार्ग को छोड़ना पड़ेगा।

४

शास्त्री तथा फ़रीसी विश्राम के दिन के नियमों के उल्लंघन के बारे में ईसा का विरोध करते थे। किसी शनिवार के दिन ईसा अपने शिष्यों के साथ कस्बे के बाहर जा रहे थे। विश्राम के दिन खेतों और गाँवों में जाना मना नहीं था, पर एक हज़ार गज़ की सीमा तक घूमना स्वीकृत था। दोपहर को ये लोग रवाना हुए होंगे और अभी तक भोजन नहीं किया था। मूसा के नियम के अनुसार यात्रियों के द्वारा मार्ग में अंजीर, अंगूर, शहतूत तथा अन्य फलों को तोड़ कर खाना विहित था। जैसा कहा गया है—"अगर तुम अपने पड़ोसी की अंगूर की बारी में जाओ, तुम जितना चाहो खा सकते हो, पर अपने साथ ले मत जाओ। अगर तुम उसके खेत में जाते हो तो अपने हाथ से बालें तोड़ सकते हो, पर तुम हँसिये से काट नहीं सकते।" अतः ईसा के शिष्यों ने जब राह चलते बालें तोड़ीं, तब उन्होंने वस्तुतः कोई नियम नहीं तोड़ा था। वे बालें तोड़ कर केवल हाथ से मसल कर खा रहे थे। कुछ फ़रीसियों ने ईसा से कहा—"देखिये, जो काम विश्राम के दिन मना है, वे क्यों वही कर रहे हैं।"

फ़रीसी झगड़ा खड़ा करना चाहते थे। उन्होंने इसीलिए यह आरोप लगाया, क्योंकि उनके अनुसार विश्राम के दिन अनाज को काटना और खलिहान में इकट्ठा करना दोनों मना है। यहाँ वे उस परम्परा का सन्दर्भ दे रहे हैं, जिसके अनुसार—"फल अथवा दाने को चुनना खलिहान लगाना है, और जौ अथवा चावल के दाने अलग करना दाना अर्थात् हवा करके अन्न अलग करना है।" ईसा ने उन्हें उत्तर दिया—"क्या तुम लोगों ने कभी नहीं पढ़ा कि जब दाऊद और उनके साथी भूखे थे और खाने को उनके पास कुछ नहीं था, तब दाऊद ने क्या किया

था। उन्होंने ईश-मन्दिर में जाकर भेंट की रोटियाँ उठा लीं। उन्हें स्वयं खाया और अपने साथियों को भी खिलाया। याजकों को छोड़ किसी और को उन्हें खाने की आज्ञा नहीं है। या तुमने नियम में नहीं पढ़ा है कि याजक विश्राम के दिनों में विश्राम का दिन तोड़ते हैं, पर दोषी नहीं होते ? पर मैं तुमसे पूछता हूँ— यहाँ एक है, जो मन्दिर से भी महान् है। यदि तुम्हारे लिए इसका अर्थ खुला होता; मैं दया चाहता हूँ और बलिदान नहीं, तो तुम निर्दोष को दोषी कभी नहीं ठहराते।'' ईसा ने उनसे यह भी कहा—''विश्राम का दिन मनुष्य के लिए बना है, न कि मनुष्य विश्राम के दिन के लिये। इसलिये मानव-पुत्र विश्राम दिवस का स्वामी है।''

ईसा ने फ़रीसियों तथा शास्त्रियों के नियमों की जड़ता को तोड़ कर मनुष्य के सच्चे मूल्यों की प्रतिष्ठा की है और ईश्वरीय मार्ग का निर्देश किया है। विश्राम-दिवस के नियम ईश्वरीय विधान से ऊपर नहीं हो सकते। और ईश्वर के लिए बलिदान की अपेक्षा दया (करुणा) का अधिक महत्त्व है, क्योंकि इसके द्वारा मनुष्य मूल्यों के जीवन में अधिक उन्नत और मुक्त होता है। मन्दिर में याजक विश्राम के दिन दोहरा यज्ञ-विधान करते हैं, और भी अनेक पूजा-सम्बंधी कृत्य करते हैं। यह सब वस्तुतः विश्राम का उल्लंघन हुआ। यह सब अपवाद के रूप में है तो ईसा अपना अधिकार मानते हैं। प्रेम और करुणा जैसे मानवीय मूल्य शास्त्र के नियमों से ऊँचे हैं, क्योंकि ईश्वर इनमें अभिव्यक्त होता है। ईसा इनके प्रतीक हैं, अतः ईश्वरपुत्र अथवा मानवपुत्र के रूप में वह अपने को विश्राम-दिवस का स्वामी घोषित करते हैं।

इसी प्रकार विश्राम के दिन किसी को चंगा करना भी मना था। फ़रीसी तथा शास्त्री किसी न किसी प्रकार ईसा पर आरोप लगाना चाहते थे। उनको यह रुचिकर नहीं था कि ईसा का प्रभाव जन-समाज में बढ़ता जाय। यह उनके स्वार्थों के विरुद्ध था, साथ ही उनको यह विश्वास नहीं था कि जिस मसीहा के आने की भविष्यवाणी की गई है, वही ईसा हैं। अतः वे इस बात की ताक में थे कि यदि ईसा विश्राम के दिन किसी को चंगा करें तो उन्हें आरोप लगाने का मौका मिले। एक विश्राम के दिन ईसा अपने शिष्यों के साथ झील के किनारे एक पहाड़ी तलहटी के कस्बे में पहुँचे। वहाँ के सभाघर जाकर उपदेश दे रहे थे। उस समय एक व्यक्ति था, जिसका दायाँ हाथ सूख गया था। उसने कहा— ''मैं एक राज (कारीगर) था। मैं हाथ से काम करके जीविका प्राप्त करता था। मैं प्रार्थना करता हूँ कि आप मुझे निरोग कर दें, जिससे मुझे भीख माँग कर जीविका चलाने की शर्म न उठानी पड़े।''

सभाघर में शास्त्री तथा फ़रीसी भी थे। वे निरन्तर इस ताक में थे। ईसा ने उनके विचार जान कर सूखे हाथ वाले से कहा—'उठो और बीच में खड़े हो जाओ।'' वह उठ कर खड़ा हो गया। फिर ईसा ने उनकी ओर मुड़ कर

कहा—"मैं तुमसे पूछता हूँ—विश्राम के दिन भलाई करना उचित है या बुराई, जान बचाने की अनुमति है या नष्ट करने की।" वे मौन थे, क्योंकि वे प्रश्न की गम्भीरता को समझ रहे थे, पर निरुत्तर थे। ईसा ने आगे कहा—"तुममें से ऐसा कौन है, जो अपनी भेड़ गड्ढे में गिर जाने पर विश्राम के दिन नहीं निकालेगा। क्या आदमी इससे मूल्यवान् नहीं है ?" फिर उन्होंने क्षुब्ध तथा उदास दृष्टि उन पर दौड़ा कर उस आदमी से कहा—"अपना हाथ बढ़ाओ।" उसने ऐसा ही किया और उसका हाथ अच्छा हो गया। इस प्रकार प्रभु की कृपा से अपनी जीविका अर्जन करने के योग्य होकर घर चला गया। परन्तु विरोधियों के मन से संदेह नहीं दूर हुआ। वे बहुत क्रुद्ध हुए और आपस में परामर्श करते रहे कि हम ईसा के विरुद्ध क्या करें।

ईसा इस प्रदेश में घूमते रहे। गलीली झील के तटवर्ती पहाड़ी कस्बों और पहाड़ी घाटियों-वादियों की बस्तियों के लोग उनके चारों ओर घिरते थे, उनके पीछे हो लेते थे। अनेक रोगी तथा अपाहिज भी थे। उन सबको उन्होंने चंगा किया। परन्तु ईसा ने उन्हें आशा और अश्वासन देते हुए यह आज्ञा दी—"मुझे प्रकट न करना।" इस प्रकार इसाएस नबी का कहा हुआ यह वचन पूरा हो—

यह मेरा सेवक है, इसे देखो
मैंने इसे चुन लिया है,
यह मेरा प्रिय है, और इससे
मेरी आत्मा अति प्रसन्न है।
मैं इसे अपनी आत्मा प्रदान करूँगा
और वह अन्य जातियों में न्याय का प्रचार करेगा।
वह झगड़ा नहीं करेगा, हल्ला भी नहीं मचायेगा,
और न बाज़ारों में उसकी कोई आवाज़ सुनेगा।
न वह कुचले हुए सरकंडे को तोड़ेगा,
न धुआँती हुई बत्ती को बुझाएगा,
जब तक न्याय को विजय न दे सकेगा।
और अन्य जातियाँ उसके नाम पर भरोसा रखेंगी।

५

ईसा की प्रसिद्धि बढ़ती जा रही थी। उनके व्यक्तित्व तथा चमत्कारों से आकर्षित होकर जन-समूह उनको घेरे रहता था। एकान्त पाने के लिये और प्रार्थना करने की दृष्टि से ईसा पर्वत की ऊँची कन्दराओं में चले जाते थे। इसी प्रकार एक दिन ईसा प्रार्थना करने के लिए एक पर्वत पर चढ़ गये और वहाँ किसी चट्टान की छाया में उन्होंने सारी रात ईश-प्रार्थना में बिता दी। सुबह

हो गई। तब उन्होंने अपने शिष्यों को पास बुलाया। और उनमें से बारह का चुनाव किया। इनका नाम उन्होंने 'प्रेरित' रखा। इन सबको ईसा ने विशेष शक्ति दी, जिससे वे रोगियों को अच्छा कर सकें तथा अशुद्ध आत्माओं को पराजित कर सकें। वस्तुतः यह शक्ति मानव दुर्बलताओं से मुक्त करने की थी। इस आधार पर उन्हें अपने गुरु का सन्देश संसार में फैलाना था। बारह प्रेरितों के नाम इस प्रकार हैं—सिमोन, जो पेत्रुस कहलाता है और उसका भाई अन्द्रेयस; ज़ेबेदी का बेटा याकूब और उसका भाई योहन, जिनका नाम ईसा ने बोओ-नर्गेस अर्थात् गर्जन के बेटे रखा; फिलिप और बार्थोलोमी; थोमस और मत्ती नाकेदार; अलफ़ई का बेटा याकूब और थद्देयुस; सिमोन कनानी और यूदस इस-कारियोती, जिसने ईसा को पकड़वा दिया था।

इन बारह प्रेरितों का ईसा के शिष्यों में विशेष महत्त्व है। प्रायः इनका एक क्रम भी देखा जा सकता है। यह संख्या भी प्रतीकात्मक है। चर्च के बारह आधार माने गये हैं, जैसे कि बारह पितृ-सत्ताएँ और बारह इस्राएली कुल माने गये हैं। यह मानना संगत नहीं है कि ये शिष्य निम्न सामाजिक स्तर के थे अथवा निर्धन वर्ग के थे। यह व्यंजित करना भी ठीक नहीं है कि ईसा ने अत्यन्त साधारण व्यक्तियों को अपने स्पर्श से महत् कार्यों के योग्य बना दिया। ये प्रेरित शिष्य सामान्यतः पढ़े-लिखे थे और आर्थिक दृष्टि से साधारण से अच्छी स्थिति तक के लोग थे।

आर्थिक दृष्टि से पेत्रुस और उसके भाई अन्द्रेयस ने अपने परिवार को साधनहीन किये बिना सब कुछ छोड़ कर ईसा का साथ पकड़ा। उनके परिवार के पास घर था, नाव थी, मछली पकड़ने का जाल था। जीविका चलाने के लिये जो आज भी तटवासियों के लिए पर्याप्त है। पेत्रुस सबमें प्रथम माना गया है, ईसा ने ऐसा स्वतः घोषित किया है। वह सबसे अधिक प्रतिभा-सम्पन्न था। वह तेजस्वी, संवेदनशील, ईमानदार तथा समर्पित व्यक्तित्व का था। वह जितनी तत्परता से परिस्थिति के बारे में समझ सकता था, उतनी ही आसानी से कार्यान्वित भी करता था। वह दूसरों पर शासन करने के लिये जैसे जन्मा हो और तमाम साहसिक कार्य उसने सम्भावित किये। उसका भाई अन्द्रेयस ठीक उसके विपरीत था। वह शान्त, निरभिमान, प्रदर्शन अथवा महत्वाकांक्षा से दूर था। आत्म-त्याग के साथ वह पीछे रहनेवाला व्यक्ति था। वह सहज रूप में अपने को पृष्ठभूमि में रखनेवाला था। ईसा को सबसे पहले खोजने और पाने का गौरव उसे दिया गया है। पेत्रुस, अपने भाई को ईसा तक पहुँचानेवाला भी वही है।

याकूब और योहन का पिता जेबेदी कुछ सम्पन्न माना जा सकता है, क्योंकि उसके पास नौकर थे और उसकी पत्नी सलोमी उन महिलाओं में थी, जो अपनी सम्पदा तथा सेवा से ईसा की सहायता करती थीं। ये दोनों भाई पेत्रुस के बाद

ईसा की सबसे अधिक निकटता प्राप्त कर सके थे। रूपान्तरण के पर्वत पर ये दोनों ही पेत्रुस के साथ जाने की अनुमति पा सके थे। याकूब का जीवन समय से पहले आत्म-बलिदान में समाप्त हुआ और योहन को इतना लम्बा जीवन मिला कि जन-समाज उन्हें अमर मानने लगा। वस्तुतः उनका जीवन लम्बे आत्म-बलिदान का ही जीवन था। योहन के बारे में सबसे महत्त्व की बात है कि ईसा उन्हें प्यार करते थे और उन्होंने ईसा के हृदय की पवित्र कोमलता को प्रकट किया है। वह विश्व-बन्धुत्व, मानव तथा ईश्वरीय प्रेम के उद्घोषक हैं।

इन चार प्रेरितों के अतिरिक्त मत्ती अकेला था, जिसे सुसमाचार के अन्तर्गत ईसा ने आहूत किया है। वह नाकेदार था, कर वसूल करता था। उन दिनों कर-वसूल करने वाले जनता के साथ ज़्यादती करते थे, और इस कारण उनके प्रति समाज में अच्छा भाव नहीं था। वह ईसा के आदेश पर सब कुछ छोड़ कर उनका अनुयायी हो जाता है। यद्यपि यह आकस्मिक जान पड़ता है, पर उसने ईसा के कार्यों को देखा और सुना होगा, उनके उपदेशों को पहले भी सुना होगा। फ़िलिप भी अच्छे परिवार का था, यूनानियों ने ईसा से बात करने के लिए इसकी सहायता चाही थी। वह ईसा के आवाहन के वचनों को सुन कर तुरन्त उनके साथ आ गया था, वह चारों प्रधान प्रेरितों के ठीक बाद क्रम में ईसा के साथ आया, ऐसा जान पड़ता है। वह पूर्णतः अनुवर्ती रहा, स्पष्टवादी तथा व्यावहारिक व्यक्ति था। उसके चरित्र में भीरुता भी परिलक्षित होती है। अगर सन्त योहन के द्वारा उल्लिखित नथनाएल ही अन्य सुसमाचारों का बार्थोलोमी है तो उसे फ़िलिप ने ईसा की ओर प्रेरित किया है। दोनों नामों की यह एक-रूपता तथ्यों के सामंजस्य पर आधारित है और इस सम्बन्ध में विरोधी प्रमाणों का अभाव भी इसको प्रमाणित करता है। बार्थोलोमी गोत्रीय नाम है, अतः उसका दूसरा नाम होना स्वाभाविक है। थॉमस के व्यक्तित्व में निराशावादी व्यंजना रही है। कतिपय स्थलों पर इसका प्रमाण मिलता है। ईसा के पुन-र्जीवन की बात पर प्रारम्भ में वह विश्वास नहीं कर पाता है।

अन्तिम चार में तीन प्रेरितों के नाम ईसा के चचेरे भाइयों के हैं, परन्तु नामों का समान होना इस कारण महत्त्वपूर्ण नहीं है कि अनेक व्यक्तियों के समान नाम मिलते हैं। पर अलफ़ई का बेटा याकूब ईसा का भाई अनेक कारणों से माना गया है। येरुसालेम के चर्च की तीस वर्ष व्यवस्था चलाने के बाद वह शहीद हुआ। इसी प्रकार थद्देयुस के बारे में किसी निश्चित परम्परा के अभाव में लतीनी चर्च की इस सामान्य मान्यता को स्वीकार किया जा सकता है कि वह याकूब का सौतेला भाई था। सीमोन को ईसा के चचेरे भाई मानने का आधार नहीं है, वह कनानी या जेलोते कहे गये हैं, जिसका अर्थ उत्साही लिया जा सकता है। अन्त में यूदस इसकारियोती का नाम आता है, जिसने ईसा के

साथ विश्वासघात किया। यह प्रश्न सदा उठता रहा है कि ईसा ने इसको प्रेरित शिष्यों में किस प्रकार चुना ? यह हो सकता है कि उसके भविष्य में किये जाने वाले विश्वासघात को जानते हुए भी ईसा ने उसे चुना हो। हम यह मान सकते हैं कि चुनाव के समय वह अयोग्य नहीं था, आगे चल कर लालच, महत्त्वाकांक्षा और द्वेष की भावनाओं से उसने शैतान का काम किया।

● ●

प्रकरण आठ

पर्वत पर ईसा के प्रवचन

१

अभी ईसा का कार्य-क्षेत्र गलीलिया था। वह गलीली झील के तट पर फैली पर्वत-श्रेणियों की तलहटी में स्थित कस्बों में उपदेश देते थे। कफ़रनाहूम के मैदान को सात जलस्रोतों की घाटी से अलग करनेवाली पहाड़ी की शान्त कन्दरा में प्रार्थना करने के लिए एकान्त पाते थे। जन-समाज से बचने के लिए पर्वत-श्रेणी की उपत्यका से होकर वे छोटे वृक्षों तथा झाड़ियों से हरी-भरी पहाड़ी पर चढ़ जाते थे और वहाँ एकान्त में प्रार्थना में डूब कर रात बिता देते थे। मैदान में नीचे उतरने पर उनके शिष्यों के दल उन्हें उपदेश सुनने के लिए घेरते थे। समुद्र के तट की तीरुस और सिदोन आदि बस्तियों से भीड़ की भीड़ उनका उपदेश सुनने और रोगों से चंगे होने के लिए आती थी। लोग रोग से मुक्त हो गये, अपदूत-ग्रस्त व्यक्ति चंगे हो गये। सभी लोग ईसा का स्पर्श करना चाहते थे, क्योंकि उनसे निकलनेवाली शक्ति उनको स्वस्थ करती थी। अशुद्ध आत्मा उनको देखते ही सामने गिर पड़ते और इस प्रकार चिल्लाते थे—"आप ईश्वर के पुत्र हैं।" उस पर ईसा उन्हें जोर से डाँटते—"मुझे प्रकट न करो।"

एक दिन उसी प्रकार की भीड़ को देख कर ईसा घाटी के रास्ते पर्वत की ओर बढ़े। अपने परिचित मार्ग से वह पहाड़ी सुरम्य स्थान पर पहुँच गये। यहाँ भीड़ का अनुसरण करके आना सम्भव नहीं था। नगर से कुछ ही दूरी पर यह पहाड़ी वृक्षों और झाड़ों से आच्छादित शान्तिपूर्ण स्थान था। यहाँ की उपत्यका में ईसा शान्ति के चिन्तन-मनन के क्षण बिताते थे। भीड़ के दबाव से बच कर वे यहाँ चुपचाप चले आये। उनके शिष्यों ने उनका अनुसरण किया, कुछ अन्य श्रद्धालु भी उनके साथ चले आये। ईसा को इस बात का अनुमान था और उन्होंने पहाड़ी उपत्यका के शान्त वातावरण में उन्हें उपदेश देने का उचित अवसर समझा। वे एक उभरी हुई चट्टान पर बैठ गये। शिष्यों ने उनके समीप स्थान ले लिया। अन्य लोग भी यथा-स्थान बैठ गये। पहले ईसा ने आकाश की ओर देखा और फिर श्रोताओं पर दृष्टि डाली, जैसे कि स्वर्गीय प्रेरणा से बोलने जा रहे हैं। फिर उनके ओंठ खुल गये और इस प्रकार उपदेश देने लगे :

"धन्य हैं वे, जो अपने को दीन-हीन समझते हैं, स्वर्ग-राज्य उन्हीं का है।" यहाँ दीन-हीन भाव मनोवृत्ति का परिचायक है, सांसारिक आतंक, भय और

शोषण की स्थिति में व्यक्ति अपनी विवशता में सहज भाव से ईश्वर का सहारा इसी भाव से प्राप्त करता है। और जब व्यक्ति इस समर्पण भाव से प्रस्तुत होता है, ईश्वर उसे आश्रय और सहारा देता है।

"धन्य हैं वे, जो विनम्र हैं, उन्हें प्रतिश्रुत देश प्राप्त होगा। इब्रानी भाषा में विनम्रता और दीनता लगभग समानार्थी शब्द हैं। किंचित् अर्थ-भेद इस प्रकार किया गया है। दीन व्यक्ति अपने दुर्भाग्य को बिना शिकायत से स्वीकार करता है। नम्र व्यक्ति अपनी व्यर्थता के गहरे विश्वास के एहसास के साथ स्वर्गीय योजना में विश्वास करता है। यहाँ जिस प्रतिश्रुत देश की बात है, वह मसीहाई राज्य माना गया है, जो स्वर्गीय राज्य का प्रतीक है।

"धन्य हैं वे, जो शोक करते हैं, उन्हें सान्त्वना मिलेगी।" प्राचीन विधान के ज्ञानी तथा न्यायी व्यक्ति शोक के मूल्य को स्वीकारते हैं। आनन्द की अपेक्षा शोक मनुष्य को उसके भविष्य का स्मरण दिलाता है। शोक के साथ निर्भर भाव से व्यक्ति ईसा के दुःख-भोग का सहभोगी होता है। अपने क्लेश-भोग से, दूसरे के अन्याय को सहने से अथवा प्रकृति की अन्धशक्तियों से प्रतारण से ईश्वर में शोक प्राप्त करके व्यक्ति को सान्त्वना तथा आनन्द की उपलब्धि होती है। "धन्य हैं वे, जो धार्मिकता के भूखे और प्यासे हैं—वे तृप्त किये जायेंगे।" ऐसे लोग जो ईश्वरीय विधान का पालन करने के लिए भौतिक आवश्यकताओं के अभाव में सन्तुष्ट रहते हैं, वस्तुतः ईश्वर की महिमा के सम्मुख वास्तविक तृप्ति पाते हैं। यह तृप्ति महिमा का अनुभव है और न्याय के लिए भूख-प्यास सहने वाले इस प्रक्रिया में इस अनुभव का आभास प्राप्त करते हैं।

ईसा ने अगले चार आशीर्वचनों में अपने ईश्वरीय राज्य की परिकल्पना को प्रत्यक्ष किया है।—"धन्य हैं वे, जो दयालु हैं, उन पर दया की जाएगी।" "धन्य हैं वे, जिनका हृदय निर्मल है, वे ईश्वर के दर्शन करेंगे।"—"धन्य हैं वे, जो मेल-मिलाप कराते हैं, वे ईश्वर के पुत्र कहलाएँगे।"—"धन्य हैं वे, जो न्याय के कारण अत्याचार सहते हैं, स्वर्ग राज्य उन्हीं का है।"

इन आशीर्वचनों में ईश्वरीय अनुकम्पा, संरक्षण और सामीप्य का भाव स्पष्ट है। इनमें स्वर्गीय राज्य का आश्वासन है। पर दयालु का अर्थ केवल उदार भाव से दान देने वाला अथवा अभागे लोगों पर सहानुभूति प्रकट करनेवाला नहीं है। यहाँ उन लोगों को भी लक्ष्य किया गया है, जो दूसरों के अपने प्रति किये गये व्यक्तिगत अपराधों तथा आघातों को क्षमा-भाव से सहन कर लेते हैं। इस प्रकार ये लोग ईश्वरीय गुण दया का अनुकरण करते हैं।

निर्मल हृदय सुख-भोग की इच्छा से उद्वेलित नहीं होता। सांसारिक भोग के प्रति समर्पित आत्मा से स्वर्गीय वस्तुएँ तिरोहित हो जाती हैं और ईश्वर और उसके बीच आवरण पड़ जाता है। यहाँ निर्मल हृदय केवल पवित्र हृदय नहीं है, वरन् निर्दोष हृदय भी है, जिसमें ईश्वरीय महिमा निवास करती है। प्राचीन

प्रार्थना-गीतों में कहा गया है—"प्रभु के पर्वत का कौन आरोहण करेगा ? पवित्र स्थल पर कौन स्थित हो सकेगा ? वह व्यक्ति, जिसके हाथ निर्दोष होंगे और जिसका हृदय स्वच्छ होगा।"

मेल-मिलाप करानेवाले शान्तिप्रिय होंगे। साथ ही वे शान्ति के स्थापक भी होंगे। वे अपने चारों ओर शान्ति का विस्तार करते हैं और उसे दूर-दूर तक प्रकाशित भी करते हैं। ईश्वर को भी शान्ति का ईश्वर कहा गया है। और ईसा के बारे में कहा गया है कि वे पृथ्वी और स्वर्ग में शान्ति लाने के लिए आए हैं। शान्ति स्थापित करने वाले क्योंकि अपने में ईश्वर की छवि अंकित करना चाहते हैं, उन्हें ईश्वर का पुत्र कहा गया है।

न्याय से यहाँ तात्पर्य ईश्वरीय विधान अथवा धर्म-भाव से है। ईसा ने जो साक्ष्य दिया है अथवा उनके विधान के अनुसार आचरण करते हुए जो अन्याय तथा अत्याचार सहन करते हैं, उन्हें स्वर्ग के राज्य का आश्वासन प्राप्त है। यहाँ यह स्पष्ट है कि यह आश्वासन उस सहन करने के साथ निहित है।

आगे ईसा ने पुनः उपदेश दिया—"धन्य हो तुम, जब लोग मेरे कारण तुम्हारा अपमान करते हैं, तुम पर अत्याचार करते हैं और तरह-तरह के झूठे आरोप लगाते हैं। तुम खुश हो और आनन्द मनाओ—स्वर्ग में तुम्हें महान् पुरस्कार मिलेगा। तुमसे पूर्व के नबियों पर भी वे इसी तरह अत्याचार किया करते थे।" इसी प्रसंग में पहले सन्त लूकास के अनुसार ईसा ने यह भी कहा है—"धन्य हो तुम, जो दरिद्र हो, स्वर्ग राज्य तुम लोगों का है। धन्य हो तुम जो कभी भूखे हो, तुम तृप्त किये जाओगे। धन्य हो तुम, जो कभी रोते हो—तुम हँसोगे।"

२

पर्वत पर किसी कन्दरा के द्वार पर अथवा उपत्यका के वृक्षों के नीचे किसी शिला-खण्ड पर बैठ कर ईसा को उपदेश देते हुए कल्पित किया जा सकता है। यहाँ भीड़ नहीं पहुँच सकी है और न ही रोगी-अपंग-दुःखी तथा अनेक कष्टों में पड़े लोग यहाँ चंगे और कष्ट-मुक्त होने के लिए उन्हें घेरे हुए हैं। इस शान्त और एकान्त वातावरण से उनके शिष्य और व्यक्तित्व से आकर्षित कुछ लोग एकत्र हो सके हैं। उनको लक्ष्य करके ईसा उपदेश दे रहे हैं। ये सभी उनके आध्यात्मिक एवं धार्मिक सन्देश के प्रति उन्मुख हैं, अतः उनके वचनों में मूल अर्थ उसी व्यंजना से युक्त हैं। शब्दों का प्रयोग प्रतीक रूप में भी किया गया है। यह भी है कि उनसे प्रभावित प्रायः निम्न तथा सामान्य वर्ग के लोग थे।

ईसा की दृष्टि के सामने साधारण जन थे, जिन्हें वे सम्बोधित कर रहे थे। सम्पन्न तथा शक्तिशाली लोग उनकी प्रेरणा की ओर उन्मुख नहीं थे। लौकिक जीवन के सुख-भोग त्याग कर धर्म के विधान के लिए भूख-प्यास, दुःख-शोक

और अनेक कष्ट सहन करनेवाले लोगों को प्रभु ने आश्वासन दिया है। साथ ही उन्होंने धनी तथा सम्पन्न लोगों को उनकी विमुखता के कारण धिक्कारा है —"धिक्कार तुम्हें, जो धनी हो—तुम अपना सुख-चैन पा चुके हो। धिक्कार तुम्हें, जो अभी परितृप्त हो, तुमको भूखा रहना होगा। धिक्कार तुम्हें, जो अभी हँसते हो, तुम शोक करोगे और तुम्हें रोना पड़ेगा। धिक्कार तुमको, जब सब लोग तुम्हारी प्रशंसा करते हैं, क्योंकि उनके पूर्वज झूठे नबियों के साथ ऐसा ही किया करते थे।" यहाँ भौतिक जीवन की सुख-सुविधाओं में फँसे हुए लोगों की अधिक वासना-तृप्ति के बाद का जीवन धार्मिक अर्थ में दुःख, शोक और पश्चा-ताप का जीवन बताया गया है। अतः इस जीवन में जो कष्ट तथा सुख उठाकर धार्मिक जीवन बिता रहे हैं, उनके लिए सन्तोष की बात है।

स्मरणीय है कि पर्वत पर ईसा का अनुसरण करनेवाले मुख्यतः उनके शिष्य हैं। इस पर्वत के ईसा के एकान्त स्थल को सामान्य लोग न जानते थे और न उनका वहाँ आना सम्भव था। पर ऐसा जान पड़ता है कि उनके प्रमुख शिष्यों के अतिरिक्त कुछ अन्य अनुयायी तथा श्रद्धावान वहाँ पहुँच सके थे। अतः पार्वती श्रेणी और वृक्षों के झुरमुट से उन पर दृष्टि-निक्षेप करते हुए ईसा ने कहा— "तुम पृथ्वी के नमक हो। अगर नमक फीका पड़ जाय तो उसे किससे वापस स्वाद दिया जाय। वह किसी काम का नहीं रह जाता। केवल बाहर फेंक दिया जायगा और लोगों के पैरों से रौंदा जायगा।"

संकेत में ईसा अपने शिष्यों के भारी दायित्व का उल्लेख कर रहे हैं। नमक प्रतीक के रूप में भोजन का स्वाद ही नहीं, वरन् नष्ट होने, सड़ने वाली वस्तुओं को बचाने वाला भी है। यहाँ शिष्य सांसारिक लोगों को नैतिक तथा आध्यात्मिक जीवन के ओर प्रेरित कर पतन से बचाने वाले के रूप में है। उनमें सेवा त्याग और प्रेम की शक्ति है। पर सुख-भोग में फँसे हुए व्यक्तियों को बचाने की शक्ति शिष्यों में तभी तक है, जब तक वे स्वतः आध्यात्मिक जीवन के अधिकारी हैं। अगर वे इससे च्युत होते हैं, तो फिर सामान्य जन को कौन बचा सकेगा! वे स्वतः व्यर्थ हो जायेंगे और निरादर के पात्र होंगे।

थोड़ा मौन रहकर ईसा ने पुनः कहना शुरू किया—"तुम संसार की ज्योति हो। पहाड़ पर बनाया हुआ नगर छिप नहीं सकता। लोग दीप जला कर नपने के नीचे नहीं रखते, बल्कि दीवट पर रखते हैं, जिससे घर के लोगों को प्रकाश मिले। उसी प्रकार तुम्हारी ज्योति मनुष्यों के सामने प्रकाशित रहे, जिससे वे तुम्हारे भले कृत्यों को देखकर तुम्हारे स्वर्गिक पिता की महिमा का अनुभव करें।" यहाँ ईसा ने अपने शिष्यों को सबके सामने आदर्श उपस्थित करनेवालों के रूप में प्रस्तुत किया है। पहाड़ी पर बसा हुआ नगर नीचे मार्ग पर चलने वाले हर व्यक्ति की दृष्टि में पड़ेगा। उसका प्रकाश-गृह उन्हें दिशा-निर्देश भी देता है। तिबेरियस झील के किनारे से सफ़ेद नगर को देखा जा सकता है, जो

काफ़ी ऊँचाई पर है। उनका उदाहरण मानव मात्र को अच्छाई और बुराई का विवेक देता है। अगर प्रकाश-गृह की ज्योति बुझ जाय तो समुद्र में जहाज़ों को चट्टानों से टकराने से और यात्रियों को मृत्यु के मुख में जाने से कौन बचा सकता है ? इसी प्रकार अगर ईसा के सन्देशवाहक शिष्य दायित्व का वहन न कर सकें तो विनाश और विभ्रम से संसार को कौन बचा सकेगा ?

३

इस क्षेत्र में ईसा का प्रभाव बढ़ रहा है। जन-समाज उनकी ओर आकर्षित होता जा रहा है। उनके कार्यों से विस्मित और चमत्कृत होकर वे लोग उनके व्यक्तित्व में दैवी प्रयोजन का आभास पा रहे थे। इस वातावरण में ईसा ने अपना उपदेश देना प्रारम्भ किया। उस समय यहूदी समाज मूसा की संहिता का पालन फ़रीसियों और शास्त्रियों की व्याख्या के अनुसार करता था। उसमें कर्मकाण्ड और परम्पराओं के पालन पर अधिक बल दिया जाता था, और संहिता के धार्मिक, नैतिक और सामाजिक नियमों की मूल भावना की उपेक्षा की जाती थी। अगले क्रम में ऐसा लग सकता है कि ईसा मूसा के नियमों का विरोध करते हैं, पर उनका विरोध यहूदियों के तत्कालीन विधि-विधान से था। इस दृष्टि से उनको विद्रोही न मानकर सुधारक के रूप में मानना संगत होगा।

भीड़ से बचकर पुनः ईसा किसी पहाड़ी उपत्यका में अपने शिष्यों तथा अन्य एकत्र कुछ लोगों को संबोधित करते हैं—"यह न समझो कि मैं संहिता अथवा नबियों के वचनों को अस्वीकार करने आया हूँ। मैं उन्हें अस्वीकारने नहीं वरन् पूरा करने आया हूँ। मैं तुम लोगों से यह कहता हूँ—आकाश और पृथ्वी भले ही टल जायें, पर संहिता की एक मात्रा अथवा एक बिन्दु भी बिना पूरा हुए नहीं टलेगा। इसलिए जो उन छोटी-से-छोटी आज्ञाओं में से एक को भी भंग करता है और दूसरों को ऐसा करना सिखाता है, वह स्वर्ग-राज्य में छोटा समझा जायगा। जो उनका पालन करता है और उन्हें सिखाता है, वह स्वर्ग-राज्य में बड़ा समझा जायगा।"

ईसा के वचनों से स्पष्ट है कि यहाँ मूसा के विधान के सन्दर्भ में उनका कहना है। प्राचीन संहिता अपने विविध पक्षों में ईश्वरीय प्रकाशन, भविष्यवाणी, नैतिकता का विधान और रीतियों की पद्धति मानी गयी है। अपनी दृष्टि में ईसा उनको उलटने नहीं वरन् पूरा करने आये हैं। प्राचीन मद्धिम और छाया-भास प्रकाशन को अधिक उद्भासित किया जाना था, भविष्यवाणियों को प्रमाणित करना था, नैतिक नियमों को व्यवस्थित करना था, ईसा ने यह सब किया। उन्होंने उनमें नये प्राण फूँके। प्राचीन रीतियों और विधियों के बाह्य रूपकात्मक तत्त्वों को अधिक वास्तविक और जीवन्त बनाया। बाहरी विधि-विधान की

अपेक्षा आन्तरिक भाव पर बल देते हुए उन्होंने संबोधित किया—"यदि तुम्हारी धार्मिकता शास्त्रियों और फ़रीसियों की धार्मिकता से गहरी नहीं हुई तो तुम स्वर्गराज्य में प्रवेश नहीं करोगे।" इस प्रकार ईसा धर्म के आन्तरिक भाव पक्ष पर बल देना चाहते हैं।

सुसमाचार मूसा के विधान को व्यवस्था देने के बजाय उसका रूपान्तरण है। नये संविधान की महत्ता प्रतिपादित करने के लिए उन्होंने स्पष्ट निर्देश देते हुए अपने निकट आये हुए शिष्यों तथा लोगों से कहना शुरू किया—"तुम लोगों ने सुना है कि पूर्वजों से कहा गया है—हत्या मत करो। यदि कोई हत्या करे, तो वह न्यायालय में दण्ड के योग्य ठहराया जायगा। परन्तु मैं तुमसे यह कहता हूँ, जो अपने भाई पर क्रोध करता है, वह न्यायालय में दण्ड के योग्य ठहराया जायगा। यनि वह अपने भाई से कहे—"रे मूर्ख !", तो वह महासभा में दण्ड के योग्य ठहराया जायगा। और यदि वह कहे—"रे नास्तिक !" तो वह नरक की आग के योग्य ठहराया जायगा।" यहाँ ईसा की कथन-शैली से स्पष्ट है कि वह अपने को मूसा की अपेक्षा श्रेष्ठ विधायक के रूप में उपस्थित कर रहे हैं। सभी यहूदी समाज सभागृहों में शनिवार के दिन मूसा के नियमों को सुनते थे, और इस प्रकार परिचित थे। इसीलिए ईसा ने अपने नैतिक विधान के लिए यह आधार चुना। क़ानून हत्या का दण्ड मृत्यु निर्धारित करता था। पर ईसा का सुसमाचार क्रोध को ही नष्ट करने के पक्ष में है, क्योंकि क्रोध से ही इस प्रकार के अपराध होते हैं। यहाँ 'मूर्ख' और 'नास्तिक' कहने में क्रोध की उत्तेजना के अन्तर के अनुसार दण्ड-विधान किया गया है। न्यायालय की अपेक्षा महासभा अधिक दण्ड देने की अधिकारिणी है और 'नरक की आग' का दण्ड स्वयंसिद्ध है।

एक बार सामने के लोगों पर दृष्टि डालते हुए ईसा ने पुनः कहना शुरू किया—"तुम लोगों ने सुना है कि कहा गया है—"व्यभिचार मत करो।" परन्तु मैं कहता हूँ—"जो बुरी इच्छा से किसी स्त्री पर दृष्टि डालता है, वह अपने मन में उसके साथ व्यभिचार कर चुका है। यदि तुम्हारी दाहिनी आँख तुम्हारे लिए पाप का कारण बनती है, तो उसे निकाल कर फेंक दो। अच्छा यही है कि तुम्हारे अंगों में से एक नष्ट हो जाये, पर तुम्हारा सारा शरीर नरक में न डाला जाये। और यदि तुम्हारा दाहिना हाथ तुम्हारे लिए पाप का कारण बनता है, तो उसे काट कर फेंक दो। अच्छा यही है कि तुम्हारे अंगों में से एक नष्ट हो जाये, किन्तु तुम्हारा सारा शरीर नरक में न डाला जाय।" प्राचीन विधान के अनुसार व्यभिचार की सज़ा मृत्यु-दण्ड थी, पर कुदृष्टि को दूसरे के माल की लोलुपता के समान माना जाता था। यहाँ ईसा नैतिक मूल्य को अधिक ऊँचे स्तर पर प्रतिष्ठित करते हैं। न केवल दूषित भावना बुरे कर्म को प्रेरित करती है वरन् आन्तरिक रूप में पतन का कारण होती है। यहूदी

समाज प्राचीन विधान का उपयोग मुख्यतः नागरिक और अपराध संहिता के रूप में करता था, उससे नैतिक मूल्यों की शिक्षा की अपेक्षा नहीं की जाती।

आगे ईसा वैवाहिक जीवन के आदर्श के बारे में कहते हैं—"यह भी कहा गया है—जो अपनी पत्नी का परित्याग करता है, वह उसे त्याग-पत्र दे दे। परन्तु मैं तुमसे कहता हूँ—व्यभिचार को छोड़ कर किसी अन्य वजह से जो अपनी पत्नी का परित्याग करता है, वह उससे व्यभिचार कराता है और परित्यक्ता से विवाह करता है, वह व्यभिचार करता है।" जैसा स्पष्ट है व्यभिचार की सज़ा प्राण-दण्ड प्राचीनों के अनुसार थी, यहाँ नये विधान में तो मानसिक स्तर पर उसे नैतिक मूल्यों का स्खलन माना गया है।

प्राचीन विधान ने झूठी कसम खाना, झूठी गवाही देना, और किसी प्रकार का ईश्वर के नाम का दुष्प्रयोग मना किया है। पर ईसा ने सामने के जन-समूह को सम्बोधित करते हुए कहा—"तुम लोगों ने यह भी सुना है कि पूर्वजों से कहा गया है—झूठी शपथ मत खाओ। प्रभु के सामने खायी हुई शपथ को पूरा करो। परन्तु मैं तुमसे कहता हूँ : शपथ कभी नहीं खाना चाहिए—न स्वर्ग की, क्योंकि वह ईश्वर का सिंहासन है, न पृथ्वी की क्योंकि वह उसका पावदान है; न येरुसालेम की, क्योंकि वह राजाधिराज का नगर है; और न अपने सिर की, क्योंकि तुम उसका एक भी बाल सफ़ेद या काला नहीं कर सकते। तुम्हारी बात इतनी हो—हाँ की हाँ, नहीं की नहीं। जो इससे अधिक है, वह बुराई से उत्पन्न होता है।" यहूदी समाज में कसम खाने का प्रचलन था, उनकी आपसी बात-चीत में अनजाने ही साधारण तथ्यों के लिए क़सम खाई जाती थी। अगर सत्य के विरोध में न हो तो क़सम खाना ज़ायज़ माना जाता था। ईश्वर से घनिष्ठ रूप से सम्बद्ध प्राणियों की क़सम पर भी ध्यान नहीं दिया जाता था, अगर उसके नाम को जोड़ा न जाय। ईसा ने इस प्रकार की छूट का विरोध किया है। स्वीकार अथवा अस्वीकार सच्चे धार्मिक व्यक्ति के लिए पर्याप्त है। क़सम खाना निरर्थक है, क्योंकि इनसे खानेवाले के प्रति झूठ की शंका होती है और खिलानेवाले के मन में अविश्वास की भावना का आभास मिलता है।

दो हज़ार वर्ष ईसा पूर्व से सामी जाति में इस प्रकार की कहावत प्रचलित थी : आँख के बदले आँख, दाँत के बदले दाँत, घाव के बदले घाव, जीव के बदले जीव। मूसा ने इसे अपने दण्ड-विधान में स्वीकार किया, पर प्रतिकार के व्यक्तिगत उपयोग से मरुभूमि के अरबों में इसका अकल्पनीय विस्तार सम्भव था, अतः उन्होंने इसके निर्णय का अधिकार न्यायाधिकरणों को सौंपा। ईसा ने इसके विरुद्ध जन-समूह के सामने त्याग का उच्चादर्श रखा है—"तुम लोगों ने सुना है कि कहा गया है—आँख के बदले आँख, और दाँत के बदले दाँत। परन्तु मैं तुमसे कहता हूँ—दुष्ट का सामना न करो। यदि कोई तुम्हारे दाहिने गाल पर थप्पड़ मारे तो दूसरा भी उसके सामने कर दो। जो मुक़दमा लड़ कर

तुम्हारा कुरता लेना चाहता है, उसे अपनी चादर भी लेने दो। और यदि कोई तुम्हें आधा कोस बेगार में ले जाये, तो उसके साथ कोस भर चले जाओ। जो तुमसे माँगता है, उसे दे दो और जो तुमसे उधार लेना चाहता है, उससे मुँह न मोड़ो।'' ईसा उच्चतम नैतिक मूल्यों की स्थापना करते हैं। सच्चा धार्मिक व्यक्ति हिंसा का प्रतिकार सदाशयता से, लोलुपता का निर्लिप्त भाव से और अन्यायपूर्ण माँगों का अपने अधिकार के उत्सर्ग से करता है। यहाँ मूल भावना भलाई से बुराई पर विजय पाने की है। उत्सर्ग के द्वारा शान्ति प्राप्त करना और हिंसा के बदले हिंसा को अस्वीकार करना मानवीय पूर्णता का आदर्श है, यह मुख्यतः व्यक्ति के लिए है, इस सीमा तक समाज पर लागू नहीं होता क्योंकि समाज का आधार स्वाभाविक न्याय और अधिकार पर स्वीकृत है।

प्राचीन नियम के अनुसार पड़ोसी से प्रेम का निर्देश है। अनजान व्यक्ति के प्रति कृपा करने की बात है, यहाँ तक कि शत्रु को आघात पहुँचाना मना है और उसके लिए अन्यों की दी जानेवाली कोई सुविधा मना करना अपेक्षित नहीं समझा गया है। यहाँ स्मरण रखना कि ये लोग इस्राएली माने गये हैं। पर यहूदी लोग आस-पास के अन्य जाति के लोगों के प्रति विरोध तथा घृणा भाव रखते आये थे। उस समय के जन-समाज में यह सामान्य धारणा थी और इसी दृष्टि से ईसा ने पुनः पहाड़ी की ऊँचाई पर सागर पर दृष्टि डालते हुए जन-समाज को सम्बोधित किया—''तुम लोगों ने सुना है कि कहा गया है—अपने पड़ोसी से प्रेम करो और अपने बैरी से बैर। परन्तु मैं तुमसे कहता हूँ—अपने शत्रुओं से प्रेम करो। इससे तुम अपने स्वर्गिक पिता की सन्तान बन जाओगे; क्योंकि वह भले और बुरे दोनों पर अपना सूर्य उगाता तथा धर्मी और अधर्मी दोनों पर पानी बरसाता है। यदि तुम उन्हीं से प्रेम करते हो, जो तुमसे प्रेम करते हैं, तो पुरस्कार का दावा कैसे कर सकते हो? क्या नाकेदार भी ऐसा नहीं करते? और यदि तुम अपने भाइयों को ही नमस्कार करते हो, तो कौन सा महत्व का काम करते हो? क्या ग़ैर यहूदी भी ऐसा नहीं करते? इसलिए तुम पूर्ण बनो, जैसे तुम्हारा स्वर्गिक पिता पूर्ण है।'' इन वचनों में व्यक्ति के लिए मानवीय मूल्यों की उच्चतम भूमिका अर्थात् ईश्वरीय पूर्णता के लिए प्रेरणा है। समानता के स्तर पर व्यवहार करना स्वाभाविक न्याय है, पर शत्रुता रखनेवाले, अत्याचार करनेवाले से प्रेम करना उच्चादर्श है। इस प्रकार अन्यायी तथा क्रूर व्यक्ति को आध्यात्मिक प्रकाश मिल सकता है। इस प्रकार का व्यवहार ईश्वरीय कृपा के प्रति समर्पण भाव और अपनी इच्छाशक्ति पर निर्भर है। हर एक को मानवीय समाज का सदस्य मानकर उसमें रुचि लेना, उसके प्रति सद्भाव रखना और उनकी आध्यात्मिक भलाई के साथ मुक्ति की कामना करना इस स्तर पर ही संभव है। ईसा अपने शिष्यों, और उनके माध्यम से मानव मात्र के सामने ईश्वरीय पूर्णता का उच्चतम मूल्य रखते हैं।

व्यावहारिक जीवन में यहूदी धर्म-निष्ठा और ईसाई धर्म-निष्ठा में भी इसी प्रकार का अन्तर दिखाया गया है। दान, उपवास और प्रार्थना यहूदियों में सच्ची निष्ठा के मानदण्ड माने जाते थे। फ़रीसी इनके पालन करने का अभिमान रखते थे और उनके कृत्रिम दिखावे का अहंकार करते थे। मुक्तिदाता ने इस प्राकर के झूठे प्रदर्शन की निन्दा की है। उन्होंने अपने शिष्यों को सहज भाव से समझाना शुरू किया—"सावधान रहो। लोगों का ध्यान आकर्षित करने के लिए अपने धर्म-कार्यों का प्रदर्शन न करो, नहीं तो अपने स्वर्गिक पिता के पुरस्कार से वंचित रह जाओगे। जब तुम दान देते हो, तो उसका ढिढोरा न पिटवाओ। ढोंगी सभा-गृहों और गलियों में ऐसा ही किया करते हैं, जिससे लोग उनकी प्रशंसा करे। मैं तुम लोगों से यह कहता हूँ—वे अपना पुरस्कार पा चुके हैं। जब तुम दान देते हो, तो तुम्हारा बायाँ हाथ यह न जानने पाये कि तुम्हारा दायाँ हाथ क्या कर रहा है। तुम्हारा दान गुप्त रहे और तुम्हारा पिता, जो सब कुछ देखता है, तुम्हें पुरस्कार देगा।"

निश्चय ही दान उच्च मूल्य के रूप में तभी स्वीकार किया जा सकता है, जब उसके माध्यम से मानव व्यक्तित्व और ईश्वर की कृपा की अभिव्यक्ति हो। यह बात उपवास को लेकर भी है। प्रदर्शन और अहंकार भाव से किया हुआ उपवास ढोंग ही है, और ईसा इसका विरोध करते हुए जन-समूह से कहते हैं—"ढोंगियों की तरह मुँह उदास कर उपवास नहीं करो। वे अपना मुँह मलिन कर लेते हैं, जिससे लोग यह समझें कि वे उपवास कर रहे हैं। तुम लोगों से यह कहता हूँ—वे अपना पुरस्कार पा चुके हैं। जब तुम उपवास करते हो, तो अपने सिर में तेल लगाओ और अपना मुँह धो लो, जिससे लोगों को नहीं, केवल तुम्हारे पिता को, जो अदृश्य है, यह पता चले कि तुम उपवास कर रहे हो। तुम्हारा पिता, जो अदृश्य को भी देखता है, तुम्हें पुरस्कार देगा।" प्रदर्शन हो जाने से उपवास की आन्तरिक भावना नहीं रह जाती, जो ईश्वर के समीप पवित्र जीवन-यापन का संकल्प रूप है।

पर्वत की ऊँचाई से सामने दूरी पर झील का और ऊपर आकाश का नीला विस्तार एक साथ दृष्टि-पथ में आ जाता है। ईसा के नेत्रों में उसी की झलक चमक रही है और वे आगे प्रार्थना के बारे में कहते हैं, "यदि तुम दूसरों के अपराध क्षमा करोगे, तो तुम्हारा स्वर्गिक पिता भी तुम्हें क्षमा करेगा। परन्तु यदि तुम दूसरों को क्षमा नहीं करोगे, तो तुम्हारा पिता भी तुम्हारे अपराध क्षमा नहीं करेगा।"

प्राचीन विधान में पड़ोसी से प्रेम की बात कही गई है। पर वहाँ पड़ोसी की धारणा सीमित थी। यहूदी के लिए पड़ोसी, सम्बन्धी, मित्र, निकट रहने वाला, नगरवासी साथी अथवा अधिक से अधिक देशवासी का अर्थ देता था। परदेशी, अपरिचित, राष्ट्र अथवा व्यक्तिगत स्तर पर शत्रु उनके लिए पड़ोसी

नहीं हो सकता था। ईसा के अर्थ में पड़ोसी मनुष्य मात्र है, उसमें न कोई अपवाद है और न चुनाव। इस अर्थ में पड़ोसी से प्रेम के अन्तर्गत ईश्वर का प्रेम आ जाता है। ईश्वर को अपने पूरे हृदय से प्रेम करना और पड़ोसी को अपने समान प्रेम करना नैतिकता का शिलालेख माना गया है। यहाँ ईसा ने कहा—"दूसरों से अपने साथ जैसा व्यवहार चाहते हो, तुम भी उसके साथ वैसा ही किया करो। यही संहिता और नबियों की शिक्षा है।" दूसरों को अपनी जगह मानना और उनके साथ सदा ऐसा आचरण करना जैसा कि अपने प्रति चाहते हो, ऐसा अभ्यास है जिसमें स्वार्थत्याग अनिवार्य है। यह तभी संभव होगा जब इस आस्था पर आधारित होगा कि ईश्वर हमारे साथ वैसा ही व्यवहार करेगा, जैसा हम दूसरों के साथ व्यवहार करते हैं।

४

व्यापक मानवीय मूल्यों को व्यवहार के नैतिक आदर्शों के रूप में ईसा सहज भाव से प्रस्तुत करते हैं, उन्हें अपने सामने एकत्र जन-समूह की पहिचान है और इसीलिए उनके कथन में सीधे प्रभाव डालने की क्षमता है—"दोष न लगाओ, ताकि तुम पर दोष न लगाया जाये। क्योंकि जिस विचार से तुम विचार कर चुके हो उसी से तुम्हारा विचार किया जायगा; क्षमा करो और तुम भी क्षमा किए जाओगे। दो और तुम्हें दिया जायगा : पूरी नाप, दबादब कर, हिला-हिलाकर और उभरता हुआ, वे तुम्हारी गोद में डालेंगे; क्योंकि जिस नाप से तुम नापोगे, उसी नाप से तुम्हारे लिए भी नापा जायगा।" आगे वाणी में कुछ तीखापन आ जाता है और वे इस ओर ध्यान आकर्षित करते हैं कि व्यक्ति को अपने दोषों को आत्मालोचन के भाव से देखना चाहिए—"जब तुम्हें अपनी ही आँख की धरन का पता नहीं, तब तुम अपने भाई की आँख के तिनके को क्यों देखते हो? जब तुम्हारी आँख में धरन है, तो तुम अपने भाई से कह सकते हो, 'मैं तुम्हारी आँख का तिनका निकाल दूँ!' रे ढोंगी! पहले अपनी ही आँख की धरन निकाल लो, तभी अपने भाई की आँख का तिनका निकालने के लिए अच्छी तरह देख सकोगे।"

ईसा अपने समय ही नहीं, भूत-भविष्य के ऐसे ढोंगी लोगों से अपने शिष्यों को सावधान करना चाहते हैं, जो छद्म रूप में सच्चे मार्ग की घोषणा करते फिरते हैं। हर युग में ऐसा होता है। वे झील के नीले विस्तार पर दृष्टि डाल कर और आकाश में नीले शून्य में हाथ उठा कर कहते हैं—"झूठे नबियों से सावधान रहो। वे भेड़ों के भेस में तुम्हारे पास आते हैं, किन्तु वे खूँखार भेड़िये हैं। उनके फलों से तुम्हें उन्हें पहचान जाओगे। क्या लोग कँटीली झाड़ियों से अंगूर या ऊँटकाटारों से अंजीर तोड़ते हैं? स्पष्ट है, हर अच्छा पेड़ अच्छे फल देता है और बुरा पेड़ बुरे फल देता है। अच्छा पेड़ बुरे फल नहीं देता और न

बुरा पेड़ अच्छे फल। जो पेड़ अच्छा फल नहीं देता, वह काटा और आग में झोंक दिया जाता है। इसलिए उनके फलों से तुम उन्हें पहचान जाओगे।" सुनने वाले जन-समूह की आँखों के सामने पहाड़ी पर उगने वाली झाड़ियाँ और ऊँटकटारे आ जाते हैं और साथ ही मैदान तथा घाटियों में अंगूर की बाड़ियाँ और अंजीर के कुंज कौंध जाते हैं। वस्तुतः ढोंगी अपने को कुछ समय के लिए छिपा सकते हैं और उन्हें मार्गदर्शक मानने का धोखा हो सकता है, पर उनके आचरण से उन्हें जल्दी ही पहचाना जायगा।

ईसा के अनुसार प्रभु के मार्ग पर चलना अर्थात् उच्चतम मूल्यों की ओर अग्रसर होना कठिन कार्य है, जब कि संसार के आकर्षणों में फँसना आसान है। वे दो मार्गों की चर्चा करते हैं—"सँकरे द्वार के प्रवेश करो। चौड़ा है वह फाटक और विस्तृत है वह मार्ग, जो विनाश की ओर ले जाता है। उस पर चलने वालों की संख्या बड़ी है। किन्तु सँकरा है वह द्वार और संकीर्ण है वह मार्ग, जो जीवन की ओर ले जाता है। जो उसे पाते हैं, उनकी संख्या थोड़ी है।" स्पष्ट है कि उच्चतम मूल्यों की ओर ले जानेवाले मार्ग पर चलना कम लोगों के लिए सम्भव होता है। ईसा सम्पूर्ण मानवता को पवित्र जीवन का संदेश देते हैं, उसके लिए सभी को आमंत्रित करते हैं, पर वे यह भी स्वीकार करते हैं कि इस उच्चतम भूमिका पर पहुँचना बहुत कम लोगों के लिए सम्भव है।

परन्तु ईसा का आश्वासन है कि एक बार ईश्वर पर अपने को छोड़ देने के बाद निश्चिन्त होकर जीवन-यापन करना चाहिए। इस भाव से वे कहते हैं—"मैं तुम लोगों से कहता हूँ, चिन्ता मत करो—न जीवन-निर्वाह की कि हम क्या खायें और न अपने शरीर की कि हम क्या पहनें। क्या जीवन भोजन से बढ़कर नहीं ? और क्या शरीर कपडे से बढ़ कर नहीं ? आकाश के प्राणियों को देखो। वे न तो बोते हैं और न बखारों में जमा करते हैं। फिर भी तुम्हारा स्वर्गिक पिता उन्हें खिलाता है। क्या तुम उनसे बढ़ कर नहीं हो ? चिन्ता करके तुममें से कौन अपनी आयु घड़ी भर भी बढ़ा सकता है ? और कपड़ों की चिन्ता क्यों करते हो ? वित के फूलों को देखो। वे कैसे बढ़ते हैं ? वे न तो श्रम करते हैं और न कातते हैं। फिर भी मैं तुम्हें विश्वास दिलाता हूँ कि सुलेमान अपने पूरे ठाट-बाट में उनमें से एक की भी बराबरी नहीं कर सकता था। हे अन्धविश्वासियो ! खेत की घास आज भर है और कल चूल्हे में झोंक दी जायगी। उसे भी यदि ईश्वर इस प्रकार सजाता है, तो वह तुम्हें क्यों नहीं पहनायेगा।"

आगे पुनः ईसा अपने अनुयायियों को ईश्वर पर भरोसा रखने की बात कहते हैं—"इसलिए यह कह कर चिन्ता मत करो—हम क्या खायें, क्या पियें, क्या पहनें। इन सब चीज़ों की खोज में ग़ैर-यहूदी लगे रहते हैं। तुम्हारा स्वर्गिक पिता जानता है कि तुम्हें इन सब चीज़ों की ज़रूरत है। सबसे पहले तुम ईश्वर के राज्य और उसके धर्म-भाव की खोज में लगे रहो और ये सब

चीज़ें तुम्हें यों ही मिल जायेंगी। कल की चिन्ता मत करो। कल अपनी चिन्ता स्वयं कर लेगा। आज की चिन्ता आज के लिए बहुत है।''

दिन ढल चला था। वृक्षों की छायाएँ बढ़ गई थीं। ईसा पर्वत की जिस चट्टान पर बैठे थे, उसके ऊपर वृक्ष की डालियाँ अपनी नुकीली पत्तियों की विरल छाया फैला रही थीं। पीछे की कन्दरा सूर्य की किरणों से प्रकाशित हो गई थी। इस शान्त और सुन्दर परिवेश में ईसा की सरल वाणी का वहाँ एकत्र जन-समूह पर अद्‌भुत प्रभाव पड़ रहा था। शास्त्रियों के उपदेश और प्रवचन से यह बिल्कुल अलग था। इस सुन्दर, मृदुल और उदात्त उपदेश को सुन कर उनके मन प्रशंसा की भावना से उत्फुल्ल हो उठे थे। आकाश का नीलापन और वृक्षों की हरियाली प्रकाश में उज्ज्वल हो उठे हैं। दूर पर एक ओर गलीली झील का नीला विस्तार दृष्टि पथ पर आ जाता है।

ईसा कुछ देर शांत रह कर अपने प्रवचन को अन्तिम मोड़ की ओर ले जाते हैं—''जो लोग 'हे प्रभु! हे प्रभु!' कह कर मुझे पुकारते हैं, उनमें से सब-के-सब स्वर्गराज्य में प्रवेश नहीं करेंगे। जो मेरे स्वर्गिक पिता की इच्छा पूरी करता है, वही स्वर्गराज्य में प्रवेश करेगा। उस दिन बहुत-से लोग प्रभु से कहेंगे, 'क्या हमने आपका नाम लेकर भविष्यवाणी नहीं की? आपका नाम लेकर अपदूतों को नहीं निकाला? आपका नाम लेकर बहुत-से चमत्कार नहीं दिखाये?' तब मैं उन्हें साफ़-साफ़ बता दूँगा, ''मैंने तुम लोगों को कभी नहीं जाना। रे कुकर्मियो! मुझसे दूर हटो।'' स्पष्ट है कि जो केवल नाम लेकर अपने को अधिकारी समझते-मानते हैं, वे भ्रम में हैं। 'पिता की इच्छा' के अनुसार काम करना 'स्वर्गराज्य प्रवेश' की पहली शर्त है।

पुनः अपनी बात को स्पष्ट करते हुए ईसा अपनी बातों के अनुसार चलने वाले को प्रभु की इच्छा पूरी करनेवाला मानते हैं और उसके लिए कहते हैं—''जो मेरी ये बातें सुनता और उन पर चलता है, वह उस समझदार मनुष्य के समान है, जिसने चट्टान पर अपना घर बनवाया हो। पानी बरसा, नदियों में बाढ़ आयी, आँधियाँ चलीं और उस घर से टकरायीं। तब भी वह घर नहीं बहा, क्योंकि उसकी नींव चट्टान पर डाली गयी थी।'' आगे थोड़ा रुक कर पश्चिम की ओर ढलते हुए सूर्य पर एक दृष्टि डाल कर दूसरे पक्ष को प्रस्तुत करते हैं—''जो मेरी बातें सुनता है, किन्तु उन पर चलता नहीं, वह उस मूर्ख के समान है, जिसने बालू की नींव पर अपना घर बनवाया है। पानी बरसा, नदियों में बाढ़ आयी, आँधियाँ चलीं और उस घर से टकरायीं। वह घर बह गया और उसका सर्वनाश हो गया।''

पर्वत का प्रवचन यहाँ समाप्त होता है। लोग इसे सुन कर आकर्षित और चकित हुए। इसके पहले सहज भाषा-शैली में मर्म को छूने वाली बातें किसी ने नहीं कहीं थीं। फिर इनमें समाज के व्यावहारिक जीवन के मूल्यों के ऊपर

ईश्वरीय उच्च जीवन के मूल्यों को प्रतिष्ठित किया गया है। यहूदी समाज जिन नबियों की वाणियों पर चलता आ रहा था, उन्हें शास्त्रियों और फ़रीसियों ने अपनी व्याख्याओं से जटिल और रूढ़िबद्ध भी किया था। ईसा की वाणी में एक ओर अधिकार भाव था, वैसा पहले नबियों में नहीं था और दूसरी ओर उन्होंने सहज ढंग से उच्चतम मूल्यों का रास्ता बताया।

●●

प्रकरण नौ

विरोध का प्रारम्भ और दृष्टान्तों में उपदेश

१

ईसा गलीलिया में लोकप्रिय होते जा रहे थे। लोग उनसे आकर्षित हो रहे थे। शास्त्रियों और फ़रीसियों को यह भाया नहीं। वस्तुतः ईसा उनके प्रभाव और प्रतिष्ठा को कम कर रहे थे, यह उनको सह्य नहीं था। मूसा-संहिता के नियमों की व्याख्या का विकास पौरोहित्य के आधार पर हुआ। उन्हें उसके ज्ञान का संरक्षक माना गया और उनकी मौखिक व्याख्याओं से नियमों को समझा जाता था। ज्यों-ज्यों पवित्र साहित्य को विधान के नियमों की अलिखित परम्परा से सम्बद्ध किया गया, बहुत सी नक़ली परम्परायें चल पड़ीं। इस प्रकार बाइबिल का अध्ययन जटिल समस्या होती गई, क्योंकि उसमें इतिहास, धर्मशास्त्र, नैतिक व्यवस्था और दण्ड-विधान सब कुछ सम्मिलित है। पुरोहित-वर्ग पूजा-विधान के साथ अपने भविष्य की चिन्ता और राजनीतिक गतिविधियों के कारण इस प्रकार के व्यापक अध्ययन के लिए समय नहीं निकाल सकता था। यह वर्ग यहूदी सम्प्रदाय के रूप में फ़रीसी कहलाया। इन्हीं में शास्त्रियों का एक वर्ग उत्पन्न हुआ। बाबुल-निर्वासन के बाद सभागृहों में भी धर्मग्रन्थ की शिक्षा और व्याख्या होने लगी और इस कार्य को यह शास्त्रियों का वर्ग सम्पन्न करता था। फ़रीसी मौखिक परम्पराओं के आधार पर मूसा-संहिता के अनगिनत छोटे-छोटे नियमों की अत्यन्त कठोर व्याख्या करते थे और उनका पालन अनिवार्य समझते थे। रूढ़ि-पालन पर बल देने के साथ उनमें अहंकार और साधारण जन-समाज के प्रति उपहास-भाव विशेष था। वे बहुधा ईश्वर-भक्ति, न्याय, ईमानदारी आदि संहिता की अन्य बातों की पेपेक्षा करते थे। उनका धर्म का दृष्टिकोण मात्र जटिल कर्मकाण्ड का पालन रह गया था। नियम-पालन करने के अहंकार से वे अन्य साधारण जन को पापी, अन्यायी और व्यभिचारी आदि मानते थे और उनके प्रति असीम उपेक्षा-भाव रखते थे। उनके इस प्रकार के प्रदर्शन से साधारण जन-समाज की आँखों में उनका महत्व और प्रतिष्ठा बढ़ती थी।

इस प्रकार जब ईसा का प्रभाव-क्षेत्र बढ़ रहा था, इन फ़रीसियों और शास्त्रियों के मन में उनके प्रति विरोध-भाव प्रकट होने लगा। अर्द्धाङ्ग के चंगे करने पर ईसा ने कहा था—'तुम्हारे पाप क्षमा किये गये हैं', तब उन्होंने बुरा माना था कि ईश्वर के अलावा पाप क्षमा करनेवाला कौन है! इसी प्रकार पीछे इस प्रसंग का भी उल्लेख है कि मत्ती ने जब ईसा को अपने घर पर भोज दिया, फ़रीसियों और शास्त्रियों ने उनके साथ नाकेदार तथा अन्य सामान्य लोगों को

भोजन करते देख कर आपत्ति की थी। एक अवसर पर एक फ़रीसी ने ईसा से अपने साथ भोजन करने के लिए विनती की। उनके मन में अविश्वास नहीं, जिज्ञासा का भाव था। अतः वे उस फरीसी के घर भोजन के लिए गये। लोग मेज़ पर उस समय के प्रचलन के अनुसार बैठे थे; कुछ उठी हुई कोच पर बायीं कुहनी से मेज का सहारा लेकर झुके हुए थे और उनके नंगे पाँव लगभग फर्श को छू रहे थे। उनके चेहरे भोजन परोसे जानेवाले दरवाज़े की ओर थे। हुआ यह कि नगर की एक पापिनी स्त्री यह जानकर कि ईसा फरीसी के घर भोजन पर बैठे हैं, संगमरमर की कुप्पी में इत्र लाई। वह चुपचाप मेहमानों और दीवाल के बीच की जगह में होती हुई ईसा के पीछे पहुँच गई और उनके पैरों पर गिर पड़ी। निश्चय ही वह वेश्या नहीं थी, पर अपने हीन चरित्र के लिए ज्ञात थी अन्यथा नौकरों को उसे रोक देना चाहिए था। उसने सुना था कि ईसा लोगों को शारीरिक तथा नैतिक अभिशापों से मुक्त करते हैं, और उसने निश्चय किया था कि वह उनकी शरण में आकर अपने पापपूर्ण अतीत से मुक्त होना चाहती थी। प्रभु के चरणों में वह इत्र लगाना चाहती थी, पर उनके सामीप्य से वह इतनी भावोद्वेलित हो गई कि अपने अश्रुओं से उसने प्रभु के पाँव धो डाले और फिर अपने बालों से उन्हें पोंछने लगी। फिर पाँवों को सुखा कर उन्हें चूम-चूम कर उन पर इत्र मला। यहूदी महिलाओं के लिए सबके सामने अपने बाल खोलना अशोभन माना जाता था, पर यहाँ इस प्रकार स्त्री अपनी विनम्रता और आदर भाव व्यक्त करती है।

जब यह सब हो रहा था, ईसा प्रकट रूप में सबसे अनजान बने रहे और उन्होंने उसे रोका नहीं। यह देख कर जिस फ़रीसी के घर न्योता था, अपने मन में कहने लगा—"यदि यह आदमी नबी होता, तो ज़रूर जान लेता कि जो स्त्री उसे छू रही है, वह कौन और कैसी है—यह तो पापिनी है।" फ़रीसी सन्तुष्ट हो गया, क्योंकि उसने जान लिया कि मेज़ पर उसका साथी नबी नहीं है, साधारण व्यक्ति है। पर उसी समय ईसा ने उससे कहा—"सिमोन, मुझे तुमसे कुछ कहना है।" उसने ठंडे भाव से उत्तर दिया—"गुरुवर, कहिए।"—"किसी महाजन के दो कर्ज़दार थे। एक पाँच सौ दीनार का ऋणी था और दूसरा पचास का। उसके पास कर्ज़ अदा करने को कुछ नहीं था, इसलिए महाजन ने दोनों को माफ़ कर दिया। उन दोनों में से कौन उसे अधिक प्यार करेगा?" सिमोन ने उत्तर दिया—"मेरी समझ में तो वही, जिसका अधिक ऋण माफ़ हुआ।" ईसा ने कहा—"तुम्हारा निर्णय सही है।" तब उन्होंने परिस्थिति से भयाकुल स्त्री की ओर मुड़कर सिमोन से कहा—"इस स्त्री को देखते हो? मैं तुम्हारे घर आया हूँ, तुमने मेरे पैरों को धोने के लिए पानी नहीं दिया, पर उसने मेरे पैर अपने आँसुओं से धोये और अपने केशों से पोंछे। तुमने मेरा चुम्बन नहीं किया, पर वह, जबसे भीतर आई है, मेरे पैर चूमती रही है। तुमने

मेरे सिर में तेल नहीं लगाया, पर उसने मेरे पैरों में इत्र मला। इसलिए मैं तुमसे कहता हूँ, उसके बहुत से पाप क्षमा हुए हैं, क्योंकि उसने बहुत प्यार किया है। पर जिसे कम क्षमा किया गया, वह कम प्यार दिखाता है।" तब ईसा ने उस स्त्री से कहा—"तुम्हारे पाप क्षमा हो गये हैं।"

इस प्रसंग को लेकर एक प्रश्न उठता है, उठाया भी गया है। इस प्रसंग के आधार पर यह माना जायगा कि जिसको अधिक क्षमा मिलती है अर्थात् पापों से मुक्त किया जाता है, वह अधिक प्यार करता है। पर सामान्यतः यही लगता है कि जो अधिक प्यार करता है, वह अधिक क्षमा का अधिकारी होता है। अन्यथा ऐसा मानना होगा कि स्त्री को इस बात की जानकारी है कि उसे अपने पापों के हिसाब से प्यार करना है। यह सम्भव नहीं है और न संगत। इस प्रसंग का अर्थ यही लगेगा कि जो व्यक्ति अपने पाप-बोध के साथ पूरी तरह प्यार करता है, वह सम्पूर्णतः क्षमा का अधिकारी हो जाता है। ईसा की कथन-शैली दृष्टान्त की है और इसी कारण इस भाव को इस प्रकार प्रकट किया गया है। अन्त में ईसा ने उस स्त्री से कहा—"तुम्हारे पाप क्षमा हो गये हैं।" साथ भोजन करने वाले मन ही मन कहने लगे—"यह कौन है, जो पापों को भी क्षमा करता है?" पर ईसा ने उस स्त्री से कहा—"तुम्हारे विश्वास ने तुम्हारा उद्धार किया है। शान्ति ग्रहण कर चली जाओ।" यहाँ स्पष्ट हो जाता है कि प्रेम और कृपा का सम्बन्ध है, क्षमा उसका परिणाम है और विश्वास उसका आधार है।

२

ईसा का प्रभाव बढ़ता जा रहा था। फ़रीसियों की योजनाओं और उनके कुचक्र से जन-समूह के उत्साह पर प्रभाव नहीं पड़ा। उसका उत्साह और उसकी उत्सुकता बढ़ती जा रही थी। वे नगर-नगर और गाँव-गाँव अपने शिष्यों के साथ घूम-घूमकर उपदेश देते और ईश्वर के राज्य के सुसमाचार का प्रचार करते थे। बारहों शिष्यों के अतिरिक्त उनके साथ कई स्त्रियाँ थीं, जो उनके द्वारा दुष्टात्माओं और रोगों से चंगी की गई थीं। मगदलेना नामक मरिया को सात अपदूतों से मुक्त की गई थी और हेरोद के भण्डारी खूसा की पत्नी योहन्ना और सुसन्ना और बहुत-सी दूसरी स्त्रियाँ भी जो अपनी-अपनी सम्पत्ति से ईसा की सेवा करती थीं।

निरन्तर ईसा भीड़ से घिरे रहने लगे। जन-समूह उनके कफ़रनाहूम के निवास-स्थान पर पहुँचने लगा था। ईसा अपने नाज़रेत के घर को छोड़कर गलीली झील के उत्तर तट पर स्थित इस कस्बे में रहने लगे थे। हरो-भरी घाटी में स्थित नाज़रेत के अपने घर को छोड़कर ईसा उत्तर के झील के तट पर स्थित कस्बे में अपने कार्य-क्षेत्र की दृष्टि से इन दिनों रहने लगे थे। यहाँ उनको

शान्ति और एकान्त भी मिलता था। पर क्रमशः जन-समूह का दबाव बढ़ता जा रहा था, उनको वहाँ भी एकान्त मिल पाना कठिन हो रहा था। उनके शिष्य इन उत्सुक लोगों की भीड़ को नियन्त्रित और व्यवस्थित करने में इस प्रकार व्यस्त रहने लगे कि उन्हें भोजन का समय भी कठिनाई से मिलता था। इस परिस्थिति से उनके सम्बन्धी वहुत चिन्तित हुए। नाज़रेत में उन्हें समाचार मिलते रहते थे। वे यह भी जानते थे कि फ़रीसी और शास्त्री उनके पीछे पड़े हुए हैं। फ़रीसियों के कुविचारों से वे परिचित थे और यह भी उनसे छिपा नहीं था कि वे किस सीमा तक जा सकते हैं। इसलिए वे नाज़रेत से कफ़रनाहूम पहुँचे और उनको अपने साथ पकड़ ले जाना चाहते थे, क्योंकि कहा जाता था कि उन्हें अपनी सुध-बुध नहीं रह गई है।

इसी बीच एक दिन लोग एक अंधे-गूँगे अपदूतग्रस्त व्यक्ति को ईसा के पास लेकर आये। वह व्यक्ति किसी शारीरिक दोष या रोग के कारण अंधा-गूँगा नहीं था। ईसा ने अपदूत को निकाल कर उसे चंगा कर दिया और वह बोलने-देखने लगा। वहाँ एकत्र लोग अचम्भे में पड़ गये और कहने लगे—"कहीं यही तो दाऊद का पुत्र नहीं है ?" जब जन-समूह इस प्रकार हर्षोल्लसित हो रहा था, फ़रीसी आपस में कानाफूसी कर रहे थे और जन-समूह को सुना कर कहा —"यह नरकदूतों के नायक, बेलजेबुब की सहायता से नरकदूतों को निकालता है।" उनके विचार सुनकर ईसा ने उनकी चतुराई समझ ली और सहज ढंग से कहा—"जिस राज्य में फूट पड़ गई है, वह उजड़ जाता है और जिस नगर या घर में फूट पड़ गयी है, वह टिक नहीं सकता। यदि शैतान ही शैतान को निकालता है, तो उनके यहाँ फूट पड़ गई है। उसका राज्य कैसे टिका रहेगा ? और यदि मैं बेलजेबेब की सहायता से नरकदूतों को निकालता हूँ, तो तुम्हारे बेटे किसकी सहायता से उन्हें निकालते हैं ? इसलिए वे ही तुम लोगों का न्याय करेंगे।"

ईसा ने क्रमशः आगे कहा—"परन्तु यदि मैं ईश्वर की आत्मा की सहायता से नरकदूतों को निकालता हूँ, तो निस्संदेह ईश्वर का राज्य तुम्हारे बीच आ गया है। यदि कोई बलवान मनुष्य हथियार बाँध कर अपने घर की रखवाली करता है, तो उसकी धन-सम्पत्ति सुरक्षित रहती है। पर यदि कोई उससे भी बलवान् उस पर टूट पड़े और उसे हरा दे, तो जिन हथियारों पर उसका भरोसा था, वह उन्हें उससे छीन लेता है और उसका माल लूट कर बाँट देता है। जो मेरे साथ नहीं, वह मेरा विरोधी है और जो मेरे साथ नहीं बटोरता, वह बिखेरता है।"

फ़रीसी द्वेषवश ईसा को बदनाम करना चाहते हैं, इसी कारण जन-समूह में भ्रम फैलाना चाहते हैं। इसी को लक्ष्य करके वह कहते हैं—"इसीलिए मैं तुम लोगों से कहता हूँ—मनुष्यों को हर तरह के पाप और ईश-निन्दा की भी

क्षमा मिल जायगी, परन्तु पवित्र आत्मा की निन्दा की क्षमा नहीं मिलेगी। यदि कोई मानवपुत्र के विरुद्ध कुछ कहे, तो उसे क्षमा मिल जायेगी, परन्तु यदि वह पवित्र आत्मा के विरुद्ध बोले, तो उसे क्षमा नहीं मिलेगी—न इहलोक में और न परलोक में।'' सभी पाप क्षमा किये जा सकते हैं, यदि हृदय में विश्वास हो या सच्चा पश्चात्ताप मन में हो। ईश्वरीय कृपा से यह सम्भव होता है। परन्तु द्वेष या ईर्ष्या की भावना अनजान नहीं होती, अतः इस अपराध या पाप से क्षमा मिलने की स्थिति प्रायः असम्भव मानी गयी है। प्रभु-कृपा के चमत्कार से ही यह सम्भव हो सकता है।

इसी दृष्टि को ईसा स्पष्ट करते हुए कहते हैं—''या तो पेड़ को अच्छा मानों और उसके फल को भी, या पेड़ को बुरा मानों और उसके फल को भी। हे साँप के बच्चो ! तुम बुरे होकर अच्छी बातें कैसे कह सकते हो ? जो हृदय में भरा है, वही तो मुँह में आता है। अच्छा मनुष्य अपने अच्छे भण्डार से अच्छी बातें निकालता है और बुरा मनुष्य अपने बुरे भण्डार से बुरी चीजें। मैं तुम लोगो से कहता हूँ—न्याय के दिन मनुष्यों को अपनी हर निकम्मी बात का लेखा-देना पड़ेगा, क्योंकि तुम अपनी ही बातों से निर्दोष या दोषी ठहराये जाओगे।''

इसी बीच उनकी माता, भाई तथा अन्य सम्बन्धी बाहर आकर खड़े इन्तजार कर रहे थे। ईसा जन-समूह से घिरे थे और उपदेश दे रहे थे। फ़रीसियों वाला प्रसंग इसी बीच घटित हुआ होगा। वे घर के बाहर ही रुके थे और उनसे मिलना चाहते थे। किसी ने ईसा से जाकर कहा—''देखिए, आपकी माता और आपके भाई बाहर हैं। वे आपसे मिलना चाहते हैं।'' ईसा ने उससे कहा—''कौन है मेरी माता ? कौन है मेरे भाई ?'' फिर अपने चारों ओर की भीड़ पर दृष्टि डालते हुए अपने शिष्यों की ओर संकेत करते हुए उन्होंने कहा—''देखो, ये ही हैं मेरी माता, और मेरे भाई; क्योंकि जो मेरे स्वर्गिक पिता की इच्छा पूरी करता है, वही है मेरा भाई, मेरी बहन और मेरी माता।''

यहाँ यह नहीं मानना चाहिए कि ईसा ने अपने सम्बन्धियों को अस्वीकार कर दिया। यह अपनी माँ, भाई या अन्य सम्बन्धियों के अस्वीकार का भाव नहीं है, वरन् वे उच्चतम धार्मिक जीवन का संकेत कर रहे हैं। जो ईश्वर से विश्वास और प्रेम के माध्यम से जुड़ता है, वह ईसा का आत्मीय जन है। इस भाव को व्यंजित करने के लिए उन्होंने जन-समूह के सामने यह कहा है। इसमें उनका माँ या भाइयों के प्रति अवज्ञा-भाव नहीं है।

३

फ़रीसियों और शास्त्रियों के खुले विरोध के प्रकट हो जाने पर ईसा अपने

कफ़रनाहूम के घर से बाहर निकल पड़े। घर पर भीड़ अधिक होने लगी थी, जिसे सँभालना मुश्किल हो गया था और फ़रीसी वहाँ विवाद उठाने लगे थे। कफ़रनाहूम के पश्चिम सात चश्मों की घाटी में गेनेसरेत झील के लगभग एक मील के किनारे पर चार-पाँच छोटी खाड़ियाँ हैं। नीची पहाड़ियों में कटी हुई ये छोटी-छोटी खाड़ियाँ झील के शान्त जल के विस्तार के साथ सुन्दर लगती हैं। उन पर वनस्पतियों का विस्तार एकान्त और शान्ति को बढ़ाता है। अनुभव से यह स्पष्ट हो जाता है कि इन छोटी खाड़ियों के केन्द्र से आवाज करने से दूसरी ओर तट के सभी स्थलों पर सुना जा सकता है। झील प्रायः इतनी शान्त रहती है कि इन छोटी खाड़ियों के पानी की सतह पर कभी ही लहर देखी जा सकती है।

घर से बाहर निकल पड़ने पर भी जन-समूह ने ईसा का पीछा नहीं छोड़ा। भीड़ झील के किनारे भी इकट्ठा होने लगी। वह अपने शिष्यों के साथ एक नाव में बैठ गये और किनारे से धकेल कर उसे कुछ दूर ले गये। भीड़ क्रमशः खाड़ी के तट पर फैल गयी। अन्दर प्रवेश करते हुए इस पानी के केन्द्र से चारों ओर के तट पर यह आवाज़ पहुँच सकती है, यह सहज ही समझा जा सकता है। उस मछली पकड़ने वाली नाव के भन्दान पर बैठ कर ईसा ने खाड़ी के तटों पर फैली हुई भीड़ पर एक नजर डाली। और दृष्टान्तों के माध्यम से जनसमाज को बहुत सी बातें समझाने लगे।

सुसमाचार के दृष्टान्त रीति-रिवाजों तथा सामान्य जीवन पर आधारित काल्पनिक कथाएँ हैं, जिनके माध्यम से कोई नैतिक शिक्षा अथवा धर्मसिद्धान्त का कोई सत्य व्यंजित किया जाता है। अपने रूप-विधान में ये दृष्टान्त परी-कथा के निकट होते हैं। पर परी-कथाओं में काल्पनिक जगत् रहता है जिसमें पशु-पक्षी सोचते-बोलते हैं और उनके माध्यम से मानवीय विवेक और व्यवहार बुद्धि की शिक्षा मिलती है। जबकि इन दृष्टान्तों का आधार सम्भाव्य होता है और उनमें सदा धार्मिक उद्देश्य निहित रहता है। उपमा और रूपक के समान दृष्टांत और रूपक-कथा का सम्बन्ध होता है। जिस प्रकार क्रमशः सम्बद्ध रूपक रूपक-कथा की रचना करते हैं, इसी प्रकार उपमाओं को कथा के रूप में विकसित करने पर दृष्टान्त हो जाता है। उपमा और दृष्टान्त में दो समान वस्तुएँ एक दूसरे के समकक्ष प्रस्तुत की जाती है, जबकि रूपक और रूपक-कथा में एक वस्तु दूसरो समान वस्तु के पीछे निहित रहती है। अतः दृष्टान्त कथा को समझने के लिए सदृश वस्तु के समकक्ष रख कर उनकी समानता को पहचान लेने की अपेक्षा होती है। परन्तु रूपक-कथा को समझने के लिए सभी रूपकों को समानान्तर पारिभाषिक रूपों में रूपान्तरित अथवा परिवर्तित करने की अपेक्षा नहीं होती।

ईसा यहाँ विभिन्न दृष्टान्त कथाओं से स्वर्ग के राज्य की परिकल्पना को

स्पष्ट करना चाहते हैं। शुद्ध दृष्टान्त कथाएँ अपने अर्थ को व्यंजित करने में सरल होती हैं। पर स्वर्ग के राज्य से सम्बन्धित दृष्टान्त कथाएँ थोड़ी जटिल हैं, क्योंकि उनमें रूपक-कथा के तत्त्व मिल-जुल गये हैं। व्याख्याकार को इस बात को ध्यान में रखना होगा। साथ ही एक और कठिनाई है। कथाओं में वस्तुओं की निश्चित समानता खोजना अनेक बार कठिन है। उनमें सम्पूर्ण कथा किसी सत्य को व्यंजित करती है। अभी तक ईसा अपने श्रोताओं को स्वर्ग के राज्य की आध्यात्मिक प्रकृति का परिचय देते रहे थे, जहाँ केवल सच्चे विश्वास के द्वारा ही प्रवेश मिलता है। 'पर्वत पर प्रवचन' में आन्तरिक प्रवृत्ति पर बल दिया गया है, परन्तु झील की दृष्टान्त कथाओं में स्वर्ग के राज्य की आन्तरिक प्रकृति को उद्घाटित किया गया है।

इन दृष्टान्त कथाओं का महत्त्व एक दृष्टि से और है। ईसा के समय तक यहूदियों का स्वर्ग के राज्य का विचार अस्पष्ट और बदलता हुआ था। वह उनकी आकांक्षाओं और स्वप्नों का रूप भी था। स्मरण रखना है कि यहूदी जाति प्रताड़ित रही है। अपने स्वाभिमान के बावजूद उसे मिस्र से लेकर बाबुल तक भटकना पड़ा था। इस कारण भी उनके मन में दाऊद के वंश में एक राष्ट्रीय शक्तिशाली शासक की प्रबल आकांक्षा थी। ईसा के समय यहूदियों के मन में एक ऐसे राष्ट्रीय राजा की प्रतीक्षा थी, जो इस्राएल को आततायियों से मुक्त करके न्याय, सुख और शान्ति का युग शुरू करेगा। वे चामत्कारिक ढंग से इस सब के घटित होने की आशा करते थे। ईसा अपने व्यक्तित्व से और दृष्टांत कथाओं से इस प्रकार के भ्रम को दूर करना चाहते हैं।

४

खाड़ी के मध्य बिन्दु पर नाव रुकी हुई है। अर्द्धवृत्ताकार खाड़ी के तट पर जन-समूह बिखरा हुआ है। ईसा उन्हें सम्बोधित करके शान्त करते हैं और शुरू करते हैं—"सुनो! कोई बोनेवाला बीज बोने निकला। बोते-बोते कुछ बीज रास्ते के किनारे गिरे और आकाश के पक्षियों ने आकर उन्हें चुग लिया। फिर कुछ पथरीली भूमि पर गिरे जहाँ उन्हें अधिक मिट्टी नहीं मिली। वे जल्दी ही उग गये, क्योंकि उनकी मिट्टी गहरी नहीं थी। सूरज चढ़ने पर वे झुलस गये और जड़ न पकड़ने के कारण वे सूख गये। कुछ बीज काँटों में गिरे और काँटों ने बढ़ कर उन्हें दबा लिया, इसीलिए वे फल नहीं लाये। फिर कुछ बीज अच्छी भूमि में गिरे, वे उग कर फूले-फले और तीस गुना या साठ गुना या सौ गुना फल लाये।" अन्त में चारों ओर जन-समूह पर एक दृष्टि डालते हुए ईसा ने कहा—"जिसके सुनने के कान हों, वह सुन लें।"

फ़िलिस्तीन की भूमि और ऋतु के आधार पर ईसा का यह दृष्टान्त सटीक है। बीज जिस प्रकार की भूमि पर गिरता है, उसके जमने और फलने की

सम्भावना उसी से निश्चित होती है। रास्ते पर गिरे हुए, पथरीली भूमि पर गिरनेवाले और झाड़ियों के बीच गिरने वाले बीज के नष्ट हो जाने की स्थिति रहती है। पर जो बीज अच्छी भूमि में गिरता है, वह पूरी तरह फलता है। यहाँ इसका अर्थ स्पष्ट है, क्योंकि बीज बोने वाला स्वयं ईसा है, बीज सुसमाचार है और भूमि सुननेवाला है। सुसमाचार सुननेवाले की मानसिकता और भावना के आधार पर सफल होता है। पर जब उनके शिष्यों ने आकर उनसे पूछा—"आप उनसे दृष्टान्तों में क्यों बातें करते हैं।" उन्होंने उत्तर दिया—"यह इसलिए है कि स्वर्ग-राज्य का भेद जानने का वरदान तुम्हें दिया गया है, उन लोगों को नहीं। इसलिए मैं उनसे दृष्टान्तों में बातें करता हूँ कि देखते हुए भी वे न देखें, और सुनते हुए भी न सुनें और न समझें। इसायस की यह भविष्य-वाणी उन लोगों पर पूरी उतरती है—

> तुम सुनते रहोगे, परन्तु नहीं समझोगे।
> तुम देखते रहोगे, परन्तु तुम्हें नहीं दीखेगा।
> क्योंकि उन लोगों की बुद्धि मारी गई है।
> ये कानों से सुनना नहीं चाहते;
> इन्होंने अपनी आँखों को बन्द कर लिया है।
> कहीं ऐसा न हो कि ये आँखों से देख लें,
> कानों से सुन लें,
> बुद्धि से समझ लें,
> मेरी ओर लौट आयें
> और मैं उन्हें भला-चंगा कर दूँ।

इसके बाद ईसा ने अपने शिष्यों से कहा—"क्या तुम इस दृष्टान्त को नहीं समझते हो? तब अन्य दृष्टान्तों को कैसे समझोगे! अब तुम लोग बोनेवाले का दृष्टान्त सुन लो। यदि कोई वचन सुनता है, लेकिन समझता नहीं, तब जो उसके मन में बोया गया था, उसे शैतान आकर ले जाता है, यह वह बीज है जो रास्ते के किनारे बोया गया है। वैसे ही जो बीज पथरीली भूमि में बोया जाता है, वह है जो वचन सुनते ही उसको तुरन्त आनन्द से ग्रहण करता है, परन्तु उसमें जड़ नहीं पकड़ती और वह थोड़े ही दिन रहता है। बाद में वचन के कारण संकट या दुःख आ पड़ने पर वह तुरन्त विचलित हो जाता है। जो काँटों में बोया जाता है; यह वह है जो वचन सुनता है, परन्तु संसार की चिन्ता और धन का मोह वचन को दबा देता है और वह फल नहीं लाता। लालसाएँ घुसकर वचन को दबा देती हैं, और वह निष्फल हो जाता है। पर जो अच्छी भूमि में बोया गया है; यह वह है जो वचन सुनता और समझता है और फल लाता है—कोई सौ गुना, कोई साठ गुना और कोई तीस गुना।"

ईश्वरीय वचन जीवन और ऊर्जा से सम्पन्न होता है, पर बहुत से बाहरी

कारण होते हैं जो उसकी स्वाभाविक सार्थकता को नष्ट करते हैं। फ़िलस्तीनी जीवन-पद्धति के आधार पर ईसा ने यहाँ तीन स्थितियों को गिनाया है, ये मनुष्य की तीन प्रतीकात्मक स्थितियाँ मानी जा सकती हैं जो सामान्यतः स्वर्गिक वचन की सक्रियता को बाधित करती हैं। ऐसे अहंमन्य और उपेक्षाशील मनुष्य अन्यमनस्क भाव से वचन का ध्यान करते हैं अथवा कानों को मधुर लगनेवाले संगीत की तरह सुनते हैं। वह सतह पर रह जाता है और अति साधारण वस्तु उसे स्मृति से मिटा देती है। दूसरे मनुष्य वचन को रुचि, आनन्द और प्रशंसा भाव से सुनते हैं, वे उसे सुन्दर, महान् और शान्तिमय अनुभव करते हैं, पर वे उसे अपने जीवन में उतारने की कल्पना नहीं करते। वे अपने इस अनुभव को स्थायित्व प्रदान नहीं कर पाते, क्योंकि उनकी अनुभव की क्षमता निर्बल होती है। किंचित् कठिनाई और परीक्षा में वे विचलित हो जाते हैं, जैसे बिना गहरी जड़ों वाले पौधे सूर्य की हल्की रोशनी में सूख जाते हैं।

परन्तु जो न केवल वचन के प्रति प्रशंसा भाव रखते हैं, अभ्यास और प्यार करते हैं, वरन् उसका अभ्यास भी करते हैं, वे अधिक सम्भावनाओं को व्यक्त करते हैं। सौभाग्य से वे ही मनुष्य संसार की आत्मा का ईश्वर की आत्मा से सामंजस्य करने में सफल होते हैं। उनकी आत्मा पर हर बाहरी प्रभाव पड़ता है। उनकी अच्छी इच्छाओं को सुख-सुविधाओं का जीवन और ऐश्वर्य-विलास की भावना कुंठित कर देती है। वे ऐसे फूल हैं जिनमें कभी फल नहीं लगते या वे ऐसे फूल लाते हैं जिनमें कभी फल नहीं लगते। इस बात को स्पष्ट करने के लिए ईसा ने उनके सामने एक और दृष्टान्त प्रस्तुत किया—"स्वर्ग का राज्य उस मनुष्य के सदृश है, जिसने अपने खेत में अच्छा बीज बोया था। परन्तु जब लोग सो रहे थे, तो उसका बैरी आया और गेहूँ में जंगली बीज बो कर चला गया। जब अंकुर फूटा और बालें लगीं, तब जंगली बीज भी दिखाई पड़ा। तब नौकरों ने आकर स्वामी से कहा—"मालिक, क्या आपने अपने खेत में अच्छा बीज नहीं बोया था? उसमें जंगली बीज कहाँ से आ पड़ा?" स्वामी ने उनसे कहा—"यह किसी बैरी का काम है।" तब नौकरों ने उससे पूछा, "क्या आप चाहते हैं कि हम जाकर जंगली बीज बटोर लें।" स्वामी ने उत्तर दिया—"नहीं, कहीं ऐसा न हो कि जंगली बीज बटोरते समय तुम गेहूँ भी उखाड़ डालो। कटनी तक दोनों को साथ-साथ बढ़ने दो। कटनी के समय मैं काटने वालों से कहूँगा—पहले जंगली बीज बटोर लो और जलाने के लिए उसके गट्ठे बाँधो। तब गेहूँ मेरे बखार में जमा करो।"

ईसा ने यह दृष्टान्त सामान्य व्यवहार से लिया है। गेहूँ के साथ विषैले जंगली बीज प्रायः खेतों में उग आते हैं। बढ़ने के दौरान गेहूँ और इसके पौधे में भेद कर पाना कठिन होता है। ररन्तु बालें निकलने पर अन्तर समझ में आता है, क्योंकि वे पतली होती हैं। इसीलिए स्वामी ने कटने के समय तक प्रतीक्षा

की बात कही है। पूरा उग आने पर जंगली बीज के पौधे का डंठल पतला और बाली छोटी होती है, तब पहचान कर उसे अलग किया जा सकता है। सरल लगने वाले दृष्टान्त का अर्थ शिष्य सहज ही नहीं लगा पाये, आश्चर्य होता है। परन्तु इसमें पिछले दृष्टान्त की अपेक्षा रूपक तत्व अधिक है। इसीलिए इस दृष्टान्त कथा को सहज भाषा में समझाने की अपेक्षा थी। ईसा लोगों को विदा कर घर लौटे। उनके शिष्यों ने उनके पास आकर कहा—"खेत में जंगली बीज का दृष्टान्त हमें समझा दीजिए।"

ईसा ने उन्हें उत्तर दिया—"अच्छा बीज बोनेवाला मानवपुत्र है। खेत संसार है; अच्छा बीज राज्य की प्रजा है; जंगली बीज दुष्ट आत्मा की प्रजा है; बोनेवाला बैरी शैतान है, कटनी संसार का अन्त है, लुननेवाले स्वर्गदूत हैं। जिस तरह लोग जंगली बीज बटोर कर आग में जला देते हैं, वैसा संसार के अन्त में होगा। मानवपुत्र अपने स्वर्गदूतों को भेजेगा और वे उनके राज्य से सब बाधाओं और कुकर्मियों को बटोर कर आग में जला देते हैं। वहाँ वे लोग रोयेंगे और दाँत पीसते रहेंगे। तब धर्मी अपने पिता के राज्य में सूर्य की तरह चमकेंगे। जिसके सुनने के कान हो, वह सुन ले।" यहाँ इस प्रसंग में कुछ रूपक कथा के तत्त्व हैं, बीज बोनेवाला, खेत, गेहूँ, शत्रु, जंगली बीज, फ़सल और फ़सल काटनेवाला। अन्य सोने वाला व्यक्ति, नौकरों की पूछ ताँछ, जंगली बीज के पौधों को गट्ठर में बाँधना, और गेहूँ का बखार में जमा करना आदि दृष्टान्त कथा के तत्त्व हैं, जिनका कोई विशेष प्रयोग नहीं है। अग्नि जिसमें जंगली बीज जलाने के लिए फेंका गया है, स्पष्टतः निरन्तर प्रज्ज्वलित उस अग्नि का प्रतीक है, जिसमें शैतान झोंका जायगा। यहाँ रूपक कथा की व्यंजना स्पष्ट है। शिक्षा के तीनों आयाम प्रत्यक्ष हैं। ईश्वर की सृष्टि में बुराई-भलाई दोनों मिली-जुली हैं। इस मिलावट में उन्हें अलग कर पाना सदा संभव नहीं है। यह स्वर्गिक बोनेवाले के द्वारा यह मिलावट नहीं है, बल्कि शैतान ने अपनी शैतानी से जंगली बीज छिटकाये हैं। भले ही पूरी तरह इस बीज को नष्ट न किया जा सके, पर फ़सल की रक्षा के लिए उनको निर्मूल करने का संघर्ष चलता रहेगा।

खाड़ी के बीच नाव पर बैठे हुए ईसा के सामने एक ओर तटों का एकत्र जन-समूह है और दूसरी ओर झील के जल का विस्तार है। यहाँ मछुए जाल डाल कर मछली पकड़ते हैं, उनके शिष्यों में जाल डाल कर मछली पकड़ने वाले मछुए भी हैं। उनका ध्यान इस ओर जाता है और वह समझाते हैं—"फिर देखो, स्वर्ग का राज्य समुद्र में डाले हुए जाल के समान है, जो हर प्रकार की मछलियों को अपने में समेट लेता है। जाल के भर जाने पर मछुए उसे किनारे खींच लेते हैं। तब वे तट पर बैठकर अच्छी मछलियाँ चुन-चुन कर बरतनों में रखते हैं और खराब मछलियों को फेंक देते हैं। संसार के अन्त में ऐसा ही

होगा। स्वर्गदूत जाकर धर्मियों में से दुष्टों को अलग करेंगे ओर उन्हें आग के कुण्ड में झोंक देंगे। वहाँ वे लोग रोयेंगे और दाँत पीसते रहेंगे।" तिबेरियस झील की मछलियाँ सभी खाने योग्य हैं, पर यहूदियों के धार्मिक नियम के अनुसार पंख विहीन मछलियाँ बुरी और अखाद्य मानी गयी हैं। ऐसी मछलियाँ जब जाल में आ जाती थीं, तो उन्हें फिर पानी में फेंक दिया जाता था। इन रूपक कथाओं में ईश्वरीय राज्य की परिकल्पना सामाजिक और वैयक्तिक दोनों पक्षों से की गई है। उदाहरण के लिए जंगली बीज के दृष्टान्त में ईश्वरीय राज्य की कल्पना इस प्रकार है कि एक समाज के हम सदस्य हैं, जो सबके हित के लिए एक तंत्र की व्यवस्था में संगठित है। सांसारिक स्तर पर इसमें अच्छाई और बुराई दोनों हैं, परन्तु अन्ततः अच्छाई की विजय निश्चित है। जबकि बोनेवाले के दृष्टान्त में यह ईश्वरीय राज्य व्यक्ति के अन्दर है। यह व्यक्तिगत मामला जान पड़ता है, जैसे हम इस यात्रा में अकेले हैं। परन्तु दोनों दृष्टियों में सामंजस्य है, क्योंकि सामाजिक स्तर पर मूल्यों की उपलब्धि के आधार पर व्यक्ति आन्तरिक उच्च मूल्यों का अनुभव प्राप्त करता है।

सूर्य आकाश में पश्चिम की ओर आ गया था। खाड़ी के तट के वृक्षों की छायाएँ झील के जल पर हिल रही थीं। दोनों ओर के तट का जन-समूह मौन-मुग्ध भाव से ईसा के वचनों को सुन रहा था। थोड़ा रुक कर उन्होंने पुनः शुरू किया—"स्वर्ग का राज्य राई के दाने के समान है, जिसे लेकर कोई व्यक्ति अपने खेत में बो देता है। वह है तो सब बीजों से छोटा, पर बढ़ कर सब पौधों से बड़ा हो जाता है और ऐसा पेड़ बनता है कि आकाश के पक्षी आकर उसकी डालियों में बसेरा लेते हैं।" फ़िलिस्तीन में राई बहुतायत से होती थी। उसका बीज बहुत छोटा होता है, पर उसका पौधा अन्य सब्जियों से काफ़ी ऊँचा जाता है लगभग सात फ़ीट। इस पर पक्षी आकर बैठते हैं, उसके बीज के लिए। यहाँ ईसा की दृष्टि में चर्च का व्यापक विस्तार नहीं है, वरन् उनका प्रारम्भिक विकास है। कुछ देर चुप रह कर आगे पुनः ईसा जन-समूह को सम्बोधित करते हैं—"स्वर्ग का राज्य उस खमीर के समान है, जिसे लेकर एक स्त्री तीन पसेरी आटे में मिला देती है और सारा आटा खमीरा हो जाता है।" यहाँ खमीर का दृष्टांत व्यक्ति के आन्तरिक परिवर्तन को व्यंजित करता है। वैसे प्रायः यहूदी धर्मशास्त्रों में खमीर को विकार उत्पन्न करनेवाले के रूप में प्रस्तुत किया गया है। पुनः वह एक दूसरा दृष्टान्त सामने रखते हैं—"ईश्वर का राज्य उस व्यक्ति के समान है जो भूमि में बीज बोता है। वह रात को सोने जाता है और सुबह उठता है। बीज उगता और बढ़ता जाता है, हालाँकि उसे यह पता नहीं कि यह कैसे हो रहा है। भूमि अपने आप फ़सल पैदा करती है, पहले अंकुर, फिर बाल और बाद में पूरा दाना। फ़सल तैयार होते ही वह हँसिया चलाने निकल पड़ता है, क्योंकि अब कटनी का समय आ गया है।" यहाँ इस रूपक-कथा में चर्च की विस्तार-

क्षमता और आन्तरिक शक्ति का परिचय बहुत सहज ढंग से व्यंजित है।

सूर्य पश्चिम में ढलता जाता है। खाड़ी के किनारे के वृक्षों की छायाएँ लम्बी होती जा रही हैं। एक ओर की तटीय कटावों पर फैल रही हैं और दूसरी ओर की झील के पानी पर फैल रही हैं। नाव पर शिष्य थोड़ा अस्थिर होते हैं, उनके मन में गुरु के विलम्ब का भाव है। पर ईसा शांत भाव से किनारे अविचल मुग्ध खड़े जन-समूह पर दृष्टि डाल कर आगे रूपकों में अपनी बात कहते हैं—"स्वर्ग का राज्य खेत में छिपे हुए खजाने के समान है, जिसे कोई मनुष्य पाता है और दूसरा छिपा देता है। तब वह उमंग में जाता है और सब कुछ बेचकर उस खेत को खरीद लेता है।" थोड़ा रुक कर वह दूसरे दृष्टान्त में अपनी बात को विस्तार देते हैं—"फिर स्वर्ग का राज्य उत्तम मोती बेचने वाले व्यापारी के समान है। एक बहुमूल्य मोती मिल जाने पर वह जाता है और अपना सब कुछ बेच कर उस मोती को मोल लेता है।"

इस प्रकार सामान्य जन-समूह को इन रूपक-कथाओं तथा दृष्टान्तों से ईसा ने पवित्र जीवन का उपदेश दिया और मार्ग निर्दिष्ट किया। दूसरी ओर उन्होंने अपने शिष्यों को अपने मार्ग के गहन सन्दर्भों को व्यंजित किया है। ईसा वापस हुए और जन-समूह विदा हुआ। मार्ग में उन्होंने अपने शिष्यों से पूछा—"तुम सारी बातें समझ गये?" शिष्यों ने उत्तर दिया—"जी हाँ।" ईसा ने कहा—"इसीलिए हर शास्त्री जो स्वर्ग के राज्य के विषय में शिक्षित हुआ है, उस गृहस्थ के समान है जो अपने खज़ाने में नई और पुरानी चीजें निकालता है।" इसके बाद अपने शिष्यों के साथ ईसा वापस लौटे।

••

प्रकरण दस

समुद्र के चतुर्दिक् का कार्य-कलाप

ईसा विश्राम चाहते थे। धीरे-धीरे साँझ हो चली थी। जन-समूह बिखरने लगा था, पर उससे बचने के लिए तिबेरियस झील के पूर्वी तट पर जाने की बात हुई। ईसा ने अपने शिष्यों से कहा—"हम उस पार चलें।" लोगों को विदा करने के बाद शिष्य ईसा को उसी नाव पर ले चले, जिस पर बैठ कर वह जन-समूह को सम्बोधित कर रहे थे। झील की इस खाड़ी में दूसरी नावें भी थीं, वे भी उनके साथ चलीं। ईसा नाव के पिछले भाग यानी दुम्बाल में तकिया लगा कर गद्दी पर आराम करने लगे। नाव अन्य नावों के साथ आगे बढ़ी। खाड़ी के तटीय वृक्षों की लम्बी होती छायाओं से निकल कर नाव झील के विस्तार में आ गई। पश्चिमी तट हटता जा रहा था, वृक्षों की पंक्तियाँ दूर हो रही थीं। पानी के विस्तार के दूसरी ओर तट, उसके कगार और कटाव निकट आ रहे थे। वृक्ष-राशि भी निकट खिसक रही थी। ईसा अब गहरी नींद में थे।

सारा वातावरण शांत था। झील का विस्तार फैला हुआ था, उस पर जल की हल्की-हल्की लहरें तल को हिला रही थीं। झंझावात का कोई आसार नहीं है। पर तिबेरियस झील का कोई ठिकाना नहीं है, कब एकाएक तूफ़ानी हवा सारे वातावरण को मथने लगेगी, कहा नहीं जा सकता। इस प्रकार के झंझावातों के लिए यह झील प्रसिद्ध है। यह झील समुद्र-तल से ६०० फीट निचले तल पर है। इसका तल निरन्तर तप्त रहता है। यह चारों ओर ऊँची पहाड़ियों से घिरी हुई है, जिसके उत्तर में महान् हेर्मोन पर्वत है, जिसका नौ हजार फ़ीट ऊँचा शिखर बर्फ से आच्छादित है। तलीय और तापम-नीय इस अतिशय अंतर के कारण प्रायः तेज़ हवा की धारायें यर्दन की घाटी अथवा उत्तर की पहाड़ी खाड़ियों को आलोड़ित करती हैं। इस प्रकार झील में आकस्मिक झंझावातों का उठना यहाँ आम बात है।

नावें शान्त भाव से चली जा रही थीं। पारदर्शी जल का विस्तार स्थिर जान पड़ता है। नीला आकाश शान्त फैला हुआ है। हवा इतनी मन्द है कि पाल पूरा भर नहीं पाता। एकाएक क्षितिज गहरे बादलों से श्यामल हो उठा और झंझा बहने लगी। मल्लाहों के चेहरे गम्भीर हो गये और उनकी दृष्टियाँ चंचल हो उठीं। उन्होंने धीरे स्वर में सलाह करके अपने पाल चढ़ा लिए और पतवारें सँभाल लीं, जिससे शीघ्र ही किसी सुरक्षित स्थान पर लग सकें। ऊँची लहरें हवा के झोंकों से प्रताड़ित होकर एक दूसरे से टकरा रही हैं। यर्दन की ओर से प्रवाहित तूफान में फँस कर नाव डूबने-डूबने को हुई, झील की उत्ताल

लहरों से आते हुए पानी को नाव से निकाल पानी भी कठिन होता जा रहा है। पानी नाव में भरता जा रहा है और उसके डूबने का खतरा प्रति क्षण बढ़ रहा है। प्रारम्भ में शिष्यों को उन्हें जगाने का साहस नहीं हुआ और वे आशा करते थे कि इसमें भी कुछ रहस्य है। अन्त में जब उन्हें लगा कि सब नष्ट हो जायगा तो उन्होंने भयातुर होकर ईसा को जगा कर कहा—"गुरुवर, हम डूब रहे हैं। क्या आपको इसकी चिन्ता नहीं है ?" उनके स्वर में उपालम्भ का भाव भी था।

ईसा जग गये। उन्होंने सहज भाव से वायु को डाँटा और समुद्र से कहा —"शान्त हो, थम जा।" डाँट खाकर पवन मन्द हो गई और आज्ञा पाकर समुद्र थम गया। चारों ओर पूर्ण शान्ति छा गई। तब वह अपने शिष्यों की तरफ मुड़े और उनसे कहा—"तुम लोग इस प्रकार क्यों डरते हो ? क्या तुम्हें अब तक विश्वास नहीं है ?" ईसा के शिष्य पर परिस्थिति में आगत खतरे से भयातुर हो उठे थे। पर वह अपने शिष्यों से मानव कल्याण के मार्ग में चलने के अधिक दृढ़ता और विश्वास की अपेक्षा करते हैं। ईसा की नाव के साथ अन्य नावें थीं और नावों को चलानेवाले मल्लाह भी थे। सामान्य जन के मन में इस समस्त घटना-क्रम से आश्चर्य और भय का होना स्वाभाविक है। वे इस मनःस्थिति में आपस में कहने लगे—"आखिर यह कौन हैं ? वायु और समुद्र भी इनकी आज्ञा मानते हैं।"

१

नाव झील के उस पार गेरासेनियों के देश में जाकर लगी। गलीलिया के उस पार यह देश गेरासा था। उनको वहाँ उतरते हुए देखकर एक अति विचित्र व्यक्ति उनसे मिलने के लिए दौड कर आया। वह अपदूतग्रस्त व्यक्ति वहाँ पहाड़ियों के पार्श्व में बिखरी हुई गुफ़ाओं में रहता था। ग्रस्त होने के बाद से अब तक कोई उसे जंजीर में भी नहीं बाँध पाया था, क्योंकि वह बारंबार बेड़ियों और जंजीरों से बाँधा गया था; परन्तु उसने जंजीरों को तोड़ डाला था और बेड़ियों को टुकड़े-टुकड़े कर डाला था। उसे कोई भी वश में नहीं रख सकता था। वह न कपड़ा पहनता और न घर में रहता। वह रात-दिन निरन्तर कब्रों-वाली कन्दराओं में और पहाड़ियों पर चिल्लाता और पत्थरों से अपने को घायल करता रहता था। ईसा के प्रभाव से जैसे वह खिचता हुआ चला आया था। उनको देखते ही वह उनके सामने गिर पड़ा और ऊँची आवाज से चिल्लाकर कहने लगा—"हे ईसा, सर्वोच्च के पुत्र ! मुझसे आपको क्या ? मैं आपसे विनती करता हूँ—मुझे न सताइए।" अपदूत जिह्वा पर चढ़ कर अधिक से अधिक प्रभावी ढंग से अपने बचाव की कोशिश कर रहा था। ईसा अपदूत को उस मनुष्य से निकल जाने का आदेश दे रहे थे—"अशुद्ध आत्मा, इस मनुष्य से निकल जा।"

अपदूत अपने बचाव के लिए गिड़गिड़ाता रहा। तब ईसा ने उससे पूछा—"तेरा नाम क्या है ?" उसने विवश भाव से उत्तर दिया—"मेरा नाम सेना है क्योंकि हम बहुत हैं।" तब वह ईसा से बहुत अनुनय-विनय करने लगा कि हमें इस प्रदेश से न निकालिए। झील के इस पूर्वी तट के किनारे पहाड़ी श्रेणियाँ चली गई हैं, वहाँ पहाड़ी ढालों पर सुअरों का बड़ा झुण्ड चर रहा था। अपदूतों ने गिड़गिड़ाते हुए ईसा से कहा—"हमको सुअरों में भेज दीजिए। हमें उनमें घुसने दीजिए।" ईसा ने अनुमति दे दी। उस मनुष्य से निकल कर तब अपदूत ढालों पर चरते हुए सुअरों में जा घुसे। और लगभग दो हजार का वह सुअरों का झुण्ड तेजी से पहाड़ी ढाल से झील की ओर उतरने लगा। सारे चरवाहों ने देखा, वह सारा झुण्ड झील में कूद पड़ा और उसमें डूब कर मर गया।

ढाल पर सुअर चरानेवालों ने यह दृश्य देखा। वे आतंक से भाग गये। उन्होंने नगर और अन्य बस्तियों में इस घटना की खबर फैला दी। अपने सुअरों को खो देने से अधिक इस घटना के चमत्कार से वे चकित थे। लोग यह सब देखने निकले। वह व्यक्ति, जिसमें पहले अपदूतों की सेना थी, इस समय शांत और सहज भाव से ईसा के पास कपड़े पहने बैठा था। ईसा के समीप उसको देख कर पास आये हुए लोग भयाक्रान्त हो गये। जिन चरवाहों ने सारा घटना अपनी आँखों से देखी थी, वे लोगों को बताने लगे कि अपदूतग्रस्त के साथ क्या हुआ सुअरों पर क्या-क्या बीती।

गेरासेनी जन-समाज ईसा के सही रूप में पहचान न पाने के कारण भयाकुल थे। वे ईसा से निवेदन करने लगे कि वह उनके प्रदेश से चले जायें। उन्होंने स्वीकार किया, वापस आना ही था। वह नाव पर चढ़ ही रहे थे कि अपदूत से मुक्त व्यक्ति उनसे विनती करने लगा—"मुझे अपने साथ रहने की अनुमति दें।" उसकी प्रार्थना अस्वीकार करते हुए ईसा ने कहा—"अपने लोगों के पास अपने घर जाओ और उन्हें बता दो कि प्रभु ने तुम्हारे लिए क्या-क्या किया है और तुम पर किस तरह कृपा की है।" वह चला गया और सारे देकापोलिस नगर में सुनाता फिरता था कि ईसा ने मेरे लिए क्या-क्या किया है। और लोग अचम्भे में पड़ जाते थे।

२

नाव झील के पश्चिमी किनारे की ओर बढ़ रही थी। पूर्वी पहाड़ियों की श्रेणियाँ, खाड़ियाँ और कन्दराएँ पीछे छूट रही थीं और पश्चिमी ढालों की वृक्षराशि पास आती जा रही थी। शिष्यों ने देखा, किनारे ईसा को देखने के लिए फिर जन-समूह इकट्ठा है। नाव जब तट पर लगी, जन-समूह ने उनका स्वागत किया। उसी समय सभा-गृहों के प्रधानों में से एक जैरूस नामक प्रधान वहाँ उपस्थित हुआ, उसकी बारह वर्षीय लड़की मृत्यु-शैय्या पर थी। कफ़रनाहूम

के सभागृहों के चमत्कारी दृश्यों का संभवतः साक्षी रहा होगा। इस चमत्कारी व्यक्ति के आने का समाचार पाकर वह तुरन्त वहाँ पहुँच गया और ईसा को देखते ही उनके चरणों पर गिर पड़ा और बहुत विनती करने लगा—"मेरी बेटी मरने पर है। आइए, उस पर हाथ रखिए, जिससे वह चंगी हो जाय और जीती रहे।" जिसकी पुत्री उससे छिन रही है, ऐसे दुखिया पिता के प्रति द्रवित होना स्वाभाविक था। ईसा ने निर्णय लेने में जरा भी देर नहीं की और उसके साथ चल पड़े।

पहले से एकत्र जन-समूह साथ हो लिया। उनके शिष्य साथ थे। ज्यों-ज्यों वह आगे बढ़ रहे थे, उत्सुक और जिज्ञासु लोगों की भीड़ बढ़ती जा रही थी। क्रमशः भीड़ इतनी बढ़ गई कि उन्हें उस जन-प्रवाह की तरंगों में कठिनाई से मार्ग बनाना पड़ रहा था। इसी भीड़ में खोई हुई एक स्त्री थी, जो बारह वर्ष से रक्तस्राव से पीड़ित थी। उसने अनेक वैद्यों की दवा की थी। पर उसने कष्ट ही पाया था। उसने अपना सब कुछ खर्च करके भी कुछ भी लाभ नहीं उठाया था, बल्कि बहुत दुःखी हो गई थी। वह ईसा के शरीर की चमत्कारी शक्ति की कल्पना करती थी और सोचती थी कि वह उनके वस्त्र के किनारे को छूने का मौका पा सकी तो उसकी रक्षा हो जायगी। परन्तु उस भीड़ में ईसा तक पहुँचना कठिन था, और उनके वस्त्र छूने का मौक़ा पाना भी। पर वह धीरे-धीरे बढ़ती गई। अन्ततः वह निकट पहुँच गई और उसने उनके वस्त्र का एक छोर छुआ। उसी क्षण उसका रक्तस्राव सूख गया और उसने अपने शरीर में अनुभव किया कि वह रोग-मुक्त हो चुकी है।

ईसा उसी समय जान गये कि उनसे शक्ति निकली है। भीड़ की ओर मुड़ कर उन्होंने पूछा—"किसने मेरा कपड़ा छू लिया?" वस्तुतः ईसा ने विश्वास के महत्त्व को प्रमाणित करने के लिए यह प्रश्न किया। परन्तु भीड़ इतनी अधिक थी कि शिष्यों को भी यह प्रश्न विचित्र लगा और उन्होंने अपने आश्चर्य को व्यक्त किया—"आप देखते ही हैं कि भीड़ आप पर गिरी पड़ती है। तब भी आप पूछते हैं—"किसने मेरा स्पर्श किया।" कुछ क्षण स्तब्धता रही और ईसा निश्चल खड़े रहे, जैसे कि वह किसी की खोज कर रहे हैं। उन्होंने चेहरे की तलाश में चारों ओर दृष्टि डाली। स्त्री लज्जावश संकोच कर रही थी, पर कृतज्ञता के साथ वह समझ रही थी कि उसके साथ क्या हुआ है। अतः डरती-डरती आयी और उन्हें दण्डवत कर सारा का सारा हाल बता दिया। उसने अपनी बारह वर्ष की बातें आदि से अन्त तक सुनाईं, कैसे वह पीड़ा और क्लेश सहती रही है और किस प्रकार आज वस्त्र के छोर को छूते ही वह चंगी हो गई। ईसा ने विदा करते हुए उससे कहा—"तुम्हारे विश्वास ने तुम्हें स्वस्थ किया है। शांति ग्रहण कर अपने घर जाओ और अपने रोग से मुक्त रहो।"

यह सब चल रहा था और सन्ध्या गहरा रही थी। सूर्य पश्चिम में डूब रहा

था, आकाश में लालिमा छा रही थी। छायाएँ सिमट चुकी थीं। पहाड़ी श्रेणियों के ऊपर प्रकाश अटका हुआ था। जन-समूह के साथ ईसा आगे बढ़ने ही वाले थे कि सभा-गृह के अधिकारी के यहाँ से लोग आये और कहने लगे—"आपकी बेटी मर गयी है। अब गुरु को कष्ट देने की ज़रूरत नहीं है।" अधिकारी के सामने अभी एक चमत्कार घटित हुआ था, उसका मन विश्वास से आशावान् हो उठा था। पर पुत्री की मृत्यु के समाचार से उसे आघात लगना स्वाभाविक था। ईसा ने उनकी बात सुनकर सभा-गृह के अधिकारी से कहा—"डरो नहीं, बस विश्वास करो।" इस प्रकार अधिकारी को आश्वस्त करके ईसा ने सबको विदा किया। अँधेरा हो रहा था। उन्होंने पेत्रुस, याकूब और याकूब के भाई योहन के सिवा किसी को साथ नहीं लिया।

ये लोग अधिकारी के साथ उसके घर पहुँचे। शोक-संवेदना प्रकट करने वालों की भीड़ दरवाज़े पर इकट्ठा थी। बंशी पर शोक-संगीत बज रहा था। ईसा ने देखा कि कोलाहल मचा हुआ है और लोग विलाप कर रहे हैं। उन्होंने सबको शान्त करते हुए कहा—"यह कोलाहल, यह विलाप क्यों? लड़की मरी नहीं है, सो रही है।" लोगों ने विश्वास नहीं किया और उसके गहन अर्थ को भी नहीं समझा कि यह मृत्यु क्षणिक है, वस्तुतः यह ऐसी शान्त और गहरी निद्रा है जो अनन्त जांगररण से खुलती है। वे उनकी हँसी उड़ाने लगे। ईसा ने सबको वाहर निकाल दिया। वह अपने साथियों तथा लड़की के माता-पिता के साथ ऊपर के कक्ष में आये, वहाँ लड़की पड़ी हुई थी। उन्होंने लड़की का हाथ पकड़ कर उससे कहा—"तालिथा कुमि।" इसका अर्थ है—ओ लड़की! मैं तुमसे कहता हूँ—उठो। उसी क्षण लड़की उठ खड़ी हुई और चलने-फिरने लगी, क्योंकि वह बारह बरस की थी। उसके माता-पिता आश्चर्य और आनन्द से स्तब्ध थे। ईसा ने उन्हें स्मरण दिलाया कि लड़की स्वस्थ होकर भूखी है, उसे कुछ खाने को दो। जो लोग वहाँ थे, अचम्भे में पड़ गये। फिर यह आदेश देकर वहाँ से चल पड़े कि यह बात कोई जानने न पाये।

जब ईसा जैरूस के घर से बाहर निकले और आगे बढ़े, दो अंधे यह पुकारते हुए उनके पीछे-पीछे चलने लगे, "दाऊद के पुत्र, हम पर दया कीजिए।" ईसा मार्ग पर आगे बढ़ते गये, जैसे वह ध्यान नहीं दे रहे हैं। अँधेरा हो चुका था, घर पहुँचना था, यात्रा कुछ लम्बी थी। जब ईसा रुकने के स्थान पर पहुँचे, तो वे अंधे उनके पास आये। ईसा ने उनसे पूछा—"क्या तुम्हें विश्वास है कि मैं यह कर सकता हूँ?" उन्होंने कहा—"जो हाँ, प्रभु!" तब ईसा ने यह कहकर उनकी आँखों का स्पर्श किया—"जैसा तुमने विश्वास किया, वैसा ही हो जाय।" उनकी आँखें तुरन्त ठीक हो गईं और उन्होंने सामने ईसा को देखा और चारों ओर दृष्टि डाली। इसके पहले कि अपने आनन्द-विह्वल कण्ठ से वे कुछ कृतज्ञता ज्ञापन करते, ईसा ने उन्हें कड़ी चेतावनी देकर कहा—"सावधान!

यह बात कोई न जानने पाये।" यह छिप पाना संभव नहीं था, क्योंकि सारे इलाके में वे दोनों अन्धे के रूप में जाने जाते थे। उनकी आँखों में रोशनी आ गयी और सब कुछ देख सके, यह बात छिप नहीं सकती थी। संभवतः ईसा उनके द्वारा "दाऊद के पुत्र" सम्बोधन की घोषणा के लिए मना करते हैं, क्योंकि उससे मसीहाई की व्यंजना होती है और इसका प्रचार वह नहीं चाहते हैं। परन्तु वे उनके घर से निकलते ही उसे सारे प्रदेश में ईसा का नाम फैलाने लगे।

३

कहा जा चुका है हेरोद अन्तिपस ने अपने भाई फ़िलिप की पत्नी हेरोदियस से विवाह कर लिया था। इस विवाह के औचित्य पर योहन ने आपत्ति की थी —"अपने भाई की पत्नी को रखना आपके लिए उचित नहीं है।" अपनी पत्नी के उकसाने से उसने जनता को भड़काने का इलज़ाम लगाकर योहन को गिरफ़्तार कर लिया था। तभी से हेरोदियस योहन से वैर रखती थी उसे और मरवा डालना चाहती थी। योहन मेकेरियास के क़ैदखाने में पड़ा था। वह अपने समय के निरंकुश शासकों के समान मनुष्य के जीवन के प्रति सम्मान नहीं रखता था, पर वह निरर्थक हत्या नहीं करना चाहता था। वह योहन को धर्मात्मा और सन्त जानकर उन पर श्रद्धा रखता था और उनकी रक्षा करता था। वह यह भी जानता था कि योहन का जनता आदर करती थी, इस कारण भी वह ऐसा काम नहीं करना चाहता था, क्योंकि रोम में उसे ऐसी शिक्षा मिली थी कि जनमत के विरुद्ध जाना अपेक्षित नहीं है। हेरोद योहन के उपदेश सुनकर असमंजस में पड़ जाता था, पर वह उनके उपदेश को सुनना पसन्द करता था।

अन्तिपस ने नबाती राजा अरेतस की पुत्री को छोड़कर अपनी भतीजी और भाई की पत्नी हेरोदियस से विवाह कर लिया था, अतः नेबाती राजा की ओर से उसे खतरा था। इसीलिए उत्तरी सीमान्त की रक्षा की दृष्टि से वह मेकेरस के क़िले में निवास कर रहा था। जैसा कहा गया है कि यह स्थान सुरक्षित और सुन्दर था। वसन्त काल में यहाँ का मौसम अच्छा हो जाता है। इसीलिए चतुर्थांशी राजा हेरोद ने अपना जन्मोत्सव इस समय मनाना तै किया। अंतिपस के दरबार में योहन के उससे अधिक क्रूर विरोधी थे। उसकी पत्नी हेरोदियस बदला लेने के लिए मौके की तलाश में थी। जन्म-दिवस के उत्सव पर उसे एक सुअवसर मिला। इस अवसर पर हेरोद ने अपने दरबारियों, सेनापतियों और गलीलिया के रईसों को भोज दिया। इस प्रकार के भोज में शालीनता की सीमा का उल्लंघन सहज था और आपस में मदपान के आवेश में अभद्र व्यवहार होते थे। अतः सभा में ऐसी नर्तकियाँ ही उपस्थित होती थीं जिनका समाज में अच्छा स्थान नहीं था। पर अवसर का लाभ उठाने की दृष्टि से रानी ने अपनी पुत्री

सलोमी को सभा में नाचने के लिए भेजा। उसने सुन्दर नृत्य करके हेरोद तथा उसके अतिथियों को मुग्ध कर लिया। राजा ने लड़की से कहा—"जो चाहो माँग लो, चाहे मेरा आधा राज्य ही क्यों न हो, मैं तुम्हें दूँगा।" लड़की ने बाहर जाकर अपनी माँ से पूछा—"मैं क्या माँगूं।" उसने कहा—"योहन बपतिस्ता का सिर।" वह तुरन्त राजा के पास दौड़ती हुई आई और बोली—"मैं चाहती हूँ कि आप मुझे इसी समय थाली में योहन बपतिस्ता का सिर दे दें।"

राजा को धक्का लगा। अपने नशे से उबर कर उसने अपने वचन की मूर्खता का एहसास किया। वह उत्तर देने में हिचका। उसे लगा कि इसका परिणाम क्या होगा। पर यह पश्चात्ताप देर से मन में आया। वह अपना वचन दे चुका है। राजा का वचन, वह अपने को राजा मानने के बारे में बहुत सजग था। सभी उत्सुक भाव से प्रतीक्षा में थे कि क्या घटित होने वाला है। वह अपनी शपथ और अतिथियों के कारण उसकी माँग को अस्वीकार नहीं कर सका, यद्यपि अपने हृदय में इस माँग को उचित नहीं मान रहा था। राजा ने अपने एक अंगरक्षक को तुरन्त जल्लाद भेज कर योहन का सिर ले आने का आदेश दिया। मेकेर्‌योस का बन्दीघर गढ़ के अन्दर महल से लगा ही था, अतः अधिक समय नहीं लगा। जल्लाद ने बन्दीघर जाकर उनका सिर काट डाला और थाली में ले आया। चतुर्थांशी हेरोद ने उसे लड़की को दिया और लड़की ने उसे अपनी माँ को दे दिया।

यह घटना भयावह और रोमहर्षक है। हेरोदियस की घृणा, सलोमी की कैशोर विकृत मानसिकता, सभासदों की दास मनोवृत्ति का मूर्खतापूर्ण उपेक्षा भाव और हेरोद का अनिश्चित चरित्र तथा एक अपवित्र प्रतिज्ञा के प्रति अन्ध लगाव, यह सब मिल कर घटनाक्रम को इस अपराध के नाटकीय चरम तक पहुँचा देते हैं। जब योहन के शिष्यों को इसका पता चला, तो वे उनका शव लेने आये और उन्हें शव दे दिया गया, हेरोदियस बदला ले ही चुकी थी और कमजोर चतुर्थांशी ने इस प्रकार कुछ सन्तोष प्राप्त किया। वे उनका शव ले गये और उन्हें कब्र में सुला दिया। बपतिस्ता के बलिदान से सजा हेरोद को मिली। अरेतस, नेबातिया राजा ने बार-बार आक्रमण करके और आकस्मिक प्रहारों से उसे विचलित कर दिया। हेरोद को रक्तरंजित पराजय सहनी पड़ी। वह तो रोम बीच में आ गया, नहीं तो उसका पतन अवश्यम्भावी था। सम्राट क्लाडियस की मृत्यु के बाद रोम का शासन कलीगुला के हाथ में आया, तो उसने हेरोदियस के भाई आग्रिप्पा प्रथम को राजकीय अधिकार प्रदान किये। अपने भतीजे से ईर्ष्या रखते हुए और अपनी रखेली द्वारा प्रेरित किये जाकर अन्तिपस ने भी सम्राट से यह अधिकार माँगा। पर मुकुट मिलने के बजाय उसे गॉल के

एक नगर में निष्कासित किया गया। उसकी अहमन्य संगिनी ने उसके साथ निष्कासन स्वीकार किया।

४

ईसा अपने बारह प्रेरित शिष्यों को गलीलिया के गाँवों-कस्बों में शिक्षा देने के लिए भेजनेवाले ही थे कि योहन के शिष्य दुःखद समाचार लाये। ये बारहों उनके कार्यों के द्रष्टा और उनके चमत्कारों के साक्षी, उनके उपदेशों को ग्रहण करने वाले और उनकी शिक्षण पद्धति में दीक्षित थे। इस प्रकार गुरु उनको स्वावलम्बी बनाना चाहते थे, जिससे वे अपने आप मुक्त आकाश में उड़ान भर सकें। ईसा ने उन बारहों को बुलाकर सब अपदूतों पर सामर्थ्य तथा अधिकार प्रदान किया और रोगों को दूर करने की शक्ति भी प्रदान की। इन बारहों को दो-दो करके ईसा ने विभिन्न प्रदेशों में सन्देश फैलाने के लिए भेजा। सिमोन, जो पेत्रुस कहलाता है और उसका भाई आन्द्रेयस, जेबेदी का बेटा याकूब और उसका भाई योहन, फ़िलिप और बरथोलोमी, थोमस और नाकेदार मत्ती, अलफ़ाई का बेटा याकूब और थद्देयुस सिमोन कनानी और यूदस इसकारियोती जिसने ईसा को पकड़वाया।

ईसा ने इन बारहों को ये अनुदेश देकर भेजा—"अन्य राष्ट्रों में मत जाओ और समारियों के नगरों में प्रवेश मत करो, बल्कि इस्राएल के घराने की खोयी हुई भेड़ों के यहाँ जाओ। राह चलते यह प्रचार करो : "स्वर्ग का राज्य निकट आ गया है। रोगियों को चंगा करो, मुरदों को जिलाओ, कोढ़ियों को शुद्ध करो, नरकदूतों को निकालो। तुम्हें मुफ़्त में मिला है, मुफ़्त में दे दो।"

आगे उन्होंने पुनः कहा—"अपने फेंटे में सोना-चाँदी या पैसा नहीं रखो। रास्ते के लिए य झोली, न दो कुरता, न लाठी ले जाओ। क्योंकि मज़दूर को भोजन का अधिकार है।" आगे उन्होंने यात्रा के बारे में निर्देश दिया—"जिस किसी नगर या गाँव में पहुँचो, वहाँ के सम्मानित व्यक्ति का पता लगा लो और वहाँ से विदा होने तक उसी के यहाँ ठहरो। उस घर में प्रवेश करते समय उसे शांति का आशीष दो। पर यदि वह घर इस योग्य है तो तुम्हारी शान्ति उस पर उतरेगी। यदि वह घर योग्य नहीं है तो तुम्हारी शांति तुम्हारे पास लौट आयेगी। अगर कोई तुम्हारा स्वागत न करे और तुम्हारी बातें न सुने तो उस घर से या उस नगर से निकल कर अपने पैरों की धूल झाड़ दो। मैं तुमसे कहे देता हूँ—न्याय के दिन उस नगर की दशा की अपेक्षा सोदोभ और गोमोरा की दशा कहीं अधिक सहनीय होगी अन्ततः उन्होंने चेतावनी दी—"देखो, मैं तुम्हें भेड़ियों के बीच भेड़ों की तरह भेज रहा हूँ। इसलिए साँप की तरह चतुर और कपोत की तरह निष्कपट बनो।"

ये बारहों शिष्य विदा होकर विभिन्न दिशाओं, प्रदेशों में चले गये। उन्होंने

लोगों को पश्चाताप का उपदेश दिया, बहुत से अपदूतों को निकाला और बहुत से रोगियों को तेल लगा चंगा दिया। दवाइयों के तेल को लगा कर रोगों को ठीक करने का प्रचलन यहूदी समाज में था। ईसा इस प्रक्रिया का उपयोग करते थे, पर विश्वास जाग्रत करने के लिए कुछ संकेतों और शब्दों को प्रयोग भी करते थे। यह तेल सभी रोगों की औषधि नहीं था, और ईसा विश्वास के आधार पर रोगमुक्त करते थे। उनके शिष्यों ने उनका ही अनुकरण किया, क्योंकि जन-साधारण में विश्वास का प्रचार करने का दायित्व उन पर था।

५

गलीलिया के प्रदेश में ईसा उपदेश देते हुए घूमते रहे थे। उन्हें अपने जन्म-स्थान नाज़रेत से निकले एक वर्ष बीत रहा था। यह कस्बा दश्मिक जानेवाले मुख्य सड़क से हट कर पहाड़ियों के बीच ऊँचे पठारी भाग पर पड़ता था। संभवतः इसी कारण उधर उनका आना नहीं हुआ। उन्हें अपने स्थान और परिजनों का स्मरण आना स्वाभाविक था। यहाँ खेतिहरों, चरवाहोंऔर कारीगरों की मुख्य आबादी थी। उन्हें धार्मिक कृत्यों और उपदेशों के लिए कम अवसर मिलता था और उनकी रुचि भी कम थी। पर ईसा अपनी आदत के अनुसार विश्राम के दिन सभाघर पहुँचे। उनके नाम और कार्यों की प्रसिद्धि फैल रही थी, यहाँ के लोगों ने भी सुना था। वे सभाघर में इकट्ठे हुए। सभाघर के मंच पर उन्हें आमंत्रित किया गया। वह पढ़ने के लिए उठ खड़े हुए और उन्हें नबी इसायस की पुस्तक दी गई। पुस्तक खोल उन्होंने वह स्थान निकाला जहाँ यह लिखा है :

"प्रभु का आत्मा मुझ पर छाया रहता है,
क्योंकि उसने मेरा अभिषेक किया है।
उसने मुझे भेजा है जिससे मैं दरिद्रों को सुसमाचार सुनाऊँ,
बन्दियों के छुटकारे का और अन्धों की दृष्टिदान का सन्देश दूँ,
दलितों को स्वतंत्रता प्रदान करूँ और
प्रभु के अनुग्रह का दिन घोषित करूँ।"

ईसा ने पुस्तक बन्द कर दी और सेवक को देकर वह बैठ गये। सभाघर के सभी लोगों की आँखें उन पर लगी हुई थीं। तब वह उनसे कहने लगे— "धर्मग्रन्थ का यह कथन आज तुम लोगों के सामने पूरा हुआ है।" सबने उनकी प्रशंसा की, उनके विषय में गवाही दी। वे उनके मनोहर शब्द सुनकर अचम्भे में पड़ गये और कहने लगे—"यह सब इसको कहाँ से मिला? यह कौन-सा ज्ञान है जो इसे प्राप्त हुआ है?" इस कस्बे के लोग ईसा के परिवार और बचपन से परिचित थे। उन्होंने उनके चमत्कारी कार्यों की चर्चा भी सुनी थी। उनके लिए पूरी स्थिति को समझ पाना संभव नहीं था। इसलिए आपस में वे लोग

प्रश्न करते हैं—"ऐसे चमत्कार के काम इसके हाथ से किये जाते हैं ? क्या वह यूसुफ़ बढ़ई का बेटा नहीं है, क्या मरियम उसकी माँ नहीं ? क्या याक़ूब, यूसुफ, सिमोन और यूद्स उसके भाई नहीं ? क्या इसकी बहनें हमारे ही बीच नहीं रहतीं ?"*

ईसा ने उनसे कहा—"तुम लोगों ने निश्चय ही यह कहावत सुनी होगी : हें वैद्य, अपने ही को चंगा कर। कफ़रनाहूम में जो कुछ हुआ है, हमने उसके बारे में सुना है—वह सब अपनी मातृभूमि में कर दिखाइए।" फिर ईसा थोड़ा रुक गये। और आगे कहा—"मैं तुमसे कहे देता हूँ—अपनी मातृभूमि में नबी का स्वागत नहीं होता।" यह बातचीत एक दिन की नहीं हो सकती। क्योंकि यह सम्भव नहीं जान पड़ता कि नाज़रेत के लोगों ने एक ही विश्राम के दिन सभाघर में ईसा का उत्साह के साथ स्वागत किया हो और थोड़े समय के अन्दर असंतुष्ट और नाराज़ हो गये हों। यह स्वाभाविक है कि उन्होंने ईसा के द्वारा चमत्कारी कार्यों की आशा अपने नगर में की हो। और जब कुछ दिन बीत गये और कोई महान् कार्य सम्पादित नहीं हुआ तब लोग उनसे असन्तुष्ट होने लगे।

इस कारण ईसा ने किसी अगले विश्राम दिवस को सभाघर में कहा—"मैं तुम्हें विश्वास दिलाता हूँ कि जब एलियस के दिनों में साढ़े तीन वर्षों तक पानी नहीं बरसा और सारे देश में घोर अकाल पड़ा, तो उस समय इस्राएल में बहुत-सी विधवाएँ थीं। फिर भी एलियस उनमें से किसी के पास नहीं भेजा गया। वह सिदोन के सरेप्ता की एक विधवा के पास ही भेजा गया। और नबी एलिसेयस के दिनों में इस्राएल में बहुत से कोढ़ी थे। फिर भी उनमें से कोई भी नहीं, केवल सीरिया का नामन ही चंगा किया गया था।" इस बातचीत को सुनकर सभाघर में एकत्र सभी लोग क्रोध से भर गये। अब तक ईसा वहाँ कोई चमत्कार या कार्य नहीं कर सके थे, उन्होंने कुछ विश्वासियों के रोग को हाथ के स्पर्श से ठीक किया था। वह स्वतः उनके अविश्वास पर अचम्भे में थे।

उन्हें ईसा के द्वारा प्रस्तुत संदर्भ अपने नगरवासियों के प्रति अपमानजनक जान पड़े। उन्होंने आवेश में ईसा को सभाघर से निकाला। घेरकर वे उन्हें नगर के बाहर ले चले। यह कस्बा पर्वत पर स्थित था। नाज़रेत के दक्षिणी सिरे पर एक सँकरी घाटी का मार्ग है जिसमें वर्षा का पानी बहता है। इस मार्ग से होकर तीन सौ फ़ीट ऊँचे चौरस मैदान में पहुँचते हैं। इस ऊँचे स्थल से एस्ड्रालोन का मैदान दिखाई देता है और सामने थाबोर तथा लघु हेरमोन खड़े दिखाई देते हैं। वे सम्भवतः इसी स्थल पर लाकर ईसा को नीचे धकेलना चाहते थे, पर वह उनके बीच से चुपचाप निकल कर चले गये। उन्हें अपनी उत्तेजना में पता नहीं चला।

●●

प्रकरण ग्यारह

तटवर्ती प्रदेश से येरुसालेम (चमत्कार और उपदेश)

१

ईसा की प्रसिद्धि चारों ओर हो गयी थी। ईसा के कार्यों की खबर जब चतुर्थांशी राजा हेरोद ने सुनी तो वह घबरा उठा। क्योंकि कुछ लोग कहते थे कि योहन मुर्दों में से फिर जी उठा है, इसलिए ये महान् चमत्कार दिखा रहा है। कुछ लोग कहते थे कि यह एलियस दिखाई दिया है। कुछ लोग कहते थे कि पुराने नबियों में एक फिर जी उठा है। परन्तु हेरोद ने यह सब सुन कर कहा—"योहन का तो मैंने सिर कटवा डाला है। फिर यह कौन है जिसके विषय में ऐसी बातें सुनता हूँ ?" और वह ईसा को देखना चाहता था। उसकी यह इच्छा प्रचारित थी और ईसा के शिष्यों को यह जान कर चिन्ता हुई, क्योंकि वे उसके बारे में शंकालु थे। वे जल्दी अपने स्वामी के पास वापस आ गये।

प्रेरितों ने ईसा के पास जमा होकर बताया कि उन्होंने क्या कुछ किया और सिखाया। जब वे सब लोग साथ हुए, ईसा ने उनसे कहा—"तुम लोग अकेले ही मेरे साथ किसी निर्जन स्थान पर चले आओ और थोड़ा विश्राम कर लो।" क्योंकि इतने लोग आया-जाया करते थे कि उन्हें भोजन करने की भी फ़ुरसत नहीं रहती थी। वह हेरोद की पहुँच से बाहर जाने के लिए उत्सुक नहीं थे, वरन् इस समय वह चुपचाप भीड़ से बच कर एकान्त में शिष्यों के साथ विश्राम करना चाहते थे और उनसे उनके कार्य के बारे में जानकारी चाहते थे। पर पास्का का त्योहार निकट आ रहा था। येरुसालेम की यात्रा करने के लिए यात्री झील के किनारे कारवाँ में एकत्र हो रहे थे। जनसमूह जिसने ईसा को कुछ समय से अपने बीच नहीं देखा था उन्हें वहाँ पाकर उनके चारों ओर उमड़ पड़ा। उन मिलने आने वालों की उत्सुकता इतनी अधिक थी कि प्रेरित लोग उनके स्वागत-सत्कार में रात-दिन लगे हुए थे और उन्हें खाने का अवकाश भी नहीं मिलता था। इसीलिए वे नाव पर चढ़ कर अकेले ही निर्जन स्थान की ओर चल दिये।

कफ़रनाहूम की दूसरी ओर झील के पूर्वी किनारे बेथसाइदा है। हेरोद फ़िलिप ने इस नगर को विस्तार देकर अपनी दूसरी राजधानी बनाई थी। बारह-पन्द्रह कस्बे इस नगर के अधिकार-क्षेत्र में आते थे। इसका क्षेत्र लगभग

चार मील के विस्तार में झील तक नीचे होते हुए मैदान में फैल गया है। कई पानी बहने के रास्ते उसे काटते हैं। इसके दक्षिणी किनारे पर झील के तट तक पहाड़ियों की ढलान चली गई है। यहाँ पर यह ऊँचा स्थल वह निर्जन प्रदेश है जहाँ ईसा अपने प्रेरितों के साथ एकान्त में विश्राम करने गये थे। परन्तु जन-समूह ने उन्हें नाव से रवाना होते देख लिया था। और उन्होंने अनुमान लगा लिया था कि वह कहाँ और किस उद्देश्य से जा रहे हैं। उन्होंने थल-मार्ग से उनका अनुसरण किया। झील के उत्तरी तट का चक्कर लगा कर और यर्दन के मुहाने के निकट उथले पानी को पार करके पाँच-छः मील की दूरी को तेज़ रफ़्तार से पार कर उन लोगों के साथ पहुँच गये। यद्यपि समुद्री रास्ता छोटा है, पर सुबह के समय जब हवा तेज़ नहीं चलती, नाव को खेना पड़ता है और उसे अधिक समय लग जाता है।

नाव किनारे लगी, ईसा अपने शिष्यों के साथ उतरे। उन्होंने देखा जन-समूह पहले आ चुका है। भीड़ बढ़ती जा रही थी, लोग आते जा रहे थे। ईसा ने आँखें उठा कर देखा कि जन-समूह उनके लिए व्यग्र होकर एकत्र हो रहा है। भीड़ को अपने पास आ रही देख कर उन्हें दया आई, क्योंकि वे बिना चरवाहे की भेड़ों के समान थे। पहले उन्होंने कुछ बीमारों को चंगा किया। फिर तट से कुछ दूर ऊपर की ओर जाकर पहाड़ी ढाल पर बैठ कर वह लोगों को शिक्षा देते रहे। धीरे-धीरे शाम हो रही थी, और जन-समूह ने दिन-भर कुछ खाया-पिया नहीं था। फिर भी अविचलित शान्त भाव से सब सुनते जा रहे थे। प्रेरितों ने अनुभव किया कि सारे लोग दिन-भर के भूखे-प्यासे हैं, दिन ढलने के बाद उनको भोजन कहाँ मिलेगा। अतः उन्होंने उनके पास आकर कहा—"यह स्थान निर्जन है और दिन ढल चुका है। लोगों को विदा कीजिए जिससे वे आस-पास की बस्तियों और गाँवों में जाकर खाने के लिए खरीद लें।" ईसा ने उन्हें उत्तर दिया—"इसकी आवश्यकता नहीं है। तुम लोग ही इन्हें खाना दे दो।" शिष्य यह सुन कर कुछ क्षणों के लिए मौन हो गये। ईसा मौन रह कर फ़िलिप की ओर मुड़े और पूछा—"इनके भोजन के लिए हम कहाँ से रोटी खरीदें?" उन्हें ज्ञात था कि क्या करना है, पर फ़िलिप को जाँचने के लिए यह सवाल किया गया। उसने गम्भीरता के साथ उत्तर दिया—"दो सौ दीनार की रोटियाँ भी भीड़ में से हर एक को थोड़ी-थोड़ी देने के लिए काफी नहीं होंगी।" उनके शिष्यों में पेत्रुस के भाई आन्द्रेयस ने व्यवहार-बुद्धि से सोचा कि जन-समूह में भी किन्हीं लोगों के पास खाने की सामग्री हो सकती है जिसका उपयोग किया जा सके। पर संयोग से किसी ने इस यात्रा के लिए कुछ भोजन-सामग्री लाने की बात नहीं सोची थी। आन्द्रेयस को केवल एक लड़का मिला जो औरों की अपेक्षा अधिक कुशल था और अपने खाने के लिए सामग्री लाया था। आन्द्रेयस ने ईसा से कहा—"यहाँ एक लड़का

है जिसके पास जौ की पाँच रोटियाँ और दो मछलियाँ हैं। पर इतने लोगों के लिए इससे क्या होगा ?''

तब ईसा ने कहा—''सब लोगों को हरी घास पर अलग-अलग दलों में बैठा दो।''यह मार्च महीने का अन्त था। वसन्त ऋतु थी। भूमि हरियाली से आच्छादित थी। इसी घास के मैदान में लोग सौ-सौ और पचास-पचास की पंक्तियों में अलग-अलग दलों में बैठ गये। शिष्यों ने सारी व्यवस्था कर दी। वहाँ एकत्र खानेवाले स्त्री-बच्चों को छोड़ कर पचास हज़ार पुरुष थे। ईसा ने पाँचों रोटियाँ लीं, स्वर्ग की ओर आँखें उठा कर आशीष की प्रार्थना की। वह रोटियाँ तोड़-तोड़कर अपने शिष्यों को देते गये ताकि वे लोगों को परोसते जायें। उन दो मछलियों को भी उसी पद्धति से सबको बाँट दिया। यह कहना संभव नहीं है कि रोटियाँ और मछलियाँ किस प्रकार बढ़ती जा रही थीं। अनाज का दाना सहस्रों में बढ़ता है और मछलियों की वढ़ोत्तरी भी बहुत होती है। यह ईश्वरीय प्रकृति का विधान है। यह घटना भी उसी का रूपक है। सबों ने खाया और खाकर तृप्त हो गये। तब ईसा ने अपने शिष्यों से कहा—''बचे हुए टुकड़ों को बटोर लो, न हो कुछ खो जाय।'' रोटियों और मछलियों के बचे हुए टुकड़ों से बारह टोकरियाँ भर गयीं। कुछ खो जाने की चिन्ता और बटोरने के आदेश में जीवन के सहज स्तर पर एक अर्थ छिपा है।

२

साँझ हो रही थी। ईसा अपने शिष्यों के साथ सागर-तट पर पहुँचे और उन्होंने नाव पर चढ़ा कर शिष्यों को पार जाने की आज्ञा दी। अन्यमनस्क भाव से उन्होंने आज्ञा मानी। उनकी नाव बेथसाइदा की ओर रवाना हुई। भीड़ बिखरी नहीं थी। लोग उत्साहित और उत्तेजित थे। वे आपस में कह रहे थे—''निश्चय ही यह वह नबी हैं जो संसार में आनेवाले हैं।'' गलीली जन-समूह ईसा के चमत्कार के कार्यों को देख कर प्रभावित थे और वे उन्हें 'राजा' घोषित करना चाहते थे। ईसा ने उनके भाव को जान लिया अतः किसी प्रकार मुक्त होकर अकेले पहाड़ी पर चले गये और प्रार्थना करने लगे।

रात में ईसा प्रार्थना में लीन थे। और उनके प्रेरित शिष्य समुद्र की ऊँची उठती लहरों के बीच आगे बढ़ने का संघर्ष कर रहे थे। इस प्रदेश में प्रायः अगर दिन-शान्त बीतता है तो सूरज डूबने के साथ तेज़ हवा बहना शुरू हो जाती है और रात के ढलने के साथ उसकी तीव्रता बढ़ती जाती है। उस रात ऐसा ही हुआ। हवा उत्तर और उत्तर-पश्चिम से चल रही थी और उनके विपरीत पड़ती थी। इस हालत में पाल का उपयोग संभव नहीं होता, अतः उन्होंने पतवार सँभाल लिये थे। बहुत परिश्रम के बाद मुश्किल से बहाव से अपने को बचा पा रहे थे और बहुत धीरे-धीरे आगे बढ़ पा रहे थे। इस प्रकार रात के

लगभग तीन बजे उनकी नाव मुश्किल से तीन-साढ़े तीन मील अपने चलने के स्थान से आगे बढ़ पाई थी। उस समय बदली घिरे आकाश के कारण धुँधली रोशनी में उन्होंने देखा कि कोई मानवी आकार उनकी ओर पानी की सतह पर बढ़ता आ रहा। वे भूत-प्रेतों की कहानियाँ सुनते आये थे, अतः उन्हें जान पड़ा कोई भूत आ रहा है। वे घबरा कर चिल्ला उठे। पहले ईसा इस प्रकार वहाँ पानी की सतह पर जा रहे थे कि उन्होंने उनको देखा नहीं है। पर उनकी चिल्लाहट को सुन कर ईसा ने उधर मुड़ कर कहा—"धीरज धरो, मैं हूँ, डरो नहीं।"

सिमोन पेत्रुस ने जब अपने स्वामी की आवाज़ सुनी, तो तुरन्त पुकार कर कहा—"हे प्रभु, यदि आप ही हैं तो मुझे पानी के ऊपर अपने पास आने की आज्ञा दीजिए।" उन्होंने केवल—"आ" कहा और पेत्रुस नाव से उतर कर बिना किसी हिचक के ईसा के पास जाने के लिए पानी पर चलने लगा। तेज़ हवा के प्रकोप से उसके चारों ओर ऊँची-ऊँची तरंग-मालाएँ उठ रही थीं। ये तरंगें उसे डुबाए दे रही थीं। वह भयभीत हो गया और जब डूबने लगा तो चिल्लाया—"हे प्रभु, मुझे बचाइए।" ईसा ने तुरन्त हाथ बढ़ा कर उसे पकड़ लिया और कहा—"हे अल्प-विश्वासी, तूने क्यों सन्देह किया?" ईसा पेत्रुस के साथ नाव पर चढ़ गये और तभी आँधी थम गई। जो-जो नाव पर थे उनकी आराधना करने लगे और बोले—"सचमुच आप ईश्वर के पुत्र हैं।" शिष्य अपने मन में चकित थे, क्योंकि उन्होंने रोटियों के विषय में अधिक नहीं समझा था। फिर उनकी नौका तुरन्त किनारे लग गई जहाँ वे जा रहे थे।

वे लोग गैनसरेत के प्रदेश में उस पार उतरे। यह प्रदेश अनेक जल-प्रवाहों के कारण बहुत उपजाऊ है। इसकी मिट्टी में कछारी के साथ लावा मिला हुआ है। इसके अन्तर्गत घोर के मैदान के साथ पहाड़ी ढाल और सात चश्मों की सुखद घाटी शामिल है। यह दूर से सारा प्रदेश एक निरन्तरता में दिखाई देता है, यद्यपि दोनों भाग नीची पहाड़ी श्रेणी से अलग होते हैं। ध्यान देने की बात है कि जिस बेथसाइदा की ओर ये लोग नाव से चले थे, वह चतुर्थांशी फ़िलिप द्वारा बनाये गये बेथसाइदा से भिन्न था। वह यर्दन के पूर्व में स्थित था और यह कफ़रनाहूम के पच्छिम में सात झरनों की घाटी में स्थित था। इस घाटी में गर्म पानी के चश्मों के कारण मछलियाँ बहुत पाई जाती हैं, इसलिए यहाँ 'मछली मारने का घर' नामक एक बस्ती का होना स्वाभाविक है, बेथसाइदा का यही अर्थ है। सात स्रोतों को छोटी सी खाड़ी से सारी झील का दृश्य दिखाई दे जाता है और इस खाड़ी में तटीय ढलान इस प्रकार के हैं कि मछली पकड़ने की नावें आसानी से बाँधी जा सकती हैं। पेत्रुस, आन्द्रेयस और फ़िलिप का घर इसी कस्बे में माना गया है और जबेदी के पुत्रों का घर भी यहीं था।

प्रेरित शिष्यों के रवाना हो जाने और ईसा के एकाएक ग़ायब हो जाने के

बाद पूर्वी किनारे का जन-समूह धीरे-धीरे बिखरने लगा था। अधिकतर लोग पास के गाँवों में शरण लेने चले गये, फिर भी कुछ लोग तट पर रुके रहे। उन्हें आशा थी ईसा वापस आयेंगे। वसन्त के प्रारंभिक दिनों के सुखद वातावरण में तट पर रात बिताना उनके लिए स्वाभाविक बात थी। दूसरे दिन जागने पर उन्होंने ईसा की खोज की। वहाँ एकमात्र नाव तट पर लगी थी, ईसा अपने शिष्यों के साथ उस पर नहीं चढ़े थे। उनके शिष्य अकेले ही चले गये थे। वे नहीं समझ रहे थे कि वह कहाँ गये होंगे। सुबह होते-होते वहाँ तिबेरियस से उस स्थान पर कई नावें आकर लगीं। यह ऐसे तटीय स्थानों में था जहाँ तूफ़ानी रात के बाद का शांत सुबह के समय मछलियाँ बहुतायत से मिलती थीं। इन लोगों ने नावों का उपयोग किया, और वे उनकी खोज में दूसरी ओर पश्चिमी तट पर उतरे। वे उसी ओर गये जिधर उन्होंने शिष्यों को जाते देखा था। अन्ततः उन्होंने कफ़रनाहूम में ईसा को पाया।

उनको देखकर लोगों ने यह सहज जिज्ञासा व्यक्त की—"गुरुवर, आप यहाँ कब आये ?" परन्तु ईसा ने अर्थपूर्ण उत्तर दिया—"मैं तुम लोगों से कहे देता हूँ—तुम मुझे इसलिए नहीं खोजते कि तुम अचरज के कामों के साक्षी हो। बल्कि इसलिए कि तुम रोटियाँ खाकर तृप्त हुए हो। नश्वर भोजन के लिए नहीं, बल्कि उस भोजन के लिए परिश्रम करो, जो अनन्त जीवन तक बना रहता है और जिसे मानवपुत्र तुम्हें देगा। क्योंकि पिता परमेश्वर ने मानवपुत्र को यह अधिकार दिया है।" अनन्त जीवन देने वाले भोजन के लिए यहाँ श्रम करने की बात कही गई है। यह श्रम क्या है ? जिससे प्रभु की कृपा प्राप्त हो सके, क्योंकि मानवपुत्र को परमेश्वर ने अधिकार दिया है कि जो मूल्यों का जीवन यापन करेगा वह कृपा का अधिकारी होगा। जन-समूह इस संकेत को ग्रहण नहीं कर सका, अतः उसने पूछा—"ईश्वर की इच्छा पूरी करने के लिए हमें क्या करना चाहिए ?" ईसा ने उत्तर दिया—"ईश्वर की इच्छा है—उसने जिसे भेजा है, उसमें विश्वास करो।" वे लोग समझ रहे थे कि ईश्वरीय इच्छा के रूप में उनसे आत्मत्याग, पवित्रता, दान और व्रत आदि की अपेक्षा की जा सकती है। यहाँ ईसा ने विश्वास की माँग की है।

३

यहूदी समाज इसके लिए तैयार नहीं था। ईसा पर विश्वास लाने के लिए उन्हें प्रमाण देना होगा, जैसा कि मूसा आदि ने किया था। अतः लोगों ने उनसे कहा—"आप हमें कौन-सा चमत्कार दिखा सकते हैं जिसे देखकर हम आप पर विश्वास करें ? आप क्या कर सकते हैं ? हमारे पूर्वजों ने मरुभूमि में मन्ना खाया था, जैसा कि लिखा है उसने खाने के लिए उन्हें स्वर्ग से रोटी दी।" पहले के चमत्कारी कार्यों को वे स्वीकार नहीं करते। कुछ पहले ही रोटियाँ

बढ़ाने और जल पर चलने के कार्यों के वे लोग साक्षी रहे हैं। पर वे अपनी इच्छानुसार प्रमाण माँगते हैं। ईसा ने उत्तर दिया—"मैं तुम लोगों से कहे देता हूँ—मूसा ने जो तुम्हें दिया था वह स्वर्ग की रोटी नहीं थी। मेरा पिता तुम्हें स्वर्ग की सच्ची रोटी देता है। ईश्वर की रोटी तो वह है जो स्वर्ग से उतर कर संसार को जीवन प्रदान करती है।" वास्तव में मन्ना स्वर्ग की रोटी इस अर्थ में नहीं थी, क्योंकि उसको खाकर मरुभूमि में भटके हुए कुछ लोगों की भूख कुछ समय के लिए दूर हो गई। जब कि ईसा जिस रोटी की चर्चा करते हैं, वह संसार को जीवन दान देती है।

तब उन सबने ईसा से कहा—"हे प्रभु, हमें आप सदा यही रोटी दिया करें।" अभी तक लोगों के मन में ईसा के कथन का पूरा अर्थ स्पष्ट नहीं हुआ था। अतः उन्होंने आगे कहा—"जीवन की रोटी मैं हूँ। जो मेरे पास आता है, उसे कभी भूख नहीं लगती और जो मुझमें विश्वास करता है, उसे कभी प्यास नहीं लगती। फिर भी जैसा कि मैंने तुम लोगों से कहा, तुम मुझे देखकर भी विश्वास नहीं करते। पिता जिन्हें मुझे सौंप देता है, वे सब मेरे पास आयेंगे और जो मेरे पास आता है, मैं उसे कभी अलग नहीं करता, क्योंकि अपनी इच्छा से नहीं, बल्कि जिसने मुझे भेजा है, उसकी इच्छा पूरी करने के लिए स्वर्ग से उतरा हूँ। मेरे पिता की इच्छा यह है कि जो कोई पुत्र को पहचान कर उसमें विश्वास करे, उसे अनन्त जीवन प्राप्त हो। मैं उसे अन्तिम दिन पुनर्जीवित कर दूँगा।"

अभी तक ईसा को घेरने वाला जन-समूह वह था जिसने रोटियों की वृद्धि और पानी की सतह पर चलना देखा था। क्रमशः उनके मन में ईसा के व्यक्तित्व के प्रति आकर्षण उत्पन्न हो रहा था, विश्वास की भावना भी जागने लगी थी। ये लोग खोजते हुए पश्चिमी तट से पूर्वी तट पर नावों से उतरे थे और कफ़र-नाहूम के पास उनको जा घेरा था। पर इस बीच ऐसे यहूदी वहाँ उस भीड़ में शामिल हो गये थे जो फ़रीसी होंगे या उनके लोग। ये लोग ईसा के विरोध में स्वर उठाते रहते थे। 'स्वर्ग से उतरी हुई रोटी मैं हूँ'—ईसा के इस कथन पर वे यह कह कर भुनभुनाने लगे—"क्या यह यूसुफ़ का बेटा ईसा नहीं है? हम इसके माँ-बाप को जानते हैं। तो यह ऐसा कैसे कह सकता है।" ईसा उनके भाव को समझ रहे थे और उन्हें उत्तर दिया—"आपस में भुनभुनाओ नहीं। कोई मेरे पास तब तक नहीं आ सकता, जब तक कि मुझे भेजने वाला पिता उन्हें आकर्षित न करे। मैं उसे अन्तिम दिन पुनर्जीवित कर दूँगा। नबियों ने लिखा है, वे सब के सब ईश्वर की शिक्षा पायेंगे। जो कोई ईश्वर की शिक्षा सुनता और ग्रहण करता है, वह मेरे पास आता है।"

क्रमशः ईसा जन-साधारण के मन में ईश्वरीय सन्देश को स्पष्ट करना चाहते हैं। अपने को जीवन की रोटी कहते हैं, ईश्वर की शिक्षा ग्रहण करने

की बात को महत्त्व देते हैं और उसे अपने पास रखने यानी स्वीकार करने का आश्वासन देते हैं। ईसा आगे चर्चा को बढ़ाते हैं—"यह न समझो कि किसी ने पिता को देखा है, जो ईश्वर की ओर से आया है, उसी ने पिता को देखा है। मैं तुम लोगों से कहे देता हूँ—जो विश्वास करता है, उसे अनन्त जीवन प्राप्त है। जीवन की रोटी मैं हूँ। तुम्हारे पूर्वजों ने मरुभूमि में मन्ना खाया, फिर भी वे मर गये। मैं जिस रोटी के विषय में कहता हूँ, वह स्वर्ग से उतरी है और जो उसे खाता है, वह कभी नहीं मरता। जो रोटी मैं दूँगा, वह संसार के जीवन के लिए अर्पित मेरा मांस है।"

ईसा ने अपने को जीवन की रोटी कहा है और इस रोटी को ईश्वर द्वारा दी हुई भी कहा है। उन्होंने अपने मांस खाने की बात इसी सन्दर्भ में कही है, क्योंकि वे स्वतः मानवपुत्र होकर भी ईश्वरपुत्र हैं। अतः उनका शरीर एक स्तर पर मानवीय रक्त-मांस का होकर स्वर्गीय है। यहूदी आपस में यह कह कर वाद-विवाद कर रहे थे—"यह हमें खाने के लिए अपना मांस कैसे दे सकता है?" ईसा ने उनके भाव को समझ कर फिर कहना शुरू किया—"मैं तुम लोगों से सच कहे देता हूँ—यदि तुम मानवपुत्र का मांस न खाओ और उसका रक्त न पियो, तो तुम्हें जीवन प्राप्त नहीं होगा। जो मेरा मांस खाता और रक्त पीता है, उसे अनन्त जीवन प्राप्त होता है और उसे मैं अन्तिम दिन पुनर्जीवित कर दूँगा, क्योंकि मेरा मांस सच्चा भोजन है और मेरा रक्त सच्चा पेय। जो मेरा मांस खाता है और मेरा रक्त पीता है, वह मुझमें निवास करता है और मैं उसमें। जिस तरह जीवन्त पिता ने मुझे भेजा है और पिता से मुझे जीवन मिलता है, उसी तरह जो मुझे खाता है, उसको मुझसे जीवन मिलेगा। यही वह रोटी है, जिसे खाकर अनन्त जीवन मिलता है।"

ईसा के इस कथन में 'मांस-रक्त' की बात को लेकर ईसाई धार्मिक विश्वासियों में भी विचार चलता रहा है और मतभेद है। सहज ढंग से यह माना जा सकता है कि ईसा ईश्वर और मानव के बीच की कड़ी के समान हैं, वे अपनी स्वर्गीय शक्ति के साथ मनुष्यों के बीच मनुष्य हैं। अतः उनका शरीर मानवीय रक्त-मांस का है, यहाँ ईसा अपने रक्त-मांस के द्वारा जीवन के रूप में अपने को प्रदान करने की बात कर रहे हैं। यह सारी बातचीत पहले समुद्र-तट पर जन-समूह के साथ शुरू हुई थी। उसके बाद कफ़रनाहूम के सभा-घर में यहूदियों के विरोधभाव के बीच चलती रही।

उनके बहुत से शिष्यों ने यह सब सुना। उनकी शिक्षा के गहरे अर्थ को उनमें से अनेक ग्रहण करने में असमर्थ थे। उन्होंने कहा—"यह तो कठोर शिक्षा है। इसे कौन मान सकता है?" ईसा समझ रहे थे कि शिष्य उनके अर्थ को समझ पाने में समर्थ न होने के कारण भुनभुना रहे हैं। तब उन्होंने उनसे कहा—"क्या तुम इसी से विचलित हो रहे हो? जब तुम मानवपुत्र को वहाँ

आरोहण करते देखोगे, जहाँ वह पहले था, तो क्या करोगे ? आत्मा ही भोजन प्रदान करता है, मांस से कुछ लाभ नहीं होता। मैंने तुम्हें जो शिक्षा दी है, वह आत्मा और जीवन की है। फिर भी तुम लोगों में से अनेक इस पर विश्वास नहीं करते।'' ईसा को प्रारम्भ से आभास था कि कौन विश्वासी नहीं है और कौन विश्वासघात करेगा। परन्तु वह यह स्पष्ट घोषणा करते हैं—''इसीलिए मैंने तुम लोगों से कहा है कि कोई मेरे पास तब तक नहीं आ सकता, जब तक कि उसे पिता से यह वरदान न मिल जाय।''

निश्चय ही ईसा अपने मिशन (ईश्वरीय लक्ष्य) की ओर ज्यों-ज्यों बढ़ते जा रहे थे, उनके उपदेश की व्यंजना अधिक गहरी और व्यापक होती जा रही थी। एक स्तर पर वह चमत्कार के कार्यों से स्वर्गीय रहस्य को उद्घाटित कर रहे हैं, जिससे लोग उनकी ओर आकर्षित हो रहे थे। दूसरी ओर वह अपने ईश्वरीय संदेश को व्यक्त करने लगे थे, जो बहुतों के लिए कठिन था। इसके बाद बहुत से शिष्य अलग हो गये और उन्होंने उनका साथ छोड़ दिया। तब ईसा ने अपने बारहों प्रेरितों से कहा, ''क्या तुम लोग भी चले जाना चाहते हो ?'' इसका उत्तर सिमौन पेत्रुस ने दिया—''प्रभु ! हम किसके पास जायँ ! आपके शब्दों में अनन्त जीवन का सन्देश है। हमने विश्वास कर लिया है और हम जान गये हैं कि आप ईश्वर के भेजे हुए परमपावन पुरुष हैं।'' तब ईसा ने उनसे आश्वस्त भाव से कहा—''क्या मैंने तुम बारहों को नहीं चुना ? तब भी तुममें एक शैतान है।'' यह उन्होंने सचेत करने के लिए ही कहा, क्योंकि वह अपने साथ रहने का अर्थ सांकेतिक करना चाहते हैं। पर उनके इस कथन में भविष्य के युदस के विश्वासघात का संकेत भी है। जो ईश्वरीय जीवन के अर्थ को ग्रहण कर सकता है, वह उनके साथ अभिन्न रूप से रहता है, पर जो ग्रहण करने में असमर्थ है वह उनके साथ अर्थात् अपनी ही ईश्वरीय जीवन के साथ विश्वासघात करता है।

४

इसके कुछ समय बाद ईसा यहूदियों के एक पर्व के अवसर पर येरुसालेम गये। संभवतः यह पेन्तेकास्त का पर्व है। येरुसालेम में भेड़-फाटक के पास एक कुण्ड है जिसके पाँच मण्डप हैं। उनमें बहुत से रोगी—अंधे, लँगड़े और अर्द्धांग रोगी पड़े हुए थे। वे पानी के लहराने की राह देख रहे थे, क्योंकि प्रभु का दूत समय-समय पर कुण्ड में उतर कर पानी हिला देता था। जो पानी के लहराने के बाद सबसे पहले कुण्ड में उतरता था, चाहे किसी भी रोग से पीड़ित क्यों न हो, अच्छा हो जाता था। आधुनिक येरुसालेम में एकमात्र सोता है जिसे ईसाई समाज कुमारी का सोता कहता है। इस सोते में निश्चित अन्तर से ज्वार आता रहता है और रोगी लाभ उठाने के लिए वहाँ इकट्ठा रहते हैं। वहाँ एक व्यक्ति

पड़ा था जो अड़तालीस वर्ष से बीमार था। ईसा ने उसे पड़ा हुआ देखा और यह जान कर कि वह बहुत दिनों से वहाँ इसी तरह पड़ा हुआ है, उससे कहा, "क्या तुम अच्छे हो जाना चाहते हो ?" रोगी ने कहा—"महोदय, मेरा कोई नहीं है, जो पानी के लहराते ही मुझे कुण्ड में उतार दे। मेरे पहुँचने से पहले ही उसमें अन्य व्यक्ति उतर पड़ता है।" ईसा ने उससे कहा—"उठ कर खड़े हो जाओ, अपनी चारपाई उठाओ और चलो।" उसी क्षण वह व्यक्ति अच्छा हो गया और अपनी चारपाई उठा कर चलने-फिरने योग्य हो गया। इस चश्मे के पार्श्व में नगर के एक ओर पहाड़ी श्रेणी है और उसके किनारे हरियाली है। उस ओर के फाटक से भेड़ों का समूह यहाँ इकट्ठा होता था। मण्डपों में चारों ओर लोग पड़े थे। सबने यह चमत्कार देखा और प्रभावित हुए।

यह विश्राम का दिन था। यहूदियों को मौका मिला। जो अच्छा हो गया था उससे उन्होंने कहा—"आज विश्राम का दिन है। चारपाई उठाना तुम्हारे लिए उचित नहीं है।" उसने उत्तर दिया—"जिसने मुझे चंगा किया, उसी ने मुझसे कहा—अपनी चारपाई उठाओ और चलो।" उन्होंने उससे फिर पूछा—"कौन है वह, जिसने तुमसे कहा—अपनी चारपाई उठाओ और चलो।" स्वस्थ हुआ व्यक्ति नहीं जानता था कि वह कौन है, क्योंकि उस स्थान पर बहुत भीड़ थी और ईसा चुपके से चले गये थे। उसी दिन शाम को वह व्यक्ति ईसा से मन्दिर में मिल गया। ईसा ने उससे कहा—"देखो, तुम चंगे हो गये हो। फिर पाप न करना। ऐसा न हो कि तुम पर और भी भारी संकट आ पड़े।" पाप का दण्ड सदा शारीरिक कष्ट के रूप में नहीं मिलता, यह ईसा ने माना है। पर दण्ड कई प्रकार के हो सकते हैं।

उस व्यक्ति ने जाकर यहूदियों को बताया कि जिन्होंने मुझे चंगा किया है, वह ईसा है। वह सरल व्यक्ति था, उसने सोचा कि यह जानकर शंका और आपत्ति करने वाले शान्त हो जायँगे। पर उनके मन में अविश्वास के कारण द्वेष भाव था। यहूदी ईसा को इसलिए सताते थे कि वह विश्राम के दिन ऐसे काम किया करते थे। इसके बारे में बार-बार वे उनसे प्रश्न करते थे। पर ईसा ने उन्हें सरल उत्तर दिया—"मेरा पिता अब तक काम कर रहा है और मैं भी काम कर रहा हूँ।" विश्राम का दिन मानकर ईश्वर का कार्य नहीं रुकता, अतः ईसा अपना कार्य भी नहीं रोकना चाहते। अन्य अवसरों पर शास्त्रियों के द्वारा विश्राम के दिन काम रोकने की बात करने पर ईसा सामान्य तर्क देते हैं, जैसे विश्राम का दिन मनुष्य के लिए है, मनुष्य विश्राम दिन के लिए नहीं बना है। ईश्वरीय सेवा या दया-दान जैसे मूल्य विश्राम के दिन वर्जित नहीं हो सकते। यह भी कहा गया है कि मानवपुत्र विश्राम के दिन का स्वामी है। परन्तु इस अवसर पर उन्होंने घोषित किया है कि पिता के समान वह विश्राम के दिन काम करते हैं। इस प्रकार ईश्वर को पिता कह कर ईसा

अप्रतिम सम्बन्ध स्थापित करते हैं। उनके लिए यह समझ और सहन कर पाना बहुत कठिन था। अतः उनका ईसा को मार डालने का निश्चय और भी दृढ़ हो गया, क्योंकि वह न केवल विश्राम दिवस का नियम तोड़ते थे, बल्कि ईश्वर को अपना निजी पिता कह कर ईश्वर के बराबर होने का दावा करते थे।

५

इस प्रसंग के बाद येरुसालेम के कई स्थलों पर—मन्दिर, बाजार और चौराहों पर—जन-समूह के सामने ईसा ने ईश्वर और संसार के साथ अपने सम्बन्ध की चर्चा की, साक्ष्य प्रस्तुत किया। उन्होंने कहा—"मैं तुम लोगों से कहे देता हूँ—पुत्र अपने से कुछ भी नहीं कर सकता। वह केवल वही कर सकता है जो पिता को करते देखता है। जो कुछ पिता करता है, वही पुत्र भी करता है, क्योंकि पिता पुत्र को प्यार करता है और वह स्वयं जो कुछ करता है, उसे पुत्र को दिखाता है। वह उसे और महान् कार्य दिखायेगा, जिन्हें देख कर तुम लोग अचम्भे में पड़ जाओगे। जिस तरह पिता मृतकों को उठाता और जिला देता है, उसी प्रकार पुत्र भी जिसे चाहता है, उसे जीवन प्रदान करता है। पिता किसी का न्याय नहीं करता, उसने न्याय करने का सारा अधिकार पुत्र को दे दिया है। जिससे सब लोग जैसे पिता का आदर करते हैं, वैसे ही पुत्र का भी आदर करें। जो पुत्र का आदर नहीं करता, वह उसके भेजने वाले पिता का भी आदर नहीं करता।" यहाँ ईसा के वचनों में उनके मिशन का अर्थ गर्भित है। ईश्वर के पुत्र के रूप में वह ईश्वरीय विधान को सम्पन्न कर रहे हैं। फिर वह अपने पिता के प्रेम के साक्षी होकर उसके स्वर्गिक कार्यों के द्रष्टा और कर्त्ता हैं। यहाँ इस महत्वपूर्ण बात का उल्लेख हुआ है कि न्याय का कार्य पुत्र को सौंपा गया है। इस प्रकार वे मानव और ईश्वर के बीच शब्दमय सेतु हैं, जोड़ने के माध्यम हैं।

फिर ईसा जन-समूह को सम्बोधित करते हैं—"मैं तुम लोगों से कहे देता हूँ—जो मेरी शिक्षा सुनता है और जिसने मुझे भेजा है, उसमें विश्वास करता है, उसे अनन्त जीवन प्राप्त है। वह दोषी नहीं ठहराया जायगा। वह तो मरण को पार कर जीवन में प्रवेश कर चुका है।" संकेत में ईसा उन मूल्यों की बात करते हैं जो मानव जीवन को सफल बना कर उस अनन्त जीवन को प्राप्त करेगा जो स्वर्गिक मूल्यों से अनुप्राणित होगा। मानव सेवा, प्रेम, परोपकार, दया आदि मूल्य मानवीय स्तर पर जीवन सार्थक बनाने के साथ ईश्वरीय सन्दर्भ से जुड़कर महनीय हो जाते हैं।

इसी क्रम में ईसा आगे कहते हैं—"मैं तुम लोगों से कहे देता हूँ—वह समय आ रहा है या आ ही गया है, जब मृतक ईश्वर के पुत्र की वाणी सुनेंगे, उन्हें जीवन प्राप्त होगा। जिस तरह पिता स्वयं जीवन का स्रोत है, उसी तरह

उसने पुत्र को भी जीवन का स्रोत बना दिया है और उसे न्याय करने का भी अधिकार दिया है, क्योंकि वह मानवपुत्र है।'' इस प्रकार ईसा उन्हें आश्वस्त करते हैं जो अन्धकार का जीवन बिता रहे हैं। उनके साक्ष्य पर वे सब ईश्वरीय मूल्यों के जीवन के योग्य बन सकेंगे, जो सच्चा जीवन है। इन सच्चे मूल्यों के स्रोत के रूप में ईसा ईश्वर की महिमा को ग्रहण करते हैं। इसी उत्तराधिकार से उन्हें न्याय करने का दायित्व मिला है, सत्-असत् के आधार पर।

आगे वह अपनी बात को स्पष्ट करते हुए पुनः कहते हैं—''इस पर आश्चर्य मत करो। वह समय आ रहा है, जब वे सब जो कब्रों में हैं, उसकी वाणी सुन कर निकल आयेंगे। सत्कर्मी जीवन के लिए पुनर्जीवित हो जायेंगे और कुकर्मी नरकदण्ड के लिये। मैं स्वयं अपने से कुछ भी नहीं कर सकता। मैं जो सुनता हूँ, उसी के अनुसार निर्णय देता हूँ और मेरा निर्णय न्यायसंगत है, क्योंकि मैं अपनी इच्छा नहीं, बल्कि जिसने मुझे भेजा है, उसकी इच्छा पूरी करना चाहता हूँ।'' यहाँ स्पष्टतः इस बात को कहा गया है, न्याय का आधार ईश्वरीय विधान होगा अर्थात् मूल्यों के जीवन को जीने की क्षमता। निर्णय लेने की प्रक्रिया न्याय का आधार स्पष्ट करती है। मानवपुत्र ईश्वर के पुत्र हैं और शब्द-रूप में वह उसी के विधान, उसकी इच्छा को अभिव्यक्त करते हैं।

लोगों के मन में है कि इस सबका साक्ष्य क्या है? यहूदी शंकालु थे। ईसा उन सबके भाव को समझ रहे थे, अतः उन्होंने कहा—''मैं तुम सबसे कहता हूँ कि यदि मैं अपने विषय में साक्ष्य दूं, तो मेरा साक्ष्य मान्य नहीं है। कोई दूसरा है, जो मेरे विषय में साक्ष्य देता है और मैं जानता हूँ कि वह मेरे विषय में जो साक्ष्य देता है, वह मान्य है। तुम लोगों ने योहन से पुछवाया और उसने सत्य के सम्बन्ध में साक्ष्य दिया है। किसी मनुष्य के साक्ष्य की मुझे अपेक्षा नहीं, यह इसलिए मैंने स्वीकार किया कि तुमको मुक्ति मिल सके। योहन एक जलता और चमकता हुआ दीपक था। उसकी ज्योति में थोड़ी देर के लिए आनन्द मनाना तुम लोगों को अच्छा लगा।'' यहाँ तक ईसा ने उस साक्ष्य की चर्चा की है, जो बाहर से दूसरों के द्वारा प्रस्तुत किया गया है। यह साक्ष्य भी जन-समाज के लिये मार्ग-दर्शक हुआ।

आगे वह अपने निजी साक्ष्य पर आते हैं, जो उनके कार्यों से स्वतः सिद्ध हुआ है—''परन्तु जो साक्ष्य मुझे प्राप्त है, वह योहन के साक्ष्य से भी महान् है। पिता ने जो कार्य मुझे पूरा करने को सौंपा है, जो कार्य मैं कर रहा हूँ, वे ही मेरे विषय में साक्षी हैं कि पिता ने मुझे भेजा है। जिसने मुझे भेजा है, उस पिता ने भी मेरे विषय में साक्ष्य दिया है। तुम लोगों ने न तो कभी उसकी वाणी सुनी है और न उसका रूप ही देखा है। उसकी शिक्षा भी तुम लोगों के हृदय में घर नहीं कर सकी, क्योंकि तुम उसमें विश्वास नहीं करते, जिसे उसने भेजा है।''

ईसा धर्मशास्त्रों में निहित साक्ष्य की चर्चा करते हैं। उनके अनुसार शास्त्रों में ईश्वरपुत्र के मानवपुत्र के रूप में अवतरण का प्रमाण प्रस्तुत है, पर अपने अविश्वास के कारण यहूदी लोग उन्हें स्वीकार नहीं कर पा रहे हैं। इसी दृष्टि से वह कहते हैं—"तुम लोग यह समझ कर धर्मग्रन्थ का अनुशीलन करते हो कि उसमें तुम्हें अनन्त जीवन का मार्ग मिलेगा। वही धर्मग्रन्थ मेरे विषय में साक्ष्य देता है, फिर भी तुम लोग जीवन प्राप्त करने के लिए मेरे पास आना नहीं चाहते।" कुछ रुक कर वह पुनः कहना शुरू करते हैं—"मैं मनुष्यों की ओर से सम्मान नहीं चाहता। मैं तुम लोगों के बारे में जानता हूँ कि तुम ईश्वर से प्रेम नहीं रखते। मैं अपने पिता के नाम पर आया हूँ, फिर भी तुम लोग मुझे स्वीकार नहीं करते। अगर कोई अपने ही नाम पर आये, तुम लोग उसे स्वीकार करोगे। तुम लोग एक दूसरे से सम्मान चाहते हो और वह सम्मान नहीं चाहते, जो एकमात्र ईश्वर की ओर से आता है। फिर तुम लोग कैसे विश्वास कर सकते हो ?"

ईसा ने यहाँ कई साक्ष्यों के संकेत दिये हैं। शब्द (वचन), चमत्कार (कार्य), योहन (बपतिस्ता), शास्त्र (धर्मग्रन्थ) और परमपिता ईश्वर उनका साक्ष्य प्रस्तुत करते हैं। आगे चल कर प्रेरितों (शिष्यों) और पवित्र आत्मा के साक्ष्य भी निर्दिष्ट हैं। इस प्रकार सात साक्ष्यों का उल्लेख हुआ है। आगे आश्वासन की वाणी में वह कहते हैं—"यह न समझो कि मैं पिता के सामने तुम लोगों पर अभियोग लगाऊँगा। तुम पर अभियोग लगानेवाला तो मूसा है, जिन पर तुम भरोसा रखते हो। लेकिन यदि तुम मूसा पर विश्वास रखते, तो मुझ पर भी विश्वास करते, क्योंकि उन्होंने मेरे विषय में लिखा है। यदि तुम उनके लेखों पर विश्वास नहीं करते, तो मेरी शिक्षा पर कैसे विश्वास करोगे ?" ईसा के अनुसार मूसा ने जो कहा है और धर्मग्रन्थ में जो लिखा है, उसे अगर ये लोग सही अर्थ में ग्रहण कर सकें, तो वे उन पर विश्वास सहज ही कर सकते।

● ●

प्रकरण बारह

विवाद और चिह्न की माँग

१

बेथसाइदा के चमत्कार और येरुसालेम के प्रवचनों के बाद ईसा वहाँ से थोड़े समय के लिए हट गये, जिससे जन-समाज का उत्साह और उत्तेजना शांत हो जाय। इसके बाद वह गलीलिया में घूमते रहे, वह यहूदिया में इस कारण घूमना नहीं चाहते थे, कि यहूदी उन्हें मार डालने की ताक में रहते थे। गलीलिया भी उनके लिए बहुत सुरक्षित प्रदेश नहीं था, क्योंकि हेरोद अन्तिपस का भाव उनके प्रति बहुत साफ़ नहीं था। येरुसालेम के कुछ गण उनके पीछे लगे हुए थे। वे उन्हें यहाँ कुछ हानि नहीं पहुँचा सकते थे, पर वे उन पर नज़र रखते थे और कोशिश में थे कि लोग मन और हृदय से उनसे अलग हो जायँ।

एक स्थान पर फ़रीसी और येरुसालेम से आये हुए शास्त्री उनके पास एकत्र हो गये। वे यह देख रहे थे कि उनके शिष्य अशुद्ध यानी बिना धोये हुए हाथों से रोटी खा रहे हैं। यह देखकर वे कुड़कुड़ाए क्योंकि पुरखों की परम्परा के अनुसार फ़रीसी और सब यहूदी बिना बार-बार हाथ धोये भोजन नहीं करते। और बाज़ार से लौट कर वे अपने ऊपर पानी छिड़के बिना नहीं खाते। और बहुत से परम्परागत रिवाजों का पालन वे करते हैं—जैसे प्यालों, सुराहियों और काँसे के बर्तनों का शुद्धीकरण। इसलिए फ़रीसियों और शास्त्रियों ने ईसा से पूछा—"आपके शिष्य पुरखों की परम्परा के अनुसार क्यों नहीं चलते ? वे क्यों अशुद्ध हाथों से रोटी खाते हैं ?" ईसा ने सहज भाव से उत्तर दिया—'इसायस के तुम ढोंगियों के लिए ठीक ही भविष्यवाणी की है; जैसा कि लिखा है :

ये लोग मुख से मेरा आदर करते हैं,
पर इनका हृदय मुझ से दूर है।
ये व्यर्थ ही मेरी पूजा करते हैं;
और जो शिक्षा देते हैं,
वे हैं मनुष्य के बताये हुए नियम मात्र।

तुम लोग मनुष्य की चलाई हुई परम्परा बनाये रखने के लिए, ईश्वर की आज्ञा टाल देते हो। प्यालों और बरतनों के धोने-माँजने और इस प्रकार के अनेक दूसरे कृत्यों को धर्म मानते हो।" ईसा ने देखा, उनकी बातों से फ़रीसी और शास्त्री हतप्रभ हैं, पर उनके हृदय में विश्वास का प्रकाश नहीं हो सका है।

ईसा ने सघन भाव से उनसे फिर कहना शुरू किया—"तुम लोग अपनी ही

परम्परा का पालन करने के लिए ईश्वर की आज्ञा रद्द कर देते हो, क्योंकि मूसा ने कहा है : अपने पिता और अपनी माता का आदर करो और जो अपने पिता और अपनी माता को शाप दे, उसे प्राणदण्ड दिया जाये। परन्तु तुम लोग यह मानते हो कि यदि कोई अपने पिता अथवा अपनी माता से कहे—आपको मुझ से जो लाभ हो सकता था, वह ईश्वर को अर्पित (कुर्बान) है, तो उस समय से वह अपने पिता अथवा अपनी माता के लिए कुछ भी न करने की छूट पा जाता है। इस तरह तुम लोग अपनी परम्परा के नाम पर, जिसे तुम बनाये रखते हो, ईश्वर का वचन रद्द कर देते हो। इस प्रकार के लोग ऐसे ही अनेक काम करने की छूट पा लेते हैं।"

बाद में ईसा ने लोगों को फिर अपने पास बुलाया और उनको सम्बोधित किया—"तुम लोग सब के सब मेरी बात सुनो और समझो। ऐसा कुछ नहीं है जो मनुष्य में बाहर से प्रवेश कर उसे अशुद्ध कर सके, परन्तु जो मनुष्य में से निकलता है, वही उसे अशुद्ध कर देता है। जिसके सुनने के कान हों, वह सुन ले।" स्पष्टतः उनके अनुसार मनुष्य को पाप-कर्म ही अपवित्र करता है। ईश्वरीय नियमों को तोड़ना पाप-कर्म माना गया है। अन्य तरह के नियम और विचार केवल बाहरी परम्पराएँ हैं। दिन भर की व्यस्तता के बाद ईसा जन-समूह से मुक्त होकर घर वापस आ गये।

उनके शिष्य साथ थे। उन्होंने मौक़ा पाकर अपनी शंका प्रकट की—"क्या आप जानते हैं कि फ़रीसी आपकी बात सुनकर बहुत बुरा मान गये हैं ?" ईसा ने आश्वस्त करते हुए उत्तर दिया—"जो पौधा मेरे स्वर्गिक पिता ने नहीं रोपा है, वह उखाड़ा जायगा। उन्हें रहने दो, वे अंधों के अंधे मार्गप्रदर्शक हैं। यदि अंधा अंधे को ले चले, तो दोनों ही कूप में गिरेंगे।" शिष्यों में पेत्रुस ईसा के अधिक निकट थे, उसने सभी की ओर से कहा—"यह दृष्टान्त हमें समझा दीजिए।" ईसा ने उत्तर दिया—क्या तुम लोग भी अब तक नासमझ हो ? क्या तुम यह नहीं समझते जो मुँह में पड़ता है, वह पेट में चला जाता है और शौचघर में निकलता है। परन्तु जो मुँह से निकलता है, वह मन से आता है और मनुष्य को अशुद्ध कर देता है। क्योंकि सारे विचार—हत्या, परगमन, व्यभिचार, चोरी, झूठी गवाही, निन्दा, ईर्ष्या, लोभ, विद्वेष, अहंकार और मूर्खता ये सब मन से निकलते हैं। ये ही बातें मनुष्य को अशुद्ध कर देती हैं, बिना हाथ धोये भोजन करना मनुष्य को अशुद्ध नहीं करता।" स्पष्टतः यहाँ परम्परा से पालन किये जाने वाले नियमों की अपेक्षा नैतिक मूल्यों के महत्त्व पर बल दिया गया है।

२

फ़रीसियों और शास्त्रियों को परम्परा और नियमों की अवहेलना सह्य नहीं

थी। जन-समाज में ईसा के बढ़ते हुए प्रभाव से उन्हें द्वेष भाव भी था। पर वे उनका कुछ कर नहीं पा रहे हैं। लेकिन इस परिस्थिति में ईसा को विशेष सावधानी बरतनी पड़ रही थी। अतः उन्होंने कुछ समय के लिए गलीलिया से बाहर जाने का निश्चय किया। अभी तक फ़िलस्तीन से बाहर ईसा नहीं गये थे, या तो बचपन में माता-पिता के साथ मिस्र में अज्ञातवास किया था। वह अपने शिष्यों के साथ फ़ेनिसिया प्रदेश में गये। घाटी से होकर नदी को पार कर उन लोगों ने तीरुस और सिदोन के क्षेत्र में प्रवेश किया। इनके नगर समुद्र-तट पर स्थित थे। ईसा ने प्रारम्भ में अपने संन्देश का क्षेत्र यहूदी समाज चुना था, इतर लोगों तक सन्देश पहुँचाने का कार्य बाद में सम्पन्न होना था।

वहाँ वह तीरुस नगर के किसी घर में ठहरे और चाहते थे कि किसी को उनका पता न चले। किन्तु उनकी ख्याति वहाँ पहुँच चुकी थी। वह अज्ञात नहीं रह सके। वहाँ एक ग़ैर-यहूदी स्त्री थी जो जन्म से सिरोफ़िनीशी थी। उनकी पुत्री को अशुद्ध आत्मा लगा था। उसने भी उनके आने की चर्चा सुनी। वह उनके पास आकर चरणों पर गिर पड़ी। उसने ईसा से विनती की कि वह उसकी बेटी से अपदूत को निकाल दें। पर ईसा ने उसे कोई उत्तर नहीं दिया। ईसा के शिष्यों ने देखा कि वह स्त्री पीछे लगी हुई है, उन्होंने बहुत कुछ छुटकारे के भाव से पास आकर निवेदन किया—"उसकी बात मान कर उसे विदा कर दीजिए, क्योंकि वह हमारे पीछे-पीछे चिल्लाती आ रही है।" पर ईसा ने उत्तर दिया—"मैं केवल इस्राएल के घराने की खोयी हुई भेड़ों के पास भेजा गया हूँ।" इस बीच उस स्त्री ने आकर ईसा को दण्डवत् किया और कहा—"प्रभु! मेरी सहायता कीजिए!" ईसा ने उत्तर दिया—"बच्चों की रोटी लेकर पिल्लों के सामने डाल देना ठीक नहीं है।" उस स्त्री ने विनय भाव से कहा—"जी हाँ, प्रभु! फिर भी स्वामी की मेज़ से गिरा हुआ चूर पिल्ले खाते ही हैं।" ईसा ने प्रभावित होकर कहा—"हे नारी! तुम्हारा विश्वास महान् है। तुम्हारी माँग पूरी हो।" और उसी क्षण उसकी बेटी चंगी हो गई।

ईसा शांतिपूर्वक विश्राम के लिए इस ग़ैर यहूदी प्रदेश में आये थे पर वहाँ लोग उन्हें घेरे रहते थे। अतः उसे भी छोड़ना पड़ा। वहाँ से वह रवाना हुए। वह तीरुस से सिदोन की ओर जा रहे थे, पर उन्होंने नगर को छोड़ दिया और बायें से आगे बढ़ गये। यह केवल एक दिन की यात्रा थी। वहाँ यर्दन के स्रोतों के समीप निवास करके हेर्मोन पर्वत का चक्कर लगा कर वह देकापोलिस प्रदेश में पहुँचे। यह यूनानी नगरों का राज्य था। इन नगरों में यूनानी लोग काफ़ी संख्या में थे और प्रदेश में ग़ैर यहूदी जनसंख्या अधिक थी। फिर भी यहूदी लोग भी काफ़ी संख्या में यहाँ बसे थे। इस प्रदेश को पार करते हुए गलीलिया के समुद्र के पूर्वी तट पर वह पहुँचे। यहाँ की जनसंख्या भी मिली-जुली थी।

उनके वहाँ रुकते ही चारों ओर समाचार पहुँच गया। उनकी प्रसिद्धि भी

फैल रही थी। लोग एक बहरे-गूँगे को उनके पास ले आये और उन्होंने प्रार्थना की कि आप उस पर अपने हाथ रख दें। यहाँ इस चमत्कार का रूप अलग है। अभी तक ऐसा जान पड़ता था कि ईसा अपनी स्वर्गिक शक्ति से स्पर्श करके, हाथों के संकेत से अथवा आज्ञा मात्र से कार्य सम्पादित करते हैं। परन्तु इस अवसर पर विधि-विधान के साथ चमत्कार सम्पन्न होता है। ईसा उसे भीड़ से अलग एकान्त में ले गये। फिर उसके कानों में अपनी अँगुलियाँ डाल दीं और उसकी जीभ पर अपना थूक लगाया। फिर आकाश की ओर आँखें उठा कर उन्होंने आह भरी और उससे कहा—"एफ़ेता" अर्थात् "खुल जा।" उसी समय उसके कान खुल गये और उसकी जीभ का बन्धन छूट गया। वह अब ठीक-ठीक सुनने-बोलने लगा। ईसा ने लोगों को आदेश दिया कि वे यह बात किसी को न बतायें। परन्तु इसका कुछ असर नहीं हुआ। वह जितना ही मना करते थे, लोग उतना ही इसका प्रचार करते थे।

पुनः वे एक पहाड़ी पर चढ़ कर उसकी एक शिला के नीचे विश्राम करने लगे। उनके शिष्य भी समीप थे। थोड़ी देर में भीड़ की भीड़ वहाँ भी एकत्र होने लगी। ईसा निकल कर बाहर बैठ गये। लोग लँगड़े, लूले, अंधे और बहुत से दूसरे रोगियों को वहाँ अपने साथ लाकर ईसा के चरणों में रख देते थे। फिर यह देख कर कि गूँगे बोलते हैं, लूले भले-चंगे हो रहे हैं, लँगड़े चलते और अंधे देखते हैं—लोग अचम्भे में पड़ गये और इस्राएल के ईश्वर की स्तुति करने लगे। वे कहते थे—"वह जो कुछ करते हैं, अच्छा ही करते हैं। वह बहरों को कान और गूँगों को वाणी देते हैं।"

धीरे-धीरे वहाँ एक विशाल जन-समूह एकत्र हो गया था। वे लोग दूर से आये और कई दिन से बाहर थे, अतः उनकी सामग्री समाप्त हो चुकी थी और उनके पास खाने को कुछ भी नहीं था। ईसा ने अपने शिष्यों को पास बुला कर कहा—"मुझे इन लोगों पर तरस आता है। ये लोग तीन दिन से मेरे साथ रह रहे हैं और उनके पास खाने को कुछ भी नहीं है। यदि मैं इनको भूखा ही घर वापस करूँ तो ये रास्ते में मूर्च्छित हो जायेंगे। इनमें कुछ लोग अधिक दूर से आये हैं।" समुद्र के निर्जन तट और पहाड़ियों पर खाने की सामग्री क्या मिल सकती थी! यह सोच कर विवश भाव से शिष्यों ने उत्तर दिया—"इस निर्जन स्थान में इन लोगों को खिलाने के लिये कहाँ से रोटियाँ मिल सकेंगी?" ईसा ने उससे कहा—"तुम्हारे पास कितनी रोटियाँ हैं?" उन्होंने कहा—"सात।" ईसा ने लोगों को भूमि पर बैठ जाने का आदेश दिया। उन सात रोटियों को लेकर धन्यवाद की प्रार्थना की ओर रोटियाँ तोड़-तोड़ कर शिष्यों को देते गये, ताकि वे लोगों को परोसते जायँ। शिष्यों ने पंक्ति में बैठे लोगों को परोस दिया। उनके पास कुछ छोटी मछलियाँ भी थीं। ईसा ने उनको लेकर आशिष की प्रार्थना की और उन्हें भी बाँटने का आदेश दिया। लोगों ने खाया और खाकर

तृप्त हुए। बचे हुए टुकड़ों को इकट्ठा करने पर सात टोकरे भर गये। खानेवालों की संख्या लगभग चार हज़ार थी। ईसा ने लोगों को विदा कर दिया।

३

भीड़ के विदा हो जाने के बाद ईसा ने फिर वहाँ से चले जाने का निश्चय किया। ईसा नाव पर चढ़ कर झील के पच्छिमी तट की ओर चल पड़े। उधर मगादान का प्रान्त था। उस तट पर उसके सीमान्तों में उन्होंने प्रवेश किया, उस ओर दलमनूथा स्थान पर फ़रीसी और सदूकी यहाँ एक साथ ईसा के पास आये। उनका उद्देश्य ईसा की परीक्षा लेना था। ये दोनों वर्ग आपस में स्पर्द्धा और प्रतिद्वन्द्विता का भाव रखते आये थे। परन्तु ईसा के प्रभाव से दोनों आतंकित हुए, अतः उनके विरुद्ध दोनों मिल गये। वे ईसा से विवाद करने लगे और उनकी परीक्षा के लिये वे स्वर्ग की ओर से कोई चिह्न माँगते थे। ईसा को उनके इस दुराग्रह और उनकी इस चाल पर आन्तरिक दुःख था। उन्होंने गहरी आह भर कर कहा—"शाम को तुम लोग कहते हो—मौसम अच्छा रहेगा, क्योंकि आकाश लाल है। सुबह कहते हो—आज आँधी-पानी होगा, क्योंकि आकाश लाल और बादलों से घिरा हुआ है। अगर तुम लोग आकाश के चिह्न पहचान सकते हो, तो समय के लक्षण क्यों नहीं पहचानते? यह दुष्ट और विधर्मी पीढ़ी चिह्न माँगती है। मैं तुमसे सच कहता हूँ : इस पीढ़ी को कोई भी चिह्न नहीं दिया जायगा।" इस प्रदेश में मौसम की पहचान के ये स्पष्ट चिह्न हैं, जिन्हें यहाँ के निवासी भली-भाँति जानते हैं।

ईसा अपने विरोधियों से अधिक चर्चा नहीं करना चाहते थे। यह ठीक है कि यहूदी अपनी परम्परा के अनुसार मसीह होने का साक्ष्य चाहते थे। वे प्रतीक्षा भी कर रहे थे, जैसा कि उनके धर्मग्रंथों में लिखा है। पर अब ईसा के चमत्कारी कार्यों से यह साक्ष्य स्पष्ट था। फ़रीसी और सदूकी अपने स्वार्थ और अहंभाव के कारण उनसे साक्ष्य माँग रहे थे। अतः उस स्थान को तुरन्त छोड़ कर झील के उस पार जाने के लिए उन्होंने नाव ली और चल पड़े। जल्दी में नाव पर सवार होते समय शिष्य अपने साथ रोटियाँ लेना भूल गये। उनके पास सिवाय एक रोटी के कुछ न था। उस समय ईसा ने उन्हें यह चेतावनी दी—"सावधान रहो, फ़रीसियों के ख़मीर और हेरोद के ख़मीर से बचते रहो।" इस बात से वे विभ्रमित थे, वे आपस में विचारने और कहने लगे—"हमारे पास तो रोटियाँ भी नहीं हैं, फिर किसलिए वह ऐसा कहते हैं?" ईसा ने उनके मन के विभ्रम को समझ कर कहा—"तुम लोग यह क्यों सोचते हो कि हमारे पास रोटियाँ नहीं हैं, इसलिये ऐसा कहता हूँ। क्या तुम अब तक नहीं जान गये हो? नहीं समझ गये हो? क्या तुम्हारी बुद्धि मारी गयी है? क्या आँखें रखते भी तुम देखते नहीं? और कान रखते भी तुम सुनते नहीं? क्या तुम्हें याद

नहीं—जब मैंने पाँच हज़ार लोगों के लिए पाँच रोटियाँ तोड़ीं, तो तुमने टुकड़ों से भरी कितनी टोकरियाँ उठाईं ?" शिष्यों ने कहा—"बारह।" "और जब मैंने चार हज़ार लोगों के लिए सात रोटियाँ तोड़ीं तब तुमने बचे टुकड़ों की कितनी टोकरियाँ उठाईं।" शिष्यों ने उत्तर दिया—"सात।" फिर ईसा ने उनसे कहा—"तुम क्यों नहीं समझते हो कि रोटी के विषय में मैंने तुमसे नहीं कहा। फ़रीसियों और सदूकियों के खमीर से सावधान रहो।" तब वे समझ सके कि उनकी शिक्षा से वह सावधान कर रहे हैं।

इसके बाद ये लोग बेथसाइदा नामक तटीय कस्बे में पहुँचे। फ़िलिप चतुर्थांशी ने इस कस्बे को पुनः विस्तार देकर बसाया था। इसको थोड़ा अन्दर को हटा कर अधिक ऊँचे तथा स्वास्थ्यकर स्थान पर उसने बसाया था। परन्तु पुराने मूल गाँव में उस समय भी अधिक जनसंख्या मछुओं की थी, जो नावों पर जाल डाल कर तट पर मछली पकड़ कर निर्वाह करते थे। ईसा संभवतः इस गाँव में रुके। वहाँ लोग एक जन्मान्ध को ईसा के पास ले आये और प्रार्थना करने लगे कि उस पर हाथ रख दीजिए। वह अन्धे का हाथ पकड़ कर उसे गाँव के बाहर ले गये। वह इस कार्य को सबके सामने सम्पादित नहीं करना चाहते थे। यह दया कार्य था और उन्होंने उसे सबके सामने चमत्कार रूप में नहीं करना चाहा। वहाँ उन्होंने उसकी आँखों पर अपना थूक लगाया और फिर आँखों पर हाथ रख उससे पूछा—"क्या अब तुम्हें कुछ दिखाई दे रहा है ?" अन्धा कुछ-कुछ देखने लगा था। उसने उत्तर दिया—"मैं लोगों को देखता हूँ। देखने में वे पेड़ों जैसे लगते हैं, पर चलते हैं।" यह जन्मान्ध व्यक्ति का पहली बार दृश्य-जगत् को देखने की विभ्रमपूर्ण प्रतिक्रिया थी। उसे आकारों, रूप-रंग का और वस्तुओं का सही बोध नहीं था। इस कारण पहले पहल दृश्य-जगत् को देखकर उसे ऐसा ही जान पड़ा। तब फिर उन्होंने अंधे की आँखों पर हाथ रख दिये। फिर वह अच्छी तरह देखने लगा। वह चंगा हो गया और दूर तक सब कुछ ठीक-ठीक देख सकता था। बस प्रकार ईसा ने पहले उसे दृष्टि दी और फिर उसे दृश्य-जगत् का बोध भी दिया। ईसा ने उसे यह कह कर घर भेजा—"अपने घर जा। इस गाँव में आना मत और अगर आना भी हो, किसी से यह न कहना।"

४

यहाँ से ईसा अपने शिष्यों के साथ कैसरिया फ़िलिपी नगर की ओर गये। यहाँ उत्तरी क्षेत्र मुख्यतः ग़ैर-यहूदी क्षेत्र था जहाँ पान देवता के नाम पर पहले पनियस नगर था। फ़िलिप रोम सम्राट् कैसर अगस्तस का सूबेदार था और उसने उसी के सम्मान में इस नगर को यह नाम दिया था। वे लोग यर्दन के पूर्वीतट के सहारे बढ़ते गये। जिस प्रदेश से गुज़र रहे थे उसमें यहूदी और

ग़ैर-यहूदी दोनों की जनसंख्या थी, पर देवता-पूजकों की संख्या इस क्षेत्र में अधिक थी। दान फ़िलिस्तीन के उत्तरी सीमान्त का नगर था और इसके पूर्व में लगभग दो मील पर कैसरिया उसके बाहर पड़ता था। वह मुख्यतः ग़ैर-यहूदी नगर था। यह प्राकृतिक सौन्दर्य का प्रदेश है। ऊँची पर्वत-श्रेणियों की तलहटी में घनी हरियाली के बीच अनेक जल-स्रोत प्रवाहित हैं। इसी कारण इस प्रदेश में बाल और अस्तार्ते जैसे प्रकृति देवताओं का महत्त्व था। यहाँ चारों ओर से तेज़ ढालवाली चट्टान से घिरी हुई एक बहुत गहरी गुफा से यर्दन का सर्वाधिक प्रसिद्ध मूल स्रोत प्रवाहित है। तीसरी शताब्दी ईसा पूर्व जब यूनानी यहाँ बसे तो यहाँ के सौन्दर्य की दृष्टि से उन्होंने इस प्रदेश को पान देवता और परियों को समर्पित कर दिया। यहाँ चट्टानों में उत्कीर्ण अनेक लेखों में इसका प्रमाण देखा जा सकता है। हेरोद ने यर्दन के स्रोत के ऊपर की चट्टान पर अगस्तस के सम्मान में चमकते हुए संगमरमर का एक मन्दिर बनवाया था। यह दूर-दूर से दिखाई पड़ने वाला मन्दिर फ़िलिस्तीन के सीमान्त पर निस्सन्देह रोमन सम्राट् का सर्वोत्तम स्मृति-चिह्न था।

ऐसा लगता है कि ईसा कैसरिया नगर में नहीं गये, पर इस प्रदेश के गाँवों में घूमते रहे। उन्होंने यर्दन के मूल-स्रोत के ऊपर की चट्टान पर खड़े हुए भव्य संगमरमर के मन्दिर को जरूर देखा होगा। और यह भी असम्भव नहीं है कि उनके मन में पेत्रुस और अन्य शिष्यों की अडिग चट्टान और उस पर चर्च की कल्पना इस आधार पर विकसित हुई हो। इस प्रदेश में घूमते हुए एक बार लोगों से अलग एकान्त में वह प्रार्थना कर रहे थे। ऐसा प्रायः ईश्वरीय प्रेरणा पाने के लिए वह करते थे। उस समय केवल उनके शिष्य साथ थे। उन्होंने अपने शिष्यों से एकाएक प्रश्न किया—"मानव-पुत्र के बारे में लोग क्या कहते हैं? और मैं उनकी दृष्टि में कौन हूँ?" यह प्रश्न सारे शिष्यों से जब एक साथ पूछा गया, तब स्वाभाविक था कि जैसा उन्होंने अलग-अलग लोगों से सुना था, वैसा उत्तर दिया। और उनमें काफ़ी अन्तर था। उन्होंने कहा—"कोई-कोई आपको योहन बपतिस्ता कहता है। कोई-कोई एलियस और कोई दूसरे येरेमियस या प्राचीन नबियों में एक कहते हैं।" लोगों ने योहन को देखा-पहचाना नहीं था, क्योंकि वह बहुत थोड़े समय के लिए सक्रिय थे। और हेरोद के विश्वास को भी बहुत लोग मानते थे कि वह फिर जी उठे हैं। लोगों के बीच यह मान्यता थी कि महान् चमत्कारी कार्यों को सम्पादित करनेवाले एलियस मसीह के पहले आते हैं। इसी प्रकार यहूदियों के बीच यह मान्यता भी प्रचलित थी कि राष्ट्रीय संकट के समय इस्राएल की सहायता के लिए येरेमियस का आगमन होता है।

वस्तुतः जो लोग उन्हें इन व्यक्तित्वों के रूप में नहीं भी स्वीकार करते थे, वे भी यह मान रहे थे कि यह कोई शताब्दियों के बाद आनेवाले नबी हैं। पर

वह स्वयं मसीह हैं, यह बोध उनको नहीं था। तब ईसा ने उनसे पूछा—"और तुम क्या कहते हो कि मैं कौन हूँ।" सिमोन पेत्रुस ने तुरन्त उत्तर दिया—"आप मसीह हैं, आप जीवन्त ईश्वर के पुत्र हैं।" वस्तुतः सभी शिष्य, प्रेरित शिष्य उनके निकट रह कर और उनके कार्यों को देखकर उन्हें सही अर्थ में पहचान सके थे। परन्तु सभी का समान स्तर नहीं था, और उसके अनुसार उनकी समझ थी। पेत्रुस ने इस बात को जान-समझ कर संभवतः अपने साथियों की ओर से उत्तर देने में जल्दी की। परन्तु ईसा ने समझ लिया कि पेत्रुस अन्य शिष्यों से भिन्न और अधिक महत्वाकांक्षी है। इसीलिए उन्होंने उसे ही बधाई दी और वरदान दिया—"सिमोन, योनस के पुत्र ! तुम धन्य हो, क्योंकि किसी निरे रक्त-मांस के मनुष्य ने नहीं, बल्कि मेरे स्वर्गिक पिता ने तुम पर यह प्रकट किया है। मैं तुमसे कहता हूँ कि तुम पेत्रुस अर्थात् वह चट्टान हो जिस पर मैं अपनी कलीसिया बनाऊँगा और नरक के फाटक इसके सामने टिक नहीं सकते। मैं तुम्हें स्वर्ग-राज्य की कुंजियाँ प्रदान करूँगा। तुम पृथ्वी पर जिसका निषेध करोगे, स्वर्ग में भी उसका निषेध रहेगा और पृथ्वी पर जिसकी अनुमति होगी, स्वर्ग में भी उसकी अनुमति रहेगी।"

इस प्रसंग को लेकर ईसाई चिन्तकों और पुरोहितों में काफ़ी मतभेद रहा है। पेत्रुस को ईसा ने अपने चर्च यानी धर्म-संघ की आधारशिला माना है और उन्हें संघ में विधायनी, नैय्यायिक और व्यवस्थापिका की तीनों शक्तियों से सम्पन्न माना है। वह संघ धर्म का मार्ग प्रशस्त करेगा, और उसके माध्यम से पेत्रुस न केवल पृथ्वी पर वरन् स्वर्ग में सबका नियमन करेंगे। साधारणतः हम मान सकते हैं कि पेत्रुस के चर्च यानी धर्म संघ के संघटन में जो दाय (रोल) रहनेवाला था, उसका संकेत यहाँ किया गया है। इस चर्चा के बाद ईसा ने अपने शिष्यों को यह कड़ी चेतावनी दी कि तुम लोग किसी को भी यह नहीं बताओगे कि मैं मसीह हूँ।

५

अभी तक ईसा ने अपने को पूरी तरह प्रकट नहीं किया था। संकेत अवश्य दिये थे, पर वे स्पष्ट नहीं थे। अब समय आ गया था और वह अपने शिष्यों को स्पष्ट शब्दों में यह समझाने लगे कि मानवपुत्र को बहुत दुःख उठाना होगा। वह नेताओं, महायाजकों और शास्त्रियों द्वारा ठुकराया जायगा और उसे मार डाला भी जायगा। फ़िर तीन दिन बाद वह जी उठेगा। यह सब क्रम ईश्वरीय विधान के रूप में निश्चित है। इससे प्रेरित शिष्यों का अचम्भित रह जाना स्वाभाविक था। पेत्रुस कुछ विचलित हुआ। वह ईसा को अलग एकांत में ले जाकर समझाने लगा—"ईश्वर ऐसा न करे ! यह आप पर कभी न बीतेगी।" ईसा ने सब शिष्यों की ओर मुड़ कर पेत्रुस को डाँटा—"मेरे सामने से हट जा

शैतान ! तुम मेरे मार्ग में बाधा बन रहे हो। तुम ईश्वर की बातें नहीं, बल्कि मनुष्यों की बातें सोचते हो।'' इस प्रकार ईसा ने अपने मूल सन्देश की ओर सबका ध्यान आकर्षित करना शुरू किया।

ईसा ने अपने शिष्यों के साथ अन्य लोगों को अपने पास बुला कर कहा—''यनि कोई मेरा अनुकरण करना चाहे, तो वह आत्म-त्याग करे और अपना क्रूस उठा कर मेरे पीछे हो ले। क्योंकि जो अपने जीवन को सुरक्षित रखना चाहता है, वह उसे खो देगा; पर जो मेरे लिये और सुसमाचार के कारण अपने जीवन को खो देता है, वह उसे सुरक्षित रख सकेगा। मनुष्य को इससे क्या लाभ, यदि वह सारा संसार प्राप्त कर ले, लेकिन अपना जीवन गँवा दे ? अपने जीवन के बदले मनुष्य दे ही क्या सकता है ? जो इस अधर्मी और पापी पीढ़ी के सामने मुझे तथा मेरी शिक्षा स्वीकार करने में लजायेगा, मानवपुत्र भी उसे स्वीकार करने में लजायेगा, जब वह स्वर्गदूतों के साथ अपने पिता की महिमा सहित आयेगा।'' यहाँ गम्भीर संकेत दिया गया है। मनुष्य का साधारण जीवन भौतिक है, जो खाने-पीने और सुख-भोग के रूप में है। इस जीवन को बनाये रखने में व्यक्ति वास्तविक आत्मिक जीवन को भुला देता है। यही जीवन मूल्यवान एवं रक्षणीय है। इस जीवन के मार्ग पर चलने के लिए ईसा का अनुकरण करना होगा और इसमें अपना क्रूस अपने कन्धे पर ढोना होगा। उस समय मृत्यु-दण्ड की सजा अपराधी को क्रूस पर दी जाती थी और प्रचलन था कि अपराधी को दण्ड-स्थल तक क्रूस को अपने कन्धे पर ढोना पड़ता था। इसी को यहाँ ईसा के जीवन के यथार्थ और स्वर्गिक जीवन के प्रतीक से जोड़ा गया है। ईसा ने अन्त में यह भी कहा—''मैं तुमसे कहे देता हूँ, यहाँ कुछ लोग ऐसे भी हैं जो तब तक नहीं मरेंगे, जब तक ईश्वर का राज्य सामर्थ्य के साथ आया हुआ न देख लें।''

● ●

प्रकरण तेरह

गलीलिया का अन्तिम निवास

१

ईसा के दुःखभोग और मरण की इस सूचना से प्रेरित उद्विग्न और भ्रमित हो गये। वे ईश्वरीय राज्य के स्वर्णिम प्रकाशन की प्रतीक्षा में थे और वे उसमें अपने गौरवपूर्ण स्थान की कल्पना कर रहे थे। परन्तु अब उनका स्वप्न भंग हो गया, कठोर यथार्थ चमकदार सम्भावनाओं के स्थान पर उजागर हो गया। अब उनके सामने त्याग, उत्सर्ग, क्रूस को ले जाने और मरण के माध्यम से सत्य जीवन को पाने का मार्ग था। इस प्रकार की परिस्थिति में उनका भ्रमित होना स्वाभाविक था। अतः ईसा ने उनमें विश्वास दृढ़ करने और साहस दिलाने के लिए अपनी महिमा के पूर्वदर्शन की योजना बनाई। उन्होंने अपने तीन चुने हुए शिष्यों को साथ लिया। पेत्रुस उनके प्रमुख सहायक रहे हैं और उन्हें चर्च की आधारशिला भी माना है। याकूब वह प्रथम शिष्य था, जिसने अपने रक्त से पहली गवाही दी। और योहन उनके अन्तर्गत विचारों का सबसे विश्वस्त जानकार माना गया है। कैसरिया के जन-समूह से बचने के लिए वह उनके साथ दक्षिण गलीलिया के थाबोर पर्वत की ओर रवाना हुए। यर्दन घाटी के तल और एस्द्रालोन के निचले मैदान से लयात्मक मीड़ों में उठता हुआ यह पर्वत प्रभावी लगता है। अपने एकान्त के कारण भी यह पर्वत-शिखर आस-पास के पहाड़ी शिखरों से अलग है। यर्दन घाटी और मैदान से होकर यहाँ पहुँचने का रास्ता तीन दिन से अधिक का नहीं है। पर ईसा ने भीड़ से बचने के लिए पहले समुद्री मार्ग अपनाया। यह क्षेत्र उस समय तिरियनों के पास था। फिर एस्द्रालोन के मैदान के निचले भाग से गुज़रे। यह समारिया और गलीलिया के बीच विवाद का प्रदेश था। इस कारण यह छः दिन का लम्बा रास्ता अधिक सुरक्षित और शान्त मानकर तै किया गया। पर्वत बाँझ, मार्स्तक, करोब, चीड़ के वृक्षों से आच्छादित था। उनको इस पर्वत पर तीखे ढाल वाले घने आच्छापथ से पग ऊपर रख-रख कर चढ़ना पड़ रहा था। शिष्य थकान का अनुभव कर रहे थे।

ऊपर चढ़ने पर वे लगभग एक समतल पठारी स्थल पर पहुँच गये, जो प्रायः वृक्षविहीन था। यहाँ से गलीलिया के वे सारे स्थल दिखाई पड़ते हैं जहाँ ईसा का कार्यक्षेत्र रहा था। नाइम, काना, कफ़रनाहूम और तिबेरियस झील के तटीय क्षेत्र दिखाई देते हैं और निकट ही पर्वतीय घेरे में छिपा हुआ नाज़रेत है। अगस्त माह की गर्मी में इस लम्बी यात्रा के बाद थकान का अनुभव होना

स्वाभाविक था। इस थकान के कारण तीनों शिष्य औंघा रहे थे। और थोड़ी दूर पर उनके स्वामी प्रार्थना में लीन हो गये। एकाएक वे जग गये तो उनके सामने ही ईसा का रूपान्तरण हो चुका था। प्रार्थना करते समय ईसा के मुख-मण्डल का रूपान्तरण हो गया, उनका चेहरा सूर्य की तरह चमक रहा था और उनके वस्त्र विद्युत् की तरह उज्ज्वल होकर जगमगाने लगे। उन्होंने देखा, दो पुरुष उनके साथ बातचीत कर रहे थे। वे मूसा और एलियस थे, जो महिमा सहित प्रकट होकर येरुसालेम में होनेवाली उनकी मृत्यु के बारे में बातचीत कर रहे थे।

पेत्रुस और उनके साथी, जो ऊँघ रहे थे, अब पूरी तरह जाग गये। उन्होंने ईसा की महिमा को और उनके साथ इन दो पुरुषों को देखा। वे विदा हो ही रहे थे कि पेत्रुस ने ईसा से कहा—"गुरुवर, यहाँ रहना हमारे लिए कितना अच्छा है। हम तीन तम्बू खड़ा कर दें—एक आपके लिए, एक मूसा और एक एलियस के लिए।" उसे पता नहीं था कि वह क्या कह रहा है। वह यों बोल ही रहा था कि एक बादल आकर उस पर छा गया और वे बादल से घिर जाने के कारण बहुत ही डर गये। उस बादल में से यह वाणी सुनाई दी,—"यह मेरा प्रिय पुत्र है। इसकी सुनो।" इसके तुरन्त बाद जब शिष्य अपने चारों ओर दृष्टि दौड़ाने लगे, तो उन्हें ईसा के सिवाय और कोई नहीं दिखाई दिया। ईसा ने उन्हें भयभीत पाया, वह पास आकर और उन्हें छू कर आश्वस्त करते हुए बोले—"उठो और डरो मत।"

ईसा ने वहाँ एकान्त में अपने तीनों शिष्यों को जो साक्ष्य दिया, वह उनके स्वर्गिक व्यक्तित्व का प्रमाण था। कुछ समय बीत जाने के बाद वह उन तीनों के साथ पर्वत से उतरे। मार्ग चीड़, बलूत, बाँझ और देवदारु के घने जंगल के बीच चक्करदार सीढ़ियों में उतर रहा था। उस मार्ग पर उतरते हुए ईसा ने उन्हें आदेश दिया कि जब तक मानवपुत्र मृतकों में से न जी उठे, तब तक तुम लोगों ने जो देखा है, उसकी चर्चा किसी से भी न की जाय। उन्होंने गुरु की यह बात मान ली, परन्तु वे आपस में विचार-विमर्श करते थे कि मृतकों में से जी उठने का क्या अर्थ हो सकता है। उस समय उनके लिये यह समझना संभव नहीं था।

रास्ते में एक स्थल पर बाँझ वृक्ष की छाया में वे रुक गये। छाया में चट्टान पर बैठकर सुस्ताने लगे। तब शिष्यों ने ईसा से पूछा,—"शास्त्री यह क्यों कहते हैं कि पहले एलियस को आना है।" कोडविल वृक्षों के शिखरों पर दृष्टि डालते हुए ईसा ने रुक कर कहा,—"एलियस को अवश्य पहले आना है, और सब कुछ ठीक कर देना है। फिर मानवपुत्र के बारे में यह क्यों लिखा है कि वह बहुत दुःख उठाएगा और तिरस्कृत किया जाएगा। परन्तु मैं तुम लोगों से कहता हूँ एलियस आ चुका है। उन्होंने उसे नहीं पहचाना और उसके साथ

मनमाना व्यवहार किया है। उसी प्रकार मानव पुत्र भी उनके हाथों दुःख उठाएगा।" वे इस संकेत को सहज ही समझ गये कि ईसा योहन बपतिस्ता के बारे में कह रहे हैं।

२

अब वे लोग थाबोर पर्वत से नीचे उतर आए, उन्हें अपने साथियों का ध्यान आया। ईसा अपने शेष नौ प्रेरितों की खोज में आगे बढ़े। एक स्थान पर उन्होंने देखा कि एक भीड़ उनके चारों ओर लगी है और शास्त्री उनसे विवाद कर रहे हैं। वस्तुस्थिति यह थी कि एक पिता अपने अपदूतग्रस्त बेटे को लाया था और ईसा के शिष्यों से उसे ठीक करने की प्रार्थना कर रहा था। शिष्यों को इस काम में असमर्थ पाकर शास्त्रियों को मौका मिल गया था और वे वाद-विवाद कर रहे थे। ईसा को देखते ही लोग चकित हो गये, और दौड़ते हुए आकर उन्हें प्रणाम करने लगे। ईसा ने उनसे पूछा,—"तुम आपस में क्या वाद-विवाद कर रहे हो ?" सभी शिष्य मौन रहे आदर-भाव के भय के कारण अथवा अपनी असफलता की लज्जा के कारण। उनके सामने शास्त्री बोल नहीं पाते थे।

यह दृश्य थाबोर पर्वत के स्वर्गिक दिव्य साक्ष्य से कितना भिन्न है। यह ईसा के जीवन के अर्थ को व्यंजित करने वाला विरोध है। ईसा के प्रकाशमान व्यक्तित्व से चतुर्दिक उज्ज्वल शान्ति, नीरवता और आनन्द छाया हुआ था। यहाँ नीचे उतर कर पर्वत की छाया में विपत्ति, अव्यवस्था, अशान्ति, विभ्रम, और विवश भाव है। यह संसार के जीवन का चित्र है। एकाएक भीड़ में से एक ने सामने आकर उत्तर दिया—"हे गुरुवर, मैं अपने बेटे को आपके पास ले आया हूँ, जो एक गूंगे अपदूत के वश में है। वह जहाँ कहीं उसे लगता है, उसे वहीं पटक देता है और लड़का फेन फेंकने तथा दाँत पीसने लगता है। उसके अंग-अंग अकड़ जाते हैं। मैंने आपके शिष्यों से उसे निकालने को कहा, परन्तु उनसे न बन पड़ा।" ईसा ने स्थिति समझ ली और उनसे कहा—"ये अविश्वासी पीढ़ी, मैं तुम्हारे साथ कब तक रहूँगा ? कब तक तुम्हारा सहन करूँ ? इस लड़के को मेरे पास लाओ।" वे उसे ईसा के पास ले आये। ईसा को देखते ही अपदूत ने लड़के को मरोड़ दिया। लड़का गिर गया और फेन उगलता हुआ भूमि पर लोटने लगा।

ईसा ने उसके पिता से पूछा—"इसे कब से ऐसा हो जाया करता है ?" उसने उत्तर दिया—"बचपन से ही। अपदूत ने इसका विनाश करने के लिए इसे बार-बार आग अथवा पानी में डाल दिया है। यदि आप कुछ कर सकें तो हम पर तरस खा कर हमारी सहायता कीजिए।" ईसा ने उससे कहा—"यदि आप कुछ कर सकें !....विश्वास करनेवाले के लिए सब कुछ संभव है।" इस पर

लड़के का पिता आँसू बहाते हुए कहने लगा—"हे प्रभु, मैं विश्वास करता हूँ मेरे अल्प विश्वास की कमी पूरी करके मेरी सहायता कीजिए।" अब तक काफी भीड़ इकट्ठा हो चुकी थी और बढ़ती जा रही थी। ईसा ने यह देख कर अशुद्ध आत्मा को यह कहकर डाँटा—"बहरे-गूंगे आत्मा! मैं तुझे आदेश देता हूँ—इससे निकल जा और इसमें फिर कभी नहीं घुसना।" अपदूत चिल्लाता हुआ लड़के को मरोड़ कर उससे निकल गया। लड़का मुर्दा-सा पड़ा रहा, यहाँ तक कि बहुतेरे कहने लगे—यह मर गया है। परन्तु ईसा ने उसका हाथ पकड़कर उठाया और वह खड़ा हो गया।

क्रमशः भीड़ छट गई। पिता पुत्र को आनन्द के साथ ले गया। शिष्यों के साथ ईसा रात के विश्राम के लिए एक घर में पहुँचे। तब एकान्त पाकर शिष्यों ने उनसे पूछा—"हम लोग उसे क्यों नहीं निकाल सके?" ईसा ने उनसे कहा—"अपने विश्वास की कमी के कारण। मैं तुमसे कहे देता हूँ—यदि तुम्हारा विश्वास राई के दाने के बराबर भी हो और तुम इस पहाड़ से यह कहो, यहाँ से वहाँ तक हट जा, तो वह हट जायगा, और तुम्हारे लिए कुछ भी असम्भव नहीं होगा। पर अपदूतों की यह जाति, प्रार्थना और उपवास के सिवाय और उपाय से नहीं निकाली जा सकती।"

शिष्यों के साथ ईसा कफ़रनाहूम के लिए रवाना हुए। उन्होंने भीड़ से बच कर रास्ता पार करने की दृष्टि से गलीलिया से होकर थोड़ा लम्बा मार्ग अपनाया। वह नहीं चाहते थे कि किसी को मालूम हो, क्योंकि वह अपने शिष्यों को एकान्त में शिक्षा देना चाहते थे। मार्ग में एक दिन उन्होंने अपने शिष्यों से कहा—"मानवपुत्र मनुष्यों के हवाले किया जायगा। वे उसे मार डालेंगे और मारे जाने के बाद वह तीसरे दिन फिर जी उठेगा।" यह सुनकर शिष्यों को बहुत दुःख हुआ। पर यह बात उनके मन में नहीं आई, छिपी रही। वे इस बात को समझ ही न सके और इस बात के विषय में ईसा से पूछने में उन्हें डर लगता था।

३

वे कफ़रनाहूम आ पहुँचे। घर पहुँच कर ईसा ने शिष्यों से पूछा—"तुम लोग रास्ते में किस विषय पर विवाद कर रहे थे?" वे चुप रह गये, क्योंकि उन्होंने रास्ते में इस पर वाद-विवाद किया था कि हममें बड़ा कौन है? ईसा बैठ गये और बारहों को बुलाकर उन्होंने कहा—"यदि कोई पहला होना चाहे, तो वह सबसे पिछला और सबका सेवक बने।" तब उन्होंने शिष्यों के बीच एक बालक को बुलाकर खड़ा कर दिया और उसे छाती से लगा कर उनसे कहा—"जो कोई मेरे नाम पर इन बालकों में किसी एक का भी स्वागत करता है, वह मेरा स्वागत करता है, वह मेरा नहीं बल्कि उसका स्वागत करता है,

जिसने मुझे भेजा है।" थोड़ा रुक कर उन्होंने फिर कहा—"मैं तुम लोगों से कहे देता हूँ—यदि तुम फिर छोटे बालकों जैसे नहीं बनोगे, तो स्वर्ग राज्य में प्रवेश नहीं करोगे। इसलिए जो अपने को इस बालक जैसा छोटा समझता है, वही स्वर्ग के राज्य में सबसे बड़ा है।"

फ़िलिस्तीन में मन्दिर-कर का प्रचलन प्राचीन समय से चला आ रहा था। परन्तु यह कर राज्य-कर के समान कड़ाई से नहीं वसूल किया जाता था। कर वसूल करने वाले विनम्रता से इस कर को माँगते थे। यह कर प्रत्येक वयस्क को वर्ष में एक बार देना होता था। नगर में प्रवेश करते समय मन्दिर का कर उगाहनेवालों ने पेत्रुस के पास आकर पूछा था—"क्या तुम्हारे गुरु मन्दिर-कर नहीं देते ?" वह समझता था कि ईसा नियम का पालन करते हैं, अतः उत्तर दिया था—"देते हैं।" जब पेत्रुस घर पहुँचा तो उसके कुछ कहने के पहले ही ईसा ने पूछा—"हे सिमोन, तुम्हारा क्या विचार है ? संसार के राजा किन लोगों से कर लेते हैं—अपने ही पुत्रों से या परायों से ?" पेत्रुस ने उत्तर दिया—"परायों से।" यह सुनकर ईसा ने उससे कहा—"तब तो पुत्र कर से मुक्त है। फिर भी हम लोग इन लोगों को गलत उदाहरण न दें। इसलिए तुम समुद्र के किनारे जाकर बंसी डालो। जो मछली पहले फँसे, उसे पकड़ लो और उसका मुँह खोल दो। उसमें तुम्हें एक स्तेतर (सिक्का) मिल जायगा। उसे ले लो और मेरे तथा अपने लिए उनको दे दो।" उस समय मन्दिर-कर के रूप में दो स्तेतर अथवा आधा ड्राम्मा प्रति वर्ष हर वयस्क पुरुष को देना होता था। ईसा ने इस प्रसंग में अपने बारे में संकेत दिया, पर नियम पालन करने की बात भी स्वीकार की।

इस चर्चा के बीच में योहन के मन में एक प्रसंग को लेकर ऊहापोह चल रहा था। किसी अवसर पर एक व्यक्ति ईसा के नाम पर अपदूतों को निकाल रहा था। उस व्यक्ति ने उनके उपदेश से अभी उन लोगों को हृदय से स्वीकार नहीं किया था। अतः उसने ईसा के नाम पर इस कार्य को करने से उस व्यक्ति को मना कर दिया था। अब योहन के मन में शंका उत्पन्न हो गयी थी कि उसका कार्य क्या सही था ? अतः उसने उनसे कहा—"हमने किसी को आपका नाम लेकर अपदूतों को निकालते देखा, हमने उसे रोकने की चेष्टा की, क्योंकि वह हमारे साथ नहीं चलता।" सहज भाव से ईसा ने समझाया—"उसे मत रोको, क्योंकि ऐसा कोई नहीं है जो मेरा नाम लेकर अचरज का काम करे और बाद में मेरी निन्दा करे। जो हमारे विरुद्ध नहीं है, वह हमारे साथ ही है।" स्पष्टतः यहाँ विश्वास का सन्दर्भ है। जो नाम लेता है, वह आस्था भी रखता है और जो आस्था रखेगा, वह विरुद्ध कैसे हो सकता है ? भले ही वह औपचारिक रूप में साथ न माना जाय। अन्यत्र ईसा ने कहा है कि जो हमारे साथ नहीं है, वह हमारे विरुद्ध है और जो मेरे साथ नहीं आता, वह बिखर जाता है।

इसे विरोधी बात नहीं माना जायगा, क्योंकि प्रसंग के अनुसार बात कही गई है और वहाँ 'साथ' का अर्थ आस्था के रूप में लिया जायगा।

फिर किसी समय ईसा ने अपने शिष्यों से कहा—"प्रलोभन अनिवार्य है, किन्तु धिक्कार उस मनुष्य को, जो प्रलोभन का कारण बनता है। यदि कोई इन विश्वास करनेवाले नन्हों में से किसी एक को भी ठोकर खिलाए (यानी उनके लिए पाप का कारण बने), तो उसके लिए अच्छा यही होगा कि उसके गले में चक्की का पाट बाँधा जाय और समुद्र की गहराई में उसे डाल दिया जाय। सावधान रहो कि तुम इन नन्हों में से एक को भी तुच्छ न समझो; मैं तुमसे कहता हूँ : उनके दूत स्वर्ग में सदा मेरे स्वर्गीय पिता के दर्शन करते हैं।" नन्हें बच्चों के बारे में पाप का कारण बनना ईश्वर की दृष्टि में बहुत बड़ा अपराध है। इसका दण्ड स्वीकार करना होगा, अन्यथा नरक भोग करना पड़ेगा। आगे अपनी बात को अधिक स्पष्ट करते हुए उन्होंने कहा—"यदि तुम्हारा हाथ तुम्हारे लिए प्रलोभन (पाप) का कारण बने, तो उसे काट दो। अच्छा यही है कि तुम लूले होकर जीवन-यापन करो, किन्तु दोनों हाथों के रहते नरक की न बुझनेवाली आग में न डाले जाओ। यदि तुम्हारा पैर तुम्हारे लिए पाप का कारण बन जाये, तो उसे काट डालो। अच्छा यही है कि तुम लँगड़े होकर ही जीवन में प्रवेश करो, किन्तु दोनों पैरों के रहते नरक में न डाले जाओ। और यदि तुम्हारी आँख तुम्हारे लिए पाप का कारण बने, तो उसे निकाल दो। अच्छा यही है कि तुम काने होकर ही ईश्वर के राज्य में प्रवेश करो, किन्तु दोनों आँखों के रहते नरक में न डाले जाओ।" यहाँ विश्वासी सरल जनों की स्थिति के बारे में स्पष्ट किया गया है।

एक दूसरे दिन की बात है। ईसा शिष्यों के साथ एक निर्जन रास्ते पर जा रहे थे। अब वह भीड़ से अलग उन्हें रूपकों तथा दृष्टान्तों में शिक्षा दे रहे हैं। वस्तुतः जो खो गया है उसी को बचाने के लिए मानवपुत्र आया है, यह भाव उनके कथनों में व्यंजित था। वह कह रहे थे—"तुम्हारा क्या विचार है—यदि किसी के एक सौ भेड़ के रेवड़ से एक भी भेड़ भटक जाये, तो क्या वह उन निन्नानबे भेड़ों को पहाड़ी पर छोड़ कर उस भटकी भेड़ को खोजने नहीं जायगा? और यदि वह उसे पा जायगा, तो विश्वास करो कि उसे उन निन्नानबे की अपेक्षा जो भटकी नहीं थीं, उसको पाकर अधिक आनन्द होगा। इसी तरह मेरा स्वर्गिक पिता नहीं चाहता कि इन नन्हों में से एक भी खो जाय।" विश्वासी निर्बल व्यक्ति को ईश्वर का सहारा मिलता रहता है, क्योंकि वह आश्रित होता है।

४

घाटी के बीच में एक शिला-खण्ड पर वृक्षों की छाया में अपने शिष्यों के

साथ ईसा विश्राम कर रहे थे। उन्होंने पुनः सम्बोधित किया—"यदि तुम्हारा भाई कोई अपराध करता है, तो उसे अकेले में ले जाकर समझा दो। अगर वह तुम्हारी बात मान जाता है, तो इस प्रकार तुमने अपने भाई को बचा लिया। यदि वह तुम्हारी बात नहीं मानता, तो दो-एक व्यक्तियों को साथ ले जाओ, ताकि दो या तीन गवाहों के सहारे सब कुछ प्रमाणित हो जाये। यदि वह उनकी भी नहीं सुनता, तो कलीसिया से कहो। और यदि वह कलीसिया की भी नहीं सुनता, तो उसे गैर यहूदी और नाकेदार जैसा समझ।" वह मौन हो गये। बाँझ और देवदारु के वृक्ष हवा के हल्के झोंकों से झूम रहे थे। झिल्ली का स्वर वातावरण में गूंज रहा था। शिष्य उत्सुक भाव से उनकी ओर देख रहे थे, पर चारों ओर फैली नीरवता को भंग करने का साहस किसी को नहीं था। धीरे-धीरे ईसा ने फिर शुरू किया—"मैं तुम से कहे देता हूँ—तुम लोग पृथ्वी पर जिसका निषेध करोगे, स्वर्ग में भी उसका निषेध रहेगा और पृथ्वी पर जिसको अनुमति दोगे, स्वर्ग में भी उसकी अनुमति रहेगी।"

विश्राम के बीच उपदेश देते हुए ईसा अपने शिष्यों के कर्त्तव्यों को निर्धारित करते हैं। साथ ही उनके अधिकारों का संकेत भी देते हैं। इस भाव को वह व्यक्त करते हैं—"मैं तुमसे यह भी कहे देता हूँ—यदि पृथ्वी पर तुम लोगों में से दो व्यक्ति एक मत होकर कुछ भी माँगेंगे तो उन्हें मेरे स्वर्गिक पिता की ओर से निश्चय ही मिलेगा, क्योंकि जहाँ दो या तीन मेरे नाम पर इकट्ठे होते हैं, वहाँ मैं उनके बीच उपस्थित होता हूँ।" शिष्य उनके प्रतिनिधि हैं और इस प्रकार अगर सामूहिक रूप से वे कुछ चाहते हैं तो वह पूरा होगा, क्योंकि वे मूलतः प्रभु का कार्य करते हैं। इस प्रक्रिया में ईसा स्वतः अपनी स्थिति स्वीकार करते हैं। तब उस समय पेत्रुस के मन में जिज्ञासा उत्पन्न हुई। उसने पास आकर कहा—"प्रभु, यदि मेरा भाई मेरे विरुद्ध अपराध करता जाये, तो मैं कितनी बार उसे क्षमा करूँ? क्या सात बार तक?" ईसा ने उत्तर दिया—"मैं तुमसे नहीं कहता—सात बार तक, बल्कि सत्तर-गुना सात बार तक।" यहाँ पिछले अपराध करनेवाले भाई और प्रस्तुत अपराध करनेवाले भाई के प्रति व्यवहार में विरोध जरूर पड़ेगा। पहले प्रसंग में भाई को समझाने का प्रयत्न किया जाता है और अगर किसी प्रकार के समझाने-बुझाने का असर उस पर नहीं पड़ता है तो उसे छोड़ने का निर्देश है। यहाँ उसे हज़ार बार क्षमा करने की बात है। वस्तुतः अगर भाई में अपराध को समझ लेने की संभावना है तो क्षमा मिलती जायगी। और यहाँ यह संभावना व्यंजित है।

सूर्य पश्चिम की ओर ढल रहा था। यात्री उठ पड़े। उन्हें घाटी के पार चक्करदार सड़क से नीचे तलहटी के कस्बे तक पहुँचना था। उन्होंने आगे बढ़ना शुरू किया। गुरु ने मार्ग में निर्दय सेवक का दृष्टान्त सुनाना शुरू किया—"यही कारण है कि स्वर्ग का राज्य उस राजा के सदृश है, जो अपने सेवकों से

लेखा लेना चाहता था। जब वह लेखा लेने लगा, तो उसका लाखों रुपये का कर्ज़दार उसके सामने पेश किया गया। अदा करने के लिए उसके पास कुछ भी न था, इसलिए स्वामी ने आदेश दिया कि उसे, उसकी पत्नी, उसके बच्चों और उसकी सारी ज़ायदाद को बेचकर ऋण अदा कर दिया जाये। उस पर वह सेवक उसके पैरों पर गिर पड़ा और अनुनय-विनय करने लगा—"मुझे समय दीजिए, मैं आपका सब कुछ अदा कर दूंगा।" स्वामी को सेवक पर तरस आया और उसने उसे जाने दिया और कर्ज़ भी माफ़ कर दिया। बाहर निकल कर वह सेवक अपने सेवक के मिला, जो उसका लगभग एक सौ रुपये का कर्ज़दार था। उसने उसे पकड़ लिया और उसका गला घोंटकर कहा—"अपना कर्ज़ चुका दो।" सह-सेवक उसके पैरों पर गिर पड़ा और यह कह कर अनुनय-विनय करने लगा—"मुझे समय दीजिए, मैं आपको चुका दूंगा।" परन्तु उसने नहीं माना। उसने उसे तब तक के लिए बन्दीगृह में डाल दिया, जब तक वह अपना कर्ज़ न चुका दे। यह सब देखकर उसके दूसरे सह-सेवक बहुत उदास हो गये और उन्होंने स्वामी के पास जाकर सारी बातें बता दीं। तब स्वामी ने उस सेवक को बुला कर कहा—"रे दुष्ट सेवक, तुम्हारी अनुनय-विनय पर मैंने तुम्हारा सारा कर्ज़ माफ़ कर दिया था, तो क्या तुम्हें भी अपने सह-सेवक पर उसी प्रकार दया नहीं करनी चाहिए थी, जिस प्रकार मैंने तुम पर दया की थी !" और स्वामी ने क्रुद्ध होकर उसे तब तक के लिए जल्लादों के हवाले कर दिया, जब तक वह कौड़ी-कौड़ी न चुका दे।" कहानी यहाँ समाप्त हो गई। तब ईसा ने इस दृष्टान्त के आधार पर उनसे कहा—"यदि तुममें हर एक अपने भाई को पूरे हृदय से क्षमा नहीं कर देगा, तो मेरा स्वर्गिक पिता तुम्हारे साथ ऐसा ही करेगा।"

५

गलीलिया का यह दौरा लगभग पन्द्रह-सोलह माह का रहा था। वसन्त से शुरू करके अगले वर्ष के शरद तक वह गलीलिया के समुद्र तट, घाटियों, चक्करदार रास्तों और कस्बों-नगरों में घूमते रहे थे। यह उनका अपना क्षेत्र था, क्योंकि उनका घर यहीं था। नाज़रेत यहाँ की पहाड़ियों की ओट में बसा हुआ नगर था, जहाँ ईसा का बाल-जीवन माता-पिता के साथ बीता था। यहाँ के निवासियों में ईसा के चमत्कारों को देखकर बहुत उत्साह और आकर्षण था। पर एक तो फ़रीसी और शास्त्रियों की दुरभिसन्धि उनके विरुद्ध चल रही थी, दूसरे जिस मसीह के आगमन की चिर प्रतीक्षा यहूदी समाज करता आया था वह सम्राट् जैसी कल्पना का था। वह ऐश्वर्यशाली और परमशक्तिशाली होकर यहूदी समाज के विश्व प्रभुत्व को स्थापित करनेवाले के रूप में उनके मन में बसा हुआ था। पर ईसा समस्त चमत्कारों के साथ दया, सहानुभूति और

उपकार जैसे गुणों को महत्त्व दे रहे थे। और निर्बल को आगे बढ़ा रहे थे। ऐसे व्यक्ति को स्वीकार कर पाना उनके लिए कठिन हो रहा था। अतः उनका उत्साह शिथिल होता जा रहा था। ईसा को उनके इस व्यवहार से बहुत क्लेश हुआ। उन्होंने क्षोभ के साथ इन अविश्वासी नगरों को शाप दिया—"धिक्कार तुझे, रे खोराजिन! धिक्कार तुझे, रे बेथसाइदा! जो चमत्कार तुममें किये गये हैं, यदि वे तीरुस और सिदोन में किये गये होते, तो न जाने कब से टाट ओढ़कर और भस्म लगा कर उन्होंने पश्चात्ताप किया होता। इसलिए मैं तुमसे कहता हूँ, न्याय के दिन तेरी दशा की अपेक्षा तीरुस और सिदोन की दशा कहीं अधिक सहनीय होगी।" इस बीच थोड़े समय के लिए गलीलिया की सीमा के बाहर ईसा गये थे। सीमान्त के बाहर देकापोलिस और फेनिसिया में कुछ समय के लिए गये थे। आगे उन्होंने कफ़रनाहूम को धिक्कारा जो उनके कार्यकलाप का केन्द्र रहा था—"और तू, रे कफ़रनाहूम! क्या तू स्वर्ग तक ऊँचा उठाया जायगा? नहीं। अधोलोक तक नीचे गिरा दिया जायगा, क्योंकि जो चमत्कार तुझमें किये गये हैं, यदि वे सोदोम में किये गये होते, तो वह आज तक बना रहता। इसलिए मैं तुमसे कहता हूँ, न्याय के दिन तेरी दशा की अपेक्षा सोदोम की दशा कहीं अधिक सहनीय होगी।"

● ●

प्रकरण चौदह

येरुसालेम की यात्रा

१

गलीलिया को छोड़ने के बाद ईसा की यात्रा येरुसालेम की ओर अग्रसर होती है। फ़रीसी और शास्त्री षड्यंत्र में लगे हुए थे। इसलिए येरुसालेम से बार-बार बचाव की दृष्टि से उन्हें पेरेआ, समारिया और यहूदिया के ही अन्य नगरों में थोड़े-थोड़े समय के लिए यात्रा करनी पड़ी। यर्दन नदी तिबेरियस झील से मृत सागर तक समुद्र-तल से नीचे की गहराई में प्रवाहित होकर पेरेआ प्रदेश की पच्छिमी सीमा-रेखा पैंसठ मील तक बनाती है। पूर्वी सीमान्त पर वृक्षों से आच्छादित पहाड़ी श्रेणियाँ चली गई हैं। ये पहाड़ियाँ निर्जन-प्रदेश के निकट के पठारी भाग में समाप्त होती हैं। नदी के पच्छिमी ओर समारिया का प्रदेश था और उत्तर-पूर्व में देकापोलिस के नगर थे। इसके दक्षिण में नबातियों का प्रदेश मोआब था। इसकी राजधानी येरिको के सामने यर्दन के दूसरी ओर के तट पर स्थित थी जिसे हेरोद अन्तिपस ने किलेबन्द किया था। पेरेआ और यहूदिया के सीमान्त को अलग करनेवाली मात्र नहीं थी जिसे कई जगह से पार किया जा सकता था। फिर भी यह प्रदेश येरुसालेम से पर्याप्त दूर था और यहाँ बचाव किया जा सकता था।

ईसा ने अनुभव किया कि उनके स्वर्गारोहण का समय निकट आ गया है। येरुसालेम ही उनके अन्तिम कार्यों की रंगस्थली थी, अतः उन्होंने वहाँ जाने का निश्चय किया। गलीलिया से येरुसालेम जाने का अधिक चालू और छोटा रास्ता समारिया होकर जाता था। सामान्यतः इस मार्ग पर कोई कठिनाई नहीं थी, समारियानी कोई रोक नहीं लगाते थे। पर अपने पर्व के दिनों में उल्लास और उत्तेजना के प्रभाव से गलीलिया से आनेवाले यात्रियों को सुविधाएँ देना अस्वीकार कर देते थे। वैसे यात्रा में एक रात रुकने से काम चल जाता था, पर बरसा के मौसम में रुकने के लिए उचित आवास की अपेक्षा थी। इसी कारण ईसा ने अपने शिष्यों को प्रबन्ध के लिए आगे भेज दिया। वे आगे गये और उन्होंने ईसा के रहने का प्रबन्ध करने के लिए समारियों के एक गाँव में प्रवेश किया। हर द्वार पर वे गये, पर किसी ने स्थान देना स्वीकार नहीं किया। लोगों ने ईसा का स्वागत करने से इंकार किया, क्योंकि वे येरुसालेम जा रहे थे।

समारियानियों के इस व्यवहार से याकूब और योहन का क्षुब्ध होना स्वाभाविक था। उन्हें पुरा प्रसंग का स्मरण आ गया जब नबी एलियस ने अपने अपराधियों से भयंकर बदला लिया था। उन्होंने ईसा के पास जाकर स्थिति

बताई और कहा—"हे प्रभु, आपकी अनुमति हो तो आज्ञा दें कि आकाश से आग बरसे और उन्हें भस्म कर दे।" वे क्षण के लिए भूल गये थे कि प्राचीन विधि और नवीन सन्देश में मौलिक अन्तर है। ईसा ने उनको सम्बोधित करते हुए डाँटा—"तुम नहीं जानते कि तुम किस अवस्था के हो। मानवपुत्र आत्माओं को नष्ट करने नहीं, वरन् उन्हें बचाने आया है।" तब ईसा अपने शिष्यों के साथ समारियानियों के अन्य गाँव की ओर बढ़े जहाँ उन्हें आश्रय मिल सके, क्योंकि उस गाँव के लोग संभवतः अधिक कट्टर न हों।

फिर उसी यात्रा-क्रम में आगे बढ़ते समय किसी ने उनसे कहा—"आप जहाँ कहीं जायेंगे, मैं आपके पीछे-पीछे चलूँगा।" वस्तुतः ईसा के कार्यों की चर्चा फैल रही थी। लोगों के मन में उनके प्रति आकर्षण बढ़ रहा था। पर उनमें अधिकांश का भाव स्पष्ट नहीं था। उनमें स्वार्थ भाव था। इस बात को दृष्टि में रख कर ईसा ने उत्तर दिया—"लोमड़ियों की अपनी माँदें हैं और आकाश के पक्षियों के अपने घोसले, परन्तु मानवपुत्र के लिए सिर रखने को भी अपनी जगह नहीं है।" यह व्यक्ति शास्त्री था और उसको इसी स्तर पर ईसा ने उत्तर दिया है। इसमें स्वीकार-अस्वीकार नहीं है, पर गहरी व्यंजना है। फ़रीसी और शास्त्रियों का वर्ग उनके प्रति अविश्वासी है, उनके विरुद्ध षड्यंत्र कर रहा है। अभी समारिया के गाँव में उनके साथ अनादर का व्यवहार हुआ है। इन सभी सन्दर्भों में यह कथन अर्थपूर्ण है।

इसके बाद पास के किसी दूसरे व्यक्ति से उन्होंने कहा—"मेरे पीछे चले आओ।" निश्चय ही इस व्यक्ति के मन में अपने कर्त्तव्य और प्रभु के अनुकरण के बीच द्वन्द्व चल रहा था। उन्होंने उसके भाव को जानकर यह आदेश दिया है। तब उसने अपनी लाचारी व्यक्त की—"प्रभु, मुझे पहले अपने पिता को दफ़नाने के लिए जाने दीजिए।" इस पर ईसा ने उससे कहा—"मुरदों को अपने मुरदों को दफ़नाने दो। तुम जाकर ईश्वर के राज्य का प्रचार करो।" सामान्यतः लगेगा कि वह एक पवित्र कर्त्तव्य के विरुद्ध अपना आदेश दे रहे हैं। परन्तु यहाँ इसका मूल भाव ईश्वरीय आज्ञा को सर्वोपरि स्वीकार किया जाना है। जो पृथ्वी के जीवन में व्यस्त हैं और ईश्वरीय प्रेरणा से अनभिज्ञ हैं, उनके लिए इन कर्त्तव्यों का अधिक महत्त्व है, पर जिनमें ईश्वरीय प्रेरणा जाग गयी है, उनके लिए वे गौण हैं।

ऐसा है कि ईसा के पास लोग आकर्षित होकर आ रहे थे। उनमें कुछ का आकर्षण आन्तरिक प्रेरणा से नहीं था, अतः वे उनका अनुकरण करने में असमर्थ थे। परन्तु एक ऐसा वर्ग भी था, जो उनके शिष्य-मण्डल में प्रवेश पा चुका था और उस व्यक्ति को वह अपने सही मार्ग का स्पष्ट निर्देश करते थे। इस प्रकार का कोई दूसरा व्यक्ति बोला—"मैं आपका अनुसरण करूँगा, परन्तु मुझे अपने घर वालों से विदा लेने दीजिए।" ईसा ने उससे कहा—"हल की मूठ पकड़ने

के बाद जो मुड़ कर पीछे देखता है, वह ईश्वर के राज्य के योग्य नहीं।'' जो व्यक्ति ईश्वरीय मार्ग को अपना लेने के बाद पुनः सांसारिक जीवन के प्रति आसक्ति दिखाता है, वह उस मार्ग पर चल नहीं सकता। यह उक्ति अपने शिष्य के प्रति है, क्योंकि उसके लिए यह शिक्षा आवश्यक है। ईसा जीवन में प्रवेश करने के लिए जिस प्रकार आज्ञाओं, शास्त्र की आज्ञाओं, के पालन की बात कहते हैं, उसी प्रकार ईश्वर के मार्ग को स्वीकार करने के लिए कहते हैं—''यदि तुम पूर्ण होना चाहते हो, तो अपनी सारी सम्पत्ति ग़रीबों को देना होगा। तब स्वर्ग में तुम्हारे लिए पूँजी सुरक्षित रहेगी। तब आकर मेरा अनुसरण करो।'' स्पष्टतः अनुसरण करने का तात्पर्य यहाँ शिष्य रूप में ईश्वरीय सन्देश को प्रचारित करना है। इसी प्रसंग में उन्होंने कहा—''यदि कोई मेरे पास आये और अपने माता-पिता, पत्नी, सन्तान, भाई-बहनों और यहाँ तक कि अपने जीवन से वैर न रखे, तो वह मेरा शिष्य नहीं हो सकता। जो कोई अपना क्रूस उठा कर मेरा अनुसरण न करे, वह मेरा शिष्य नहीं हो सकता।''

२

स्थान बदलते रहने के क्रम में ईसा अपने सन्देश को इधर यहूदिया, समारिया तथा आस-पास के नगरों, कस्बों और गाँवों के लोगों तक पहुँचाना चाहते थे। इस कार्य के लिए उन्होंने बहत्तर शिष्यों को और चुना। फिर जिस-जिस नगर और गाँव में वह स्वयं जाने वाले थे, वहाँ दो-दो करके उन्हें अपने आगे भेजा। उनको अपने जाने के समय का आभास था, अतः वह चाहते थे कि ईश्वर का सन्देश अधिक से अधिक लोगों तक पहुँचाया जा सके। भेजते समय उन्होंने उनसे कहा—''फ़सल तो बहुत है, परन्तु मज़दूर थोड़े हैं, इसलिए फ़सल के स्वामी से विनती करो कि वह अपनी फ़सल काटने के लिए मजदूरों को भेजे।'' उनका संकेत है कि इन प्रदेशों में सन्देश पाने के लिए लोग उत्सुक हैं, पर उन तक सन्देश पहुँचाने वाले शिष्यों की संख्या अभी कम है। आगे वह आदेश देते हैं—''जाओ, मैं तुम्हें भेड़ियों के बीच भेड़ों की तरह भेजता हूँ। न थैला, न झोला, न जूते ले जाओ और रास्ते में किसी को नमस्कार न करो।'' यह अपरिग्रह की शिक्षा जन-समाज के सामने आदर्श प्रस्तुत करने के लिए है और उसका विश्वास इस प्रकार मिल सकेगा। कुछ साथ न लेने का अर्थ है कि जिनके बीच उन्हें जाना है, उन्हीं के साथ रहना है।

आगे ईसा कहते हैं—''किसी नगर-गाँव में पहुँचने पर जिस किसी के घर तुम प्रवेश करो, सबसे पहले उससे कहो—इस घर को शान्ति प्राप्त हो। यदि वहाँ शान्ति के योग्य हो तो तुम्हारी शान्ति उस पर ठहरेगी, नहीं तो वह तुम्हारे पास लौट आयेगी। उस घर में ठहरे रहो और जो उसके पास हो खाओ-पियो, क्योंकि मज़दूर को मज़दूरी का अधिकार है। घर-घर मत फिरो। जिस

घर में प्रवेश करते हो और वे तुम्हारा स्वागत करते हैं, तो जो कुछ तुम्हें परोसा जाये, वही खा लो। वहाँ के रोगियों को चंगा करो और उनसे कहो, "ईश्वर का राज्य तुम्हारे निकट आ पहुँचा है।" यह स्पष्ट है कि इन नगरों में, गाँवों-कस्बों में तमाम ऐसे लोग थे, जो सहज विश्वासी हृदय थे। उन्होंने ईसा के बारे में सुना भी होगा। जो कुछ उन्होंने चमत्कार के कार्य गलीलिया और पास के प्रदेशों में किये थे, उनकी सूचनाएँ आते-जाते लोगों से मिलती रही होंगी। अनेक लोग प्रत्यक्षदर्शी भी होंगे। वे लोग इन शिष्यों का स्वागत-सम्मान करेंगे और उनके बीच काम करना सहज भी था।

आगे ईसा दूसरे प्रकार के लोगों के बारे में कहते हैं—"पर यदि किसी नगर में प्रवेश करते हों और वहाँ के लोग तुम्हारा स्वागत नहीं करते तो वहाँ के बाज़ारों से जाकर कहो—अपने पैरों में लगी तुम्हारे नगर की धूल तक हम तुम्हारे सामने झाड़े देते हैं। तब भी यह जान लो कि ईश्वर का राज्य निकट है। मैं तुमसे कहे देता हूँ—"न्याय के दिन उस नगर की दशा की अपेक्षा सोदोम की दशा अधिक सहनीय होगी।" ऐसा लगता है कि यहूदिया अथवा समारिया के नगरों अथवा कस्बों में कुछ में फ़रीसियों और शास्त्रियों की संख्या और प्रभाव अधिक था, इसी कारण उनमें ईसा के शिष्यों के तिरस्कार की सम्भावना थी। अन्त में वह शिष्यों से कहते हैं—"जो तुम्हें डेरा देता है, वह मुझे डेरा देता है। जो तुम्हारी सुनता है वह मेरी सुनता है और जो तुम्हारा तिरस्कार करता है, वह मेरा तिरस्कार करता है, वह उसका तिरस्कार करता है जिसने मुझे भेजा है।" पहले प्रेरितों को भेजा गया था और इसी प्रकार के निर्देश थे। अब कार्य-विस्तार की दृष्टि से बहत्तर शिष्यों को भेजा गया। साथ विशेष सामान न ले जाने का कारण यह है कि शिष्यों को स्थानीय लोगों के साथ मिल-जुल जाने का मौक़ा मिले। वे लोग आत्मीयता से साथ उन्हें स्वीकार करें और उनकी हर प्रकार की देख-रेख रखें। दो के एक साथ भेजने का कारण आवश्यकता और अवसर के अनुसार एक दूसरे के लिए सहारा रहें। स्वागत न करने वालों के स्थानों पर रुकने के लिए मना ही किया गया है।

सम्भवतः समय और स्थान निश्चित पहले से किया गया, जहाँ वापस आकर सारे शिष्य अपने गुरु के पास एकत्र होंगे। समय से वे अपना कार्य करके वापस आ गये। वे अपनी सन्देश-यात्रा से आनन्दित थे। लौटकर उन्होंने कहा —"हे प्रभु, अपदूत भी आप के नाम के कारण हमारे अधीन होते हैं।" ईसा ने उन्हें उत्तर दिया—"मैंने शैतान को बिजली की तरह स्वर्ग से गिरते देखा। मैंने तुम्हें साँपों और बिच्छुओं को कुचलने और वैरी की सारी शक्ति पर अधिकार पाने की क्षमता दी है। कुछ भी तुम्हें हानि नहीं पहुँचा सकेगा। पर यह आनंद की बात नहीं है, वरन् इस कारण आनन्द मनाओ कि तुम्हारे नाम स्वर्ग में लिखे हैं।" ईसा ने अपने शिष्यों के मिशन की सफलता पर उन्हें उत्साहित

करते हुए प्रेरणा प्रदान की। संसार की समस्त बुराइयों के विरुद्ध उन्हें सामर्थ्य तो मिला ही, पर उन्हें ईश्वरीय आश्वासन भी प्राप्त हुआ है। यह उनके लिए अधिक गरिमा की बात थी।

उस घड़ी ईसा ने पवित्र आत्मा से परिपूर्ण होकर आनन्द के आवेश में कहा—"हे पिता ! हे स्वर्ग और पृथ्वी के प्रभु ! मैं तेरी स्तुति करता हूँ, क्योंकि तूने इन सब बातों को ज्ञानियों और समझदारों से छिपा कर निरे बच्चों के लिए प्रकट किया है। हाँ पिता, क्योंकि यह तेरी इच्छा थी। मेरे पिता ने मुझे सब कुछ सौंपा है। पिता को छोड़ कर यह कोई भी नहीं जानता कि पुत्र कौन है। और यह कोई नहीं जानता कि पिता कौन, केवल पुत्र को छोड़कर। केवल वही जानता है जिसके लिए पुत्र उसे प्रकट करने की कृपा करे।" यह आनन्द का उल्लास विशेष परिस्थिति में अभिव्यक्त हुआ है। फ़रीसी और शास्त्री उनके पीछे पड़े हुए थे। उनके मन में विश्वास नहीं था, अतः वे सब उन्हें अपमानित करना चाहते थे। शिष्यों की सफलता उनके स्वर्गिक सन्देश की सफलता का संकेत देती है। अतः पहली बार और अन्तिम बार ईसा के मुख से यह भावोल्लास प्रकट हुआ है।

उनका ध्यान पुनः अपने शिष्यों की ओर गया। यह एकान्त स्थल था। उन्होंने सम्बोधित किया—"धन्य हैं वे आँखें जो यह सब देखती हैं, जिन्हें तुम देखते हो। क्योंकि मैं तुमसे कहता हूँ—तुम जो बातें देख रहे हो, उन्हें कितने ही नबियों और राजाओं ने चाहा था, परन्तु उन्होंने उनको देखा नहीं। और जो बातें तुम सुन रहे हो, वे उनको सुनना चाहते थे, परन्तु उन्होंने उनको सुना नहीं।" फिर उन्होंने ध्यान दिया कि उनके शिष्य काफी दिनों के बाद वापस आये हैं। जंगलों, पहाड़ियों, घाटियों में घूमते रहे हैं। नगर-नगर, गाँव-गाँव भटक कर उन्होंने जन-समूह के बीच अपने प्रभु का सन्देश पहुँचाया है। घाटियों, ढालों, पठारों और नदी के तटों पर स्थित इन बस्तियों में उन्हें भटकना पड़ा है। अतः ईसा ने उन्हें आश्वासन दिया और इस बहाने मानवता के लिए संदेश भी दिया—"थके-माँदे और बोझ से दबे हुए लोगो ! तुम सबके सब मेरे पास आओ; मैं तुम्हें विश्राम दूँगा। मेरा जुआ अपने ऊपर ले लो और मुझसे सीखो, क्योंकि मैं हृदय से विनम्र और विनीत हूँ। और अपनी आत्मा के लिये तुम इस प्रकार शांति पाओगे। क्योंकि मेरा जुआ सहज है और मेरा बोझ हल्का है।" लोग सम्बोधन से यह कथन व्यापक सन्दर्भ ग्रहण कर लेता।

३

शिष्यों के वापस उनसे आ मिलने के बाद सब लोग येरुसालेम के मार्ग पर बढ़ रहे थे। विश्राम पाने के बाद यह यात्रा सुखद लग रही थी। पहाड़ी ढाल पर उतरते हुए रास्ते पर श्रम नहीं लग रहा था। तभी एक शास्त्री आकर

ईसा की परीक्षा लेने लगा—"गुरुवर, अनन्त जीवन का अधिकारी होने के लिए मुझे क्या करना चाहिए।" ईसा ने समझ लिया, उन्होंने सहज जवाब दिया—"संहिता में क्या लिखा है ? तुम उसमें क्या पढ़ते हो ?" उसने उत्तर दिया—"अपने प्रभु ईश्वर को अपने सारे हृदय, अपनी सारी आस्था, अपनी सारी शक्ति और अपनी सारी बुद्धि से प्यार करो। और अपने पड़ोसी को अपने समान प्यार करो।" ईसा इसी उत्तर की उससे अपेक्षा कर रहे थे, उन्होंने कहा—"तुमने ठीक उत्तर दिया। यही करो और तुम जीवन प्राप्त करोगे।"

शास्त्री को अपने प्रश्न का उत्तर उसी के स्तर पर मिल गया। पर उसने अपने प्रश्न की सार्थकता प्रकट करने के लिए ईसा से कहा—"लेकिन तब मेरा पड़ोसी कौन है ?" वस्तुतः शास्त्री संहिता की आज्ञा से परिचित है, पर वह ईसा के विचार को परखने के लिए प्रश्न कर रहा था। ईश्वर को प्रेम करने की बात स्पष्ट है, पर पड़ोसी के बारे में यहूदी परम्परा का दृष्टिकोण अलग था। वे लोग ग़ैर यहूदी को पड़ोसी स्वीकार नहीं करते थे। शास्त्री के मन में ईसा के विचार का आभास रहा होगा, इस कारण यह प्रश्न उसने किया। यहाँ ईसा सीधे उत्तर न देकर एक दृष्टान्त कथा कहते हैं, जिनसे उनका व्यापक मानवता का विचार स्पष्ट हो जाता है। कथा का समारी यहूदियों की दृष्टि में निश्चय ही अपधर्मी व्यक्ति है।

ईसा ने उत्तर में यह दृष्टान्त सुनाया—"एक मनुष्य येरुसालेम से येरिको जा रहा था। वह डाकुओं के हाथों पड़ गया। उन्होंने उसे लूट लिया और घायल करके उसको अधमरा छोड़ कर चले गये। संयोग से एक याजक उसी रास्ते से जा रहा था, पर उसे देख कर कतरा कर निकल गया। उसी प्रकार एक लेवी वहाँ आया और उसे देख कर वह भी कतरा कर चला गया। इसके बाद एक समारी यात्री वहाँ आ गया और उसे देख कर उसे दया आ गई। वह उसके पास गया और उसने उसके घावों पर तेल और अंगूरी ढाल कर पट्टी बाँध दी। तब वह उसे अपनी ही सवारी पर बैठा कर एक सराय ले गया और उसकी सेवा-शुश्रूषा की। दूसरे दिन उसने दो दीनार निकाल कर भटियारे को दिये और उससे कहा—"आप इसकी सेवा-शुश्रूषा करें। यदि कुछ और खर्च हो जाये, तो लौटते समय मैं आपको चुका दूंगा।" कथा सुनाने के बाद ईसा रुके और कुछ देर शास्त्री को देखते रहे। वह प्रतिक्रिया जानना चाहते थे। प्रभाव अनुकूल था। तब उन्होंने पूछा—"तुम्हारी राय में इन तीनों में से कौन डाकुओं के हाथों में पड़े उस मनुष्य का पड़ोसी निकला ?" शास्त्री के सामने विकल्प नहीं था, उसने उत्तर दिया—"वही, जिसने उस पर दया की।" ईसा ने सहज भाव से कह दिया—"जाओ, तुम भी ऐसा करो।"

इस दृष्टान्त को ईसा ने अपनी यात्रा के इस क्षेत्र की स्वाभाविक परिस्थिति से ग्रहण किया है। फ़िलिस्तीन का यह येरुसालेम से येरिको का मार्ग उजाड़

और सूनसान प्रदेश से गुज़रता है। बेथानिया को पार करते ही न उधर बस्ती मिलेगी ओर न खेत। इस प्रदेश में झाड़ और करीने पेड़ों के झुरमुट भरे हुए थे। आगे बढ़ते जाने पर क्षेत्र अधिक उजाड़ होता गया है। दाहिने-बाएँ नंगी पहाड़ियाँ फैली हुई हैं। मार्ग एक पहाड़ी श्रेणी के साथ चलता है जिसके दूसरी ओर गहरे खड्‍ड हैं और चक्करदार सड़कें उसको जगह-जगह पर काटती हैं। इधर-उधर पथरीली चट्टानें मेगनीज़ की मिलावट के कारण लालाभ दिखाई देती हैं। यह सारा दृश्य-विधान इस कथा को उचित वातावरण और रंग प्रदान करता है। यह यात्रियों के लिए निश्चय ही खतरे का संकेत देता है। ईसा का जीवन की शिक्षा देने का यह सरल ढंग है, उसमें सीधे ढंग से उच्च मानवीय आदर्श की शिक्षा है, साथ ही ईश्वरीय निर्देश भी उसमें निहित माना जायगा।

इस मार्ग पर येरिको से आगे बढ़ते हुए ये लोग बेथानिया नामक गाँव में पहुँचे। वहाँ मरथा नामक एक स्त्री ने अपने यहाँ उनका स्वागत किया। वह अपने परिवार में बड़ी थी और किसी बड़े के, पिता-माता आदि के, न होने के कारण सारे प्रबन्ध का दायित्व उसी पर था। उसके साथ छोटी बहन मरियम थी। वह प्रभु के चरणों में बैठ कर उनकी शिक्षा सुनती रही, जबकि मरथा प्रभु के वचनों को सुनना चाह कर भी सेवा-सत्कार के अनेक कार्यों में व्यस्त होने के कारण पूरे ध्यान से सुन नहीं पा रही थी। अन्ततः उसने पास आकर कहा—"प्रभु, क्या आप ठीक समझते हैं कि मेरी बहन ने सेवा-सत्कार का पूरा भार मुझ पर छोड़ दिया है ? उससे कहिए कि वह मेरी सहायता करे।" पर प्रभु ने उसे उत्तर दिया—"मरथा ! मरथा ! तुम बहुत-सी बातों के विषय में चिन्तित और व्यस्त फैली हुई हो, जबकि एक ही बात आवश्यक है। मरियम ने सबसे उत्तम भाग चुन लिया है, जो उससे लिया नहीं जायगा।" स्पष्ट है कि मरथा को तमाम लोगों का प्रबन्ध करना था, सेवा-सत्कार और भोजन आदि की व्यवस्था करनी थी। मरियम उसकी मदद नहीं कर रही थी। वह ईसा के निकट रहना चाहती है, उपदेश ग्रहण करने के भाव से। पर मरथा भी निकटता चाहती थी। ऐसी स्थिति में उसकी यह शिकायत उचित जान पड़ती है। पर ईसा ने यहाँ संकेत किया है कि जीवन में सर्वोच्च कर्त्तव्य ईश्वरीय मार्ग की ओर उन्मुख होना है, और कर्त्तव्य उसके सामने कम महत्त्व के हैं। पर ऐसा नहीं कि वह मरथा के कर्त्तव्य भाव को ठीक न मानते हों।

४

इस मार्ग पर आगे बढ़ते हुए पहाड़ी श्रेणियों के ऐसे मोड़ पर वे लोग पहुँचे जहाँ एक घाटी शुरू होती है। उसमें प्रवेश कर वे एक अपेक्षाकृत छायादार स्थान पर पहुँच गये। यहाँ एकान्त था, शांति और शीतलता थी और घने वृक्षों की छाया भी। ईसा ने विश्राम के लिए इस स्थान को पसन्द किया। दोपहर बिताने

के लिए यह अच्छा स्थान था। उसके एक ओर थोड़ा हट कर कुंज की आड़ में ईसा प्रार्थना में लीन थे। जब उनकी प्रार्थना समाप्त हुई और वह शिष्यों के निकट आ गये, उनके एक शिष्य ने कहा—"हे प्रभु, हमें प्रार्थना करना सिखाइए, जैसे योहन ने भी अपने शिष्यों को सिखाया।" तब ईसा ने उनसे कहा—"ढोंगियों की तरह प्रार्थना न करो। वे सभागृहों और चौकों पर खड़े होकर प्रार्थना करते हैं, जिससे लोग उन्हें देख सकें। मैं तुमसे कहे देता हूँ—वे अपना पुरस्कार पा चुके। जब तुम प्रार्थना करते हो तो अपने कमरे में जाकर द्वार बन्द कर लो और एकान्त में अपने ईश्वर से प्रार्थना करो। तुम्हारा पिता जो एकांत को भी देखता है, तुम्हें पुरस्कार देगा।" यहाँ तक ईसा ने यहूदी याजक और पुरोहितों की परम्परा का उल्लेख किया और समझाया कि प्रार्थना प्रदर्शन की वस्तु नहीं है, वरन् एकान्त निवेदन रूप होनी चाहिए। प्रभु पिता सब कुछ जानता और सुनता है, वह उनकी एकान्त में की गई प्रार्थना पर अधिक कृपा करेगा।

पुनः उन्होंने शुरू किया—"प्रार्थना करते समय गैर-यहूदियों की तरह रट भी न लगाओ। वे समझते हैं कि लम्बी-लम्बी प्रार्थनाएँ करने से हमारी सुनवाई होती है। उनके समान न बनो, क्योंकि तुम्हारे माँगने से पहले ही तुम्हारा पिता जानता है कि तुम्हें क्या-क्या चाहिए।" यह समझाने के बाद एकाग्रचित्त सुन रहे अपने शिष्यों से बताया कि तुम इस रीति से प्रार्थना करो—

हे स्वर्ग में विराजमान हमारे पिता !
तेरा नाम पवित्र माना जाये।
तेरा राज्य आये।
तेरी इच्छा जैसे स्वर्ग में, वैसे पृथ्वी पर भी पूरी हो।
आज हमारा प्रतिदिन का आहार हमें दें।
हमारे अपराध क्षमा कर, जैसे हमने भी
अपने अपराधियों को क्षमा किया है।
और हमें परीक्षा में न डाल, बल्कि बुराई से हमें बचा।"

इस प्रार्थना में पिता का सम्बोधन ईश्वर के लिए है। यह पिता पवित्रता का पूर्ण स्वरूप है, उसके स्वर्गिक राज्य के पृथ्वी पर स्थापित होने की कामना है, पृथ्वी पर उसकी इच्छा के पूर्ण होने की कामना है और उससे प्रतिदिन की रोटी पाने की कामना है। अपने अपराध की क्षमा-प्रार्थना है और संसार की बुराई से बचाने तथा परीक्षा में न डालने की याचना है। यह मनुष्य जीवन को ऊँचे मानवीय मूल्यों पर स्थापित करके उसके स्वर्गिक पिता से आत्मीय सम्बन्ध में स्थित होने की व्यापक प्रार्थना है, जिसकी शिक्षा ईसा ने मानव-मात्र को दी है। आगे वह कहते हैं—"जब तुम प्रार्थना करने के लिए खड़े हो और तुम्हारे मन में किसी के विरुद्ध कुछ हो, तो क्षमा करो, क्योंकि तुम्हारा स्वर्गिक पिता

भी तुम्हें क्षमा करेगा। परन्तु यदि तुम दूसरों को क्षमा नहीं करोगे, तो तुम्हारा पिता भी तुम्हारे अपराध क्षमा नहीं करेगा।''

दिन ढलने लगा। अगली बस्ती में रात बिताने के लिए यात्रा शुरू करनी थी। शिष्यों के मन इन शिक्षाओं से अभिभूत थे, वे उन्हीं में भूले हुए थे। ईसा ने सबको सचेत किया और वे सब उस घाटी को पार करने लगे। मार्ग के दोनों ओर की पहाड़ियाँ ढालू और सपाट होती गई हैं। चलते-चलते मार्ग में ईसा ने उनसे कहा—''मैं तुमसे कहता हूँ—माँगो और तुम्हें दिया जायगा, ढूँढो और तुम्हें मिल जायगा; खटखटाओ और तुम्हारे लिए खोला जायगा, क्योंकि जो माँगता है, उसे दिया जाता है, जो ढूँढ़ता है, उसे मिल जाता है और जो खटखटाता है, उसके लिए खोला जाता है।'' अब मार्ग बाहर आ गया है और पठारी समतल से होकर गुज़र रहा है। चारों ओर झाड़-झंखाड़ घेरे हुए हैं जिनके बीच रक्ताभ चट्टानें गोचर हैं। यह देखकर शिष्य उनके कथन को सुन-कर मन ही मन सुन रहे हैं, उन्होंने आगे कहा—''यदि तुम्हारा पुत्र तुमसे रोटी माँगे, तो तुममें ऐसा कौन है जो उसे पत्थर देगा? अथवा मछली माँगे, तो मछली के बदले उसे साँप देगा? अथवा अंडा माँगे, तो उसे बिच्छू देगा? बुरा होने पर भी यदि तुम लोग अपने बच्चों को सहज ही अच्छी चीजें देते हो, तो तुम्हारा स्वर्गिक पिता माँगने वालों को पवित्र आत्मा क्यों नहीं देगा?''

धीरे-धीरे मार्ग समतल होता जा रहा था और पेड़ भी दिखाई देने लगे थे। अब सूर्य एक दूर की पहाड़ी के नीचे ढलने को था। ईसा ने अपनी बात एक दृष्टान्त में कही—''मान लो कि तुममें से कोई आधी रात को अपने किसी मित्र के पास जा कर कहे—''दोस्त, मुझे तीन रोटियाँ उधार दो, क्योंकि मेरा एक मित्र सफ़र में मेरे यहाँ पहुँचा है और उसे खिलाने के लिए मेरे पास कुछ भी नहीं है।'' और वह भीतर से उत्तर दे—''मुझे तंग न करो। अब तो द्वार बन्द हो चुका है। मेरे बाल-बच्चे और मैं, हम सब बिस्तर पर हैं। मैं उठ कर तुम्हें नहीं दे सकता।'' मैं तुम से कहता हूँ—''वह मित्रता के नाते भले ही उठ कर उसे कुछ न दे, किन्तु उसके आग्रह के कारण वह उठेगा और उसकी आवश्यकता पूरी कर देगा।'' इस दृष्टान्त में फ़िलिस्तीनी परिवार का सही चित्र प्रस्तुत है। रात में परिवार खा-पीकर रहने के कमरे को सोने के कमरे में बदल लेता है। प्रायः इन परिवारों को एक कमरे में गुज़र करना होता था। रात में खाने के बाद रोटियाँ खत्म हो जाती थीं, क्योंकि रखे जाने का चलन नहीं था। फिर रात में किसी को बुलाने पर बहुत असुविधा होती, क्योंकि सब एक साथ सोते थे, औरों को जगाना पड़ता। इसी कारण मित्र ने उठ कर रोटी देने से इंकार किया। पर मित्र ने जब बार-बार खटका कर तंग किया तो खोल कर रोटियाँ देनी पड़ीं। फिर बार-बार प्रार्थना करने से उनका स्वीकार अनिवार्य है।

अब सन्ध्या हो चुकी थी। सब लोग एक कस्बे में पहुँच रहे थे। वह कस्बा

छोटी पहाड़ी की तलहटी में स्थित था। रुकने की व्यवस्था शिष्यों को करनी थी। पर इसके पहले ईसा ने उन्हें एक दृष्टान्त द्वारा पुनः प्रार्थना की निरन्तरता के बारे में समझाया—"नित्य प्रार्थना करनी चाहिए और कभी हिम्मत नहीं हारनी चाहिए। किसी नगर में एक न्यायाधीश था, जो न ईश्वर से डरता था और न किसी की परवाह करता था। उसी नगर में एक विधवा रहती थी। वह उसके पास आकर कहा करती थी कि मुझे मेरे अभियोगी के विरुद्ध न्याय दिलाइए। बहुत दिनों तक वह अस्वीकार करता रहा। अन्त में उसने अपने मन में सोचा कि मैं न ईश्वर से डरता हूँ और न किसी की परवाह करता हूँ, किन्तु यह विधवा मुझे तंग करती है, इसलिए मैं उसके लिए न्याय की व्यवस्था करूँगा, जिससे वह बार-बार आकर मेरे नाक में दम न करे।" फिर किंचित् रुक कर ईसा ने अपनी बात पूरी की—"सुनते हो कि वह अधर्मी न्यायाधीश क्या कहता है? फिर क्या ईश्वर अपने चुने हुए लोगों के लिए, जो रात-दिन उसकी दुहाई देते रहते हैं, न्याय की व्यवस्था नहीं करेगा? क्या वह उनके विषय में देर करेगा? मैं तुमसे कहता हूँ—वह शीघ्र ही उनके लिए न्याय करेगा। परन्तु जब मानवपुत्र आयेगा, तो क्या वह पृथ्वी पर विश्वास बचा हुआ पायेगा?" यहाँ पुनः ईसा ने प्रार्थना की निरन्तरता पर बल दिया है, यह आश्वासन भी दिया है कि ईश्वर प्रार्थना सुनेगा ही, विश्वास बना रहना चाहिए। अन्तिम वाक्य सांकेतिक है, जो भविष्य की महान् घटना का आभास देता है।

●●

प्रकरण पन्द्रह

येरुसालेम में शिविर-पर्व

१

अभी तक ईसा गलीलिया से देकापोलिस, फिलिप की सूबेदारी, समारिया और यर्दन की घाटी के क्षेत्रों में अधिकतर घूमते रहे। पेरेआ से यहूदिया के उत्तरी भाग के कुछ स्थलों पर उन्होंने अपने शिष्यों के साथ विश्राम जरूर किया और स्वीकार करनेवालों को उपदेश भी दिया। ईसा की इस घोषणा के बाद कि वह ईश्वरपुत्र और समकक्ष हैं, यहूदिया और विशेषकर येरुसालेम में उनके बहुत से विरोधी हो गये थे, जो उनकी जान लेने तक की फ़िराक में थे। इस बीच शिविर-पर्व आ पहुँचा। यह पर्व यहूदियों के लिए दोहरे महत्त्व का पर्व था। उनके वर्ष के अनुसार पहले मास में (जो सितम्बर में पड़ता था) कृषि का यह फ़सल से सम्बन्धित उत्सव चला आ रहा था। इन समय खेतों में फ़सल कटती है, फल पकते हैं और अंगूर होते हैं। उसके साथ निर्वासन काल की जातीय स्मृति जुड़ गई थी, जब उजाड़ प्रदेश में इन लोगों ने शिविरों में समय बिताया था। अब यह पर्व उत्सव-रूप में ही मनाया जाता था और तमाम दूर-दूर के यहूदी येरुसालेम में एकत्र होते थे और एक सप्ताह तक शिविरों (झोपड़ियों) में रहते थे।

यह पर्व निकट आ गया था। ईसा के भाई-बन्द, यहाँ सगे-सम्बन्धियों की बात नहीं है, उनके कार्यों से प्रभावित थे, पर उनकी कल्पना में भी मसीह का एक शक्तिशाली राष्ट्रीय उद्धारक रूप था। इसीलिए वे चाहते थे कि ईसा का वास्तविक प्रभाव प्रकट हो। उन्होंने ईसा से कहा—"इस प्रदेश को छोड़कर यहूदिया चले जाइए, जिससे आप जो महान् कार्य करते हैं, उन्हें आपके वहाँ के शिष्य भी देख सकें, जान लें। जो नाम कमाना चाहता है, वह छिप कर काम नहीं करता। जब आप ऐसे काम करते हैं, तो अपने को दुनिया के सामने प्रकट कर दीजिए।" उनके भाई-बन्द भी उन पर विश्वास नहीं करते थे, अतः ईसा ने उनसे कहा—"अब तक मेरा समय नहीं आया है। पर तुम लोगों का समय सदा उपस्थित है। संसार तुमसे वैर नहीं रख सकता, किन्तु वह मुझसे वैर रखता है, क्योंकि मैं उसके विषय में साक्ष्य देता रहा हूँ कि उसके काम बुरे हैं। तुम पर्व के लिए जाओ। मैं अभी इस पर्व के लिए नहीं जाऊँगा, क्योंकि मेरा समय अब तक पूरा नहीं हुआ है।" यह कह कर वह रुक गये। उनके भाई पर्व के लिए चले गये, तब ईसा भी प्रकट रूप से नहीं, बल्कि जैसे गुप्त रूप से पर्व के लिए चल पड़े। लगता है, ईसा पर्व के प्रारम्भ के दिन वहाँ रहना

नहीं चाहते थे और बहुत खुले रूप में भी शामिल होना नहीं चाहते थे। क्योंकि उस भीड़ में बहुत लोग उनको जानने-मानने वाले थे, और विरोधियों से झगड़ा होने की सम्भावना थी।

येरुसालेम में पर्व के अवसर पर यहूदी लोग ईसा को ढूंढ़ते हुए कहते थे—"वह कहाँ है?" जन-समूह में चोरी-छिपे बड़ी चर्चा चल पड़ी थी। कुछ लोग कहते थे—"वह भला मनुष्य है।" कुछ कहते थे—"नहीं, वह लोगों को बहकाता है।" फिर भी यहूदियों के डर के मारे कोई भी उनके विषय में खुल कर बातें नहीं करता था। पर्व के बीच में, जब आधे दिन बीत चुके थे, ईसा मन्दिर में जाकर शिक्षा देने लगे। यहूदी अचम्भे में पड़ कर कहते थे—"इसने कभी पढ़ा नहीं, इसे यह ज्ञान कहाँ से प्राप्त हुआ?" ईसा ने उन्हें उत्तर दिया—"मेरी शिक्षा मेरी नहीं है। वह उसकी है, जिसने मुझे भेजा है। यदि कोई उसकी इच्छा पूरी करने का संकल्प करेगा, तो वह यह जान जायगा कि मेरी शिक्षा ईश्वर की ओर से है या कि मैं अपनी ओर से बोलता हूँ। जो अपनी ओर से बोलता है, वह अपने लिए सम्मान चाहता है, किन्तु जो उसके लिये सम्मान चाहता है, जिसने उसे भेजा है, वह सच्चा है और उसमें कोई छल-कपट नहीं है।" यह ईसा का पहला प्रवचन यहाँ था। पर्व के पहले उत्सव के उल्लास का दौर धीरे-धीरे कम हो चुका था, पर पर्व का पूरा उत्साह लोगों का ध्यान खींचे हुए था, तभी ईसा ने प्रकट होने का अवसर पाया। एक प्रकार से पर्व के मेले में वह अधिक सुरक्षित थे, क्योंकि ऐसे अवसरों में जन-समूह को नियंत्रित करने के लिये रोमन व्यवस्था अधिक बढ़ जाती थी।

मन्दिर के अहाते में ईसा को प्रवचन देते देखकर तमाम भीड़ इकट्ठी होने लगी। यहूदियों के उच्च परिषद् के सदस्य भी उस जन-समूह में थे, जो इस नये उपदेशक को सुनने के लिए उत्सुक थे। उसमें फ़रीसी भी थे, जो नियम भंग करने के कारण ईसा को क्षमा नहीं कर सके थे, अभी कुछ दिन पूर्व उन्होंने विश्राम के दिन किसी को चंगा किया था। तमाम उत्सुक जन-समाज उनके चारों ओर एकत्र था ही, जो सहानुभूति रखता था। परन्तु जो ईसा के ज्ञान पर शंका करने वाले यहूदी हैं, वे अन्दर विरोध रखने वाले लोग हैं। वे स्पष्टतः उनका कुछ नहीं कर पाते, पर ऐसी शंकाओं तथा ऐसे आक्षेपों से जन-समाज को उनके खिलाफ़ करना चाहते हैं। इसी के बारे में ईसा कहते हैं—"क्या मूसा ने तुम्हें संहिता नहीं दी? फ़िर भी तुम लोगों में कोई संहिता का पालन नहीं करता।"

वह समझ रहे थे कि उस जन-समूह में उनके विरोधी भी हैं। उनको लक्ष्य करके उन्होंने कहा—"तुम संहिता के प्रमाण की चर्चा करते हो, फिर तुम लोग मुझे मार डालने की ताक में क्यों रहते हो?" जन-समाज इस संकेत को समझ नहीं सका। अतः उसे इस प्रकार का कथन प्रलाप लगा। उसमें कुछ ने उत्तर

दिया—"आपको शैतान लगा है। कौन आपको मार डालने की ताक में रहता है?" ईसा ने पुनः कहना शुरू किया—"मैंने एक काम किया है और तुम सब आश्चर्य करते हो। मूसा ने तुम्हें खतने का नियम दिया है—हालाँकि यह मूसा का नहीं, बल्कि पूर्वजों से चला आ रहा है—और विश्राम के दिन तुम मनुष्य का खतना करते हो। यदि विश्राम के दिन मनुष्य का खतना इसलिए किया जाता है कि मूसा का नियम भंग न हो, तो तुम लोग मुझसे इस बात पर क्यों नाराज़ हो कि मैंने विश्राम के दिन किसी को पूर्ण रूप से स्वस्थ कर दिया। जैसे-तैसे न्याय मत करो, सच्चाई से न्याय करो।" यहाँ स्पष्ट है कि जब एक नियम का दूसरे नियम के आधार पर उल्लंघन किया जाना विहित है, तब जो कार्य मानव-प्रेम से किया गया हो, वह क्यों विहित नहीं होगा? यह मूल्य तो नियम से ऊँचा है।

ईसा के कथन के बाद उनके शिष्यों, विरोधियों तथा सामान्य जनों में बातचीत होने लगी। उस समय येरुसालेम के कई नागरिक कहने लगे—"क्या यह वही नहीं है, जिसे हमारे नेता मार डालने की ताक में हैं? देखो तो, यह खुलेआम अपनी बात कहता है और वे उसे कुछ नहीं कहते। क्या उन्होंने सचमुच मान लिया है कि यह मसीह है? फिर भी हम जानते हैं कि यह कहाँ का है, परन्तु जब मसीह प्रकट होंगे, तब किसी को पता नहीं चलेगा कि वे कहाँ के हैं।" यहाँ सामान्य लोग अपने-अपने भाव प्रकट करते हैं। उनमें विरोध भाव नहीं है और वे ईसा से प्रभावित हैं। पर उनको मसीह स्वीकार करने में उन्हें कठिनाई है। उन्होंने सुना है कि शास्त्रों के अनुसार मसीह का आगमन होगा तो उनके बारे में किसी को कुछ ज्ञात नहीं होगा। पर ईसा के पिता-माता, जन्म-स्थान, निवास-स्थान सभी के बारे में जानकारी है। तब वह मसीह है, यह कैसे माना जाय?

२

इस बात को समझ कर मन्दिर में शिक्षा देते हुए पुकार कर ईसा ने जन-समूह से कहा—"तुम लोग मुझे भी जानते हो और यह भी जानते हो कि मैं कहाँ का हूँ। पर मैं अपनो इच्छा से नहीं आया हूँ। जिसने मुझे भेजा है, वह सच्चा है। तुम लोग उसे नहीं जानते। मैं उसे जानता हूँ, क्योंकि मैं उसके यहाँ से आया हूँ और उसी ने मुझे भेजा है।" उनकी ये बातें सुनकर फ़रीसी, याजक और शास्त्री उनको पकड़ने का उपाय सोचने लगे। पर जन-समूह के वीच उन पर हाथ लगाना सम्भव नहीं हुआ। जन-समूह में बहुतों ने ईसा में विश्वास किया। वे कहते थे कि जब मसीह आयेंगे तो क्या वह इनसे भी अधिक चमत्कार दिखायेंगे! जब फ़रीसियों ने सुना कि जनता में ईसा के विषय में चोरी-छिपे इस प्रकार की चर्चा चल रही है, तो उन्होंने तथा महायाजकों ने

अपनी उच्च परिषद् में ईसा के सिपाहियों से पकड़वाने का निश्चय किया जिससे कानून का रूप उसे दिया जा सके। उनकी यह योजना अभी सफल नहीं हो पायी, जैसा हम देखेंगे।

पर्व के अवसर में जैसा कहा गया है, नगर में बहुत भीड़-भाड़ रहती थी। अतः ईसा जितने दिन येरुसालेम रहे, वह रोज़ सन्ध्या समय नगर की भीड़-भाड़ और कोलाहल से दूर ओलिब्स (जैतून) पर्वत अथवा बेथनी के एकान्त में चले जाते थे। इन स्थानों पर शुद्ध हवा के साथ नीरव शान्ति भी मिलती थी। रोज़ सुबह वह मन्दिर में आ जाते थे और दिन भर लोगों को शिक्षा देते थे। उस दिन भी वह जैतून पर्वत के लिए चल पड़े, एकान्त में ध्यान-प्रार्थना करने के लिए और लोग अपने-अपने घर गये। फिर दूसरे दिन बड़े सबेरे वह मन्दिर आ गये। सारी जनता उनके पास इकट्ठी हो गयी और वह पत्थर के आसन पर बैठ कर लोगों को शिक्षा दे रहे थे। उसी बीच शास्त्री और फ़रीसी व्यभिचार में पकड़ी गयी एक स्त्री को ले आये और उसको बीच में खड़ा कर उन्होंने ईसा से कहा—"गुरुवर ! यह स्त्री व्यभिचार में पकड़ी गई है। संहिता में मूसा ने हमें ऐसी स्त्री को पत्थरों से मार डालने का आदेश दिया है। आप इसके विषय में क्या कहते हैं ?" ऐसा उन्होंने ईसा की परीक्षा लेने की दृष्टि से कहा, जिससे उन्हें उन पर दोष लगाने का आधार मिल सके।

ईसा इस ओर से अन्यमनस्क भाव से उँगुली से भूमि पर कुछ लिखते रहे। वह उनकी चालाकी समझ रहे थे और उनको बचाना चाहते थे। पर वे बार-बार उनसे उत्तर देने का आग्रह करते रहे। तब ईसा ने सिर ऊपर उठा कर सहज भाव से उनसे कहा—"तुममें से जो निष्पाप हो, वही सबसे पहले इसे पत्थर मारे।" इतना कह कर वह फिर झुक कर भूमि पर लिखने लगे। यह सुन कर बड़ों से लेकर छोटों तक सब के सब एक-एक कर खिसक गये। ईसा अकेले रह गये और वह स्त्री बीच में खड़ी रही। तब ईसा ने सिर उठा कर उससे कहा—"नारी, वे लोग कहाँ हैं ? क्या एक ने भी तुम्हें दण्ड नहीं दिया ?" उसने उत्तर दिया—"महोदय ! एक ने भी नहीं।" इस पर ईसा ने उससे कहा—"मैं भी तुम्हें दण्ड नहीं दूंगा। जाओ और अब से फिर पाप कभी नहीं करना।"

शिविर पर्व के दिनों जुलूस निकालने और महिला-प्रांगण को प्रकाशित किये जाने के उत्सव भी मनाये जाते थे, जिससे पर्व का आकर्षण और बढ़ जाता था। प्रतिदिन सुबह तिरोपीअन घाटी में सिलोआम तालाब पर एक जुलूस जाता था। उस तालाब से पुरोहित सोने के कुम्भ में जल भर लेता था। जुलूस के विधान में पुरोहित की सहायता करने वाले लोगों के बायें हाथ में जम्भीरी (एथराग) और दायें हाथ में हिना और बेंत से लिपटी खजूर की डाली रहती थी। लेवी लोग जुलूस के साथ प्रार्थना गाते थे और ये लोग उसके साथ-साथ डाली को

हिलाते थे। इस प्रकार हर्षोल्लास के साथ जब जुलूस वापस आता था, तो पुरोहित सर्वोच्च की वेदी के सामने कुम्भ के जल को धार में डालते थे। यह सब पूजा-विधान नाटकीय प्रार्थना का रूप तो था ही, साथ ही प्रतीकात्मक भी था। इसमें मूसा के दण्ड से होरेब की चट्टान के नीचे से निकल पड़ने वाली जल-धारा की स्मृति सुरक्षित थी। वस्तुत: जैसा तालाब से कुम्भ में जल भरते समय गान चलता था—"तुम आनन्द के साथ मुक्ति के निर्झर से जल खींचोगे", लोगों के मन में मसीही दिनों के प्रतिश्रुत आशीष की कामना जाग जाती थी। यह पर्व नियमत: सात दिन चलता था और आठवें दिन विश्राम दिवस के समान संयम के साथ काम से मुक्त रह कर बिताते थे। पर्णकुटीरों को सात दिन बाद छोड़कर आनन्द मनाते थे।

ईसा पर्व के इस अन्तिम दिन सुबह ही जैतून-पर्वत से उतर कर मन्दिर पहुँच गये। वह जन-समूह को सम्बोधित करके कहने लगे—"यदि कोई प्यासा हो, तो वह मेरे पास आये। जो कोई मुझमें विश्वास करता है, वह अपनी प्यास बुझाए।" जैसा कि धर्मग्रन्थ में लिखा है—उसके अन्तस्तल से संजीवन जल की नदियाँ बह निकलेंगी। उन्होंने यह बात उस पवित्रात्मा के विषय में कही, जो उनमें विश्वास करनेवालों को प्राप्त होगा। क्योंकि अब तक पवित्रात्मा प्रदान नहीं किया गया था, अभी ईसा महिमान्वित नहीं हुए थे। यहाँ आत्मिक प्यास को शांत करने वाले जलस्रोत की चर्चा अक्टूबर मास के शुरू के दिनों की जल-वृष्टि की कामना के साथ संगत बन पड़ी है। भूमि जोतने और बीज बोने के सारे खेती के कार्य पानी बरसने से जुड़े हुए हैं, जिसकी उस क्षेत्र के सारे किसानों की प्रतीक्षा थी।

यह प्रवचन चलता रहा। उसको सुन कर अनेक लोगों के मन में विश्वास जम रहा था। भीड़ में किसी ने कहा—"यह सचमुच नबी हैं।" दूसरे कुछ लोगों ने कहा—"यह मसीह हैं।" फ़रीसियों के पक्ष के लोग भी वहाँ थे, उन्होंने शंका की—"क्या मसीह गलीलिया से आनेवाले हैं ? क्या धर्मग्रन्थ यह नहीं कहता कि दाऊद के वंश में और दाऊद के गाँव बेथलेहेम से मसीह को आना है ?" इस प्रकार ईसा को लेकर लोगों में मतभेद हो गया। कुछ लोग ईसा को गिरफ़्तार कराना चाहते थे, किन्तु किसी ने उन पर हाथ नहीं डाला। जिनको इस कार्य के लिए लगाया गया था, वे स्वत: प्रभावित थे, साथ ही भीड़ का भय भी था।

जब प्यादे महायाजकों और फ़रीसियों के पास लौट आये, तो उन्होंने उनसे पूछा—"तुम उसे क्यों नहीं लाये।" प्यादों ने उत्तर दिया—"जैसा वह मनुष्य बोलता है, वैसा कोई कभी नहीं बोला।" इस पर फ़रीसियों ने कहा—"क्या तुम भी उसके बहकावे में आ गये हो ? क्या नेताओं अथवा फ़रीसियों में किसी ने भी उस पर विश्वास किया है ?" पर भीड़ की बात दूसरी है। वह संहिता

की परवाह नहीं करती और शापित है। उनमें एक उच्चतम परिषद का सदस्य निकोदेमुस भी था, जो रात एकान्त में ईसा के पास आया था। उसने उनसे कहा—"जब तक किसी की सुनवाई न हुई हो और यह पता भी न चले कि उसने क्या किया है, तब तक क्या हमारी संहिता के अनुसार उचित है कि किसी को दोषी ठहराया जाय ?" उन्होंने उसे उत्तर दिया—"कहीं आप भी तो गलीली नहीं हैं ? पता लगाकर देख लीजिए कि गलीलिया में नबी नहीं उत्पन्न होता।" इसके बाद सब अपने-अपने घर वापस गये, मन में तरह-तरह का ऊहापोह चल रहा था। कुछ ईसा से प्रभावित थे, उनमें विश्वास था। कुछ फ़रीसियों और उनके लोगों के व्यवहार से असन्तुष्ट थे। कुछ निकोदेमुस के साहस से उत्साहित थे। और कुछ के मन में शंकाएँ भी थीं। ईसा जैतून पर्वत पर एकान्त में विश्राम के लिए चले गये।

शिविर पर्व का महत्त्वपूर्ण पक्ष चारों ओर प्रकाश करना और रात्रिकालीन उत्सव मनाना भी था। यह सब महिला-प्रांगण में चलता था, जो बहुत बड़ा आयताकार था और उसमें बिना किसी भेद के यहूदी स्त्री-पुरुषों का प्रवेश विहित था। पहले दिन की शाम को ही प्रकाश की समुचित व्यवस्था की जाती थी, डेढ़ सौ फ़ीट ऊँचाई का एक विशाल दीपाधार खड़ा किया जाता था। उस प्रकार बहुत बड़े-बड़े दीप जलाये जाते थे, जिनके व्यापक प्रकाश में सारा शहर जगमग करने लगता था। महिला-प्रांगण को इस्राएली प्रांगण से अलग करनेवाली पंद्रह सीढ़ियों पर लेवीय धर्मसेवक अनेक तरह के वाद्ययन्त्रों के साथ भजन गाते थे। यह सारा शोर बहुत दूर तक फैलता था, यहाँ तक कि येरिको तक सुना जा सकता था। एक प्रकार से पर्व का यह संकेत था। उत्सव के तमाम आकर्षणों में दीप-नृत्य सबसे अधिक महत्त्वपूर्ण था। प्रकाश को लेकर नाचने में बहुत कुशलता की अपेक्षा थी। परन्तु यह सारा उत्सव-प्रसंग केवल लौकिक उल्लास की अभिव्यक्ति मात्र नहीं माना जा सकता। शिबिर पर्व, जैसा कहा गया है यह पर्व इस्राएलियों के उजाड़ प्रदेश में अल्प प्रकाश की स्मृति से सम्बद्ध है। और प्रकाशोत्सव उस प्रकाश के बादल की स्मृति है, जो सिनाई के एकाकी प्रदेश में रात में उन्हें मार्ग दिखाता था।

इस स्थल पर ईसा ने एकत्र जन-समूह के सामने कहा—"संसार की ज्योति मैं हूँ। जो मेरा अनुसरण करता है, वह अंधकार में भटकता नहीं रहेगा। उसे जीवन की ज्योति प्राप्त होगी।" फ़रीसी हमेशा इस कोशिश में लगे थे कि ईसा को संहिता के आदेशों के विरुद्ध सिद्ध करके जनता के मन उनकी ओर से फेर सकें। उन्होंने उनसे कहा—"आप अपने विषय में स्वयं साक्ष्य देते हैं।" वस्तुतः कानून की दृष्टि से स्वयं की गवाही की प्रामाणिकता नहीं मानी जाती। ईसा ने उत्तर दिया—"फिर भी मेरा साक्ष्य मान्य है, क्योंकि मैं यह जानता हूँ कि मैं कहाँ से आया हूँ और कहाँ जा रहा हूँ। लेकिन तुम लोग नहीं जानते कि

मैं कहाँ से आया हूँ और कहाँ जा रहा हूँ। तुम मनुष्य की दृष्टि से न्याय करते हो। मैं किसी का न्याय नहीं करता, और यदि न्याय भी करूँ तो मेरा निर्णय सही होगा, क्योंकि मैं अकेला नहीं हूँ। जिसने मुझे भेजा है, वह मेरे साथ है।"

ईसा रुक गये, उन्होंने देखा जन-समूह एकाग्र भाव से उनकी चर्चा सुन रहा है, पर फ़रीसी और शास्त्री के चेहरों पर अविश्वास है। तब ईसा ने फिर कहना शुरू किया—"तुम लोगों की संहिता में लिखा है कि दो व्यक्तियों का साक्ष्य मान्य है। मैं अपने विषय में साक्ष्य देता हूँ, और पिता भी, जिसने मुझे भेजा है, मेरे विषय में साक्ष्य देता है।" इस पर उन्होंने ईसा से प्रश्न किया—"कहाँ है आपका वह पिता।" उन्होंने उत्तर दिया—"तुम लोग न मुझको जानते हो और न मेरे पिता को। और यदि तुम मुझे जानते तो मेरे पिता को भी जान जाते।" यह सारी बातचीत महिला प्रांगण के साथ लगे कोषागार के पास हो रही थी। ताक में रहने पर भी किसी को उन्हें गिरफ़्तार करने का साहस नहीं हुआ, क्योंकि अब तक उनका समय नहीं आया था।

३

शिविर पर्व समाप्त हो चुका था। इस बीच ईसा का प्रभाव जन-समाज में बढ़ा था। यहूदियों को उनकी बातें प्रभावी लगती थीं, पर उनकी समझ में नहीं आ रही थीं। फ़रीसी, महायाजक और शास्त्री जिस प्रकार आनेवाले मसीह पुत्र की कल्पना प्रस्तुत करते थे, उससे ईसा का मेल नहीं बैठता, और उनकी बात उसी अवतरण की ओर संकेत करती है। अब विपक्षी स्पष्टतः खिलाफ़ थे और उनको पकड़ने और मार डालने की योजनाएँ बना रहे थे। ईसा की यह घोषणा—"मैं जा रहा हूँ। तुम लोग ढूँढ़ोगे, पर तुम पाप की स्थिति में मर जाओगे। मैं जहाँ जा रहा हूँ, तुम वहाँ नहीं जा सकते।" आध्यात्मिक मृत्यु की ओर संकेत करती है। अपने अविश्वास के कारण वे ईसा को समझ पाने में असमर्थ हैं।

इस मनःस्थिति में यहूदी नगर में इधर-उधर यह कहते थे—"कहीं यह आत्महत्या तो नहीं करेगा? यह तो कहता है, मैं जहाँ जा रहा हूँ, तुम वहाँ नहीं आ सकते।" तब ईसा ने उनसे कहा—"तुम लोग नीचे के हो मैं ऊपर का हूँ। तुम इस संसार के हो, मैं इस संसार का नहीं हूँ। इसलिए मैंने तुमसे कहा कि तुम पाप की स्थिति में मर जाओगे। यदि तुम विश्वास नहीं करते कि मैं वही हूँ, तो तुम पाप की स्थिति में मर जाओगे।" ईसा के कथन में ईश्वर का यहूदियों को दिया हुआ वह आश्वासन ध्वनित है जो उन्होंने उनकी सुरक्षा और मुक्ति का दायित्व स्वीकार करते समय दिया है। इस पर उन्होंने ईसा से प्रश्न किया—"आप कौन हैं?" ईसा ने उनसे कहा—"सचमुच मैं वही

हूँ जो मैं तुमसे कहता आया हूँ। तुम्हारे विषय में मुझे बहुत सी बातें कहनी और विचारनी हैं। पर जिसने मुझे भेजा है वह सच्चा है, और जो बातें मैंने उससे सुनी हैं, वे ही मैं संसार में बोलता हूँ" पर उन्होंने तब भी नहीं समझा कि वह अपने पिता परमेश्वर के विषय में बोल रहे हैं। उनके मन में मसीह की एक ऐसी राष्ट्रीय उद्धारक शक्तिशाली सम्राट् की कल्पना बनी हुई थी कि वे इन सन्दर्भों को ग्रहण करने में अक्षम हो चुके थे।

ईसा ने ऊपर की ओर देखा और एक दिशा में उनकी दृष्टि ठहरी। वह जान रहे थे कि एक विशेष वर्ग उनके खिलाफ़ है और वह उनके ईश्वरी विधान सम्बन्धी संकेत नहीं समझ रहा है। उन्होंने फिर कहना शुरू किया—"जब तुम लोग मानवपुत्र को ऊँचे पर चढ़ा दोगे, तब यह जानोगे कि मैं वही हूँ और मैं अपनी ओर से कुछ नहीं करता। मैं जो कुछ कहता हूँ, वैसे ही कहता हूँ, जैसे पिता ने मुझे सिखाया है। जिसने मुझको भेजा है, वह मेरे साथ है। उसने मुझे अकेला नहीं छोड़ा, क्योंकि मैं सदा वही करता हूँ, जो उसे अच्छा लगता है।" बहुतों ने उन्हें यह सब कहते सुना और उनमें विश्वास किया। उन विश्वास करनेवालों से ईसा ने कहा—"यदि तुम मेरी शिक्षा पर दृढ़ रहोगे तो सचमुच मेरे शिष्य सिद्ध होंगे। तुम सत्य को पहचान जाओगे और सत्य तुम्हें स्वतंत्र बना देगा।" उन्होंने उत्तर दिया—"हम इब्राहीम की सन्तान हैं, हम कभी किसी के दास नहीं रहे। आप यह क्या कहते हैं—तुम स्वतंत्र हो जाओगे?" उनके मन को समझते हुए ईसा थोड़ा रुके और फिर कहा—"मैं तुमसे सच कहे देता हूँ—जो पाप करता है, वह पाप का दास है। दास सदा घर में नहीं रहता है, पर पुत्र सदा रहता है। इसलिए यदि पुत्र तुम्हें स्वतंत्र बना देगा, तो तुम सचमुच स्वतंत्र होगे।"

ईसा और यहूदियों की इस बातचीत में स्पष्टतः दो अलग स्तर परिलक्षित होते हैं। ईसा उच्चतम ईश्वरीय मूल्यों के सन्दर्भ में सत्य और स्वतंत्रता जैसे शब्दों का प्रयोग करते हैं, जबकि यहूदी अपनी इस्राएली परम्परा के सन्दर्भ में उन मूल्यों को रख कर देखते हैं। आगे ईसा अपनी बात को विस्तार देते हैं—"मैं जानता हूँ कि तुम लोग इब्राहीम की सन्तान हो। फिर भी तुम मुझे मार डालने की ताक में रहते हो, क्योंकि मेरी शिक्षा तुम्हारे हृदय में घर नहीं कर सकी। मैंने अपने पिता के यहाँ जो देखा है, वही कहता हूँ और तुमने अपने पिता के यहाँ जो सीखा है, वही करते हो।" उनके वास्तविक अर्थ को ग्रहण न कर उन्होंने फिर बल दिया—"इब्राहीम हमारे पिता हैं।" इस पर ईसा ने उनसे कहा—"यदि तुम इब्राहीम की सन्तान हो, तो इब्राहीम जैसा आचरण करो। परन्तु तुम मुझे इसलिए मार डालने की ताक में रहते हो कि मैंने जो सत्य ईश्वर से सुना है, वह तुम लोगों को बता दिया है। यह इब्राहीम जैसा आचरण नहीं है। तुम लोग तो अपने पिता जैसा ही आचरण करते हो।" ईसा

आचरण पर बल दे रहे थे और यहूदियों के अविश्वास का सन्दर्भ उनके कथन में निहित है। पर वे लोगों के आरोप का उत्तर देते हैं—"हम व्यभिचार से पैदा नहीं हुए हैं। हमारा एक ही पिता है और वह ईश्वर है।"

अपनी बात के क्रम में ईसा ने उनसे फिर कहा—"यदि ईश्वर तुम्हारा पिता होता, तो अवश्य ही तुम मुझे प्यार करते। क्योंकि मैं ईश्वर से उत्पन्न हुआ हूँ और उसके यहाँ से आया हूँ। मैं अपनी इच्छा से नहीं आया हूँ, उसी ने मुझे भेजा है। तुम मेरी बातें क्यों नहीं समझते? कारण यह है कि तुम मेरी शिक्षा सुन नहीं सकते।" अभी तक ईसा बार-बार कह रहे थे कि इब्राहीम उनका पिता कैसे हो सकता है, क्योंकि उनका आचरण वैसा नहीं है। इसी प्रकार प्रेम और सत्य को अस्वीकार करने के कारण ईसा ने उनका पिता ईश्वर नहीं माना है। पर जब उन्होंने आग्रह किया, ईसा ने स्पष्टतः कहा—"तुम अपने पिता शैतान की संतान हो और अपने पिता की इच्छा पूरी करना चाहते हो। वह सत्य में स्थिर नहीं है, क्योंकि सत्य उसमें है ही नहीं। जब वह झूठ बोलता है, तो अपने स्वभाव के अनुसार ही बोलता है, क्योंकि वह झूठा है और झूठ का पिता है। मैं सत्य बोलता हूँ, इसलिए तुम लोग मुझमें विश्वास नहीं करते। तुममें से कौन मुझ पर पाप का दोष लगा सकता है? यदि मैं सत्य कहता हूँ, तो तुम लोग मुझमें विश्वास क्यों नहीं करते? जो ईश्वर का है वह ईश्वर का सन्देश सुनता है। तुम लोग इसलिए नहीं सुनते कि तुम ईश्वर की संतान नहीं हो।"

इस प्रकार यहाँ ईसा का कथन स्पष्ट है। वह विश्वास के माध्यम से सत्य और प्रेम को प्रतिपादित करते हैं। परन्तु यहूदी अविश्वासी हैं और इस कारण वे उनके स्वर्गिक मूल्यों को ग्रहण करने में असमर्थ हैं। यहूदियों ने ईसा से कहा —"हम सत्य कहते हैं कि तुम समारी हो और तुमको अपदूत लगा है।" ईसा ने उत्तर दिया—"मुझे अपदूत नहीं लगा है। मैं अपने पिता का आदर करता हूँ, तुम लोग तो मेरा अनादर करते हो। मुझे अपनी महिमा की चिन्ता नहीं। उसकी चिन्ता किसी दूसरे को है, वही निर्णय करता है। मैं तुम लोगों से कहे देता हूँ, यदि कोई मेरी शिक्षा पर चले तो वह कभी नहीं मरेगा।"

ईसा जितना इस बात पर बल देते हैं कि वह और पिता अभिन्न हैं और पिता को पाने के लिए, उनका प्रेम और सत्य ग्रहण करने के लिए, उनकी शिक्षा को मानना है, उतना ही यहूदियों के नेता, फ़रीसी और शास्त्री आदि, उनके विरुद्ध होते गये। उन्होंने कहा—"अब हमें पक्का विश्वास हो गया है कि तुमको अपदूत लगा है। इब्राहीम मर गये, और नबी भी मर गये, किन्तु तुम कहते हो, यदि कोई मेरी शिक्षा पर चले, तो वह कभी नहीं मरेगा। क्या तुम हमारे पिता इब्राहीम से भी महान् हो? वह मर गये और नबी भी मर गये। तुम अपने को क्या समझते हो?" जब यहूदी ईसा को स्वर्गिक महिमामण्डित नहीं देख पाते

तो उनकी यह तर्कपद्धति ठीक जान पड़ती है। पर ईसा बार-बार उसी सत्य का संकेत करते हैं, जिसको वे ग्रहण नहीं कर पाते।

ईसा ने पुनः उत्तर दिया—"यदि मैं अपने को महिमा देता तो उस महिमा का कोई महत्त्व नहीं होता। मेरा पिता मुझे महिमान्वित करता है। उसे तुम लोग अपना ईश्वर कहते हो, यद्यपि तुम उसे नहीं जानते। मैं उसे जानता हूँ। यदि मैं कहता कि उसे नहीं जानता, तो मैं तुम्हारी तरह झूठा बन जाता। किन्तु मैं उसे जानता हूँ और उसकी शिक्षा पर चलता हूँ। 'तुम्हारे पिता इब्राहीम यह जान कर उल्लसित हो गये कि वह मेरा आगमन देखेंगे और वह उसे देख कर आनन्दविभोर हो गये।" तब यहूदियों ने उनसे कहा—"अब तक तुम्हारी उमर पचास की नहीं हैं, तो तुमने इब्राहीम को कैसे देखा है?"इस पर ईसा ने उनसे कहा—"मैं तुमसे कहे देता हूँ—इब्राहीम के जन्म लेने से पहले से ही मैं विद्यमान हूँ।" इस पर लोगों ने ईसा को मारने के लिए पत्थर उठाये, किन्तु वह चुपके से निकल गये। यहूदियों के लिए यह कथन सीमा को लाँघनेवाला था और विरोधियों ने इस आधार पर समूह को उत्तेजित किया।

४

वह दिन में येरुसालेम नगर में नागरिकों के बीच घूमते थे। उनके शिष्यों में कुछ साथ रहते थे। सन्ध्या होते-होते वह जैतून पर्वत के एकान्त में चले जाते थे। यद्यपि पर्व समाप्त हो चुका था, पर उनका क्रम चल रहा था। संभवतः जिस प्रकार की स्थिति थी, उसमें वह सुरक्षित स्थान था। एक दिन वह कुछ शिष्यों के साथ एक रास्ते पर जा रहे थे। मन्दिर के समीप एक जन्मान्ध अन्य याचकों के साथ वहाँ आने-जाने वाले लोगों से माँग कर अपना भरण-पोषण करता था। शिष्यों ने उसे देख कर उनसे पूछा—"गुरुवर! किसने पाप किया था, इसने अथवा इसके माँ-बाप ने, जो यह मनुष्य जन्म से अन्धा है?" सामान्य विश्वास के अनुसार इस प्रकार की विकलांगता पाप का फल होना चाहिए। यद्यपि यहूदी धर्मग्रन्थों के अनुसार इस प्रकार की अयोग्यता पाप के कारण हो, यह जरूरी नहीं है। इससे व्यक्ति ईश्वरीय प्रेरणा प्राप्त कर सकता है। ईसा ने इस सम्बन्ध में उत्तर दिया— "न तो इस मनुष्य ने पाप किया, और न इसके माँ-बाप ने। यह इसलिए जन्म से अन्धा है कि इसे चंगा करने से ईश्वर का सामर्थ्य प्रकट हो जाये। जिसने मुझे भेजा है हमें उसका कार्य दिन बीतने से पहले ही पूरा कर देना है। रात आ रही है, जब कोई भी काम नहीं कर सकता। मैं जब तक संसार में हूँ, तब तक संसार की ज्योति हूँ।"

अभी तक ईसा ने प्रार्थना किये जाने पर अथवा परिस्थिति में पड़ कर चमत्कार के कार्य किये थे। परन्तु पहली बार पात्र के बिना कामना किये या प्रार्थना किये चमत्कार किया जा रहा है और विधि-विधान का उपयोग भी

किया जा रहा है। यह कहने के बाद ईसा ने भूमि पर थूका, थूक से मिट्टी सानी और वह मिट्टी अन्धे की आँखों पर लगा कर उससे कहा—"जाओ, सिलोआम (अर्थ प्रेषित) के कुण्ड में नहा लो।" वह व्यक्ति गया और नहा कर वहाँ से देखता हुआ लौटा। इस बार ईसा लौटने पर उसे वहाँ मिले भी नहीं। उससे पड़ोसी और वे लोग जो उसे मन्दिर के द्वार पर भीख माँगते देखा करते थे, कहने लगे—"क्या यह वही नहीं है जो बैठा हुआ भीख माँगा करता था?" कुछ लोगों ने कहा—"हाँ, यह वही है।" कुछ ने कहा—"नहीं, यह उस जैसा कोई और होगा।" तब उसने कहा—"मैं वही हूँ।" इस पर लोगों ने उससे पूछा—"तो तुम कैसे देखने लगे?" उसने उत्तर दिया—"जो व्यक्ति ईसा कहलाते हैं, उन्होंने मिट्टी सानी और मेरी आँखों पर लगा कर कहा—सिलोआम जाओ और नहा लो। मैं गया और नहाने के बाद देखने लगा।" उन्होंने उससे पूछा—'वह कहाँ है?' और उसने उत्तर दिया—'मैं नहीं जानता।'

यह विश्राम का दिन था। शास्त्रियों के अनुसार विश्राम के दिन मिट्टी सानना और दवा करना वर्जित है। मरणासन्न रोगी के अतिरिक्त इस दिन किसी को दवा नहीं दी जानी चाहिए। ईसा ने नियम का हर प्रकार से उल्लंघन किया। उस व्यक्ति को, जो पहले अन्धा था, लोग फ़रीसियों के पास ले गये। फ़रीसियों ने भी उस व्यक्ति से पूछा कि वह कैसे देखने लगा। उसने उनसे भी बता दिया—"उन्होंने मेरी आँखों पर मिट्टी लगा दी और मैं नहाने के बाद देखने लगा।" जो लोग इस व्यक्ति को फ़रीसियों के पास ले गये थे, वह देखना चाहते थे कि फ़रीसी इस चमत्कार से किस प्रकार प्रभावित होते हैं। परन्तु फ़रीसी तथा शास्त्री आदि ईसा को विश्वसनीय न मानकर निरन्तर उनके कार्यों को शास्त्रविरुद्ध सिद्ध करते थे। यहाँ भी कुछ फ़रीसियों ने कहा—"वह मनुष्य ईश्वर के यहाँ से नहीं आया है, क्योंकि वह विश्राम के दिन के नियम का पालन नहीं करता।" कुछ लोगों ने इस बात पर शंका उठाई—"पर पापी मनुष्य ऐसे चमत्कार कैसे दिखा सकता है?" इस प्रकार उनमें आपस में मतभेद हो गया और तर्क-वितर्क चलता रहा। उन्होंने फिर उस व्यक्ति से पूछा—"जिस व्यक्ति ने तुम्हारी आँखें ठीक की हैं, उसके विषय में तुम क्या कहते हो?" उसने उत्तर दिया—"वह नबी है।"

उन लोगों को विश्वास नहीं हो रहा था। फ़रीसी मान रहे थे कि यह वास्तविक बात न होकर मज़ाक है। अन्धेपन की बात ही जाल है। इसीलिए उन्होंने उसके माता-पिता को बुला भेजा और उनसे पूछा—"क्या यह तुम्हारा बेटा है, जिसके विषय में तुम यह कहते हो कि वह जन्म से अन्धा था? तो फिर यह कैसे देखने लगा है?" उसके माता-पिता ने उत्तर दिया—"हम जानते हैं कि यह हमारा बेटा है और यह जन्म से अन्धा था। किन्तु हम यह नहीं जानते कि यह अब कैसे देखने लगा है। हम यह भी नहीं जानते कि किसने

उसकी आँखें ठीक की हैं। वह सयाना है, उसी से पूछ लीजिए। वह अपनी बात आप ही बोलेगा।'' उसके माता-पिता ने यह इस कारण कहा कि वे यहूदियों से डरते थे। यहूदियों का यह निर्णय हो चुका था कि जो ईसा को मसीह मानेगा, वह सभागृह से बहिष्कृत कर दिया जायगा। इसीलिए माता-पिता ने उस पर बात टाल दी।

पुरोहित और फ़रीसी वर्ग किसी न किसी प्रकार इस बात को असिद्ध करना चाहते थे। उन्होंने उस व्यक्ति को, जो पहले अन्धा था, फिर बुला भेजा और उसे शपथ दिला कर पूछा—''हम जानते हैं कि वह मनुष्य पापी है।'' उसने सहज भाव से उत्तर दिया—''वह पापी है या नहीं, इसके बारे में मैं कुछ नहीं जानता। मैं यही जानता हूँ कि मैं अन्धा था और अब देखने लगा हूँ।'' इस पर उन्होंने उससे फिर पूछा—''उसने तुम्हारे साथ क्या किया ?'' उसने उत्तर दिया—''मैं आप लोगों को बता चुका हूँ, लेकिन आपने उस पर ध्यान नहीं दिया। अब फिर क्यों सुनना चाहते हैं ? क्या आप लोग भी उसके शिष्य बनना चाहते हैं ?'' वह व्यक्ति आँख की ज्योति पाने के साथ विश्वास के सहारे अधिक साहसी हो गया है। अन्य लोग प्रभावशाली यहूदियों से डरते हैं। उसके माता-पिता ने भी दब कर बात की। पर वह शुरू से स्पष्ट और निर्भीक है। उन लोगों ने उससे बुरा-भला कहा। अन्त में वे बोले कि ''तू ही उसका शिष्य बन जा। हम तो मूसा के शिष्य हैं। हम जानते हैं कि ईश्वर ने मूसा से बात की है, किन्तु इस व्यक्ति के बारे में हम नहीं जानते कि वह कहाँ का है।''

उसने स्पष्ट शब्दों में उन्हें उत्तर दिया—''यही तो आश्चर्य की बात है। उन्होंने मुझे आँखें दी हैं और आप लोग यह भी नहीं जानते कि वह कहाँ के हैं ! हम जानते हैं कि ईश्वर पापियों की नहीं सुनता। वह उन लोगों की सुनता है, जो भक्त है और उसकी इच्छा पूरी करते हैं। यह कभी सुनने में नहीं आया कि किसी ने जन्मान्ध को आँखें दी हैं। यदि वह मनुष्य ईश्वर के यहाँ से नहीं आया होता, तो वह कुछ भी नहीं कर सकता।'' उसकी इन बातों का उत्तर नहीं था। वे सब क्षुब्ध होकर उससे कहने लगे—''तू तो बिल्कुल पाप से ही जन्मा है, तू हमको सिखाने आया है ?'' यह कह कर उन्होंने उसको बाहर निकाल दिया। अपने प्रयत्नों में असफल हो जाने पर खीझ में उन्होंने ऐसा किया।

नगर में यह चर्चा चल पड़ी ! ईसा ने सुना कि फ़रीसियों ने उसको उसके विश्वास के कारण बाहर निकाल दिया है। अतः उससे मिलकर ईसा ने कहा—''क्या तुम मानवपुत्र में विश्वास करते हो ?'' उसने सहज भाव से उत्तर दिया—''महोदय, मुझे बता दीजिए कि वह कौन है, जिससे मैं उसमें विश्वास कर सकूँ।'' उस सरल व्यक्ति की सहज जिज्ञासा उसके निर्मल हृदय को सूचक है। ईसा ने उससे कहा—''तुमने उसे देखा है, वह तो तुमसे

बातें कर रहा है।'' तब उसने दण्डवत करते हुए कहा—''प्रभु मैं विश्वास करता हूँ।''

इस बीच नगर के अन्य लोग भी वहाँ एकत्र हो चुके थे। शिष्य भी पास थे। तब ईसा ने कहा—''मैं लोगों के विचार के लिए जगत् में आया हूँ कि जो नहीं देखते हैं वे देखने लगें और जो देखते हैं वे अंधे हो जाएँ।'' वहाँ भीड़ में जो फ़रीसी उनके पास थे, यह सुन कर बोले—''क्या हम भी अंधे हैं?'' ईसा ने उनसे कहा—''अगर तुम अंधे होते, तो तुम्हें पाप नहीं होता। परन्तु जब तुम कहते हो, हम देखते हैं, इसलिए तुम्हारा पाप बना रहता है।'' वस्तुतः उनके अनुसार फ़रीसी, याजक और शास्त्री धर्मग्रन्थों के नियमों और वचनों की दुहाई देते हैं और उनमें विश्वास नहीं है। यही कारण है कि वे देखते हुए भी नहीं देखते।

●●

प्रकरण सोलह

यहूदिया और पेरेआ के चारों ओर

१

शिविर पर्व के बाद ईसा अपने शिष्यों के साथ येरुसालेम के आस-पास रुके रहे। रात में वह एकान्त में प्रार्थना और विश्राम करते थे। उसके लिए पास के पहाड़ी घने वृक्षों से घिरे स्थान उन्होंने चुन रखे थे। जैतून की पहाड़ी भी ऐसा स्थान था। वे दिन में इधर-उधर घूम कर जन-समूहों के बीच अपना उपदेश देते थे। साथ में कुछ शिष्य भी रहते थे। जैसा कहा गया है, इस क्षेत्र में उनके विरोधी भी क्रियाशील थे। एक दिन जन-समूह के सामने उन्होंने कहना शुरू किया—"मैं तुम लोगों से कहे देता हूँ—जो फाटक से होकर भेड़-शाला में प्रवेश नहीं करता, बल्कि दूसरे रास्ते से चढ़ कर आता है, वह चोर और डाकू है। जो फाटक से प्रवेश करता है, वही भेड़ों का गड़रिया है और उसके लिए दरबान फाटक खोल देता है। भेड़ें उसकी आवाज़ पहचानती हैं। वह नाम ले-लेकर अपनी भेड़ों को बुलाता है और बाहर ले जाता है। अपनी भेड़ों को बाहर निकाल लेने के बाद वह उनके आगे-आगे चलता है और वे उसके पीछे-पीछे चलती हैं, क्योंकि वे उसकी आवाज पहचानती हैं। वे अपरिचित के पीछे-पीछे नहीं चलतीं। वे उनसे भाग जायेंगी, क्योंकि वे अपरिचितों की आवाज़ नहीं पहचानतीं।"

ईसा ने उन्हें यह दृष्टान्त अपने मूल अर्थ को समझाने के लिए सुनाया। इसको समझने के लिए फ़िलिस्तीन के गड़रियों की जीवन-पद्धति की दो हज़ार वर्ष पुरानी परम्परा को जानना होगा। ये गड़रिये अपने भेड़ों के रेवड़ के साथ प्रायः खुले मैदानों में रहते थे। दिन में पहाड़ी ढालों और पठारी भूमि पर चराने के बाद वे उन्हें खुले बाड़ों में बन्द करके देख-रेख रखते थे। ये बाड़े पत्थरों को जमा कर बना लिए जाते थे और उन्हें नागफनी और झाड़ों से घेर दिया जाता था। इस बाड़े के एक कोने पर एक सकरा फाटक रहता था जिससे होकर भेड़ें एक-एक करके अन्दर-बाहर आ-जा सकती थीं। इस प्रकार आते-जाते उनकी गिनती आसानी से की जा सकती थी। कभी-कभी इन बाड़ों में कई गड़रियों के रेवड़ रात में रहते थे। तब बारी-बारी से देख-भाल रखने में उन्हें सुविधा होती थी। सुबह हर एक गड़रिया बारी-बारी से अन्दर जाता था और अपनी भेड़ों को साथ लेकर निकल आता था। वे आवाज़ से अपने गड़रिये को पहचानती थीं और गड़रिया अपनी भेड़ों को भी पहचानता था।

अपने रेवड़ को और अपने गड़रिये को पहचानने की भेड़ों में सहज प्रवृत्ति

होती है। यहूदिया के इन भागों में जलस्रोत बहुत कम हैं। गर्मी के मौसम में एक तालाब या जलस्रोत अथवा झरने के किनारे दस-बारह रेवड़ तक इकट्ठा हो जाते हैं। वे पेड़ों या चट्टानों की छाया में अपनी भेड़ों के साथ अपनी बारी की प्रतीक्षा करते रहते हैं। और जब पहले वाले रेवड़ पानी पी चुकते हैं, तब क्रमशः गड़रिया अपने रेवड़ को जलस्रोत के पास ले जाता है और पानी पिलाता है। और सबके पी लेने के बाद दूसरों के लिए स्थान खाली कर देते हैं। गड़रिया अपने गले की विशेष ध्वनियों से अपनी भेड़ों को संकेत देता है, जिसका अनुसरण वे करती हैं। यहाँ ईसा के दृष्टान्त में अनेक तत्व इस पशुचारण-परक दृश्य को रंग-विधान देने के लिए हैं। रूपक-विधान के समान यहाँ हर एक का निश्चित प्रतीकार्थ लगाना संगत नहीं है।

ईसा के इस दृष्टान्त का अर्थ उनकी समझ में नहीं आया, वे ग्रहण नहीं कर सके कि वह उनसे क्या कह रहे हैं। अतः ईसा ने और स्पष्ट करके कहा—"मैं तुमसे कहता हूँ—भेड़शाला का द्वार मैं ही हूँ। जो मुझसे पहले आये, वे सब चोर और डाकू हैं, किन्तु भेड़ों ने उनकी नहीं सुनी। मैं ही द्वार हूँ। यदि कोई मुझमें होकर प्रवेश करे, तो उसे मुक्ति प्राप्त होगी। वह भीतर-बाहर आया-जाया करेगा और उसे चरागाह मिलेगा। चोर केवल चुराने, मारने और नष्ट करने आता है। मैं इसलिए आया हूँ कि वे जीवन प्राप्त करें—बल्कि परिपूर्ण जीवन प्राप्त करें।" ईसा भेड़ों और गड़रिया दोनों के लिए द्वार हैं। दूसरी ओर सच्चा गड़रिया भी ईसा हैं। अन्य जो और मार्गों से बाड़े में प्रवेश करते हैं, वे अपरिचित, धोखा देने वाले ठग हैं। ऐसे छद्मवेशी मसीहों से बचना है। ऐसे छद्मवेशी आते रहे हैं, पर उन पर विश्वास नहीं करना है। पिता से मिलाने वाले ईसा ही हैं, क्योंकि परिपूर्ण जीवन की परिकल्पना उन्हीं पर प्रतिष्ठित है।

आगे ईसा कहते हैं—"भला गड़रिया मैं हूँ। भला गड़रिया अपनी भेड़ों के लिए अपने प्राण दे देता है। मज़दूर, जो न गड़रिया है और न भेड़ों का मालिक, भेड़िये को आते देखकर भाग जाता है और भेड़िया उन्हें पकड़ता है और तितर-बितर कर देता है। मज़दूर भाग जाता है, क्योंकि वह मज़दूर है और उसे भेड़ों की कोई चिन्ता नहीं।" भला गड़रिया अपनी भेड़ों को पहचानता है और भेड़ें उसको पहचानती हैं। उनकी रक्षा के लिए वह अपनी जान भी खतरे में डालता है। वह अपने रेवड़ की भलाई और सुरक्षा की चिन्ता करता है। ईसा आगे कहते हैं—"मैं भला चरवाहा हूँ। जिस तरह पिता मुझे जानता है और मैं पिता को जानता हूँ, उसी तरह मैं अपनी भेड़ों को जानता हूँ और मेरी भेड़ें मुझे जानती हैं। मैं भेड़ों के लिए जीवन अर्पित करता हूँ। मेरी और भी भेड़ें हैं, जो इस भेड़शाला की नहीं हैं। मुझे उन्हें भी ले आना है। वे भी मेरी आवाज़ सुनेंगी। तब एक ही झुण्ड होगा और एक ही गड़रिया।"

यहाँ जानना महत्वपूर्ण है। पिता को ईसा जानते हैं और पिता ईसा को अर्थात् उनमें आत्मिक सम्प्रेषण संभव है। उसी प्रकार ईसा अपने अनुयायियों से आत्मिक सम्प्रेषण की बात कह रहे हैं। गड़रिया भावावेश में अपनी भेड़ों के लिए प्राण दे देता है, क्योंकि उसका अपनी भेड़ों से लगाव होता है। पर ईसा प्राण देने की बात सांकेतिक रूप में कह रहे हैं, क्योंकि ऐसा घटित होने वाला है। ईसा अपनी बात को पूरा करते हैं—"पिता मुझे इसलिए प्यार करता है कि मैं अपना जीवन अर्पित करता हूँ, बाद में मैं फिर उसे ग्रहण करूँगा। कोई भी मुझसे मेरा जीवन नहीं हर सकता। मैं स्वयं ही उसे अर्पित करता हूँ। मुझे अपना जीवन अर्पित करने का और उसे ग्रहण करने का अधिकार है। मुझे अपने पिता की ओर से यह आदेश मिला है।" इस प्रकार ईसा प्यार और समर्पण, उत्सर्ग और ग्रहण, बलिदान और पुनर्जीवन की गहन अर्थ-व्यंजना करते हैं।

इन बातों से जन-समूह के एक बड़े भाग का प्रभावित होना स्वाभाविक था। प्रभावी यहूदियों में भी मतभेद हो गया। बहुतों को विश्वास आ रहा था और वे कहने लगे—"जिसे अपदूत लगा हो, वह ऐसे वचन नहीं कह सकता।" तब विरोधियों ने बल देकर कहा—"उसे अपदूत लगा है, वह प्रलाप करता है।" इस पर अन्य लोगों ने कहा—"क्या अपदूत अन्धों को आँख दे सकता है?" इसका उत्तर नहीं था, पर विरोधी उनके विरुद्ध प्रयत्न करते रहे।

२

कुछ समय ईसा अपने शिष्यों के साथ येरुसालेम के चारों ओर यहूदिया और पेरेआ के अन्य स्थानों में घूम कर उपदेश देते रहे। दो महीने बाद यानी दिसम्बर में येरुसालेम में प्रतिष्ठान पर्व मनाया जा रहा था। जाड़े का मौसम था, इसमें यहाँ वर्षा काफ़ी होती है। अन्तिओकस एपिफ़नेस ने सत्य ईश्वर की वेदी को भ्रष्ट किया था। तीन वर्ष बाद १६४ ई० पू० यूदस मक्काबी ने उसे पुनः प्रतिष्ठित किया और उसके पर्व का उत्सव शुरू किया था। यह आठ दिन तक बहुत गरिमा के साथ मनाया जाता था और शिविर पर्व के आदर्श पर बहुत प्रकाश आदि करके मनाया जाता था, जिसके कारण इसे प्रकाश पर्व का नाम भी मिल गया था। ईसा ने इस अवसर पर येरुसालेम में पुनः अपना उपदेश देने का निश्चय किया।

ईसा मन्दिर में सुलेमान मण्डप में टहल रहे थे। वर्षा से बचने का यह अच्छा स्थान था और इसका विस्तार अधिक था, जिसमें काफी बड़ा जन-समूह आ सकता था। विरोधी उनकी ताक में थे ही। उन यहूदियों ने उन्हें घेर लिया और कहा—"आप हमें कब तक असमंजस में रखे रहेंगे? यदि आप मसीह हैं, तो हमें स्पष्ट शब्दों में बता दीजिए।" ईसा ने उन्हें उत्तर दिया—"मैंने तुम

लोगों को बताया और तुम विश्वास नहीं करते। जो कार्य मैं अपने पिता के नाम पर करता हूँ, वे मेरे विषय में साक्ष्य देते हैं। किन्तु तुम विश्वास नहीं करते, क्योंकि तुम मेरी भेड़ें नहीं हो। मेरी भेड़ें मेरी आवाज़ पहचानती हैं। मैं उन्हें जानता हूँ और वे मेरा अनुसरण करती हैं। मैं उन्हें अपना जीवन प्रदान करता हूँ। उनका कभी सर्वनाश नहीं होगा और कोई भी उन्हें मुझसे नहीं छीन सकता। मेरे पिता ने मुझे उन्हें दिया है, वह सबसे महान् है। कोई भी उन्हें पिता से नहीं छीन सकता। मैं और पिता एक हैं।'' ईसा ने पुनः प्रेम और विश्वास पर बल देते हुए अपना और पिता का सम्बन्ध व्याख्यायित किया। पिता के साथ पुत्र है और उनसे एक है, स्पष्टतः अभिन्नता प्रतिपादित नहीं की गई है, वरन् पिता-पुत्र के आन्तरिक सम्बन्ध को रेखांकित किया गया है।

विरोध भाव रखने वालों के लिए ईसा का यह स्पष्ट कथन अधिक उत्तेजक था, क्योंकि इस प्रकार का कोई दावा करे, यह उन्हें सह्य नहीं था। वे ईसा को मसीह मानने को तैयार नहीं थे, क्योंकि वे उनकी कल्पना-भावना के अनुसार नहीं थे। उन्होंने ईसा को मार डालने के लिए पत्थर उठाये। ईसा ने उससे पुनः कहना शुरू किया—''मैंने अपने पिता के सामर्थ्य से तुम लोगों के सामने बहुत से अच्छे कार्य किये हैं। उनमें से किस कार्य के लिए मुझे पत्थरों से मार डालना चाहते हो ?'' यहूदियों ने उत्तर दिया—''किसी अच्छे कार्य के लिए नहीं, बल्कि ईश-निन्दा के लिए हम तुमको पत्थरों से मार डालना चाहते हैं; क्योंकि तुम मनुष्य होकर अपने को ईश्वर मानते हो।'' ईसा ने उत्तर दिया—''क्या तुम लोगों की संहिता में यह नहीं लिखा है, 'मैंने कहा—तुम देवता हो' ? जिनको ईश्वर का सन्देश दिया गया था, यदि संहिता में उनको देवता कहा—और धर्मग्रन्थ की बात टल नहीं सकती—तो जिसे पिता ने अधिकार प्रदान कर संसार में भेजा है, उससे तुम लोग यह कह सकते हो—आप ईश-निन्दा करते हैं, क्योंकि मैंने कहा, मैं ईश्वर-पुत्र हूँ ?''

मार डालने के लिए पत्थर उठा लेने पर भी यहूदी ऐसा करने में असमर्थ थे। अन्दर से ईसा के व्यक्तित्व के प्रभाव का डर था और रोमन सेनाएँ भी वहाँ अन्तोनियाँ की ऊँचाई पर शिविर डाले थीं। नगर की व्यवस्था और शान्ति बनाये रखना उनका दायित्व था। ईसा ने तर्क दिया है कि जब धर्मग्रंथों के अनुसार, जो न्यायकर्त्ता ईश्वरीय शक्ति के किंचित् सहभागी मात्र थे, उनको देवता कहा गया है, तो उनके अपने को ईश्वर-पुत्र कहने में क्या ईश-निन्दा है ? फिर उन्होंने अपने को सीधे ईश्वर नहीं कहा, अपने को पिता के साथ एक कहा है।

पुनः ईसा उन्हें समझाते हैं—''यदि मैं अपने पिता के कार्य नहीं करता तो मुझ पर विश्वास न करो, किन्तु यदि मैं उन्हें करता हूँ तो मुझ पर विश्वास न करके भी उन कार्यों पर विश्वास करो, जिससे तुम जान जाओ और समझ

लो कि पिता मुझमें है और मैं पिता में हूँ।" इस पर उन्होंने फिर ईसा को गिरफ़्तार करने का प्रयास किया, परन्तु वह उनके हाथ से निकल गये।

३

ईसा का दौरा पेरेआ प्रदेश में चार-पाँच माह चलता रहा। इस बीच वह प्रतिष्ठान पर्व के लिए येरुसालेम गये थे। गलीलिया से आने के बाद पहले वह यहूदिया प्रदेश में उपदेश दे रहे थे। अब मुख्यतः यर्दन नदी के पूर्वी क्षेत्र में रहे। गलीलिया के बाद ईसा सभाघरों में जन-समूह को सम्बोधित नहीं करते थे, वरन् खुले स्थानों पर सभा करते थे। एक तो अब जन-समूह इतना इकट्ठा होने लगा था कि वह सभाघर में समा नहीं सकता था। दूसरे उनके विरोधी फ़रीसी और शास्त्रियों के षड्यंत्रों से बचाव भी इस प्रकार अधिक था। जन-समूह के सामने ईसा उनका विरोध भी प्रकट करते थे। पर कभी-कभी शिष्यों को शिक्षा देते थे। यद्यपि उनके वचनों में गूढ़ अर्थ तो नहीं होते थे, पर फिर भी अर्थ-सन्दर्भों को खोलने की अपेक्षा होती थी। इसी क्रम में एक दिन फ़रीसियों ने पास आकर उनकी परीक्षा की दृष्टि से यह प्रश्न किया—"क्या किसी भी कारण से अपनी पत्नी को त्याग देना उचित है?" ईसा ने उत्तर दिया—"क्या तुम लोगों ने यह नहीं पढ़ा कि सृष्टिकर्त्ता ने प्रारम्भ में ही उन्हें नर-नारी बनाया और कहा कि इस कारण पुरुष अपने माता-पिता को छोड़ेगा और अपनी पत्नी के साथ रहेगा, और वे दोनों एक शरीर हो जायेंगे। इस तरह वे अब दो नहीं, वरन् एक शरीर हैं। इसलिए जिस ईश्वर ने जोड़ दिया है, उसे मनुष्य अलग न करे।"

फ़रीसियों ने ईसा को घेरने के लिए कहा—"तब मूसा ने पत्नी को त्याग-पत्र देने का आदेश क्यों दिया है?" ईसा ने उत्तर दिया—"ईश्वर ने तुम्हारे हृदय की कठोरता के कारण ही तुम्हें पत्नी को त्यागने की अनुमति दी है, परन्तु आरम्भ में ऐसा नहीं था।" फिर घर वापस आने पर विश्राम के समय शिष्यों ने फिर उस सवाल को उठाया। तब ईसा ने कहा—"जो कोई अपनी पत्नी को त्याग कर दूसरी से विवाह करता है, वह उसके विरुद्ध व्यभिचार करता है। इसी प्रकार यदि पत्नी अपने पति को त्याग कर दूसरे से विवाह करती है तो वह व्यभिचार करती है।" इस पर शिष्यों ने ईसा से कहा—"यदि पति और पत्नी का सम्बन्ध ऐसा ही है, तो विवाह न करना ही अच्छा है?" तब ईसा ने उनको समझाया—"सब यह बात नहीं समझते, केवल वे ही समझते हैं, जिन्हें यह वरदान मिला है। क्योंकि कुछ लोग माता के गर्भ से नपुंसक पैदा हुए हैं, कुछ लोगों को मनुष्यों ने नपुंसक बना दिया है और कुछ लोगों ने स्वर्ग के राज्य के लिए अपने को नपुंसक बना लिया है। जो समझ सकते हैं, वह समझ लें।"

फ़रीसियों ने मूसा के विधान का उल्लेख किया कि ईसा उसके उत्तर में

कहेंगे, उसके आधार पर वे उन्हें बदनाम करेंगे। ईसा ने आरम्भ में धर्मग्रन्थ की मूल बात का उल्लेख किया कि ईश्वर ने स्त्री-पुरुष के युग्म बनाये हैं, अतः उनका अलगाव विहित नहीं है। मूसा के विधान के बारे में उनका कहना था कि यह विशेष अनुमति व्यभिचार के प्रसंग में दी गई है और वह भी अपवाद-स्वरूप। ईसा ने यहूदियों के सामने अपने कठोर अनुशासन का उल्लेख नहीं किया। पर घर आकर शिष्यों को उन्होंने समझाया कि पति-पत्नी का बन्धन अटूट है और उसका उल्लंघन करने वाला पति या पत्नी अपने पहले पति या पहली पत्नी के प्रति व्यभिचार का पाप करता है। इस कठोर नियम को सुनकर शिष्य हतप्रभ रह गये और उन्होंने विवाह के अस्वीकार किये जाने की बात की। इस पर ईसा ने समझाया कि सामान्यतः विवाह धार्मिक बन्धन है और उससे मुक्त नपुंसक व्यक्ति ही हो सकता है। ईश्वर के मार्ग पर विवाह न करनेवाला व्यक्ति स्वर्ग राज्य के लिए ऐसा करता है।

एक दिन उपदेश के बाद किसी फ़रीसी ने उनसे निवेदन किया कि आप मेरे घर भोजन करें। सभी फ़रीसी ईसा के विरोधी नहीं थे, उनके मन में शंकाएँ अवश्य थीं। यह कोई औपचारिक दावत नहीं थी, जिसमें सेवक पानी से हाथ धुलाता है। इसके अतिरिक्त अपनी यात्रा में वे अनेक तरह के लोगों से सम्पर्क में आये थे, और इस कारण नियमतः उन्हें हाथ-पैर धोने थे पर ईसा उसके घर पहुँच कर सीधे भोजन की मेज़ पर बैठ गये। मेज़बान फ़रीसी को यह देख कर आश्चर्य हुआ कि उन्होंने भोजन से पहले हाथ नहीं धोये। पर वह संकोच-वश अपने आश्चर्य को प्रकट नहीं कर सका। ईसा ने उसके भाव को समझकर कहा—"तुम फ़रीसी लोग प्याले और थाली को ऊपर से तो माँजते हो, परन्तु तुम भीतर लालच और दुष्टता से भरे हुए हो। मूर्खो ! जिसने बाहर बनाया, क्या उसी ने अन्दर नहीं बनाया ? जो अन्दर है उसमें से दान कर दो, और सब कुछ तुम्हारे लिए शुद्ध हो जायगा।"

अभी ईसा ने उसे हृदय की पवित्रता की बात बताई। पर किसी ने संभवतः प्रश्न किया कि आपका कथन धर्मग्रन्थों से समर्थित नहीं है। और तब उनके स्वर में फटकार का भाव आ गया—"फ़रीसियो ! तुमको धिक्कार है। क्योंकि तुम पुदीने, रास्ने और हर प्रकार के साग का दशमांश तो देते हो, परन्तु त्याग और ईश्वर के प्रति प्रेम की उपेक्षा करते हो। इन्हें करते रहना और उनकी भी उपेक्षा नहीं करना, तुम्हारे लिए उचित था। रे फ़रीसियो, धिक्कार तुम लोगों को ! क्योंकि तुम सभाघरों में प्रथम आसन और बाज़ारों में प्रणाम चाहते हो। धिक्कार तुम लोगों को ! क्योंकि तुम उन कब्रों के समान हो जो दीख नहीं पड़तीं, और जिन पर लोग अनज़ाने ही चलते-फिरते हैं।"

भोज में अन्य लोग भी उपस्थित थे। फ़रीसियों में शास्त्री भी थे, वस्तुतः सभी शास्त्री प्रायः फ़रीसी होते थे। अतः फ़रीसियों पर पड़ने वाली फटकार

वहाँ उपस्थित शास्त्रियों को अपने ऊपर लगे, यह स्वाभाविक था। उनमें एक ने ईसा से कहा—"गुरुवर, ऐसी बातें कह कर आप हमारा भी अपमान कर रहे हैं।" ईसा को जैसे मौक़ा मिल गया हो, उन्होंने उत्तर दिया—"रे शास्त्रियो, धिक्कार तुम लोगों को भी। क्योंकि तुम मनुष्यों पर बहुत से भारी बोझ डालते हो और स्वयं उन्हें उठाने के लिए अपनी एक अँगुली भी नहीं लगाते। धिक्कार तुम लोगों को ! क्योंकि तुम नबियों के लिए मकबरे बनवाते हो, जबकि तुम्हारे पूर्वजों ने उनको मार डाला है। इस प्रकार तुम अपने पूर्वजों के कर्मों की गवाही देते हो और उनसे सहमत भी हो, क्योंकि उन्होंने तो उनको मार डाला और तुम उनके मकबरे बनाते हो।" कुछ रुक कर ईसा ने फिर कहा—"इस कारण ईश्वर की प्रज्ञा ने कहा—मैं उनके पास नबियों और प्रेरितों को भेजूंगा; वे उनमें कितनों को मार डालेंगे और कितनों पर अत्याचार करेंगे। इसलिए संसार के प्रारम्भ से जितने नबियों का रक्त बहाया गया है—हाबिल के रक्त से लेकर जकरियस के रक्त तक, जो वेदी और मंदिर-गर्भ के बीच मारा गया था—उनका हिसाब इस पीढ़ी को चुकाना पड़ेगा। मैं तुमसे कहता हूँ, उसका हिसाब इसी पीढ़ी को चुकाना पड़ेगा। रे शास्त्रियो, धिक्कार तुम लोगों को ! क्योंकि तुमने ज्ञान की कुंजी हटा ली है; न तो तुमने प्रवेश किया और न प्रवेश करनेवालों को ही जाने दिया।"

ईसा फ़रीसियों और शास्त्रियों को प्रायः फटकार बताते थे। ये लोग संकुचित अर्थ में विधि-विधान को मानते हैं, उसके भाव तत्त्व को छोटी-छोटी विधियों में उलझाते थे। अपने सम्मान के लिए जन-समाज के सम्मुख हर तरह का प्रदर्शन करते थे। उनके पाखंड और बनावट भी बहुत थे। इस कारण ईसा उन्हें मौके-मौके पर आड़े हाथों लेते थे। यहाँ ईसा के कथन में यहूदी इतिहास के सन्दर्भ हैं। अनेक सन्देशवाहक और प्रेरित आत्मा उनके पूर्वजों के हाथों अहंकारवश सताये गये हैं। अब जब ईसा भोजन के बाद घर से निकले, तो शास्त्री और फ़रीसी बुरी तरह उनके पीछे पड़ गये और बहुत-सी बातों के संदर्भ में उनको छेड़ने लगे। वे इस ताक में थे कि ईसा के किसी कथन में दोष निकाल लें, जिससे उन पर आरोप लगा सकें।

ये शास्त्री और फ़रीसी अपने धर्म-शास्त्रों के सारे संकेत ग्रहण करने में असमर्थ थे, क्योंकि उनकी दृष्टि केवल रूढ़ि ग्रहण करने में समर्थ थी। इसके अतिरिक्त जैसा कहा जा चुका है, उनके मन में मसीह की कल्पना एक शक्तिशाली सम्राट् जैसी थी जो उनका उद्धार करेगा यानी उनकी सत्ता को स्थापित करेगा। इसलिए उनके लिए योहन बपतिस्ता के उपदेशों का और ईसा के चमत्कारों का महत्त्व नहीं था। ईसा ने कहा—"जब तुम पश्चिम से घटाएँ घिरती देखते हो तो कहते हो 'पानी बरसने वाला है' और ऐसा ही होता है। उसी तरह जब दक्षिणी हवा चलती है, तो तुम कहते हो 'गर्मी पड़ेगी'।" परन्तु

उनके लिए ये स्पष्ट संकेत भी अर्थ नहीं रखते थे। ईसा ने उनसे कहा—"रे ढोंगियो! यदि तुम आकाश और पृथ्वी की सूरत पहचान सकते हो, तो इस समय के लक्षणों को क्यों नहीं पहचानते?" ईसा उनके इस दृष्टिकोण के बावजूद पश्चात्ताप के लिए निरन्तर प्रेरित करते हैं—"तुम स्वयं क्यों नहीं विचार करते कि उचित क्या है? जब तुम अपने मुद्दई के साथ कचहरी जा रहे हो, तो रास्ते में ही उसके साथ समझौता करने की चेष्टा करो। कहीं ऐसा न हो कि वह तुम्हें न्यायकर्त्ता के पास खींच ले जाये और न्यायकर्त्ता तुम्हें प्यादे के सिपुर्द कर दे और प्यादा तुम्हें बन्दीघर में डाल दे। मैं तुमसे कहता हूँ, जब तक कौड़ी-कौड़ी न चुका दोगे, तब तक वहाँ से निकल नहीं सकोगे।"

इस बीच गलीलिया से आये हुए यात्रियों ने वहाँ आकर एक घटना की चर्चा की। वहाँ मन्दिर में बलिदान करते समय रोमन अधिकारी ने गलीलियों के कत्ल की आज्ञा दे दी। लोग आश्चर्य कर रहे थे कि इन व्यक्तियों का कौन-सा अभाग्य था जिसके कारण उनकी हत्या हुई। यह विश्वास प्रचलित था कि कोई आपदा अथवा अभाग्य अपराध के दण्ड के रूप में घटित होता है। कुछ लोग ईसा को इन गलीलियों के विषय में बताने आये, जिनका रक्त पिलातुस ने उनके बलिपशुओं के रक्त के साथ मिला दिया था। ईसा ने उनसे कहा—"क्या तुम समझते हो कि ये गलीली अन्य सब गलीलियों से अधिक पापी थे, क्योंकि उन्हीं पर ऐसो आपदा आई। मैं तुमसे कहता हूँ, ऐसा नहीं है: लेकिन अगर तुम पश्चात्ताप नहीं करोगे, तो सब के सब इसी तरह नष्ट हो जाओगे। अथवा क्या तुम समझते हो कि सीलोआम की मीनार के गिरने से जो अट्ठारह व्यक्ति दब कर मर गये, वे येरुसालेम के सब निवासियों से अधिक अपराधी थे? मैं तुमसे कहता हूँ, ऐसा नहीं है। लेकिन यदि तुम पश्चात्ताप नहीं करोगे, तो सब के सब उसी तरह नष्ट हो जाओगे।"

लोग एकत्र होकर ध्यान से सुन रहे थे। तब ईसा ने एक दृष्टान्त सुनाया—"किसी व्यक्ति की दाखवारी में एक अंजीर का पेड़ था। वह उसमें फल खोजने आया, परन्तु उसे एक भी नहीं मिला। तब उसने दाखवारी के माली से कहा—"देखो, मैं तीन वर्ष से इस अंजीर के पेड़ में फल खोजने आता हूँ, पर मुझे एक भी नहीं मिलता। इसे काट डालो। यह व्यर्थ भूमि को घेरे हुए है।" परन्तु माली ने प्रार्थना की—"स्वामी, इस वर्ष भी इसे रहने दीजिए। मैं इसके चारों ओर खोद कर खाद दूंगा। यदि यह अगले वर्ष फल दे तो अच्छा है, नहीं तो इसे कटवा दीजिएगा।" फ़िलिस्तीन में अंगूर और अंजीर के पेड़ के नीचे विश्राम करना शान्ति और सुरक्षा का प्रतीक माना जाता था। अंजीर का पेड़ श्रेष्ठता के क्रम में जैतून के बाद आता था, पर अंगूर के पहले था। वस्तुतः अंजीर के पेड़ दो बार फूलने-फलने के कारण और उसके फल अधिक दिन चलने के कारण अधिक आदर पाते थे। इस दृष्टान्त के अंजीर के पेड़ के तीन वर्ष तक न फलने

का कारण पाला या अतिवर्षा को नहीं माना जा सकता है। यहाँ प्रतीक न मान कर अंजीर का सामान्य अर्थ में ग्रहण अधिक उचित माना गया है। इस प्रकार क्षमा के अवसर की बात ही कही गई है।

इसी प्रदेश में किसी अन्य स्थान पर ईसा विश्राम के दिन सभाघर में शिक्षा दे रहे थे। इधर जन-समूह की भीड़ और फ़रीसियों के षड्यन्त्र से बचे रहने की दृष्टि से वह खुले स्थान पर उपदेश देते रहे थे। परन्तु इस स्थान पर सभाघर-में उपदेश दे रहे थे। वहाँ एक स्त्री आयी जो अपदूत लग जाने के कारण अठारह वर्षों से बीमार थी। वह एकदम झुक गयी थी और किसी भी तरह सीधी नहीं हो पाती थी। ईसा ने उसे देख कर अपने पास बुलाया और उससे कहा—"नारी, तुम अपने रोग से मुक्त हो जाओ।" और उन्होंने उस पर हाथ रख दिये। उसी क्षण वह सीधी हो गई और ईश्वर की स्तुति करने लगी। सभाघर का अधिकारी याजक चिढ़ गया, क्योंकि ईसा ने विश्राम के दिन उस स्त्री को चंगा किया था।

वह ईसा से कुछ कह पाने का साहस नहीं कर सका, पर लोगों को भड़काने लगा—"यह दिन है जिसमें काम करना उचित नहीं है। इसीलिए उन्हीं दिनों चंगा हो जाने के लिए आओ, विश्राम के दिन नहीं।" उसने इस प्रकार कहा जैसे कि ईसा का इस बात से सम्बन्ध न हो। परन्तु ईसा ने उसे उत्तर दिया—"रे ढोंगियो! क्या तुममें से हर एक विश्राम के दिन अपना बैल या गधा थान से खोल कर पानी पिलाने नहीं ले जाते? शैतान ने इस स्त्री, इब्राहीम की इस बेटी को, इन अट्ठारह वर्षों से बाँध रखा था, तो क्या इसे विश्राम के दिन इस बन्धन से छुड़ाना उचित नहीं था?" ईसा के इन शब्दों से उनके सब विरोधी लज्जित हो गये, पर सारी जनता उनके चमत्कार से आनन्दित हो उठी थी।

४

ईसा उस समय पेरेआ के गाँव-गाँव और नगर-नगर उपदेश दे रहे हैं। क्रमशः उनकी यात्रा येरुसालेम की ओर आगे बढ़ रही थी। हेरोद अन्तीपस योहन की हत्या के बाद ईसा से भयभीत आतंकित था। वह स्वतः ईसा को हानि नहीं पहुँचाना चाहता था, पर नीति से चाहता था कि ईसा को अपने प्रदेश से हटा दे। वह विलासी ज़रूर था पर क्रूर नहीं था। बपतिस्ता की हत्या उससे इच्छा के विरुद्ध करवाई गई थी। और उसके मन में यह धारणा बन गई थी कि बपतिस्ता ही ईसा में जीवित हो गया है। फरीसियों के समान वह भी चाहता था कि ईसा उसके प्रदेश को छोड़ दें, पर वह शक्ति के वजाय नीति से काम लेना चाहता था। पेरेआ के जन-मत के कारण फ़रीसी ईसा को किसी प्रकार अपने जाल में फँसाने में असमर्थ थे, अतः वे भी चाहते थे कि ईसा पेरेआ छोड़ कर यहूदिया चले जायँ। इस दृष्टि से एक दिन कई फ़रीसी उनके पास

आकर कहने लगे—"विदा लेकर यहाँ से चले जाइये, क्योंकि हेरोद आपको मार डालना चाहता है।" परन्तु ईसा ने उनसे कहा—"जाकर उस लोमड़ी से कहो—मैं आज और कल नरकदूतों को निकालता ओर रोगियों को चंगा करता हूँ और तीसरे दिन मेरा कार्य समापन तक पहुँचा दिया जायगा। आज, कल और परसों मुझे यात्रा करनी है, क्योंकि यह नहीं हो सकता है कि कोई नबी येरुसालेम के बाहर मर जाये।" ईसा ने निर्भीक भाव से स्पष्ट कर दिया कि न हेरोद की चालाकी चलेगी और न उनकी, पर उन्हें अपना काम पूरा करने के बाद येरुसालेम जाना ही है। यह भी उनके कार्यक्रम का अंग है।

पिछले प्रसंग में विश्राम के दिन बूढ़ी स्त्री को स्वस्थ करने की बात को लेकर फ़रीसियों ने ईसा पर आरोप लगाना चाहा था। फिर ऐसा हुआ कि एक अगले विश्राम के दिन फ़रीसियों के किसी मुखिया ने उन्हें भोजन करने के लिए बुलाया। यह मुखिया ईसा के बारे में उत्सुक था और उसमें अपने लोगों जैसा विरोध भाव भी नहीं था। शनिवार के विश्राम दिवस पर अन्य सभी कामों पर प्रतिबन्ध था, अतः खाने-पीने का खूब आनन्द मनाया जाता था। सभाघरों की बैठकों के बाद काफ़ी समय इसके लिए रहता था। जान पड़ता है कि सभाघर के पूजाविधान के बाद दोपहर के भोजन पर ईसा आमंत्रित थे। भोजन पर अन्य लोग भी थे, जिनमें कुछ लोग निश्चय ही ताक़ में थे कि ईसा को घेरा जाय। वहाँ एक जलोदर-पीड़ित रोगी ईसा के सामने उपस्थित हुआ। स्पष्ट नहीं है कि वह स्वयं ही अनिमंत्रित दावत के बीच आ गया कि वह रोगमुक्त हो सकता है अथवा फ़रीसियों ने सोद्देश्य उसे बुलाया था कि क्या विश्राम के दिन ईसा उसे ठीक करते हैं ?

ईसा ने उनके मनोभाव को समझ लिया और स्वयं शास्त्रियों तथा फ़रीसियों से प्रश्न किया—"विश्राम के दिन निरोग करना उचित है या नहीं ?" अब उत्तर देना कठिन था, अगर 'नहीं' कहते हैं तो सामान्य ढंग से अनुचित लगता है और अगर 'हाँ' कहते हैं तो विश्रामबार के नियम का उल्लंघन होता है। वे चुप रहे। तब ईसा ने जलोदर-पीड़ित का हाथ पकड़ कर उसे चंगा कर दिया और फिर विदा किया। और ईसा ने वहाँ के लोगों से कहा—"यदि तुम्हारा गदहा या बैल कुएँ में गिर पड़े, तो तुम लोगों में ऐसा कौन है जो उसे विश्राम के दिन ही तुरन्त बाहर न निकाल ले।" फ़िलिस्तीन में ऐसी घटनाएँ होती ही रहती थीं, जहाँ खड्ड और खाड़याँ पहाड़ी ढालों और पठारी चट्टानों में बिखरी हुई हैं। ईसा की इस बात का वे उत्तर न दे सके।

इस दावत में आकर ईसा ने यह देखा था कि लोगों ने अच्छी-अच्छी जगह अपने लिए चुनी है। उन्होंने इस बात का खयाल नही रखा कि उनसे अधिक महत्त्वपूर्ण आ सकता है। विशेष अवसर की दावतों में मेहमानों को उनके पद और महत्त्व के अनुसार स्थान दिया जाता था। पर अनौपचारिक भोज में

आतिथेय इस बात पर ध्यान नहीं देता था। लोग अच्छी से अच्छी जगह को घेरना चाहते थे। इस बात को लक्ष्य करके ईसा ने उन्हें एक दृष्टान्त सुनाया—"विवाह में आमंत्रित होने पर सबसे अगले स्थान पर मत बैठो। कहीं ऐसा न हो कि तुमने प्रतिष्ठित कोई अतिथि आमंत्रित हो और जिसने तुम दोनों को न्योता दिया है, वह आकर तुमसे कहे—'उन्हें उनकी जगह दीजिए' और तुम्हें लज्जित होकर सबसे पिछले स्थान पर बैठना पड़े। परन्तु जब तुम्हें न्योता मिले, तो जाकर सबसे पिछले स्थान पर बैठो जिससे न्योता देने वाला आकर तुमसे यह कहे—'बन्धु, आगे बढ़कर बैठिये।' इस प्रकार सभी अतिथियों के सामने तुम्हारा सम्मान होगा। क्योंकि जो अपने को बड़ा मानता है, वह छोटा बनाया जायगा और जो अपने को छोटा मानता है, वह बड़ा बनाया जायगा!" ईसा की विनम्रता की इस नैतिक शिक्षा का प्रभाव उन पर नहीं पड़ा, क्योंकि उनकी मुख्य दृष्टि ईसा को ग़लत सिद्ध करने पर थी।

ईसा के आतिथेय का भाव विरोध का नहीं था, उसके व्यवहार से यह स्पष्ट था। अतः उन्होंने उससे सहज भाव से कहा—"जब तुम दोपहर या शाम को भोज दो, को न अपने मित्रों को बुलाओ और न अपने भाइयों को, न अपने कुटुम्बियों की और न धनी पड़ोसियों को। कहीं ऐसा न हो कि वे भी तुम्हें निमंत्रण देकर बदला चुका दें। पर जब तुम भोज दो, तो कंगालों, लूलों, लंगड़ों और अन्धों को बुलाओ। तुम धन्य होगे कि बदला चुकाने के लिए उनके पास कुछ नहीं है, क्योंकि धर्मियों के पुनरुत्थान के समय तुम्हारा "बदला चुका दिया जायगा।" यह सामान्य सामाजिक मूल्य से अधिक ऊँचे नैतिक मूल्य का उपदेश है। समान स्तर के लोगों को निमंत्रण देना भाईचारे का सम्बन्ध है और इसका प्रतिदान आपस में मिलता रहता है। परन्तु निर्धनों और अपंगों की मदद करना ईश्वरीय कार्य माना जायगा।

इस चर्चा के बीच में भोजन करने वालों में से किसी ने ईसा से कहा—"धन्य है वह, जो ईश्वर के राज्य में भोजन करेगा!" यहूदियों के बीच इसायस के द्वारा चित्रित इस कल्पना का बड़ा महत्त्व था कि ईश्वर के राज्य में बहुत ऐश्वर्यपूर्ण भोज मिलेगा। वे इसको यथार्थ रूप में भी मानते थे। इसका प्रतीकार्थ जो भी हो, पर यहूदी लोग विश्वास करते थे कि चाहे इब्राहीम की संतान होने के कारण अथवा चुने हुए लोगों के रूप में, वे इस भोज के सहभागी होंगे ही। ईसा ने उसके भाव को समझ कर उत्तर दिया—"किसी सम्पन्न व्यक्ति ने एक बहुत बड़े भोज का आयोजन किया। भोजन के समय उसने अपने नौकर द्वारा आमंत्रित लोगों को यह कहला भेजा कि आइए, क्योंकि सब कुछ तैयार है। पर वे सब के सब बहाना करने लगे। पहले ने कहा—"मैंने खेत मोल लिया है और मुझे उसे देखने जाना है। तुमसे मेरा निवेदन है, मेरी ओर से क्षमा माँग लेना।" दूसरे ने कहा—"मैंने पाँच जोड़े बैल खरीदे हैं और उन्हें

साधने जा रहा हूँ, तुमसे मेरा निवेदन है, मेरी ओर से क्षमा माँग लेना।'' और एक ने कहा—''मैंने विवाह किया है, इसलिए मैं नहीं आ सकता।'' नौकर ने वापस आकर यह सब स्वामी को बता दिया। यद्यपि अन्तिम व्यक्ति का उत्तर सबसे अधिक अभद्र था, पर अन्यों ने जो कारण बताये, वे भी उचित नहीं थे, क्योंकि आवश्यक होने पर भी उनको दो-चार घंटे टालना कठिन नहीं था। अतः सम्पन्न व्यक्ति के लिए अपमानित अनुभव करना स्वाभाविक था।''

''नौकर ने लौट कर यह सब स्वामी को बता दिया।'' ईसा ने पुनः अपने दृष्टान्त को आगे बढ़ाया—''तब घर के स्वामी ने क्रोधित होकर अपने नौकर से कहा—''शीघ्र ही नगर के बाज़ारों और गलियों में जाकर कंगालों, लुंजों, अंधों और लंगड़ों को यहाँ बुला लाओ।'' नौकर ने वैसा ही किया, पर जितने बड़े भोज की तैयारी थी कि ऐसे तमाम लोगों के आने पर भी स्थान रह गया। नौकर ने आकर बताया—''हे प्रभु, आपकी आज्ञा का पालन किया गया है, तब भी स्थान खाली है।'' और स्वामी ने नौकर से कहा—''सड़कों पर और बाड़ों के आस-पास जाकर लोगों को बरबस भीतर लाओ ताकि मेरा घर भर जाये। क्योंकि मैं तुमसे कहता हूँ : उन मेहमानों में से कोई भी मेरे भोजन का स्वाद नहीं ले सकेगा।''

यहाँ स्पष्ट है कि ईसा मेहमान के इस विश्वास के सन्दर्भ में दृष्टान्त प्रस्तुत करते हैं कि यहूदी इब्राहीम की संतान के रूप में स्वर्गिक राज्य का अधिकारी है, यह उसकी श्रेष्ठता के कारण है। परन्तु दृष्टान्त से प्रकट हो जाता है कि इस अधिकार को प्राप्त करने के लिए पहले तैयारी करनी होती है। ईसा ने उनसे स्पष्ट किया—''जब तुम इब्राहीम, इसहाक, याकूब और सभी नबियों को ईश्वर के राज्य में देखोगे, परन्तु अपने को बहिष्कृत पाओगे, तो तुम रोओगे और दाँत पीसते रहोगे। पूर्व और पच्छिम से और उत्तर तथा दक्षिण से लोग आयेंगे और ईश्वर के राज्य में भोज में सम्मिलित होंगे। देखो, कुछ जो पिछले हैं, वे अगले हो जायेंगे और कुछ जो अगले हैं, वे पिछले हो जायेंगे।''

● ●

प्रकरण सत्रह

उपदेश का क्रम और दृष्टान्त

१

पिछले प्रसंगों में फ़रीसियों के अहंकार और गर्व को व्यक्त किया गया है। प्राचीन परम्परा और धर्मग्रन्थों के ज्ञान के आधार पर वे अपने को सामान्य यहूदियों से विशिष्ट और ईश्वर की कृपा के अधिकारी मानते थे। उनका रहन-सहन, वेशभूषा और चाल-ढाल औरों से अलग रहती थी, जिससे वे औरों से अलग और विशिष्ट दिखाई दें। उनकी प्रार्थना तक में उनका यह भाव व्यंजित था। वे मंदिर में प्रदर्शित करने वाली शालीन चाल से प्रवेश करते, औरों की उपेक्षा करते हुए सभी प्रांगणों को पार कर आमायली प्रांगण के सबसे अगले भाग में खड़े होते थे। जब कि सामान्य लोगों और महिलाओं के प्रांगण पीछे पड़ते थे और ये लोग उनमें जा सकते थे। अन्य यहूदी अपने प्रांगण में संकोच के साथ पीछे रहते थे। ऐसे लोग बड़े आत्मविश्वास के साथ अपने को धार्मिक मानते और दूसरों को तुच्छ समझते थे। ईसा ने एक स्थान पर ऐसे लोगों के लिए यह दृष्टान्त सुनाया—"दो व्यक्ति प्रार्थना करने के लिए मन्दिर गये, एक फ़रीसी और दूसरा नाकेदार। फ़रीसी तन कर खड़ा हो गया और मन-ही-मन इस प्रकार प्रार्थना करने लगा, 'ईश्वर ! मैं तुझे धन्यवाद देता हूँ कि मैं दूसरे लोगों की तरह लालची, अन्यायी, व्यभिचारी नहीं हूँ और न इस नाकेदार की तरह ही। मैं सप्ताह में दो बार उपवास करता हूँ और अपनी सारी आय का दशमांश चुका देता हूँ।' नाकेदार कुछ दूरी पर खड़ा रहा। उसे स्वर्ग की ओर आँख उठाने तक का साहस नहीं हो रहा था। वह अपनी छाती पीट-पीट कर कह रहा था, 'हे ईश्वर ! मुझ पापी पर दया कर'। मैं तुमसे कहता हूँ—"यही पापमुक्त होकर अपने घर चला गया, दूसरा नहीं। क्योंकि जो कोई अपने को बड़ा मानता है, वह छोटा बनाया जायेगा; परन्तु जो अपने को छोटा मानता है, वह बड़ा बनाया जायेगा।"

इस प्रकार ईसा की भावना फ़रीसियों की भावना से बिलकुल भिन्न परिलक्षित होती है। प्रदर्शन के बजाय सरलता और स्वार्थ के बजाय आत्मनिषेध, पाखण्ड के बजाय सच्ची पवित्रता, अयथार्थ के बजाय तत्त्व जैसे मूल्यों पर वह बल दे रहे थे। सामाजिक भय से ईश्वरीय भय अधिक महत्त्वपूर्ण है, यह सिद्ध किया जा रहा था। फ़रीसी सम्पन्न व्यक्ति के यहाँ से दोपहर का भोजन करने के बाद ईसा रवाना हुए तो उनके चारों ओर भीड़ बढ़ रही थी। यहाँ तक कि लोग एक दूसरे को कुचल रहे थे। सभी उनके निकट पहुँचना चाहते थे। परन्तु

ईसा इस जन-समूह को सम्बोधित करने के बजाय मुख्यतः अपनों से कहने लगे—
''फ़रीसियों के कपट रूपी खमीर से सावधान रहो। ऐसा कुछ भी गुप्त नहीं है, जो प्रकाश में नहीं लाया जायगा और ऐसा भी कुछ भी छिपा हुआ नहीं है जो प्रकट नहीं किया जायेगा। तुमने जो कुछ अँधेरे में कहा है, वह उजाले में सुना जायेगा, और तुमने जो कुछ एकांत में फुसफुसा कर कहा है, वह पुकार-पुकार कर दुहराया जायेगा।''

ईसा फ़रीसियों की शिक्षा से लोगों को सावधान करते आये थे। परन्तु यहाँ मुख्यतः उनके पाखण्ड के प्रति सतर्क किया जा रहा है। वे जानबूझ कर आंतरिक भावनाओं की अपेक्षा बाहरी आचरण को महत्त्व देते थे, अपनी महत्त्वाकांक्षा को धार्मिक उत्साह के रूप में प्रकट करते थे, अपनी बुराइयों को गुणों के आडंबर में छिपाते थे। और इस प्रकार दूसरों को धोखा देकर वस्तुतः वे अपने को ही धोखा दे रहे थे। फिर ईसा ने अन्यों को भी सम्बोधित किया—
''जो लोग शरीर को मार डालते हैं, वे उसके बाद और कुछ नहीं कर सकते हैं। उनसे मत डरो। पर मैं तुम्हें बताता हूँ कि किससे डरना चाहिए। उससे डरो, जिसको मार डालने के बाद नरक में डालने का अधिकार है। हाँ, मैं तुमसे कहता हूँ, उसी से डरो।''

परन्तु यह भय आन्तरिक सम्बन्ध से जुड़ा है, जो विश्वास से सम्पृक्त भी है। ईश्वर हमारा पिता है और उसकी दयालुता पर हमारा विश्वास है। अतः ईसा आगे कहते हैं—''क्या दो पैसे में पाँच गौरैया नहीं बिकतीं ? फिर भी ईश्वर उनमें से एक को भी भुला नहीं देता है। हमारे सिर का एक-एक बाल गिना हुआ है। इसलिए डरो नहीं। तुम बहुतेरी गौरैयों से बढ़ कर हो।'' जब इस प्रकार ईश्वर के प्रति पूर्ण समर्पण की शिक्षा दी जा रही थी, भीड़ में से किसी ने ईसा से कहा—''गुरुवर ! मेरे भाई से कहिए कि वह मेरी पैतृक सम्पत्ति का बँटवारा कर दे।'' प्रायः इस प्रकार के पारिवारिक झगड़ों को निपटाने के लिए लोग कचहरी न जाकर प्रसिद्ध रब्बी के पास जाया करते थे। उस व्यक्ति ने ईसा से इस दृष्टि से कहा। पर ईसा इस प्रकार के मामलों के प्रति उपेक्षाशील थे, उन्होंने उसे उत्तर दिया—''अरे भई, किसने मुझे तुम्हारा पंच या बँटवारा करनेवाला नियुक्त किया है !'' इस प्रकार के दायित्व न्यायाधीश या पंचों का हो सकता है, अतः ईश्वरीय विधान के नियंता के रूप में ईसा उससे अपने को अलग रखते हैं। फिर उसको समझाने के भाव से कहते हैं—''सावधान रहो और हर प्रकार के लोभ से बचे रहो। क्योंकि किसी के पास कितनी सम्पत्ति क्यों न हो, उस सम्पत्ति से उसके जीवन की रक्षा नहीं होती।''

तब ईसा ने अपनी बात को स्पष्ट करने के लिए एक दृष्टान्त सुनाया—
''किसी धनवान् की ज़मीन में बहुत फ़सल हुई। वह अपने मन में इस प्रकार विचार करने लगा—मैं क्या करूँ ? मेरे यहाँ फ़सल रखने की अब जगह नहीं

रही। तब उसने कहा—मैं यह करूँगा, अपने भण्डारों को तोड़कर उनसे और बड़े बनवाऊँगा। उनमें अपनी सारी उपज और अपना सारा माल इकट्ठा करूँगा और अपनी आत्मा से कहूँगा—अरे भाई, तुम्हारे पास बरसों के लिए बहुत-सा माल इकट्ठा है, इसलिए विश्राम करो, खाओ-पियो और मौज करो। परन्तु ईश्वर ने उससे कहा—''हे मूर्ख, इसी रात को तेरे प्राण तुझसे ले लिये जायँगे, और जो कुछ तूने इकट्ठा किया है, वह सब किसका होगा ?' यही हालत उसकी होती है जो अपने लिये तो धन इकट्ठा करता है, किन्तु ईश्वर की दृष्टि में धनी नहीं है।'' ईसा का बल ईश्वरीय मार्ग पर है, इसी कारण उन्होंने भाई की शिकायत करने वाले व्यक्ति की बात शासन के न्यायालय पर टाल दी। और उन्होंने सबका ध्यान इस सत्य की ओर आकर्षित किया कि सांसारिक सुख-भोग क्षणिक है और ईश्वर से प्राप्त होने वाली सम्पत्ति उससे भिन्न और स्थायी होती है !

२

ईसा रुके और उन्होंने चारों ओर अपने शिष्यों को देखा। वे उत्सुकता से गुरु की वाणी सुन रहे थे। उनके सामने इस प्रदेश की घाटियाँ या वादियाँ घूम गईं। फैले हुए मैदान आ गये, जिन पर असंख्य रंग-बिरंगे पक्षी उड़ते हैं, न जाने कितने रंगों और रूपों के फूल खिलते हैं। ईश्वर उनको निर्मल उन्मुक्त आकाश का विस्तार देता है और पृथ्वी की मिट्टी-पानी का आधार प्रदान करता है। तब ईसा ने यह कह कर समझाया—''चिन्ता मत करो—हम क्या खायें, क्या पियें, क्या पहनें। इन सब चीज़ों की खोज में सभी जातियाँ लगी रहतो हैं। तुम्हारा पिता जानता है कि तुम्हें इन सब चीज़ों की ज़रूरत है। तुम सबसे पहले ईश्वर के राज्य और उसकी धार्मिकता की खोज में लगे रहो और ये सब चीज़ें तुम्हें यों ही मिल जायेंगी। कल की चिन्ता मत करो। कल, कल अपनी चिन्ता स्वयं कर लेगा। आज की आपदा आज के लिए बहुत है।'' इसका भाव यह लेना अतिवाद है कि वह अपने शिष्यों को खाना-कपड़ा रखने से मना कर रहे हैं। उनके लोभ में पड़ना और संग्रह तथा भोग में आसक्त होना सच्चे मार्ग के विरोध में अवश्य है।

आगे ईसा उन्हें समझाते हैं—''पृथ्वी पर अपने लिए धन संग्रह न करो, जहाँ मोरचा लगता और कीड़े बिगाड़ते हैं और वहाँ चोर सेंध मारते और चुराते हैं। पर अपने लिए स्वर्ग में धन संग्रह करो, जहाँ न तो मोरचा लगता है न कीड़े नष्ट करते हैं और न जहाँ न चोर सेंध मारते हैं और न चुराते हैं। क्योंकि जहाँ तुम्हरा धन है वहाँ तुम्हारा हृदय भी है।'' आगे शिष्यों को उनके कर्त्तव्य के लिए सजग करते हुए कहते हैं—''तुम्हारी कमर कसी रहे और तुम्हारे दीपक जलते रहें। तुम उन लोगों के समान बन जाओ, जो अपने स्वामी की राह देखते रहते हैं कि वह बरात से कब लौटेगा, ताकि जब स्वामी आकर द्वार

खटखटाये तो वे तुरन्त ही उसके लिए द्वार खोल दें। धन्य हैं रे सेवक, जिन्हें आने पर स्वामी जागता हुआ पायेगा। मैं तुमसे कहे देता हूँ : वह अपनी कमर कसेगा, उन्हें भोजन के लिए बैठायेगा और एक-एक को खाना परोसेगा। और धन्य हैं वे सेवक, जिन्हें स्वामी रात के दूसरे या तीसरे पहर आने पर उसी प्रकार जागता हुआ पायेगा।''

इस क्रम में ईसा उन्हें समझाते हैं कि सांसारिक जीवन में निरन्तर सजग रहना है, क्योंकि कब निर्बलता और लोभ के आकर्षण उसके मन को आकर्षित कर लेंगे, इसका ठिकाना नहीं है। पर यह आश्वासन भी है कि जो सजग रह कर अपने जीवन को आध्यात्मिक मूल्यों की ओर उन्मुख रहता है, उसे स्वर्गीय आनन्द प्राप्त होगा। दृष्टान्त को सामान्य स्तर पर वह समझाते हैं—''यह अच्छी तरह समझ लो, यदि घर के स्वामी को मालूम होता कि चोर किस घड़ी आयेगा, तो वह अपने घर में सेंध लगने नहीं देता। तुम भी तैयार रहो, क्योंकि जिस घड़ी तुम उसके आने की नहीं सोचते, उस घड़ी मानव पुत्र आयेगा।'' इन मूल्यों की रक्षा करना स्वर्गिक पिता के राज्य में प्रवेश करने का उपाय है, मानवपुत्र उनका संरक्षक जैसा है। अतः उसके प्रति अपने दायित्व के लिये सजग रहना है।

शिष्यों के मन में यह प्रश्न उठना स्वाभाविक है कि यह दायित्व शिष्यों पर ही है या सामान्य व्यक्ति पर भी समान रूप से है। पेत्रुस ने उनकी ओर से प्रश्न किया—''प्रभु! क्या आप यह दृष्टान्त हमारे लिये ही कहते हैं या सबों के लिये?'' पेत्रुस तथा अन्य शिष्यों ने यह सोचा कि अच्छे सेवक का पुरस्कार बहुत बड़ा है और इसी से पेत्रुस ने यह पूछा कि क्या यह सभी सावधान सेवकों के लिये है। ईसा ने उत्तर दिया—''तुम्हारी समझ में विश्वसनीय और बुद्धिमान् नौकर कौन है जिसे स्वामी अपने नौकर-चाकरों पर नियुक्त करे कि वह समय पर उन्हें रसद बाँटा करे। धन्य है वह सेवक, जिसका स्वामी आने पर उसको वैसा ही करता हुआ पायेगा। मैं तुमसे सच कहता हूँ, वह उसे अपनी सारी सम्पत्ति कर नियुक्त कर देगा। पर यदि वह सेवक अपने मन में कहे, 'मेरा स्वामी आने में देर करता है', और वह दास-दासियों को पीटने लगे और खा-पीकर मतवाला हो जाय, तो उस सेवक का स्वामी ऐसे दिन आयेगा, जब वह उसकी प्रतीक्षा नहीं कर रहा होगा, और उस घड़ी जिसे वह नहीं जान पायेगा। तब स्वामी उसे और अविश्वासियों को दण्ड देगा।''

ईसा ने अपने उत्तर में स्पष्ट किया कि यह पुरस्कार और दण्ड दायित्व के अनुपात में मिलता है। जो भारी दायित्व का निर्वाह करता है, उसे बड़ा पुरस्कार और उसकी अवहेलना करने पर बड़ा दण्ड मिलता है। इसी प्रकार आगे के कथन में वह स्पष्ट करते हैं कि जान-बूझ कर आज्ञा की अवहेलना करने वाली की तुलना में अनजाने में दायित्व ने चूक जाने वालों को कम दण्ड मिलता

है, क्योंकि उनका अपराध कम माना जाता है। उन्होंने कहा—"अपने स्वामी की इच्छा जान कर भी जिस सेवक ने कुछ तैयारी नहीं की है और न उसकी इच्छा के अनुसार काम किया है, वह बहुत मार खायेगा। पर जिसने अनजाने ही मार खाने का काम किया है, वह थोड़ी मार खायेगा। जिसे बहुत दिया गया है, उससे बहुत माँगा जायगा। और जिसे बहुत सौंपा गया है, उससे अधिक माँगा जायगा।"

फिर वह अपने शिष्यों को सम्बोधित करते हैं—"मैं पृथ्वी पर आग लगाने आया हूँ, और कितना चाहता हूँ कि वह इस क्षण ही धधक उठे। पर मुझे एक बपतिस्मा लेना है और जब तक पूरा न हो जाय तब तक मैं संकट में पड़ा हूँ।" आग लगाना और उसका धधकाना यहाँ सांसारिक जीवन के माया-मोह, काम-वासना और ईर्ष्या-द्वेष आदि को लेकर कहा गया है। इसके साथ दूसरे स्तर पर उस कष्ट और पीड़ा को झेलने का संकेत है, जो इस मार्ग पर चलने वालों को झेलना पड़ता है। सन्त पॉल ने कहा है कि जो ईसा-मसीह के जीवन-मार्ग पर चलना चाहते हैं, उन्हें कष्ट और पीड़ा झेलने के मार्ग से गुज़रना पड़ेगा।

३

पेरेआ प्रदेश से यहूदिया प्रदेश होते हुए ईसा अपने शिष्यों के साथ आगे बढ़ रहे थे। उनके साथ तमाम भीड़ घेरे रहती थी। वह नगर-नगर गाँव-गाँव उपदेश देते हुए येरुसालेम की ओर आगे बढ़ते जा रहे थे। ईसा अपने शिष्यों को अलग एकान्त स्थान पाकर शिक्षा देते थे। एक विश्राम के पड़ाव से चलते समय उन्होंने शिष्यों से कहा—"क्या तुम समझते हो कि मैं पृथ्वी पर शान्ति देने आया हूँ? मैं तुमसे सत्य कहता हूँ: नहीं; वरन विच्छेद करने। क्योंकि अब से यदि एक घर में पाँच व्यक्ति हों, तो वे बँट जायेंगे, दो के विरुद्ध तीन और तीन के विरुद्ध दो बँटेंगे: पिता पुत्र से और पुत्र पिता से बैर रखेगा, माँ बेटी से, और बेटी माँ से, सास अपनी बहू से और बहू अपनी सास से। मनुष्य के बैरी उसके घराने के लोग हैं।" यहाँ ईसा ईश्वरीय मार्ग के संघर्ष का संकेत देते हैं। इस पर चलना आसान कार्य नहीं होगा। अनेक संघर्ष अपने जीवन-क्रम में, अपने सम्बन्धियों से ही झेलने पड़ेंगे।

मार्ग में किसी शिष्य ने अपने मन के ऊहापोह के आधार पर प्रश्न किया—"प्रभु! क्या थोड़े ही लोग मुक्ति पाते हैं?" ईसा ने सीधे प्रश्न का उत्तर न देकर उन सबसे कहा—"सँकरे द्वार से प्रवेश करने का पूरा-पूरा प्रयत्न करो, क्योंकि मैं तुमसे कहता हूँ—प्रयत्न करने पर भी बहुत से लोग प्रवेश नहीं कर पायेंगे। जब घर का स्वामी उठ कर द्वार बन्द कर चुका होगा और तुम बाहर रहकर द्वार खटखटाने और कहने लगोगे—'हे प्रभु! हमारे लिए खोल दीजिए।'

पर वह तुम्हें उत्तर देगा, 'मैं नहीं जानता कि तुम कहाँ के हो।' तब तुम कहने लगोगे, 'हमने आपके सामने खाया-पिया और आपने हमारे बाज़ारों में उपदेश दिया। हे प्रभु, हे प्रभु, क्या हमने आपका नाम लेकर नबूबत नहीं की? आपका नाम लेकर अपदूतों को नहीं निकाला? आपका नाम लेकर बहुत अचरज के काम नहीं किये?' तब वह तुमसे कहेगा: 'मैं नहीं जानता कि तुम कहाँ से आये हो। रे कुकर्मियो! तुम सब मुझसे दूर हो।' जब तुम इब्राहीम, इसहाक, याकूब और सभी नबियों को ईश्वर के राज्य में देखोगे, परन्तु अपने को बहिष्कृत पाओगे, तो तुम रोओगे और दाँत पीसते रहोगे। पूर्व और पश्चिम से और उत्तर तथा दक्षिण से लोग आयेंगे और ईश्वर के राज्य में भोज में सम्मिलत होंगे। देखो, कुछ जो पिछले थे, वे अगले हो जायेंगे और कुछ जो अगले थे, वे पिछले हो जायेंगे।''

ईसा ने सर्वस्व-त्याग कर ईश्वरीय मार्ग पर चलने के लिए, अपने पर विश्वास करने के लिए शिष्यों को प्रेरित किया। परन्तु इसका यह भाव नहीं कि अपने हर अनुयायी से वह इस त्याग की अपेक्षा करते हों। वस्तुतः उनसे आकर्षित होकर तमाम भीड़ एकत्र होने लगी थी और लोग आशा करते थे कि वे उनकी सहायता से स्वर्गिक राज्य के अधिकारी हो सकेंगे। उनके मन में इस राज्य की एक भिन्न कल्पना परम्परा से चली आ रही थी। वे सम्मान और ऐश्वर्य के भागी बनने के लिए उत्सुक चले आ रहें थे। उनकी इस प्रकार की आशाओं, आकांक्षाओं और भ्रमों को ईसा दूर करना चाहते थे। उन्होंने जन-समूह को सम्बोधित किया—''यदि कोई मेरे पास आये और अपने म्राता-पिता, पत्नी, पुत्र-पुत्रियों, भाई-बहनों से, अपने आप से भी वैर न रखे, तो वह मेरा शिष्य नहीं हो सकता। जो अपने माता या पिता से अधिक प्यार करे, तो वह मेरे योग्य नहीं; और जो अपने पुत्र या पुत्री को मुझसे अधिक प्यार करे, वह मेरे योग्य नहीं। और जो कोई अपना क्रूस न उठाये और मेरे पीछे न हो ले, वह मेरा शिष्य नहीं हो सकता।''

यहाँ ईसा के वचनों से स्पष्ट है कि वैर रखने का तात्पर्य सामान्य अर्थ में नहीं लिया जा सकता, क्योंकि वह शत्रु से भी वैर रखने की अनुमति नहीं देते। यहाँ धर्म के विपरीत आचरण के प्रेरणा देने वाले सम्बन्धों और संसर्गों से मुक्त होने की बात है। फिर यह 'अपना क्रूस उठाने' का आदर्श उच्चतम भूमिका पर व्यक्ति को प्रतिष्ठित करता है। तमाम प्रदेशों में उनके विश्वासी शिष्य फैले हुए थे, जिन्हें अपना घर और परिवार त्यागने की अपेक्षा नहीं रही। वह उच्चतम भूमिकाओं का उल्लेख इस प्रकार कर रहे थे। आगे उन्होंने कहा—''क्योंकि तुममें से कौन है, जो मीनार बनाना चाहे और पहले उसका आवश्यक खर्च न जोड़े कि पूरा करने की पूंजी मेरे पास है या नहीं। ऐसा न हो कि नींव

डाल चुकने पर पूरा न कर सके और देखनेवाले यह कह कर हँसी उड़ाने लगें : इस व्यक्ति ने बनाने में हाथ तो डाला, पर पूरा न कर सका।''

ईश्वरीय मार्ग में चलने वालों के अनेक स्तर या वर्ग हो सकते हैं, अलग-अलग ऊँचाइयों तक व्यक्ति जा सकते हैं। और अपनी शक्ति और भावना के अनुसार व्यक्ति ऊँची भूमिका पर प्रतिष्ठित हो सकता है। वह आगे कहते हैं—''या कौन ऐसा राजा है, जो दूसरे राजा से युद्ध करने जाता हो और पहले यह विचार न कर लेता हो कि क्या मैं दस हज़ार सेना लेकर उसका सामना कर सकता हूँ, जो बीस हज़ार सेना लेकर मुझ पर चढ़ा आता है ? नहीं तो दूसरे राजा के दूर रहते ही वह राजदूतों को भेज कर संन्धि के लिए निवेदन करेगा। उसी तरह तुममें से जो कोई अपना सब कुछ त्याग न दे, वह मेरा शिष्य नहीं हो सकता।'' यह शर्त साधारण शिष्यों के लिए नहीं हो सकती, उनके लिए प्रायः कहा गया है ''मुझमें विश्वास रखो।'' यह निर्देश चुने हुए कुछ शिष्यों के लिए है जो ईश्वरीय विधान के लिए प्रतिश्रुत माने गये हैं। उनके लिए कहा गया कि ''नमक अच्छी चीज़ है, किन्तु यदि वह स्वयं अपना गुण खो देता है, तो वह किससे अपना स्वाद वापस पायेगा ? वह न तो ज़मीन के लिए किसी काम का रह जाता है और न खाद के लिए—लोग उसे बाहर फेंक देते हैं। जिसके सुनने के लिए कान हों, वह सुन ले।''

४

इस प्रदेश में घूमते हुए ईसा और उनके प्रेरित शिष्य कभी पहाड़ी घाटियों में होकर गुज़रते थे, कभी नदियों के तटवर्ती कस्बों में विश्राम करते थे, कभी पठारी ढालों को पार करते हुए गाँवों के लोगों का आतिथ्य ग्रहण करते थे। बाँझ, बलूत, जैतून, शहतूत, अंजीर आदि वृक्षों के झुरमुट बीच में पड़ते थे और कहीं-कहीं पहाड़ी ढालों पर उनके वन भी मिलते थे। इन कस्बों और गाँवों के सामान्य लोग सरल भाव से उनका स्वागत करते और उनके वचन सुनते थे। ईसा इन लोगों के प्रति दया और ममत्व का भाव रखते थे। परन्तु फ़रीसी और धर्मशास्त्री इन साधारण और छोटे लोगों को उपहास और उपेक्षा-भाव से देखते थे। साधारण काम करने वाले लोगों से वे लोग अलग रहते थे। परन्तु साधारण, निम्नस्तर के काम करने वाले और यहाँ तक कि सामाजिक दृष्टि से पापियों को भी ईसा सहानुभूति प्रदान करते थे, जो उन्हें किसी से प्राप्त नहीं थी। उनके मन में क्षमा की आशा जागृत करते थे।

इस बीच ईश्वरीय दया के चमत्कार को व्यक्त करने के लिए और साथ ही ईश्वर की दृष्टि में सभी आत्माओं को समान प्रकट करने के लिए ईसा ने जन-समाज को तीन प्रभावी दृष्टान्त सुनाये। पहले दो सामान्य जीवन के अनुभव से ग्रहण किये गये हैं और वस्तुतः तीसरे को वे विकसित करते हैं।

उनके व्यवहार पर जैसा कहा गया कि फ़रीसी और शास्त्री भुनभुनाते थे, ''यह व्यक्ति पापियों का स्वागत करता है और उनके साथ खाता-पीता है।'' इस पर ईसा ने उनको यह दृष्टान्त सुनाया—''यदि तुम्हारे एक सौ भेड़ें हों और उनमें से एक भी भटक जाये तो तुम लोगों में ऐसा कौन होगा, जो निन्नानवे भेड़ों को निर्जन प्रदेश में छोड़कर न चला जाये और उस भटकी हुई भेड़ को तब तक न खोजता रहे, जब तक वह उसे पा न ले। पाने पर वह आनन्दित होकर उसे अपने कन्धों पर रख लेता है और घर आकर अपने मित्रों और पड़ोसियों को बुलाता है और उनसे कहता है, ''मेरे साथ आनन्द मनाओ, क्योंकि मैंने अपनी भटकी हुई भेड़ को पा लिया है।'' मैं तुमसे कहता हूँ, उसी प्रकार निन्नानवे धर्मियों की अपेक्षा, जिन्हें पश्चात्ताप की आवश्यकता नहीं है, एक पश्चात्तापी पापी के लिए स्वर्ग में अधिक आनन्द मनाया जायगा।''

इस प्रदेश में इस दृष्टान्त कथा का चित्र स्पष्ट उभर आता है। गड़रिया अपने रेवड़ को पहाड़ी ढालों और पठारी मैदान में चराते हुए एकाएक पाता है कि उसकी एक भेड़ कहीं भटक गयी है। उसे तुरन्त लगता है कि वह कहीं खाईं-खड्ड में गिर न पड़ी हो अथवा किसी ढाल या कगार से फिसल कर नीचे न चली गई हो। उसे शंका है कि कहीं उसे भेड़िया आदि अपने शिकार में न ले लें। इसीलिए गड़रिया अपने रेवड़ को अन्यों के रेवड़ के साथ छोड़ कर उसकी खोज में चला जाता है और उसे खोज कर गोद में उठा कर ले आता है। फिर ईसा ने दूसरा दृष्टान्त सुनाया—''अथवा कौन स्त्री ऐसी होगी, जिसके पास दस सिक्के हों और उनमें एक भी खो जाये, तो बत्ती जलाकर और घर बुहार कर सावधानी से तब तक न खोजती हो, जब तक वह उसे पा न ले? पाने पर वह अपनी सखियों और पड़ोसियों को बुलाकर कहती है, 'मेरे साथ आनन्द मनाओ, क्योंकि मैंने खोया हुआ सिक्का पा लिया है'। मैं तुमसे कहता हूँ, उसी प्रकार ईश्वर के दूत एक पश्चात्तापी पापी के लिए आनन्द मनाते हैं।''

इन दृष्टान्तों में ईसा अपनी स्वर्गिक मूल्य-दृष्टि को स्पष्ट करते हैं। जो मार्ग में चल रहा है, जो अपने चरवाहे अर्थात् मार्ग-दर्शन के निर्देशन में चल रहा है, उसकी अपेक्षा जो भटक गया है, खो गया है, उसकी चिन्ता निर्देशक को होनी स्वाभाविक है। आगे के दृष्टान्त में इस बात को अधिक स्पष्ट किया जाता है—''किसी मनुष्य के दो लड़के थे। छोटे ने अपने पिता से कहा, 'पिताजी, सम्पत्ति का जो भाग मेरा है, मुझे दे दीजिए'। और पिता ने उनके बीच अपनी सम्पत्ति बाँट दी। थोड़े ही दिनों में छोटा बेटा अपनी शारी संपत्ति इकट्ठा करके दूर देश चला गया और वहाँ उसने भोग-विलास में अपनी संपत्ति उड़ा दी। जब वह सब कुछ खर्च कर चुका, तो उस देश में भारी अकाल पड़ गया और उसकी हालत तंग हो गई। इसलिए वह इस देश के एक निवासी का नौकर बन गया, जिसने उसे अपने खेतों में सुअर चराने भेजा। जो फलियाँ सुअर खाते थे, उन्हीं

से वह अपना पेट भरना चाहता था, पर कोई भी उसे इनमें से कुछ नहीं देता था। तब वह होश में आया और वह सोचने लगा—मेरे पिता के घर में कितने ही मज़दूरों को जरूरत से ज़्यादा रोटी मिलती है और मैं यहाँ भूखों मर रहा हूँ। मैं उठ कर अपने पिता के पास जाऊँगा और उनसे कहूँगा, पिताजी ! मैंने स्वर्ग के विरुद्ध और आपके प्रति पाप किया है। मैं आपका बेटा कहलाने योग्य नहीं रहा। मुझे अपने मज़दूरों में से एक के रूप में रख लीजिए। तब वह उठ कर अपने पिता के घर की ओर चल पड़ा। वह दूर ही था कि उसके पिता ने उसे देख लिया और दया से द्रवित हो गया। उसने दौड़ कर उसे गले लगा लिया और उसका चुम्बन किया। तब पुत्र ने उससे कहा, 'पिता जी ! मैंने स्वर्ग के विरुद्ध और आपके प्रति पाप किया है। मैं आपका बेटा कहलाने योग्य नहीं रहा'। परन्तु पिता ने अपने नौकरों से कहा, 'जल्दी अच्छे से अच्छे कपड़े ला कर इसे पहनाओ और इसकी उँगली में अँगूठी और इसके पैरों में जूते पहनाओ। मोटा बछड़ा भी लाकर मारो। हम सब खायें और आमोद-प्रमोद मनायें, क्योंकि मेरा यह बेटा मर गया था और फिर जी गया है, वह खो गया था और फिर मिल गया है' और वे सब मिल कर आमोद-प्रमोद मनाने लगे।''

दृष्टान्त के इस अंश तक आकर ईसा रुक गये, सब शिष्य उनके अर्थ को पाने का प्रयत्न कर रहे थे। इस कथा का प्रतीकार्थ समझना आसान था। एक कर्त्तव्यनिष्ठ बेटा है और दूसरा मार्ग से भटकने वाला है। पिता का ममत्व अपने पुत्रों पर सहज ही होता है। पहला उसका आज्ञानुवर्त्ती और उसके अनुशासन में रहनेवाला है, जबकि दूसरा झगड़ा करके अलग हो जाता है। पिता बिना किसी आक्रोश के उसका हिस्सा दे देता है। वह उसे अपना मार्ग चुनने की स्वतन्त्रता देता है। परन्तु अपने सारे भटकाव में इस बेटे को क्लेश भोगना पड़ता है जिससे उसके मन से पश्चात्ताप उत्पन्न होता है। उसने अपने पिता से वापस आकर अपने को नौकर बनाने के लिए प्रार्थना की, यद्यपि उन्होंने उसका स्वागत किया। यहाँ ध्यान देने की बात है कि इस पुत्र के मन में पश्चात्ताप उत्पन्न हुआ था और वह धर्म-भावना की ओर आकर्षित हुआ था।

''इस बीच किसान का दूसरा पुत्र खेत में था। जब वह लौट कर घर के निकट पहुँचा, तो उसे गाने-बजाने और नाचने की आवाज़ सुनाई पड़ी। उसने एक नौकर को बुलाकर इसके विषय में पूछा। उसने कहा, 'आपका भाई आया हैं और आपके पिता ने मोटा बछड़ा मारा है, क्योंकि उन्होंने उसे भलाचंगा वापस पाया है'। इस पर वह क्रुद्ध हो गया और अपने घर के अन्दर जाना नहीं चाहा। तब उसका पिता बाहर आया और उसे मनाने लगा। पर उसने अपने पिता को उत्तर दिया, 'देखिए, मैं इतने बरसों से आपकी सेवा करता आया हूँ, मैंने कभी आपकी आज्ञा का उल्लंघन नहीं किया। फिर भी आपने मुझे कभी बकरी का बच्चा तक नहीं दिया, जिससे मैं अपने मित्रों के साथ आमोद

मनाता। पर जैसे ही आपका वह बेटा आया, जिसने वेश्याओं के पीछे आपकी सम्पत्ति उड़ा दी है, आपने इसके लिए मोटा बछड़ा मार डाला है।' इस पर पिता ने उससे कहा, 'बेटा, तुम तो सदा मेरे साथ रहते हो और जो कुछ मेरा है, वह तुम्हारा है। परन्तु आमोद-प्रमोद करना और आनन्द मनाना उचित ही था, क्योंकि तुम्हारा यह भाई मर गया था और फिर जी गया है, वह खो गया था और फिर मिल गया है।''

यह प्रश्न उठता है कि बड़ा भाई आज्ञाकारी और अनुवर्त्ती होकर इस प्रकार के आमोद-प्रमोद और उत्सव का अधिकारी नहीं हुआ, जबकि छोटे की वापसी पर यह सब मनाया गया। लगता है कि जो पथभ्रष्ट होकर वापस आया, वह अधिक प्यार का अधिकारी हुआ। इस सहज आशंका के उत्पन्न होने पर ही बड़ा पुत्र प्रतिवाद करता है, क्रुद्ध होता है। लेकिन पिता का उत्तर सार्थक और महत्त्वपूर्ण है। उसने कहा कि वह तो सदा साथ रहता है और पिता का सब कुछ उसी का है। यह आन्तरिकता उसको प्राप्त है, जो अवसर विशेष के उत्सव और उल्लास से अधिक महत्त्व की है। आगे पिता ने यह भी स्पष्ट किया कि उसका छोटा भाई मूल्य के स्तर पर मर चुका था और यह उसका इस स्तर पर पुनर्जीवन है अतः यह उत्सव-भाव उसी से सम्बद्ध है।

●●

प्रकरण अट्ठारह

पहाड़ी घाटियों के कस्बों में

१

आगे एक पहाड़ी तलहटी में बसे हुए कस्बे में ईसा अपने शिष्यों के साथ पहुँचे और वहाँ विश्राम के लिए रुक गये। इस बीच धीरे-धीरे वहाँ लोग एकत्र होने लगे। वे ईसा के बारे में सुन चुके थे और उनमें उनका उपदेश सुनने का उत्साह था। उन लोगों में फ़रीसी भी उपस्थित थे। ईसा ने मुख्यतः अपने शिष्यों को सम्बोधित किया, यद्यपि अन्य लोगों पर भी उनकी दृष्टि थी—"किसी धनी व्यक्ति का एक कारिन्दा था। लोंगों ने उनके पास जाकर कारिन्दा पर यह आरोप लगाया कि वह मालिक की सम्पत्ति उड़ा रहा है। इस पर स्वामी ने उसे बुला कर कहा कि, 'मैं तुम्हारे विषय में क्या सुन रहा हूँ ? अपनी कारिन्दगी का हिसाब दो, क्योंकि तुम अब से कारिन्दगी नहीं कर सकते।' तब कारिन्दा ने मन ही मन कहा—'मैं क्या करूँ ? मेरा स्वामी मुझे मेरे काम से हटा रहा है ! मिट्टी खोदने का मुझमें बल नहीं है; भीख माँगने में मुझे लज्जा आती है। हाँ, अब समझ में आया कि मुझे क्या करना चाहिए, जिससे कारिन्दगी से हटाये जाने के बाद लोग अपने घरों में मेरा स्वागत करें।' उसने अपने मालिक के कर्जदारों को एक-एक करके बुला कर एक से पूछा, 'तुम पर मेरे स्वामी का कितना कर्ज है ?' उसने कहा—'सौ मन तेल।' कारिन्दा ने कहा, 'अपना रुक्का लो और बैठकर पचास लिख दो।' फिर उसने दूसरे से पूछा, 'तुम पर कितना कर्ज़ है ?' उसने कहा, 'सौ मन गेहूँ।' कारिन्दे ने उससे कहा; 'अपना रुक्का लो और अस्सी लिख दो।' स्वामी को जब मालूम हुआ तो उसने बेईमान कारिन्दे को सराहा कि उसने चतुराई से काम लिया है।"

ईसा की बात को सुनकर सामान्य अर्थ को ग्रहण करने वाले के मन में कौतूहल और शंका उत्पन्न होगी। बेईमानी की प्रशंसा स्वामी करता है। पर एक स्तर पर स्वामी अपनी सम्पन्नता के सन्दर्भ में उसकी व्यवहार-कुशलता की प्रशंसा करता है, क्योंकि वह उससे मुक्त हो रहा है, पर उसने अपनी व्यवस्था कुछ कर ली। ईसा दूसरे स्तर पर उनकी आशंका को दूर करते हुए कहते हैं—"क्योंकि इस संसार की संतान आपसी लेन-देन में ज्योति की संतान से अधिक चतुर है।" उच्च आध्यात्मिक जीवन के स्तर पर मूल्यों की भूमिका भी ऊँची होती है। सांसारिक जीवन में यह भले ही कुशलता मानी जाय, पर स्वर्गिक जीवन में प्रवेश पाने वालों का मानदण्ड भिन्न होता है। ईसा कहते हैं—"और मैं तुम लोगों से कहता हूँ, झूठे धन से अपने लिए मित्र बना लो,

जिससे उसके समाप्त हो जाने पर वे लोग परलोक में तुम्हारा स्वागत करें।'' यह एक स्तर की बात है, जहाँ व्यवहार-बुद्धि से व्यक्ति आगे के जीवन को उच्च मूल्यों की ओर प्रेरित कर सकता है।

परन्तु मुख्य दृष्टि ईसा आगे स्पष्ट करते हैं—''जो छोटी सी छोटी बातों में ईमानदार है, वह बड़ी बातों में भी ईमानदार है और जो छोटी से छोटी बातों में बेईमान है, वह बड़ी बातों में भी बेईमान है। यदि तुम झूठे धन में ईमानदार नहीं ठहरे, तो तुम्हें सच्चा धन कौन सौंपेगा? और यदि तुम पराये धन में ईमानदार नहीं ठहरे, तो तुम्हें तुम्हारा अपना कौन देगा?'' यहाँ यह स्पष्ट अन्तर समझना है कि पिछले दृष्टान्त में बेईमान कारिन्दे के सन्दर्भ में धन और लेन-देन का अर्थ एक है और आगे के उपदेश में झूठे धन का अर्थ दूसरा है। यहाँ सांसारिक सम्पदा को असत्य माना गया है, परिश्रम और ईमानदारी से प्राप्त किये हुए धन को भी झूठ यानी असत्य माना गया है। अतः स्वामी के द्वारा बेईमान कारिन्दे की प्रशंसा विशेष सन्दर्भ में है और ईसा के स्पष्टीकरण से ज्ञात होता है कि यह उच्च मूल्यों की भूमिका की ओर बढ़ने वाले ज्योति की संतान के आचरण का स्तर यह नहीं है। वे व्यवहार की अपेक्षा स्वर्गिक जीवन की ओर उन्मुख होते हैं। फिर दूसरे चरण में ईसा झूठे धन का सांसारिक सम्पदा के अर्थ में प्रयोग करते हैं। और वह मानते हैं कि इस धन का उपयोग जो दान आदि अच्छे कार्यों और दूसरी की सहायता में करते हैं वे उच्च मूल्यों के जीवन के अधिकारी बनते हैं। परन्तु तीसरे चरण में ईसा अपने उन शिष्यों को संबोधित करते हैं जो पूरी तरह धर्म के सच्चे मार्ग पर समर्पित हैं। उनके लिए वह पूरी ईमानदारी का मार्ग बताते हैं और मात्र सच्चे धन यानी आध्यात्मिक मूल्य के संग्रह का आदेश देते हैं।

उपदेश सुनने वालों में फ़रीसी भी थे। वे ईसा के इस कथन की हँसी उड़ा रहे थे कि ईश्वर के मार्ग में धन-संग्रह बाधा है। क्योंकि उनके विचार से ईश्वर की आराधना और धन-संग्रह में किसी प्रकार का विरोध नहीं हो सकता। धन-सम्पदा को ईश्वरीय मार्ग में बाधा समझने के बजाय, वे उसे स्वर्गिक वरदान मानते आये थे। निर्धनता को वे ईश्वरीय दण्ड के रूप में मानते थे। इस कारण ईसा का यह कथन उन्हें अपने धार्मिक विश्वास के विपरीत लगा। उनके इस भाव को समझ कर ईसा ने उनसे कठोर शब्दों में कहा—''तुम लोग मनुष्यों के सामने तो धर्मी होने का ढोंग रचते हो, पर ईश्वर तुम्हारा हृदय जानता है। जो बात मनुष्यों की दृष्टि में महत्त्व रखती है, वह ईश्वर की दृष्टि में घृणित है।'' उनके इस कथन से फ़रीसियों को बुरा लगा, पर वे चुप रहे और उनको अपमानित करने का उपाय सोचने लगे।

२

इसी प्रकार यात्रा के क्रम में ईसा अपने शिष्यों के साथ एक दिन दूसरे कस्बे में रुके। कस्बा घाटी के खुलते ही ढाल पर था। रात को वहीं रुकना था, क्योंकि सूर्य पश्चिमी पहाड़ी श्रेणियों के बीच झुकता जा रहा था, सन्ध्या होने को थी। कस्बे के एक हिस्से में पेड़ों की छाया में उन्होंने डेरा डाला, पास ही पहाड़ी गुफ़ा भी थी। वे लोग रहने की व्यवस्था में लगे और कस्बे के लोग समाचार पाकर इकट्ठे होने लगे। काफ़ी जन-समूह हो गया। शिष्य भी समीप आ गये। सबको ईसा ने यह दृष्टान्त सुनाना प्रारम्भ किया—"एक अमीर व्यक्ति था जो रेशमी और मलमल के वस्त्र और बहुमूल्य आभूषण पहनता था और प्रतिदिन नाना प्रकार के व्यंजनों की दावतें देता था। तमाम शौक़ीन और सम्पन्न लोग उसमें आमंत्रित होते थे। उसके फाटक पर एक लाज़रुस नामक कंगाल पड़ा रहता था, जिसका सारा शरीर फोड़ों से भरा हुआ था। वह अमीर की मेज़ की जूठन से अपनी भूख मिटाने के लिए तरसता था; और कुत्ते आकर उसके घाव चाटते थे। फिर ऐसा हुआ कि एक दिन वह कंगाल मर गया और स्वर्गदूतों ने उसे ले जाकर इब्राहीम की गोद में रख दिया। अमीर भी मरा और दफ़नाया गया। उसने अधोलोक में यंत्रणाएँ सहते हुए अपनी आँखें ऊपर उठा कर दूर से ही इब्राहीम को देखा और उनकी गोद में लाज़रुस को भी।"

ईसा कुछ रुके, देखा सभी ध्यान से सुन रहे हैं और उनके नेत्रों में जिज्ञासा और कौतूहल है। शिष्य नहीं समझ रहे हैं कि गुरु का संकेत किधर है। उन्होंने कहना शुरू किया—'अमीर ने अपनी हालत देखी और लाज़रुस का स्थान, उसने पुकार कर कहा, 'पिता इब्राहीम ! मुझ पर दया कीजिए और लाज़रुस को भेजिए जिससे वह अपनी उँगली के गिरे पानी में भिगो कर मेरी जीभ ठंडी करे, क्योंकि मैं इस ज्वाला में तड़प रहा हूँ।" इब्राहीम ने उससे कहा—'बेटा, याद करो तुम्हें जीवन में सुख ही सुख मिला था और लाज़रुस को दुःख ही दुःख। अब उसे यहाँ सान्त्वना मिल रही है और तुम्हें यंत्रणा। इसके अतिरिक्त हमारे और तुम्हारे बीच एक भारी गर्त्त अवस्थित है। इसलिए अगर तुम्हारे पास जाना भी चाहे, तो वह नहीं जा सकता और कोई भी वहाँ से इस पार नहीं आ सकता।' उसने उत्तर दिया, 'हे पिता ! आपसे एक निवेदन है। आप लाज़रुस को मेरे पिता के घर भेजिए क्योंकि मेरे पाँच भाई हैं। लाज़रुस उन्हें चेतावनी दे। कहीं ऐसा न हो कि वे भी यंत्रणा के इस स्थान में आ जायँ।' इब्राहीम ने उससे कहा, 'मूसा और नबियों की पुस्तकें उनके पास हैं, वे उनकी सुनें।' अमीर ने कहा, 'हे पिता इब्राहीम, वे कहाँ सुनते हैं ! परन्तु यदि मृतकों में से कोई उनके पास जाये, तो वे पश्चात्ताप करेंगे।' तब इब्राहीम ने कहा, 'यदि वे मूसा और नबियों की नहीं सुनते, तो यदि मृतकों में से कोई जीवित हो जाय, तो वे उसकी बात भी नहीं मानेंगे।"

सबने सुना। शिष्यों ने सुना और समझा। दृष्टान्त का अमीर व्यक्ति सांसारिक भोग-विलास में मग्न होकर धर्म-ग्रन्थों के सच्चे मार्ग को भूल गया है। उसके लिए वैभव-विलास, सुख-भोग और खान-पान के अलावा कुछ महत्त्वपूर्ण नहीं है। लाज़रुस उसके फाटक पर पड़ा टुकड़ों के लिए तरसता है, शारीरिक यंत्रणा सहता है। पर यह अमीर अपने भोग में ऐसा लीन है कि उसकी ओर ज़रा भी ध्यान नहीं देता। उसकी अपेक्षा लाज़रुस निश्चय ईश्वर का स्मरण करता होगा, पश्चात्ताप करता होगा। परिणाम स्पष्ट है। उसे पिता इब्राहीम की गोद प्राप्त होती है और अमीर को नरक की यंत्रणा। दूसरा संकेत है कि जो धर्मशास्त्रों में निर्दिष्ट ईश्वरीय आज्ञा को ग्रहण नहीं करते। उनके लिए और क्या उपाय है! यह फ़रीसियों और शास्त्रियों की ओर संकेत है।"

३

जिस समय ईसा अपने शिष्यों के साथ येरुसालेम की ओर बढ़ रहे थे, उसी समय बेथानिया के उनके आत्मीय परिवार में लाज़रुस नामक एक व्यक्ति बीमार पड़ा। यह कस्बा जेरिको जानेवाली सड़क पर येरुसालेम से कोई दो मील दूरी पर स्थित था। यह जैतून पर्वत के ढाल पर स्थित था और निकटवर्ती उजाड़ प्रदेश के विरोध में आकर्षक जान पड़ता था। इस कस्बे में येरुसालेम के निकट शान्ति तथा विश्राम पाने के लिए कई बार ईसा जा चुके थे और मरियम तथा मारथा के परिवार से उनकी विशेष आत्मीयता थी। इसी कस्बे में अपने भाई लाजरुस के साथ ये दोनों बहनें रहती थीं। उन्हीं का भाई लाज़रुस बीमार था। इसलिए उसकी बहनों ने ईसा को कहला भेजा—'हे प्रभु, देखिए, जिसे आप प्यार करते हैं, वह बीमार है।' उस समय ईसा पेरेआ में बेथानिया नाम के ही एक दूसरे कस्बे में थे। यहीं योहन ने बपतिस्मा देने का काम शुरू किया था।

यह समाचार अपने आप में आत्मीय निकटता का परिचायक है। सन्देश-वाहक से ईसा ने यह सुन कर कहा—"यह बीमारी मृत्यु के लिए नहीं है, वरन् ईश्वर की महिमा के लिए है, कि इससे ईश्वर के पुत्र की महिमा हो।" ईसा मरथा, उसकी बहन मरियम और उसके भाई लाज़रुस को प्यार करते थे। इस परिवार में माता-पिता नहीं थे, बहनें ही गृहस्वामिनी थीं, लाज़रुस छोटा होने के कारण उन पर आश्रित था। जब उन्होंने सुना कि लाज़रुस बीमार है, तो उस स्थान पर दो दिन और रह गये। उनके इस बिलम्ब करने का अर्थ किसी ने स्पष्ट नहीं समझा। उसके बाद उन्होंने अपने शिष्यों से कहा—"आओ, हम पुनः यहूदिया को चलें।" तब शिष्यों ने उनसे कहा—"हे गुरुवर, अभी तो यहूदी लोग आपको पत्थरवाह करना चाहते थे, क्या आप फिर वहीं लौटते हैं?" ईसा ने उत्तर दिया—"क्या दिन के बारह घंटे नहीं होते हैं? और कोई

दिन में चले तो उसे ठेस नहीं लगती, क्योंकि इस जगत् का प्रकाश देखता है। पर यदि कोई रात को चले तो उसे ठेस लगती है, क्योंकि उसमें प्रकाश नहीं है।''

इतना कहने के बाद वह चुप हो गये। उन्होंने इस प्रकार अपने ईश्वरीय उद्देश्य की ओर संकेत किया। जब तक वह अपना सन्देश नहीं पूरा करते, उन्हें कोई बाधा रोक नहीं सकेगी। उसके बाद वह उनसे फिर कहने लगे—''हमारा मित्र लाज़रुस सो रहा है। पर मैं उसे नींद से जगाने जाता हूँ।'' उनका पुनः संकेत प्रतीकात्मक था, पर शिष्यों ने न समझ कर कहा—''प्रभु, यदि वह सो रहा है, तो अच्छा हो जायगा।'' ईसा ने उसके मरण के विषय में कहा था, लेकिन उनके शिष्य यह समझे कि वह नींद के विश्राम के बारे में कहते हैं। तब ईसा ने उनसे स्पष्ट शब्दों में कहा—''लाज़रुस मर गया है। मैं तुम्हारे कारण प्रसन्न हूँ कि मैं वहाँ नहीं था, जिससे तुम विश्वास कर सको। आओ, हम उसके घर चलें।'' इस पर शिष्यों को उन्हें रोकने का साहस नहीं हुआ और थोमस ने अपने साथी शिष्यों से कहा—''आओ, हम भी चलें और उनके साथ ही मर जायँ।'' यहूदी लोगों का एक वर्ग जिस प्रकार ईसा को मारने का षड्यंत्र कर रहा था, उसका भय इन लोगों को था, इसी कारण वे ईसा को येरुसालेम के निकट यहूदिया में जाने नहीं देना चाहते थे।

येरिको होते हुए बेथानिया पहुँचने में दो दिन का समय लगा। पेरेआ से यहूदिया में प्रवेश करने में यर्दन नदी को पार करना पड़ा और पहाड़ी श्रेणियों से होकर गुज़रना पड़ा। तब वे लोग कस्बे के निकट पहाड़ी ढाल की तलहटी में पहुँचे। सीमान्त पर ही पता चला कि लाज़रुस चार दिन पहले कब्र में रखा जा चुका है। बेथानिया येरुसालेम से दो मील से भी कम दूरी पर था, इसलिए भाई की मृत्यु पर संवेदना प्रकट करने के लिए बहुत से यहूदी मरथा और मरियम से मिलने आये थे। ज्यों ही मरथा ने यह सुना कि ईसा आ रहे हैं, वह उनसे मिलने गयी। मरियम घर में संवेदन प्रकट करनेवालों के पास रही। एक का घर पर रहना ज़रूरी था।

कस्बे के सीमान्त पर ईसा से मिल कर मरथा ने कहा—''प्रभु! यदि आप यहाँ होते, तो मेरा भाई नहीं मरता। और मैं जानती हूँ कि अब भी आप ईश्वर से जो कुछ माँगेंगे, ईश्वर आपको देगा।'' मरथा का विश्वास ईसा के प्रति अचल है, इस कारण उसने यह भाव व्यक्त किया है। ईसा ने उससे कहा—''तुम्हारा भाई फिर जी उठेगा।'' ईश्वरीय विधान पर विश्वास के साथ मरथा ने कहा—''मैं जानती हूँ कि अन्तिम दिन के पुनरुत्थान में वह फिर जीवित होगा।'' ईसा ने उससे स्पष्ट किया—''पुनरुत्थान और जीवन मैं ही हूँ। जो मुझ पर विश्वास करता है, वह मर भी जाय तो जीएगा। और जो मुझमें जीता है और विश्वास करता है, वह कभी नहीं मरेगा। क्या तुम इस बात पर

विश्वास करती हो ?'' उसने उत्तर दिया—''हाँ प्रभु ! मैं दृढ़ विश्वास करती हूँ, आप ख्रीस्त (मसीह) हैं, जीवित ईश्वर के पुत्र, जो संसार में आनेवाले थे।''

भाव-विह्वल मरथा यह कह कर गाँव के सिवान से घर वापस आई। उसने अपनी बहन मरियम को अलग बुला कर चुपके से कहा—''गुरुवर आ गये हैं, तुमको बुलाते हैं।'' समाचार पाकर उसकी आँखों में चमक आ गई और व्यग्रता से ईसा से मिलने के लिए चल पड़ी। ईसा ने अभी तक गाँव में प्रवेश नहीं किया था, वह उस स्थान पर उसकी प्रतीक्षा कर रहे थे, जहाँ मरथा उनसे मिली थी। कुछ यहूदी लोग उनके घर संवेदना प्रकट करने के लिए वहाँ आये हुए थे। इस प्रकार अचानक उठकर चल पड़ने पर, उन्होंने सोचा वह अपने भाई की कब्र पर रोने जा रही है। वे उसके पीछे हो लिए। मरियम गाँव के सीमान्त पर पहाड़ी श्रेणी के किनारे वृक्षों के झुरमुट में रुके हुए ईसा के स्थान पर पहुँची। उनको देख उसका मन उमड़ आया, वह उनके चरणों पर गिर पड़ी और बोली—''प्रभु ! यदि आप यहाँ होते, तो मेरा भाई नहीं मरता।'' उसे और उसके साथ आये हुए लोगों को रोते देख कर ईसा बहुत व्याकुल हो उठे और आह भर कर बोले—''तुम लोगों ने उसे कहाँ रखा है ?'' उन्होंने कहा—''प्रभु ! आइए और देखिए।'' इस वातावरण में ईसा रो पड़े। उनमें मानवीय करुणा अभिव्यक्त हुई, जिसमें ईश्वरीय करुणा व्यंजित थी। इस पर वहाँ एकत्र परिजनों ने कहा—''देखो ! वह उसे कितना प्यार करते थे।'' इस पर कुछ अन्यों ने कहा—''इन्होंने तो अन्धों को आँखें दी हैं। क्या वह उसे मृत्यु से नहीं बचा सकते थे ?''

लोगों के साथ ईसा गाँव के क़ब्रगाह की ओर चल पड़े। वह पास ही था। क़ब्र के पास पहुँच कर ईसा फिर बहुत व्याकुल हो उठे। पहाड़ी तलहटी में वह क़ब्र एक गुफ़ा में थी जिसके मुँह पर एक बड़ा पत्थर रखा हुआ था। ईसा ने कहा—''पत्थर हटा दो।'' मृतक की बहन मरथा ने उनसे कहा—''प्रभु ! अब तो दुर्गन्ध आती होगी। आज चौथा दिन है।'' ईसा ने सहज भाव से उसे उत्तर दिया—''क्या मैंने तुमसे नहीं कहा कि यदि तुम विश्वास करोगी तो ईश्वर की महिमा देखोगी।'' इस पर लोगों ने पत्थर हटा दिया। प्रकाश न होने के कारण खोह में स्पष्ट नहीं था। ईसा ने आँखें ऊपर उठा कर कहा—''पिता, मैं तुझे धन्यवाद देता हूँ, तूने मेरी सुन ली है। मैं तो जानता ही था, तू सदा मेरी सुनता है। मैंने आस-पास खड़े लोगों के कारण ही ऐसा कहा, जिससे वे विश्वास करें कि तूने मुझे भेजा है।'' इतना कहने के बाद ईसा ने ऊँचे स्वर से पुकारा—''लाज़रुस ! बाहर निकल आओ !'' मृतक बाहर निकल आया। उसके हाथ और पैर पट्टियों से बँधे हुए थे और उसके मुँह पर अँगोछा लपेटा हुआ था। ईसा ने लोगों से कहा—''इसके बन्धन खोल दो और इसे चलने-फिरने दो।'' जो यहूदी परिजन मरियम से मिलने आये थे, उन्होंने ईसा

का यह चमत्कार देखा। उनमें से बहुतों ने उनमें विश्वास किया। परन्तु उनमें से कुछ लोगों ने फ़रीसियों के पास जाकर यह सब बताया।

४

इस चमत्कार की चर्चा चल निकली थी। जैसा कहा गया है, कुछ विरोध भाव रखने वालों ने ईसा से वैर भाव रखने वाले फ़रीसियों को इसके बारे में सूचित किया। तब आपस में सलाह करने के लिए महायाजकों और फ़रीसियों ने महासभा बुलाई। यह महासभा का व्यवस्थित रूप न होकर साधारण विशेष सभा थी। उन्होंने कहा—"हम क्या करें ? वह मनुष्य बहुत-से चमत्कार दिखा रहा है। यदि हम उसे इस प्रकार का अवसर देते रहेंगे, तो सभी उसमें विश्वास करने लगेंगे और रोमन लोग हमारा मन्दिर और हमारा राष्ट्र नष्ट कर देंगे।' अभी तक फ़रीसियों ने ईसा की शक्ति के प्रति अविश्वास व्यक्त किया था और सदा प्रयत्न किया था कि लोग उन पर विश्वास न करें। पर उनके इस प्रकार के कार्यों के प्रत्यक्ष प्रमाण के सामने अब उनको अपनी शैली बदलनी पड़ी है। यहाँ महायाजकों के साथ मिल कर यहूदी जन-समाज को दूसरे प्रकार के भय तथा खतरे के प्रति आगाह करना चाहते हैं। इस प्रकार के खतरे की चर्चा से जन-समाज में भय तथा आतंक का भाव तो उत्पन्न हुआ, पर कोई कार्य की दिशा स्पष्ट नहीं हुई। उनके बीच कैफ़स नामक उस वर्ष का प्रधान याजक था। उसने उनसे कहा—"आप लोग कुछ नहीं समझते। क्या आप यह नहीं समझते कि हमारा कल्याण इसमें है कि एक व्यक्ति जनता के लिए मर जाये और समस्त राष्ट्र का सर्वनाश न हो।"

प्रत्यक्ष रूप में महायाजक ने वहाँ एकत्र ईसा के विरुद्ध षड्यंत्र करने वाले लोगों की भावना को दिशा दी है। और तर्क प्रस्तुत किया है कि ईसा अपने कार्यों से जन-समाज को प्रभावित करके अपनी शक्ति संगठित करेंगे जिसे रोमन साम्राज्य सहन नहीं करेगा और उसे दमन करने में यहूदियों का नाश करेगा। पर उसके कथन का एक दूसरा स्तर है, जो उसने अपनी ओर से नहीं कहा। उसने उस वर्ष के महायाजक के रूप में एक प्रकार से भविष्यवाणी की कि ईसा राष्ट्र के लिये मरेंगे और न केवल राष्ट्र के लिये वरन् इसलिए भी कि वह ईश्वर की बिखरी हुई संतान को एकत्र कर लें। कैफ़स की बात का प्रभाव पड़ा। लोगों ने ईसा को सारे राष्ट्र के आगत खतरे के रूप में देखना शुरू किया और उसी दिन उन्हें मार डालने का निश्चय किया। ईश्वरीय विधान को समझकर ईसा उनकी योजना को अपनी दैवी शक्ति से असफल नहीं करना चाहते थे। पर उस समय से उन्होंने यहूदियों के बीच प्रकट रूप से आना-जाना बन्द कर दिया। कुछ समय बिताने के लिए वह निर्जन प्रदेश के समीप के प्रान्त के एफ़ाइम नामक नगर चले गये और अपने शिष्यों के साथ वहाँ रहने लगे। यहाँ से दो-ढाई घण्टे

में समारिया पहुँचा जा सकता था। यह स्थान चार-पाँच मील से अधिक दूर भी नहीं था। यर्दन के घाट तक यहाँ से आसानी से पहुँचा जा सकता था। सुन्दर पहाड़ी पर बसा यह स्थान निवास के लिए सुविधाजनक था।

इसके बाद ईसा यहूदियों के बीच खुलेआम जाने से बचते थे। जैसा कहा गया है, वह अपने शिष्यों के साथ एफ्राइम नामक कस्बे में कुछ दिनों के लिए रुके। परन्तु इस शान्तिपूर्ण कस्बे में अपने शिष्यों के साथ ईसा कुछ ही सप्ताह आराम कर सके, प्रायः तीन-चार सप्ताह। छोटी पहाड़ी पर बसे हुए इस कस्बे में शान्ति और एकान्त था। पहाड़ी ढालों पर घने वृक्ष-कुंजों में शिष्य के साथ उनकी बातचीत चलती थी और एकान्त कन्दराओं में वह ध्यान करते थे।

यहूदियों का पास्का पर्व निकट था। बहुत से लोग पास्का से पहले शुद्धीकरण के लिये देहात से येरुसालेम जा रहे थे। ईसा को अपने शिष्यों के साथ वहाँ जाना था, परन्तु वे लोग सीधे मार्ग से नहीं गये। एफ्राइम से येरुसालेम का सीधा रास्ता तो केवल एक दिन का है। सम्भवतः वह भीड़-भाड़ से बच कर वहाँ पहुँचना चाहते थे। समरिया के बीच के प्रचलित रास्ते पर उनको गलीलिया के तमाम अपने परिचित लोग मिलते। ईसा समारिया और गलीलिया के सीमांत क्षेत्रों से होकर यात्रा कर रहे थे। वे लोग पहाड़ी पर बसे हुए एन गेन्नइम नामक सुन्दर कस्बे के पास पहुँच रहे थे। यह फलों की बाड़ियों और जल-स्रोतों के बीच बसा था। एस्द्रॉलोन मैदान के दक्षिणी निचले भाग में समारिया और गलीलिया के सीमान्त पर स्थित था। जैसे ही उन्होंने उस कस्बे में प्रवेश किया दस कोढ़ी उनसे मिले। वस्तुतः वे एक दूसरे को सहारा देने के लिये साथ यात्रा कर रहे थे और उनमें यहूदी और ग़ैर-यहूदी का भेद-भाव भी सहयोग की भावना के कारण नहीं था।

नियम के अनुसार कोढ़ियों को अन्य लोगों से निश्चित दूरी बनाये रखना था। अतः वे दौड़ कर ईसा के पास पहुँचे और दूर खड़े होकर ऊँचे स्वर से पुकारने लगे—"हे ईसा, हे गुरु, हम पर दया कीजिये।" कोढ़ियों की आवाज़ अस्पष्ट होने लगती है, इसलिए उन्हें चिल्लाना पड़ा। उनकी दशा और दयनीयता ने ईसा के हृदय को स्पर्श किया। उनको देखकर ईसा ने कहा—"जाओ और अपने को याजकों को दिखाओ।" यह उस समय का विधान था कि जो अपने को कोढ़ से अच्छा हुआ मानता था, उसे पुरोहित से जाँच करा कर रोगमुक्त घोषित कराना पड़ता था। इसके बिना वह व्यक्ति सबसे मिलने-जुलने की छूट नहीं पाता था। ऐसा हुआ कि वे रास्ते में आगे बढ़े ही कि उन्होंने अनुभव किया कि वे अच्छे हो गये हैं। उसको इसका आभास इतना स्पष्ट हुआ कि कोई शंका मन में नहीं रह गई। उनमें एक समारी था, उसने यह देखकर कि मैं स्वस्थ हो गया हूँ, ऊँचे स्वर से ईश्वर की स्तुति करते हुए लौटा। ईसा के चरणों पर मुँह के बल गिरकर धन्यवाद देने लगा। ईसा ने कहा—"क्या

दसों स्वस्थ नहीं हुए ? तो और सब कहाँ हैं ? क्या इस परदेशी को छोड़ और कोई नहीं मिला जो लौट कर ईश्वर की स्तुति करे ?'' तब उन्होंने उससे कहा —''उठो, चले जाओ। तुम्हारे विश्वास ने तुम्हारा उद्धार किया है।''

यहाँ प्रश्न उठ सकता है कि अन्य कोढ़ियों का क्या हुआ ? इस समारी कोढ़ी का विश्वास के आधार पर उद्धार हुआ है, तो क्या अन्यों को लाभ नहीं हुआ ? वस्तुतः ईसा के वचनों पर सभी ने विश्वास किया और उनके निर्देश के अनुसार वे याजकों को दिखाने के लिए उत्सुक थे। पर समारी के अन्दर कृतज्ञता और श्रद्धा का भाव विशेष रूप से आन्दोलित हुआ। उससे प्रेरित होकर आदेश पालन करने के लिए याजक के पास जाने के पहले वह उनके प्रति अपना भावोल्लास व्यक्त करने के लिये उत्सुक हुआ। ईसा के वचनों से यह व्यक्त हुआ, क्योंकि उन्होंने उसके इस भाव को ईश्वर की स्तुति माना।

५

इसी बीच कुछ फ़रीसी उनसे मिले। जैसा हम देखते आये हैं, फ़रीसी ईसा के व्यक्तित्व से अतिशय प्रभावित भी थे और शंकाशील भी। धीरे-धीरे उनके चमत्कारी कार्यों की अवहेलना करना उनके लिए कठिन हो गया था, पर वे उन्हें मसीह के रूप में स्वीकार नहीं कर पाते थे। उनकी परम्परित धारणा से ईसा का मेल नहीं बैठता था। इसी भावना से प्रेरित फ़रीसियों से पूछा ईश्वर का राज्य कब आयेगा, तब ईसा ने कहा—''ईश्वर का राज्य प्रकट रूप से नहीं आता। लोग नहीं कह सकेंगे, 'देखो—वह यहाँ है', क्योंकि ईश्वर का राज्य तुम्हारे बीच है।'' यहूदियों के बीच यह विश्वास चला आ रहा था कि मसीह के द्वारा ईश्वर का राज्य चमत्कारी रूप में प्रकट होकर स्थापित होने वाला है। इस राज्य को वे लोग सत्तात्मक मान कर चलते थे, जिसके साथ यहूदी जाति की स्वतन्त्रता और शक्ति का विस्तार भी स्वीकृत था। ईसा के वचनों में निहित है कि वस्तुतः यह राज्य उनके मध्य आ चुका है।

फ़रीसी इस चर्चा को आगे नहीं बढ़ा पाते, उनके लिये इस संकेत को ग्रहण कर पाना संभव नहीं था। एन गेन्नइम से रवाना होकर घाटी के मार्ग में वृक्षों के बीच से गुजरते हुए ईसा ने उसी प्रश्न को अपने प्रेरित शिष्यों के साथ उठाया। उन्होंने उनसे कहा—''ऐसा समय आएगा, जब तुम मानव पुत्र को एक दिन भी देखना चाहोगे, किन्तु उसे नहीं देख पाओगे। लोग तुमसे कहेंगे, देखो, वह यहाँ है, अथवा, देखो, वह वहाँ है। पर तुम उधर मत जाना, उनके पीछे मत दौड़ना। क्योंकि जैसे बिजली आकाश के एक ओर से कौंध कर दूसरी ओर तक चमक उठती है, वैसे ही मानव पुत्र अपने दिन प्रकट होगा। परन्तु पहले उसे बहुत दुःख सहना और इस पीढ़ी के द्वारा ठुकराया जाना है।

''जैसा नूह के दिनों में हुआ था, वैसा ही मानवपुत्र के दिनों में भी होगा।

नूह के जहाज़ पर चढ़ने के दिन तक लोग खाते-पीते और शादी-ब्याह करते रहे । तब जल-प्रलय हुआ और उसने सबको नष्ट कर डाला । लोत के दिनों में भी वैसा ही हुआ था। लोग खाते-पीते, लेन-देन करते, पेड़ लगाते और घर बनाते रहे। पर जिस दिन लोत सोदोम से निकल गया, ईश्वर ने स्वर्ग से आग और गन्धक बरसाई और सबके सब नष्ट हो गये। मानवपुत्र के प्रकट होने के दिन वैसा ही होगा। उस दिन से जो छत पर हो और उसका सामान घर में हो तो उसे ले जाने के लिए वह नीचे न उतरे। और जो खेत में हो वह भी घर न लौटे। लोत की पत्नी को याद करो। जो अपने जीवन को सुरक्षित रखने का प्रयत्न करेगा, वह उसे खो देगा और जो उसे खो देगा, वह उसे बचा लेगा।''

ईसा अपने प्रेरित शिष्यों से अपने पुनरागमन को चर्चा इस प्रकार संकेत में कर रहे थे। वह इस आगमन की आकस्मिकता की चर्चा करते हैं। लोगों के अस्वीकार का उल्लेख करते हैं। लोगों के संसार में लिप्त होकर स्वर्गिक पिता के आदेशों के भूल जाने पर ईश्वर के प्रकोप की बात की। और यह संकेत भी दिया कि आध्यात्मिक जीवन को पाने के लिए लौकिक जीवन का अस्वीकार आवश्यक है। आगे वह पुनः कहते हैं—''मैं तुमसे कहता हूँ; उस रात को दो-एक ही खाट पर होंगे। एक उठा लिया जायगा और दूसरा छोड़ दिया जायगा। दो स्त्रियाँ साथ-साथ चक्की पीसती होंगी; एक उठा ली जायगो और दूसरी छोड़ दी जायगी। दो पुरुष खेत में होंगे; एक उठा लिया जायगा और दूसरा छोड़ दिया जायगा।'' इस पर उन्होंनें ईसा से कहा—''हे प्रभु, यह कब होगा ?'' ईसा ने उनसे कहा—''जहाँ कहीं लाश पड़ी होगी वहीं गिद्ध भी इकट्ठे होंगे।''

इस पुनरागमन में आकस्मिकता, चमत्कार और सबके साथ एकत्र होने की धारणा निहित रही है। इसके अनुसार मानवपुत्र का यह अवतरण प्रकट न होकर हर व्यक्ति के अन्तर में घटित होगा और न्याय के लिये होगा। अपने विश्वास के अनुसार किसी को स्वर्ग का राज्य मिलेगा और किसी को संसार की ज्वाला सहनी होगी। इस संकेत को इस प्रकार यहाँ ईसा ने अपने शिष्यों को दिया है। अपने अविश्वास के कारण फ़रीसी इसे समझने में असमर्थ थे, अतः उनसे नहीं कहा गया है।

• •

प्रकरण उन्नीस

येरिको और बेथानिया होकर येरुसालेम

१

उस मार्ग पर ईसा अपने शिष्यों के साथ आगे बढ़ते जा रहे थे। वे सब पास्का पर्व के लिए येरुसालेम पहुँचना चाहते थे। मुख्य मार्ग से यात्रा न करने के कारण रास्ता लम्बा और पहाड़ियों-घाटियों के बीच से होकर था। पर वह जल-स्रोतों, झरनों और वृक्षराजियों से अधिक शोभित था। एन गेन्नइम पीछे छूट चुका था और कई बस्तियाँ पड़ चुकी थी। मार्ग में स्थित बस्तियों के लोग ईसा के पास बच्चों को लाते थे, जिससे वे उन पर हाथ रख दें और आशीर्वाद दें। बच्चे उन्हें प्यारे थे। परन्तु इस प्रकार लोगों के आते रहने से शिष्यों को लगता था कि गुरु को आराम और शान्ति नहीं मिल पाती। इस कारण वे लोगों को डाँटते थे। यह देख कर ईसा बहुत अप्रसन्न हुए और उन्होंने कहा—"बच्चों को मेरे पास आने दो। उन्हें रोको मत, क्योंकि ईश्वर का राज्य उन जैसे लोगों का है। मैं तुमसे कहे देता हूँ जो ईश्वर का राज्य छोटे बालक की तरह ग्रहण नहीं करता, वह उसमें प्रवेश नहीं करता।" तब ईसा ने बच्चों को छाती से लगा लिया और उन पर हाथ रख कर आशीर्वाद दिया।

बच्चों को प्यार और आशीर्वाद देकर और जन-समाज को सन्तोष देकर ईसा अपने विश्राम के स्थान से प्रस्थान कर रहे थे कि एक धनी युवक दौड़ता हुआ आया और उनके सामने घुटने टेक कर उनसे पूछने लगा—"भले गुरु, अनन्त जीवन पाने के लिए मुझे क्या करना चाहिए ?" ईसा ने उससे कहा—"तुम मुझे भला क्यों कहते हो ? ईश्वर को छोड़ और कोई भला नहीं। तुम नियमों को जानते हो; हत्या मत करो, व्यभिचार मत करो, चोरी मत करो, झूठी गवाही मत दो, छल-कपट मत करो और अपने माता-पिता का आदर करो।" परन्तु उसने ईसा को उत्तर दिया—"गुरुवर, इन सबका पालन तो मैं अरने बचपन से करता आया हूँ।" ईसा ने उसे ध्यान से देखा और उनके हृदय में प्रेम उमड़ आया, फिर बोले—"तुममें एक बात की कमी है। यदि तुम सिद्ध होना चाहते हो, अपनी सारी सम्पत्ति बेच कर ग़रीबों को बाँट दो और स्वर्ग में तुम्हारे लिए पूँजी रखी रहेगी। तब आओ और मेरा अनुसरण करो।" यह सुन कर उसका चेहरा उतर गया। वह दुःखी होकर चला गया, क्योंकि वह बहुत धनी था।

वह धनी सच्चे भाव से आया था और उसने सहज भाव से प्रश्न किया था। उसको उन यहूदियों अथवा फ़रीसियों में नहीं माना जा सकता जो

अविश्वास भाव से उनसे प्रश्न करते रहते थे और उनके विरुद्ध षड्यन्त्र करते थे। उनके व्यक्तित्व से आकर्षित होकर वह उनसे अनन्त जीवन का मार्ग पूछता है। वह उन्हें 'भला गुरु' कह कर सम्बोधित करता है, जबकि ईसा ने इसी पर उसे ईश्वर की भलाई, सम्पूर्ण मूल्य के अर्थ में, संकेत दिया। और सहज ढंग से संहिता के नियमों की चर्चा करते हैं। वह नैष्ठिक यहूदी होने के नाते इन सबका पालन सदा से करता आया है, पर जिस अनन्त जीवन के लिए वह ईसा से प्रार्थना कर रहा है, वह क्या उसे पा सकेगा ? ईसा ने उस भाव को ग्रहण किया, इसीलिए उसकी ओर ध्यान से देखकर उनका मन प्रेम से आन्दोलित होता है। और तब वह उसे उस जीवन के मार्ग का संकेत देते हैं, जहाँ सब कुछ छोड़ कर सब कुछ पाना होता है।

अपने मन के ऊहापोह के साथ धनी व्यक्ति वहाँ से चल पड़ा, उसके लिए अपनी सारी सम्पदा का त्याग कर ईसा का अनुसरण करना आसान नहीं था। ईसा ने चारों ओर दृष्टि दौड़ाई, वह जा चुका था। फिर अपने शिष्यों से कहा—"धनियों के लिए ईश्वर के राज्य में प्रवेश पाना कितना कठिन होगा !" शिष्य यह बात सुन कर चकित रह गये। ईसा ने उनसे फिर कहा—"बच्चो ! धन पर भरोसा रखने वालों के लिए ईश्वर के राज्य में प्रवेश करना कितना कठिन है। सुई के नाके से होकर ऊँट का निकलना सहज है, किन्तु ईश्वर के राज्य में धनी का प्रवेश करना अधिक कठिन है।" शिष्य और भी विस्मित हुए और आपस में कहने लगे—"तो फिर कौन बच सकता है ?" उन्हें स्थिर दृष्टि से देखते हुए ईसा ने कहा—"मनुष्यों के लिए तो यह असम्भव है, पर ईश्वर के लिए नहीं। क्योंकि ईश्वर के लिए सब कुछ सम्भव है।" ईसा की दृष्टि और भंगिमा से इस कथोपकथन का मूल अर्थ व्यंजित हो जाता है। एक ओर सांसारिक जीवन के सुख-भोग के त्याग की अपेक्षा की बात है और दूसरी ओर ईश्वर की कृपा पर निर्भरता का प्रश्न भी है। यहाँ 'सुई के नाके' का यहूदी मुहावरा अतिशय कठिन होने के अर्थ में प्रयुक्त हुआ है।

इस पर पेत्रुस ने ईसा से कहा—"देखिए, हमने सब कुछ छोड़ दिया और आपके पीछे हो लिए हैं, तो हमें क्या मिलेगा ?" ईसा ने उनसे कहा—"मैं तुमसे सच कहता हूँ : मानवपुत्र जब पुनरुत्थान में अपने महिमामय सिंहासन पर विराजमान होगा, तब तुम लोग भी बारह सिंहासनों पर बैठ कर इस्राएल के बारह वंशों का न्याय करोगे। और जिसने मेरे लिए घर, भाई-बहनों, माता-पिता, पत्नी, बाल-बच्चों अथवा खेतों को छोड़ दिया है, वह सौ-गुना पायेगा और अनन्त जीवन का अधिकारी होगा।" थोड़ी देर चुप रहने के बाद उन्होंने आगे अपनी बात पूरी की—"बहुतों से जो अगले हैं, वे पिछले हो जायँगे और जो पिछले हैं, वे अगले हो जायँगे।" स्पष्ट संकेत है कि ईश्वरी जीवन के लिए जो भौतिक जीवन के सम्बन्धों को और सम्पदा को छोड़ता है, वही महिमा-

मण्डित होता है। परन्तु इस जीवन की महिमा को पाने के लिए निरभिमान त्याग की अपेक्षा है, इसी दृष्टि से पिछले अगले हो जायँगे।

२

आगे यात्रा में बढ़ते हुए वे लोग पहाड़ी ढाल के उतार पर चल रहे थे। पास्का पर्व निकट था और वे लोग उस समय तक येरुसालेम पहुँचना चाहते थे। वृक्षों की शाखाएँ उनके ऊपर आ जाती थीं और उनकी छाया में आगे बढ़ना सुखद था। पिछला प्रसंग सबके मन में था, ईश्वर के राज्य में प्रवेश तथा अनन्त जीवन का अधिकार किसे हैं? ईसा ने एक दृष्टान्त सुनाया : स्वर्ग का राज्य उस गृहपति के समान है जो अपनी दाखबारी में मज़दूरों को लगाने के लिए बहुत सबेरे घर से निकला। उसने मज़दूरों के साथ एक दीनार रोज़ाना तय कर लिया और उन्हें अपनी दाखबारी काम करने के लिए भेजा। लगभग एक पहर दिन चढ़ आने पर उसने निकल कर दूसरों को बाज़ार में बेकार खड़ा देखा और उनसे कहा—"तुम लोग भी मेरीं दाखबारी जाओ, मैं तुम्हें उचित मज़दूरी दे दूँगा।" और वे वहाँ गये। लगभग दूसरे और तीसरे पहर भी उसने बाहर निकल कर ऐसा ही किया। एक घंटे दिन रहे वह फिर बाहर निकला और वहाँ दूसरों को खड़ा देख कर उनसे बोला—"तुम लोग यहाँ दिन भर क्यों बेकार खड़े हो?" उन्होंने उत्तर दिया, "इसलिए कि किसी ने हमें मज़दूरी में नहीं लगाया।" उसने उनसे कहा—"तुम लोग भी मेरी दाखबारी में काम करने जाओ।"

सन्ध्या होने पर दाखबारी के मालिक ने अपने कारिन्दे से कहा, "मज़दूरों को बुलाओ और बाद में आने वालों से लेकर पहले आने वालों तक, सब को मज़दूरी दे दो।" जब घंटे भर दिन रहे काम पर आनेवाले मज़दूरों में हर एक को एक-एक दीनार मिला, तो पहले काम पर आये मज़दूरों ने समझा कि हमें अधिक मिलेगा। परन्तु उन्हें भी एक-एक दीनार मिला। इसे पाकर वे गृहपति के विरुद्ध कुड़कुड़ाने और उससे कहने लगे, "इन पिछले मज़दूरों ने केवल एक घंटे काम किया, तब भी आपने इन्हें हमारे बराबर बना दिया, जो दिन भर कठोर परिश्रम करते रहे और धूप सहते रहे।" परन्तु स्वामी ने उनमें से एक को उत्तर दिया, "मित्र, मैं तुम्हारे साथ अन्याय नहीं कर रहा हूँ। क्या तुमने मेरे साथ एक दीनार नहीं तय किया था? अपनी मज़दूरी ले लो और चले जाओ। मैं इस पिछले मज़दूर को भी तुम्हारे बराबर देना चाहता हूँ। क्या मैं अपनी इच्छा के अनुसार अपनी सम्पत्ति का उपयोग नहीं कर सकता? मेरी उदारता तुम्हारी आँखों में क्यों खटकती है?"—इस दृष्टान्त को सुनाने के बाद ईसा रुक गये और उन्होंने अपने शिष्यों की ओर देखा। वे समझ नहीं सके थे कि गुरु का क्या संकेत है। तब उन्होंने कहा—"इस प्रकार जो-जो पिछले

हैं, वे अगले हो जायँगे और जो अगले हैं वे पिछले हो जायँगे।'' स्पष्ट है कि ईसा के अनुसार काम का, कर्त्तव्य का एक प्रतिदान है। वह उसके अनुपात में मिलता है। पर ईश्वर के अनुग्रह को पाना दूसरे स्तर पर संभव होता है। इस क्षेत्र में जो विनम्र है, प्रभु पर अपने को आश्रित रखता है, वह उसका अधिकारी होता है।

वे लोग येरुसालेम की ओर बढ़ते जा रहे थे। ईसा उनके आगे-आगे जा रहे थे, शिष्य उनके पीछे चलते हुए चकित और भयभीत थे। साथ और लोग भी यात्रा कर रहे थे, क्योंकि पर्व के लिए इस मार्ग पर भी यात्री थे। शिष्यों को फ़रीसियों के षड्यंत्र का पता था, इस कारण उनके मन पर इस प्रकार का प्रभाव था। यात्रा के बीच अपने बारहों शिष्यों को अपने पास अलग बुला कर वह उन्हें अपने ऊपर घटनेवाली बातों के बारे में बताने लगे—''देखो, हम येरुसालेम जा रहे हैं और मानवपुत्र महायाजकों, शास्त्रियों और वयोवृद्धों के हाथ सौंप दिया जायगा। वे उसको प्राणदण्ड की आज्ञा सुना कर ग़ैर-यहूदियों के हवाले कर देंगे, जो उसकी हँसी उड़ायेंगे, उस पर थूकेंगे, उसे कोड़े मारेंगे और मार डालेंगे। लेकिन तीसरे दिन वह जी उठेगा।'' शिष्यों ने कुछ भी नहीं समझा, यह सब उनसे छिपा रहा और वे ईसा की बातों को नहीं समझ सके।

यात्रा के क्रम में एक स्थान पर ज़ेबेदी के बेटों की माँ से भेंट हो गई। वह अपने बेटों के साथ ईसा के पास आई। उसने दण्डवत् करके उनसे निवेदन किया। ईसा ने उससे कहा—''क्या चाहती हो ?'' उसने कहा—''ये मेरे दो बेटे हैं, आप आज्ञा दीजिए कि आपके राज्य में एक आपकी दाईं ओर और एक बाईं ओर बैठेगा।'' इस बात का जवाब ईसा ने अपने शिष्यों की ओर उन्मुख होकर दिया—''तुम नहीं जानते कि क्या माँग रहे हो। क्या तुम, जो प्याला में पीने वाला हूँ, पी सकते हो ? और क्या वह बपतिस्मा ले सकते हो जिसे मुझे लेना है ?''* शिष्यों ने उन्हें उत्तर दिया—''हम कर सकते हैं।'' इस पर ईसा ने उनसे कहा—''जो प्याला मुझे पीना है, उसे तुम पिओगे, और जो बपतिस्मा मुझे लेना है, उसे तुम लोगे तो सही, परन्तु अपनी दाईं या बाईं ओर तुम्हें बैठाना मेरा काम नहीं, ये स्थान उन लोगों के लिए हैं, जिनके लिए मेरे पिता ने उन्हें तैयार किया है।''

ईसा ने अपनी बातचीत में स्पष्ट संकेत किया है कि उनके अनुसरण का

---

* टिप्पणी—प्याला : बाइबिल में दुःख और विपत्ति का प्रतीक। सन्त मारकुस के सुसमाचार के समानान्तर स्थल पर 'बपतिस्मा' का भी इसी अर्थ में प्रयोग है : ईसा को दुःख का बपतिस्मा लेना है अर्थात् उन्हें दुःख में डुबाया जाएगा।

अर्थ त्याग और उत्सर्ग है। अधिकार का स्थान गौण है, फिर वह विधान के अनुसार होगा। लेकिन यात्रा के क्रम में जब इस प्रसंग का ज्ञान अन्य दस प्रेरितों को हुआ, तो वे याकूब और योहन पर क्रुद्ध हुए। पर ईसा ने उन्हें अपने पास बुला कर कहा—"तुम जानते हो कि अन्य जातियों के अधिपति उन पर निरंकुश शासन करते हैं और उनके अधिकारी उन पर रोब जमाते हैं। परन्तु तुम्हारे बीच ऐसा नहीं होगा। जो तुम लोगों में बड़ा होना चाहे, वह तुम्हारा सेवक बने, और जो तुम में प्रधान होना चाहे, वह सबका दास बने। क्योंकि मानवपुत्र भी अपनी सेवा कराने के लिए नहीं, बल्कि सेवा करने के लिए और बहुतों के उद्धार के लिए अपने प्राण देने आया है।" इस कथन में एक ओर धर्म-संघ की भविष्य-कल्पना का संकेत है, जिसमें अधिकार सत्ता के प्रदर्शन और दूसरों पर शासन के लिए नहीं वरन् अधिक सेवा और उत्सर्ग के आधार पर प्राप्त होता है। साथ ही व्यापक स्वर्गिक अधिकार की भावना व्यंजित है, जो सांसारिक जीवन के ऐश्वर्यविलास के त्याग के साथ मानव-सेवा के आधार पर ईश्वरीय कृपा में प्रतिफलित होती है।

३

अब पास्का पर्व के लिए सात-आठ दिन का समय था। ईसा अपने शिष्यों और अनुयायियों के साथ येरिको नगर के निकट पहुँच रहे थे। यह ताड़ वृक्षों का नगर एलिसियस निर्झर के समीप की पहाड़ी पर स्थित था, और उस समय फिलिस्तीन का दूसरे नम्बर का बड़ा शहर था, जिसको हेरोद और अरखेलौस जैसे शासकों ने इमारतों, महलों और जल-प्रवाहों से सुन्दर बनाया था। जलाशयों में दूर से पानी लाकर इकट्ठा किया गया था। यहाँ यत्र-तत्र धूपियास के झाड़ लगे थे और देवदारु के वन चारों ओर फैले थे। एक समय यहाँ सुन्दर गुलाब के बग़ीचे थे। इस नगर येरिको में वे लोग पहुँचे। जब ईसा अपने शिष्यों और एक विशाल जन-समूह के साथ नगर से होकर निकल रहे थे, तो तिमेउस का बेटा बरतिमेयुस नामक अंधा भिखारी रास्ते के किनारे बैठा भीख माँग रहा था। जब उसे पता चला कि यह ईसा नाज़री हैं तो चिल्ला कर कहने लगा—"हे ईसा, दाऊद के पुत्र, मुझ पर दया कीजिए।" बहुत से लोग उसे चुप रखने के लिए डाँट रहे थे, पर वह और भी जोर से पुकारता रहा—"हे दाऊद के पुत्र, मुझ पर दया कीजिए।" ईसा ने ठहर कर उसे बुलाने की आज्ञा दी। लोगों ने उस अन्धे को यह कह कर बुलाया—"ढाढस रखो, उठो। वह तुम्हें बुला रहे हैं।" वह अपनी चादर फेंक कर उठ खड़ा हुआ और ईसा के समीप आया। ईसा ने उससे पूछा—"क्या चाहते हो ? मैं तुम्हारे लिए क्या करूँ ?" अंधे ने उत्तर दिया—"गुरुवर, मैं देख सकूँ।" ईसा ने उससे कहा—"जाओ, तुम्हारे विश्वास ने तुम्हारा उद्धार किया है।" वह उसी क्षण देखने लगा और ईश्वर

की स्तुति करता हुआ ईसा के पीछे हो लिया। और सारी जनता यह देख कर ईश्वर का गुणगान करने लगी। उसकी श्रद्धा के कारण उसको दृष्टि मिली और उसी विश्वास से प्रेरित होकर वह ईसा का अनुयायी हुआ। इस प्रकार उसको महत्त्व मिला और उसका नाम स्मरणीय बना।

ईसा येरिको में प्रवेश कर आगे बढ़ रहे थे। वहाँ ज़केयुस नामक एक व्यक्ति रहता था, वह नाकेदारों का प्रधान और धनी था। वह देखना चाहता था कि ईसा कौन है; परन्तु वह नाटे क़द का था और भीड़ में उन्हें देख नहीं सका। आगे एक गूलर का छतनार पेड़ था, जिसकी डालें काफ़ी नीची थीं। ईसा को देखने के लिए वह आगे दौड़ कर उस गूलर के पेड़ पर निचली डालों के सहारे चढ़ गया, क्योंकि वह उसी रास्ते आने वाले थे। जब ईसा उस जगह पहुँचे तो उन्होंने आँखें ऊपर उठा कर ज़केयुस से कहा—"ज़केयुस, जल्दी नीचे आओ, क्योंकि आज मुझे तुम्हारे यहाँ ठहरना है।" उसने तुरन्त उतर कर आनन्द के साथ अपने यहाँ ईसा का स्वागत किया। यह देख कर सब लोग इस प्रकार भुनभुनाने लगे—"उन्होंने एक पापी का आतिथ्य स्वीकार किया।"

अपने घर हर प्रकार का आतिथ्य-सत्कार करने के बाद ज़केयुस ने हाथ जोड़ कर प्रभु से कहा—"प्रभु, देखिए, मैं अपनी आधी सम्पत्ति ग़रीबों को दे देता हूँ, और यदि मैंने किसी से किसी बात में बेईमानी की है, तो उसे उसका चौगुना लौटा देता हूँ।" ईसा ने उससे कहा—"आज इस घर में मुक्ति का आगमन हुआ है, क्योंकि वह भी इब्राहीम का बेटा है। जो खो गया था, उसी को खोजने और उन्हीं के लिए मानवपुत्र आया है।" ज़केयुस के प्रसंग से स्पष्ट होता है कि ईसा सही मार्ग में चलने वालों की अपेक्षा ऐसे लोगों पर अधिक दृष्टि रखते हैं, जो उनके व्यक्तित्व और सन्देश से प्रेरित होकर अपना पिछला पापपूर्ण जीवन त्यागने के लिए तत्पर होते हैं। इसका यह अर्थ नहीं कि अच्छे काम करने वालों से वे अधिक महत्त्व के माने गये हैं, वरन् उन्हीं में परिवर्तन लाने की बात है।

येरिको होकर यात्रा में आगे बढ़ते हुए वहाँ की घटनाओं से लोगों के मन में बहुत आशाएँ और सम्भावनाएँ जाग गईं। वे सोच रहे थे कि ईसा जिस संकट का संकेत देते रहे हैं, वह दूर होने वाला है, और शीघ्र ही उनके द्वारा कल्पित ईश्वरीय राज्य अपने को प्रकट करेगा और यह नाटकीय उद्घाटन राष्ट्र के धार्मिक केन्द्र येरुसालेम में होने जा रहा है। जब इस प्रकार की बातों की चर्चा चल रही थी, ईसा ने एक दृष्टान्त सुनाया, क्योंकि अब ये लोग येरुसालेम के निकट थे और समझ रहे थे कि ईश्वर के राज्य के प्रकट होने में विलम्ब नहीं है। उन्होंने कहा :

एक कुलीन मनुष्य राज्यपद प्राप्त कर लौटने के विचार से दूर देश की यात्रा पर गया। उसने अपने सब सेवकों को बुलाया और उन्हें एक-एक अशर्फ़ी दे कर

कहा, 'मेरे लौटने तक व्यापार करो।' उसके नगर-निवासी उससे बैर रखते थे और उन्होंने उसके पीछे एक प्रतिनिधि द्वारा (सम्राट् से) कहला भेजा कि हम नहीं चाहते कि यह व्यक्ति हम पर राज्य करे। फिर जब वह राजपद पाकर लौटा तो उसने जिन सेवकों को धन दिया था, उन्हें बुला भेजा और जानना चाहा कि प्रत्येक ने व्यापार से कितना कमाया है। पहले ने आकर कहा, 'स्वामी! आपकी एक अशर्फ़ी से दस अर्शफ़ियाँ कमायी हैं।' स्वामी ने उससे कहा, 'शाबाश, भले सेवक! तुम छोटी-से-छोटी बातों में ईमानदार निकले, इसलिए तुम्हें दस नगरों का अधिकार मिलेगा।' दूसरे ने आकर कहा, 'स्वामी! आपकी एक अशर्फ़ी ने पाँच अर्शफ़ियाँ कमायी हैं।' और स्वामी ने उससे भी कहा, 'तुम्हें पाँच नगरों का अधिकार मिलेगा।' अब तीसरे ने आकर कहा, 'स्वामी! देखिए, यह है आपकी अशर्फ़ी। मैंने इसे थैली में बाँध कर रखा था। मैं आप से डरता था, क्योंकि आप कठोर हैं। आपने जो जमा नहीं किया उसे आप निकाल लेते है, और जो नहीं बोया, उसे लुनते हैं।'

तब स्वामी ने कहा, "रे दुष्ट सेवक! मैं तेरे ही शब्दों से तेरा न्याय करूँगा। तू जानता था कि मैं कठोर हूँ। मैंने जो जमा नहीं किया, मैं उसे निकाल लेता हूँ और जो नहीं बोया उसे लुनता हूँ। तो तूने मेरा धन महाजन के यहाँ क्यों नहीं रख दिया? तब मैं उसे लौट कर सूद के साथ वसूल कर लेता।" और स्वामी ने वहाँ उपस्थित लोगों से कहा, 'इससे वह अशर्फ़ी ले लो और जिसके पास दस हैं, उसे दे दो।' उन्होंने कहा, 'स्वामी! उसके पास तो दस अर्शफ़ियाँ हैं।' तब स्वामी ने आदेश के स्वर में कहा, 'मैं तुमसे कहता हूँ—जिसके पास कुछ है, उसी को और दिया जायगा; परन्तु जिसके पास कुछ नहीं है, उससे वह भी ले लिया जायगा जो उसके पास है।' फिर स्वामी ने अपने विरोधियों के लिए आदेश दिया, 'और मेरे बैरियों को, जो यह नहीं चाहते थे कि मैं उन पर राज्य करूँ, इधर लाकर मेरे सामने मार डालो।'

दृष्टान्त समाप्त हुआ। उसका कथा-विधान तत्कालीन राजनीतिक परिस्थिति से बना है। स्थानीय राजा, शासक आदि को केन्द्रीय सत्ता, रोमन सम्राट् से स्वीकृति पानी होती थी। बीच में उसके प्रतिनिधि प्रदेशों के राज्यपाल आदि रहते थे। इसके अतिरिक्त नागरिकों में पुरोहित-वर्ग के प्रभावी और शक्तिशाली लोग पक्ष-विपक्ष में सक्रिय रहते थे। यहाँ कुलीन व्यक्ति इसी प्रकार राज्यपद पाने के लिए यात्रा पर गया है और बैर रखने वाले नागरिक महायाजक आदि के रूप में उसके विरोधी हैं। इस दृष्टान्त से यह अभिप्राय निकलता है कि जो ईमानदारी के साथ विश्वास का निर्वाह करता है, उसे स्वर्गिक राज्य में स्थान मिलता है और जो अविश्वासी है उसे कुछ भी नहीं मिलता है। पहले तो हर व्यक्ति उस पूर्ण सत्ता-सम्पन्न स्वामी का सेवक है और उसको स्वामी से जो कुछ प्राप्त है, उसे सफल बनाना है अन्यथा पथभ्रष्ट माना जायगा। दूसरे उसका

पुरस्कार उसकी बाह्य उपलब्धि से निर्धारित नहीं होगा, क्योंकि हर एक की योग्यता और प्रतिभा अलग-अलग होती है, बल्कि उसकी लगन और उसके उत्साह पर निर्भर करेगा।

४

पास्का का पर्व सन्निकट था। सारे फ़िलिस्तीन के ही नहीं वरन् रोमन साम्राज्य में फैले दूर-दूर के यहूदी इस पर्व पर येरुसालेम पहुँचते थे। लोग अगर अधिक बार इस अवसर पर यहाँ न भी आ पायें तो कम से कम जीवन में एक बार आना धर्म मानते थे। लोग अकेले, समूह में या परिवार के साथ यात्रा करने निकल पड़ते थे और रास्तों पर उनकी भीड़ देखी जा सकती थी। दूर से आने वाले यात्री कभी-कभी कई दिन पहले भी पहुँच जाते थे, इस आशंका से कि मार्ग में कहीं किसी कारण देर हो सकती है। कुछ लोग इस भीड़ में नगर में ठीक स्थान पाने के ख्याल से भी जल्दी पहुँचना चाहते थे, और दूसरे शुद्धीकरण और व्रत पूरा करने के लिए पहले पहुँचते थे। नगर में उमड़ती हुई भीड़ में बहुत लोग ईसा को देखने के लिए उत्सुक थे और उनको न देखकर आश्चर्य कर रहे थे। पिछले पर्वों में भाग लेने के बाद छः माह से ईसा यर्दन नदी के उस पार, उसके पेटे में और यहूदिया आदि प्रदेशों में अज्ञात जीवन बिता रहे थे। उन सारे चमत्कारी कार्यों में अपने को प्रकट करने के बाद इस प्रकार जानबूझ कर अपने को शान्त और गुप्त रखने का क्या अर्थ है ? गलीली लोग विशेष रूप से इसके बारे में आपस में बात करते थे। क्या समझते हो ? क्या वह पर्व में आ रहे हैं ? इस बीच फ़रीसी और महायाजक आदि ईसा के षड्यंत्र में लगे थे।

पास्का पर्व के छः दिन पहले ईसा बेथानिया आये। यहाँ लाज़रूस रहता था, जिसे उन्होंने मृतकों से जिलाया था। लोगों में इस चमत्कारी व्यक्ति के प्रति बहुत आकर्षण था। उनके आगमन के उत्साह में उन्होंने सीमोन के घर भोज का आयोजन किया। वस्तुतः इस सिमोन को कोढ़ से ईसा ने मुक्त किया था।। मरथा खाना परोस रही थी और ईसा के साथ भोजन करने वालों में लाज़रूस भी था। मरियम आधा सेर असली जटामाँसी का बहुमूल्य इत्र लेकर आई और संगमरमर का पात्र तोड़ कर उसे ईसा के सिर पर उड़ेल दिया। इत्र को लेकर ईसा के चरणों पर लेप किया और अपने केशों से उनके चरण पोंछे। इत्र की सुगंध से सारा घर सुगन्धित हो उठा। इस प्रसंग में पूरे जन-समाज का उत्साह और आनन्द व्यक्त होता है और साथ ही इन स्त्रियों की भक्ति-भावना। पर यहाँ एक भविष्य संकेत भी निहित हैं।

तब ईसा के शिष्यों में एक यूदस इसकारियोती, जो उनके साथ विश्वासघात करनेवाला था, कहने लगा—"इस इत्र को तीन सौ दीनार में बेच कर उसे ग़रीबों में क्यों नहीं बाँटा गया ?" निश्चय ही जटामाँसी दुर्लभ और बहुमूल्य

जड़ो है और उसका इत्र उस समय बहुत मूल्यवान् था। पर उसने यह इसलिए नहीं कहा कि उसे ग़रीबों की चिन्ता थी, वरन् इसलिए कि वह चोर था। उसके पास थैली रहती थी, उसमें जो रखा जाता था, वह उसे निकाल लेता था। देखा-देखी दूसरे शिष्य भी उसके विरुद्ध बड़बड़ाने लगे। तब ईसा ने कहा—"इसे छोड़ दो, इसे क्यों सताते हो ? इस स्त्री ने मेरे लिए भला काम किया है। ग़रीब तो सदा तुम्हारे साथ रहते हैं और तुम जब चाहो उनका उपकार कर सकते हो; पर मैं सदा तुम्हारे साथ नहीं रहूँगा। जो कुछ वह कर सकती थी उसे उसने किया।" आगे ईसा चुप हो गये, सब पर एक दृष्टि डाली, सबको ध्यान से देखा। फिर आगे बोले—"इसने दफ़न की तैयारी में पहले ही से मेरे शरीर पर इत्र लगाया है। मैं तुमसे सच कहता हूँ; सारे संसार में जहाँ कहीं इस सुसमाचार का प्रचार किया जायगा, वहाँ इसकी स्तुति में इसके कार्य की चर्चा की जायगी।"

इस प्रसंग की चर्चा फैली। बहुत से यहूदियों को पता चला कि ईसा वहाँ हैं। और वे केवल ईसा के लिए ही नहीं, वरन् लाज़रूस को भी देखने के लिए आए, जिसको ईसा ने माह, डेढ़ माह, पहले मृतक से जीवित किया था। इन सब को इनको देखने की उत्सुकता थी, दूसरी ओर महायाजकों ने निश्चय किया कि लाज़रूस को भी मार डालना अपेक्षित है। उसी के कारण यहूदियों में बहुत से लोग उनसे अलग हो गये और ईसा पर विश्वास करने लगे थे। उनको यह लगने लगा था कि अगर ईसा के कार्यों का प्रचार होता जायगा, और उनके चमत्कार पर विश्वास बढ़ता जायगा, तो उनका महत्त्व घट जायगा। जैसा कहा गया है कि फ़रीसी तथा महायाजक आदि ईसा को मानवपुत्र और उनके द्वारा स्वर्गिक राज्य की स्थापना को मानने को तैयार नहीं थे। उनकी मसीह की कल्पना ईसा से नितान्त भिन्न थी।

५

येरिको से साथ आने वाले यात्रियों ने येरुसालेम पहुँच कर बेथानिया में ईसा की उपस्थिति की घोषणा कर दी। उनमें से अनेक वहाँ पहले पहुँच गये थे। उनके आगमन की सूचना पाकर तमाम लोग प्रतीक्षा कर रहे थे। इस उत्सुकता और उत्साह से फ़रीसी और पुरोहितों के नेता अधिक क्रुद्ध हुए, क्योंकि उन्हें अपना महत्त्व कम होता दिखाई पड़ रहा था। विश्राम दिवस के अगले दिन ईसा ने येरुसालेम की यात्रा की। वे लोग येरिको से आने वाले मार्ग से भी जा सकते थे। यह मार्ग जैतून पर्वत के पार्श्व से घूम कर नगर में निर्झर द्वार से प्रवेश करता था। पर उन्होंने दूसरा मार्ग अपनाया, ऐसा जान पड़ता है, जो अधिक प्रचलित और कम लम्बा था। वे सीधे जैतून पर्वत पर चढ़ गये और फिर मन्दिर के उत्तरी-पूर्वी कोने की ओर के ढाल से उतरे। जब पूर्वी ढाल के

बीच में पहुँचे, ईसा ने अपने शिष्यों को बेथफ़गे नामक गाँव दिखाया। उनके चारों ओर सघन झाड़ियाँ फूलों से लदी थीं और पहाड़ी ढाल पर जैतून और पौम के वृक्ष अपनी हरी-भरी डालियों में झीम रहे थे।

ईसा ने दो शिष्यों को यह कह कर उस गाँव में भेजा—"सामने के गाँव में जाओ। वहाँ पहुँचते ही तुम एक गदही का बछेड़ा पाओगे, जिस पर अब तक कोई सवार नहीं हुआ है। उसको खोल कर मेरे पास लाओ। अगर कोई तुमसे कुछ कहे तो कहना—प्रभु को इसकी ज़रूरत है और वह तुम्हें तुरन्त लाने देगा।" शिष्यों ने वैसा ही किया। गाँव में उन्होंने एक गदही बछेड़े को बँधा पाया। वे जब उसे खोल रहे थे, तो उसका स्वामी उनसे कहने लगा—"बछेड़े को तुम क्यों खोलते हो ?" उन्होंने उत्तर दिया—"प्रभु को उसकी ज़रूरत है।" और उन्होंने उनको ले जाने दिया।

दोनों शिष्य गदही के बछेड़े को ईसा के पास ले आये। फिर बछेड़े की पीठ पर अपने कपड़े बिछा कर आसन बनाया और ईसा को बैठाया। इस अवसर पर लोगों में उत्साह और हर्ष छा गया। कुछ लोगों ने अपने-अपने कपड़े मार्ग में स्वागत के लिए बिछा दिये। दूसरों ने झाड़ियों की फूलों से लदी डालियों को लाकर मार्ग पर बिछा दिया। कुछ लोगों ने खजूर की डालियों को लाकर मार्ग पर फैलाया। फिर जो लोग ईसा के आगे-आगे और पीछे-पीछे चल रहे थे, वे नारे लगाने लगे :

"दाउद के पुत्र को होसन्ना !
धन्य है वह जो प्रभु के नाम पर आते हैं !
धन्य है हमारे पिता दाऊद का आने वाला राज्य !
सर्वोच्च में होसन्ना !" (होसन्ना इब्रानी शब्द, जयकार के अर्थ में प्रयुक्त; मूल अर्थ-बचाओ)

यह इसलिए हुआ कि नबी का कथन पूरा हो जाय :

"सिओन की बेटी से कहो*
देख, तेरा राजा तेरे पास आता है,
नम्र और लद्दू गदही के बछेड़े पर बैठा हुआ।"

ईसा के शिष्य पहले यह सब नहीं समझ सके थे, पर ईसा के महिमा प्राप्त होने के बाद उन्हें स्मरण आया कि वे बातें उनके बारे में लिखी हुई थीं और लोगों ने उनके साथ ऐसा ही किया। लाज़रूस के पुनर्जीवित होने के साक्षी लोग साथ थे और वे उनके विषय में साक्ष्य देते थे। इसी कारण भीड़ ईसा की अगवानी करने के लिए निकली थी; क्योंकि उन्होंने सुना था कि ईसा ने यह चमत्कार किया है। इधर फ़रीसियों में खलबली थी, वे आपस में कह रहे थे—

---

* इसका अर्थ येरुसालेम से है।

"देखो तो, हमारी एक भी नहीं चलती। सारा संसार उसी के पीछे चल रहा है।" तब भीड़ में से कुछ फ़रीसियों ने ईसा से कहा—"हे गुरु, अपने शिष्यों को डाटिए।" पर उन्होंने उनसे कहा—"मैं तुमसे कहता हूँ, यदि वे चुप रहें तो पत्थर ही चिल्ला उठेंगे।"

धीरे-धीरे ईसा बछेड़े पर नगर के समीप पहुँच रहे थे, जैतून पर्वत का ढाल समाप्त हो चुका था और मन्दिर के उत्तरी-पूर्वी कोने के समीप आ पहुँचे। से नगर को देख कर ईसा उस पर रो पड़े और बोले, "यदि अपने इस शुभ दिन में तुझे भी सूझ पड़ता कि किन बातों में तेरी शान्ति है तो कितना अच्छा होता। परन्तु अभी ये बातें तेरी आँखों से छिपी हैं। क्योंकि तुझ पर वे दिन आएँगे, जब तेरे वैरी तेरे चारों ओर मोरचा बाँध कर तुझे घेर लेंगे, चारों ओर से तंग करेंगे और तुझे तथा तेरे अन्दर रहनेवाली सन्तान को मटियामेट कर देंगे। तुझमें पत्थर पर पत्थर तक न छोड़ेंगे, क्योंकि तूने अपनी शुभ घड़ी का समय नहीं पहचाना है।" ईसा के सामने मन्दिर का वैभवशाली शिखर था, हेरोद और हसमोनी राज्य-वंश के विशाल महल थे और नगर की ऊँची बुर्जियों की शृङ्खला से जुड़ी हुई भव्य दीवार थी। उसकी इस विशालता और भव्यता को देख कर उसके भविष्य की कल्पना से रोना आना स्वाभाविक था।

इस अवसर पर सारा नगर कोलाहल से भर गया। शिष्य प्रार्थना कर रहे थे और आनन्द मना रहे थे और साधारण जनता हर्षोल्लास से इस उत्सव में शामिल हो गई थी। बच्चे भी उल्लास और उमंग से यह नारा लगा रहे थे—दाऊद के पुत्र को होसन्ना। महायाजक और शास्त्री पहले से सारे उत्सव-भाव से नाराज़ थे, यह नारा सुन कर ईसा से बोले—"क्या तुम सुनते हो कि ये क्या कह रहे हैं?" ईसा ने उन्हें उत्तर दिया—"सुनता तो हूँ। क्या तुम लोगों ने कभी यह नहीं पढ़ा—"बालकों और दुधमुँहे बच्चों के मुख से तूने अपना गुणगान कराया है।" अब दिन भर की थकान का अनुभव हुआ और ईसा अपने शिष्यों के साथ एकान्त में जाना चाहते थे। इसलिए शहर से निकल कर वे लोग बेथानिया चले गये। वहाँ एकान्त और शान्ति के साथ रात बिताने की सुविधा थी।

प्रकरण बीस

मन्दिर में उपदेश और षड्यन्त्र का दुश्चक्र

१

दूसरे दिन काफ़ी तड़के ईसा शिष्यों के साथ मन्दिर में पहुँच गये। यह सोमवार का दिन था। पिछला थकान का दिन गुज़रा था। वह बेथानिया से बिना कुछ खाये ही चल पड़े थे, अतः रास्ते में भूख लगना स्वाभाविक था। मार्ग से थोड़ा हट कर एक अंजीर का पेड़ दिखाई दिया, जो हरी-भरी पत्तियों से लदा था। अंजीर फलने की वह ऋतु नहीं थी। ईसा उसके समीप पहुँचे, पर पत्तों के सिवाय और कुछ नहीं पाया और तब उन्होंने कहा—"तुममें फिर कभी फल न लगें। अनन्त काल तक कोई तेरा फल न खाए।" उनके शिष्य यह सुन रहे थे। यह सब जानते थे कि इस मौसम में अंजीर में फल नहीं होता, शरद् ऋतु में फलने वाले फल अगर डालियों में लगे भी रह जायँ तो बसन्त के कोपलों के निकलने के साथ सूख कर गिर जाते हैं। और अगर दो-चार बच भी जायँ तो बेस्वाद हो जाते हैं। अतः इस कथन को प्रतीकार्थ में लेना ही स्वाभाविक था। और दृष्टान्त को समझाने की अपेक्षा भी नहीं समझी गई। मनुष्य जीवन प्रभु की सेवा में निरन्तर फल-धारण करने की ऋतु है और सर्वोपरि स्वामी कभी फल की माँग कर सकता है। वृक्ष से छतनार छाया की अपेक्षा नहीं है, जैसे मनुष्य में केवल अच्छे संकल्पों का महत्व नहीं होता। फूल के रूप में अच्छी इच्छाएँ पर्याप्त नहीं होतीं। वृक्ष की पूर्णता और सार्थकता अच्छे सुस्वादु फलों में होती है, उसी तरह मनुष्य से अच्छे कार्यों की अपेक्षा होती है। स्वामी की उपस्थिति में अगर सेवक अपने कार्य में पिछड़ा हुआ पाया गया तो वह अभिशप्त होगा।

वहाँ से चलकर ईसा मन्दिर में पहुँचे। मन्दिर के विशाल प्रांगण में प्रवेश करने पर उन्होंने देखा कि वहाँ तमाम सौदागरों ने अपनी तरह-तरह की दूकानें लगा रखी हैं। मन्दिर में बलिदान के लिए तमाम लोग कबूतर और पिड़की बेंच रहे थे। तमाम पक्षियों के पिंजड़े लगे हुए थे। अन्य सामान बिक रहे थे। कुछ रेज़कारी देनेवालों की मेज़ें फैली थीं, जो सिक्के बदलने और छोटे सिक्के भुनाने का काम कर रहे थे। यह सारा भीड़ और शोर का वातावरण मन्दिर की पवित्रता के विपरीत था। एक बार ईसा ने इन सबको पहले मन्दिर के प्रांगण से बाहर किया था। यह सब भुला दिया गया था। ईसा ने सबको निकालना शुरू किया। उन्होंने पैर से सराफों की मेज़ें उलट दीं, पिंजड़े पीछे धकेल दिये। वह किसी को घड़ा लेकर मन्दिर से होकर आने-जाने नहीं देते थे।

उन्होंने लोगों को शिक्षा देते हुए कहा—"क्या यह नहीं लिखा—मेरा घर सब राष्ट्रों के लिये प्रार्थना का घर कहलायेगा।" उनकी आँखों की चमक और उत्तेजित व्यंजना से महायाजकों, शास्त्रियों और फ़रीसियों का साहस नहीं हुआ कि वे कुछ कहें, यद्यपि यह बात उन्होंने उनको लक्ष्य करके कही थी। मन्दिर की पवित्रता और गरिमा को बनाये रखना उनका ही दायित्व था। उन्होंने ताड़ना की—"परन्तु तुम लोगों ने इसे लुटेरों का अड्डा बना रखा है।" वहाँ एकत्र जन-समाज की भावना ईसा के साथ थी, यह समझ कर वे लोग कुछ नहीं बोले, यद्यपि वे ईसा के सर्वनाश का उपाय ढूंढ़ने लगे।

दूसरे दिन प्रातः वे लोग जैतून पर्वत के मार्ग से येरुसालेम में मन्दिर की ओर जा रहे थे। शिष्यों ने देखा कि वह फलवाला अंजीर का वृक्ष सूख गया है। पेत्रुस को कल की बात याद आई और उसने कहा—"गुरुवर! देखिए, यह अंजीर का पेड़ जिसे आपने शाप दिया था, सूख गया है।" कल के दृष्टान्त को नये परिप्रेक्ष्य में लेकर ईसा ने उन्हें उत्तर दिया—"ईश्वर में विश्वास करो। मैं तुम लोगों से कहे देता हूँ—यदि कोई इस पहाड़ से कहे, 'उठ, समुद्र में गिर जा', और मन में सन्देह न करे, बल्कि यह विश्वास करे कि जो कह रहा है, वह पूरा होगा, तो उसके लिए वैसा ही हो जायगा। इसलिये मैं तुमसे कहता हूँ—जो कुछ तुम प्रार्थना में माँगते हो, विश्वास करो कि वह तुम्हें मिल गया है और वह तुम्हें दिया जायगा।" ईसा जब यह कह रहे थे, उनका संकेत जैतून पर्वत की ओर था जिसकी चोटी येरुसालेम नगर को दृष्टि से छिपाये है और दूर तक फैला मृत सागर लगभग चार हज़ार फ़ीट की गहराई में फैला हुआ है, जिसे उसने आड़ में ले रखा है। ईसा ने आगे कहा—"जब तुम प्रार्थना के लिये खड़े हो और तुम्हें किसी से कोई शिकायत हो तो उसे क्षमा करो, क्योंकि पिता भी तुम्हारे अपराध क्षमा करेंगे।" पहले उन्होंने चमत्कार के विश्वास की बात कही और फिर प्रार्थना के विश्वास की शक्ति की चर्चा की।

जैसा कहा गया, पिछले दिन ईसा के स्वागत में जनता के उत्साह को देख कर महायाजक, फ़रीसी तथा शास्त्री आदि ईसा के विरोधी मन ही मन उत्तेजित और कुपित हुए थे, पर जनता की भावनाओं के कारण उन्हें चुप रह जाना पड़ा। ईसा मन्दिर में पहुँचे और शिक्षा देना शुरू किया। आज फ़रीसियों और शास्त्रियों की अधिक उपस्थिति का सहारा पाकर उसके मन का यह भाव व्यक्त हुआ कि यह साधारण अपरिचित गलीली किस अधिकार से उनके मामले में दखल दे रहा है। ऊपर से शान्त रहते हुए उन्होंने प्रश्न किया—"किसने आपको यह अधिकार दिया है?" ईसा को यह जानकारी थी ही कि ये लोग उनके पीछे पड़े हैं और उन्हें फँसाने की हर कोशिश में लगे हैं। पर वह अपने आपको उनके सामने घोषित करना उचित नहीं मानते थे। अतः उन्होंने उत्तर में स्वतः प्रश्न किया—"मैं भी आप लोगों से एक प्रश्न पूछना चाहता हूँ। यदि आप

उसका उत्तर मुझे देंगे, तो मैं भी आपको बता दूँगा कि मैं किस अधिकार से यह सब कर रहा हूँ। योहन का बपतिस्मा कहाँ का था ? स्वर्ग का अथवा मनुष्यों का ?''

इस सम्बन्ध में उन्हें स्पष्ट रूप से कहना था, क्योंकि वे महासभा के सदस्य भी थे। इस पर वे मन ही मन सोच रहे थे—''यदि हम कहें, स्वर्ग की ओर से' तो वह कहेगा तब तुमने उस पर विश्वास क्यों नहीं किया ? यदि हम कहें, मनुष्य की ओर से; तो हमको जनता का भय है।'' वस्तुतः जनता ने योहन को नबी मान लिया है, अतः जनता की भावना के विरुद्ध कहने का उन्हें साहस नहीं था। पर अगर योहन को नबी मानते हैं, तो उनकी घोषणा को मानना होगा कि ईसा मसीह है। इस कारण वे कुछ भी निर्णय नहीं कर पाये और प्रश्न को टालते हुए उत्तर दिया—''हम नहीं जानते।'' इस पर ईसा का सीधा उत्तर था—''तब मैं भी आप लोगों को नहीं बताऊँगा कि मैं किस अधिकार से यह सब कर रहा हूँ।'' यहाँ अधिकार की बात पिछले दिन की घटना के विशेष सन्दर्भ से जुड़ती है, पर प्रश्न येरुसालेम में ईसा के पूरे कार्य-कलाप से सम्बद्ध है।

२

ऐसा है कि पर्व के अवसर पर येरुसालेम में उत्सव में भाग लेने और बलि देने के लिये अन्य देशों और जातियों के लोग भी आते थे। ये मूसा की संहिता के बहुत से नियमों का पालन करते थे, जैसे प्रार्थना, दान, विश्राम दिवस और तीर्थयात्रा आदि वे करते थे। परन्तु खतना न कराने के कारण इन विदेशी और अन्य जाति वालों को मन्दिर के पूजागृह में प्रवेश नहीं दिया जाता था, यद्यपि वार्ता आदि वे सभी कराते थे। इन यात्रियों में कई यूनानी भी थे। उनका संपर्क फ़िलिप से हुआ, सम्भवतः यूनानी नाम से आकर्षित होकर और ग्रीक में बात करने की सुविधा समझ कर। फ़िलिप गलीलिया के बेथसाइदा का निवासी था। उन्होंने उससे निवेदन किया—''महाशय, हम ईसा से मिलना चाहते हैं।'' फ़िलिप भीरु प्रकृति का था, उसने सोचा कि ईसा ने उन्हें अन्य जातियों के पास सन्देश ले जाने को नहीं कहा था। संभवतः वह मिलना न चाहें। अतः उसने अन्द्रेयस से जाकर बताया। अन्द्रेयस समझते थे कि प्रभु ने कभी किसी अन्य जाति के स्त्री या पुरुष को अस्वीकार नहीं किया। अतः फ़िलिप को साथ ले जाकर अन्द्रेयस ने उन्हें सूचना दी। ईसा का ध्यान उस समय एक बड़े सत्य, महान् घटना की ओर थी। उन्होंने यूनानियों से मिल कर उन्हें सन्तुष्ट किया होगा। पर तत्काल अपने शिष्यों को भविष्य का संकेत दिया।

ईसा ने उनसे कहा—''अब समय आ गया है, जब मानवपुत्र महिमान्वित किया जायगा। मैं तुमसे सच-सच कहता हूँ—जब तक गेहूँ का दाना मिट्टी में

गिर कर मर नहीं जाता, तब तक वह अकेला ही रहता है। परन्तु वह मिट्टी में मिल कर मर जाता है, तो बहुत फल लाता है। जो अपने जीवन को प्यार करता है, वह उसका सर्वनाश करता है; और जो इस संसार के अपने जीवन से वैर करता है, वह उसे अनन्त जीवन के लिये सुरक्षित रखता है। यदि कोई मेरी सेवा करना चाहे, तो वह मेरा अनुसरण करे। जहाँ मैं हूँ, वहाँ मेरा सेवक भी होगा। यदि कोई मेरी सेवा करता है, तो मेरा पिता उसको सम्मान प्रदान करेगा।"

ऊपर के दृष्टान्त में ईसा एक से बहुत होने का संकेत देते हैं। जो अपने स्वर्गिक पिता के मार्ग पर जीवन समर्पित करता है, वह अनन्त जीवन प्राप्त करता है। अपने अनुसरण और अपनी सेवा के माध्यम से वह शिष्यों को उनके आध्यात्मिक लक्ष्य की ओर प्रेरित करते हैं। कुछ चुप रहकर उन्होंने पुनः शुरू किया—"अब मेरी आत्मा व्याकुल है। क्या मैं यह कहूँ—'पिता ! इस घड़ी के संकट से मुझे बचा।' किन्तु मैं इस घड़ी तक इसी कारण आ पहुँचा हूँ। हे पिता ! अपनी महिमा प्रकट कर।" जब ईसा यह कह रहे थे, तभी स्वर्गवाणी सुनाई पड़ी—"मैंने इसे महिमान्वित किया है और फिर इसे महिमान्वित करूँगा।" इस आकस्मिक वाणो को सुन कर सभी चकित थे।

इस वाणी को सुन कर आस-पास के लोग बोले—"बादल गरजा।" कुछ लोगों ने कहा—"स्वर्गदूत ने उनसे कहा।" ईसा ने उत्तर दिया—"यह वाणी मेरे लिये नहीं, बल्कि तुम लोगों के लिये आयी है। अब इस संसार का न्याय हो रहा है, अब इस संसार का अधिपति निकाला जायगा। और अब मैं पृथ्वी से ऊपर उठाया जाऊँगा, तब तक मनुष्यों को अपनी ओर आकर्षित करूँगा।" इन शब्दों के द्वारा उन्होंने संकेत किया कि उनका मरण किस प्रकार का होगा। जब ईसा अपने शिष्यों को यह बता रहे थे, उनके चारों ओर लोग इकट्ठा हो गये थे। कुछ लोगों ने उनसे कहा—"संहिता हमको सिखाती है कि मसीह सदा रहेंगे। फिर आप यह क्या कहते हैं कि मानवपुत्र को ऊपर उठाया जाना है ? यह मानवपुत्र कौन है ?" इस पर ईसा ने उनसे कहा—"अब थोड़े ही समय तक ज्योति तुम्हारे बीच है। चले चलो, जब तक तुम्हारे साथ ज्योति है। ऐसा न हो कि अन्धकार तुमको घेर ले। जो अन्धकार में चलता है, वह नहीं जानता कि वह कहाँ जा रहा है। जब तक ज्योति तुम्हारे पास है, ज्योति में विश्वास करो, जिससे तुम ज्योति की संतान बन सको।" ईसा यह कह कर चले गये और उनकी आँखों से ओझल हो गये।

ईसा के कथन में भविष्य का संकेत है। पहले उन्होंने अपने क्रूसित होने और उसके बाद पुनरुत्थान होने का उल्लेख किया है। बाद में ईश्वरीय सन्देश की बात कही है जो संसार के लिए प्रकाश है जिसमें मनुष्य अपने स्वर्गिक जीवन तक पहुँचने का मार्ग पाता है। उनका जीवन इस ज्योतिस्वरूप है, इस

ज्योति पर विश्वास करने का अर्थ ईसा के प्रति समर्पण-भाव रखना है। और जो उन पर और उनके सन्देश पर विश्वास करेगा, उस पर चलेगा, वह स्वर्गिक जीवन का अधिकारी होगा, वह स्वतः उस जीवन का अंग बन जायगा।

३

प्रतिदिन ईसा बहुत सुबह मन्दिर पहुँच जाते थे। यद्यपि वसन्त के निकट येरुसालेम काफ़ी ठंडा था पर काफ़ी लोग उनकी सुनने वहाँ उपस्थित हो जाते थे। ईसा पोर्टिको में इधर-उधर टहलते हुए उपदेश देते थे। पर उनके विरोधी चुपचाप नहीं थे। अधिकार के प्रश्न को लेकर जिस प्रकार उनको चुप होना पड़ा था, उनसे वे अधिक उत्तेजित थे। उस समय फ़रीसी ईसा के विरुद्ध दूरभिसन्धि में सबसे अधिक सक्रिय थे। वे आपस में परामर्श करने लगे कि हम किस प्रकार ईसा को उनकी अपनी बात के फन्दे में फँसाएँ। उन्होंने हेरोदियों को अपनी ओर मिलाया। यह किसी धार्मिक सम्प्रदाय के लोग नहीं थे। राजनीतिक दृष्टि से हेरोद राज्यवंश के समर्थक और हेरोद अन्तिपस के दरबारी थे, जो उस समय येरुसालेम में था। वे नीतिवश रोमन साम्राज्य के समर्थक थे, इस आशा से कि उन्हें पूर्ण स्वतंत्रता मिल सकेगी। इसी दृष्टि से ये लोग ईसा के प्रभाव-क्षेत्र के बढ़ने के विरुद्ध थे। वे लोग उनके उपदेशों का विरोध करते थे। इसी कारण फ़रीसियों और सदूकियों के षड्यंत्र में वे शामिल हो गये। और उन्होंने पहला जाल बिछाना स्वीकार किया।

उन लोगों ने फ़रीसियों के शिष्यों के साथ ईसा के पास जाकर पूछा—गुरुवर ! हम यह जानते हैं कि आप सत्य बोलते हैं और सच्चाई से ईश्वर का मार्ग दिखलाते हैं। आपको किसी की परवाह नहीं। आप मुँह देखी बात नहीं करते। इसलिए आप हमको बताइए, आपका क्या विचार है—कैसर का कर देना उचित है या नहीं ?" स्पष्ट था कि वे लोग कर के बारे में ईसा से कहला कर उन्हें साम्राज्य का विरोधी सिद्ध करना चाहते थे। और इस प्रकार वहाँ के शासक के सामने उन्हें दोषी सिद्ध करना उनका लक्ष्य था। उनकी धूर्तता भाँप कर ईसा ने कहा—"रे ढोंगियो ! मेरी परीक्षा क्यों लेते हो ? कर का सिक्का मुझे दिखाओ।" उन्होंने एक दीनार उनके सामने प्रस्तुत किया, तो ईसा ने उनसे कहा—"यह किसका चेहरा और लेख है ?" उन्होंने उत्तर दिया—"कैसर का।" इस पर ईसा ने उनसे कहा—"तो, जो कैसर का है, उसे कैसर को दो और जो ईश्वर का है, उसे ईश्वर को।" यह सुन कर वे स्तब्ध रह गये और ईसा को छोड़ कर चले गये।

इस प्रकार हेरोदियों के पराभूत हो जाने पर फ़रीसियों ने सदूकियों को आगे बढ़ने के लिए प्रेरित किया। ये लोग धार्मिक सम्प्रदाय के तो थे ही पर राजनीति में दखल रखते थे। प्रायः ये सभी पुरोहित वर्ग के थे, जबकि फ़रीसी

समाज के सभी वर्गों से आते थे। बहुत ऊँचे पदों पर ये लोग थे और उन पर बने रहने के लिए व्यवस्था के साथ रहते थे। ये ज्ञान और तर्क पर अधिक बल देनेवाले माने जाते थे, क्योंकि एक ईश्वर में विश्वास करने के बावजूद दैवी विधान पर उनका विश्वास नहीं था। वे भविष्य जीवन, आत्मा की अमरता और शरीर के पुनरुत्थान पर आस्था नहीं रखते थे। वे ईसा के पास आये और अपने विश्वास के आधार पर उन्होंने उनके सामने यह प्रश्न रखा—"गुरुवर! मूसा ने हमारे लिए यह लिखा है : यदि कोई निस्संतान मर जाय, तो उसका भाई उसकी विधवा को ब्याह कर अपने भाई के लिए सन्तान उत्पन्न करे। अब हमारे यहाँ सात भाई थे। पहले ने विवाह किया और निस्संतान मर कर अपनी पत्नी को अपने भाई के लिए छोड़ दिया। दूसरे और तीसरे आदि सातों भाइयों के साथ यही हुआ। उन सबों के बाद वह स्त्री भी मर गई। अब प्रश्न है कि पुनरुत्थान में वह सातों में से किसकी पत्नी होगी? वह तो सबकी पत्नी रह चुकी है।" वस्तुतः इस प्रकार उन्होंने पुनरुत्थान के विचार पर आरोप लगाया है।

तब ईसा ने उनसे कहा—"तुम लोग न तो धर्मग्रन्थ जानते हो और न ईश्वर का सामर्थ्य। इसलिए भ्रम में पड़े हो। इस लोक में पुरुष ब्याह करते हैं और स्त्रियाँ विवाह में दी जाती हैं। पर जो परलोक और मृतकों के पुनरुत्थान के योग्य ठहरेंगे, उनमें न तो पुरुष विवाह करते हैं और न स्त्रियाँ विवाह में दी जाती हैं। वे तो स्वर्गदूतों के सदृश होते हैं। और पुनरुत्थान के पुत्र होने के कारण ईश्वर के पुत्र होंगे।" फिर कुछ चुप रह कर उन्होंने प्रश्न के दूसरे पक्ष का उत्तर दिया—"जहाँ तक मृतकों के पुनरुत्थान का प्रश्न है, क्या तुम लोगों ने कभी यह नहीं पढ़ा है कि ईश्वर ने तुमसे कहा है—मैं इब्राहीम का ईश्वर, इसहाक का ईश्वर और याकूब का ईश्वर हूँ? वह मृतकों का नहीं, जीवितों का ईश्वर है, क्योंकि उसके लिए सभी जीवित हैं। अतः यह तुम लोगों की बड़ी भूल है।" सभी उनकी इस कथन-शैली की प्रशंसा करने लगे और उनकी शिक्षा से प्रभावित हुए। यहाँ तक कि कुछ शास्त्री भी कहने लगे कि उचित उत्तर दिया गया है। सदूकियों के पास कोई उत्तर न था, वे चुप हो गये।

फ़रीसियों ने देखा कि सदूकी ईसा से चुप करा दिये गये हैं, तो उन्होंने शास्त्रियों को सामने किया। वे किसी प्रकार ईसा को जन-समाज के सामने निरुत्तर कराना चाहते थे, जिससे उनकी प्रतिष्ठा कम हो और उन्हें उनके विरुद्ध प्रचार करने का मौक़ा मिले। उन्होंने एक शास्त्री को इस काम के लिए नियुक्त किया। वह शास्त्री ईसा के पास आया। उसने उनके सदूकियों से हुए विवाद को सुना था, वह प्रभावित भी हुआ था। उसने उनके उत्तर को ठीक समझा था। वस्तुतः फ़रीसियों का यह चुनाव उनके उद्देश्य के बहुत अनुकूल नहीं था, क्योंकि उसका मन ईसा से प्रभावित था। उसने पूछा—"सबसे पहली

आज्ञा कौन सी है ?'' ईसा ने उत्तर दिया—''सबसे पहली आज्ञा है—हे इस्राएल, सुनो ! हमारी प्रभु ईश्वर एकमात्र प्रभु है। अपने प्रभु ईश्वर को अपने सारे हृदय, अपनी सारी आत्मा, अपनी सारी बुद्धि और सारी शक्ति से प्यार करो। और दूसरी आज्ञा यह है—अपने पड़ोसी को अपने समान प्यार करो। इनसे बड़ी कोई आज्ञा नहीं है।'' शास्त्री ने प्रभावित होकर कहा—''ठीक है, गुरुवर! आपने सच कहा है। एक ही ईश्वर है, उसके सिवा कोई नहीं है। उसे अपने सारे हृदय से, अपनी सारी बुद्धि और शक्ति से प्यार करना और अपने पड़ोसी को अपने समान प्यार करना, यह हर प्रकार के होम और बलिदान से बढ़ कर है।'' उसका विवेकपूर्ण उत्तर सुनकर ईसा ने कहा—''तुम ईश्वर के राज्य से दूर नहीं हो।'' वस्तुतः शास्त्री मनसा ईसा के उपदेशों से प्रभावित था, अतः ईसा ने भी उसे स्वीकार किया। इसके बाद किसी को ईसा से प्रश्न करने का साहस नहीं हुआ।

४

अब स्थिति ऐसी हो गई कि मन्दिर के प्रांगण में उपदेश देते हुए जनसमाज के बीच ईसा फ़रीसियों से प्रश्न करते हैं—''मसीह के बारे में तुम लोगों का क्या विचार है—वह किसके पुत्र हैं ?'' उन्होंने उत्तर दिया—''दाऊद के पुत्र।'' इस पर ईसा ने उनसे कहा—''तब दाऊद आत्मा की प्रेरणा से उन्हें प्रभु कैसे कहता है ? लिखा है—

प्रभु ने मेरे प्रभु से कहा,
तुम जब तक मेरे दाहिने बैठ जाओ,
जब तक मैं तुम्हारे शत्रुओं को
तुम्हारे पैरों तले न डालूं।

अब यदि दाऊद उन्हें प्रभु कहता है, तो वह उसके पुत्र कैसे हो सकते हैं ?'' उत्तर में कोई भी उनसे एक शब्द तक नहीं कह सका और उस दिन से किसी को उनसे और प्रश्न करने का सहसा नहीं हुआ। सारी जनता आनन्द से ईसा के उपदेश सुनती रही। यहूदी लोग इस उद्धरण के इस अर्थ को अस्वीकार बाद में करते रहे।

फ़रीसी, शास्त्री और महायाजक सभी का बल कथनी और कर्मकाण्ड पर था। ईसा उनके विरोध में मूल्यों के जीवन को जीने का आग्रह प्रकट कर रहे थे। कर्मकाण्ड और विधिविधान में वास्तविक मूल्यों का जीवन गौण हो चुका था। ईसा ने एक दिन उन लोगों को सम्बोधित किया—''तुम लोगों का क्या विचार है ?'' और फिर उन्होंने 'दो पुत्रों का दृष्टान्त' सुनाया :

''किसी मनुष्य के दो पुत्र थे। उसने पहले पुत्र के पास जाकर कहा—'बेटा ! जाओ, आज दाख-बारी में काम करो।' उसने तत्परता से उत्तर

दिया—'जी हाँ, पिता जी।' किन्तु वह गया नहीं। पिता ने दूसरे पुत्र के पास जाकर यही कहा। उसने उत्तर दिया—'मैं नहीं जाऊँगा।' किन्तु बाद में उसे पश्चात्ताप हुआ और वह गया। प्रश्न है कि दोनों में से किसने अपने पिता की इच्छा पूरी की ?" उन्होंने ईसा को उत्तर दिया—"दूसरे ने।" इस पर ईसा ने उनसे कहा—"मैं तुम लोगों से कहे देता हूँ—नाकेदार और वेश्याएँ तुम लोगों से पहले ईश्वर के राज्य में प्रवेश करेंगे। योहन तुम्हें धार्मिकता का मार्ग दिखाने आया और तुम लोगों ने उस पर विश्वास नहीं किया, परन्तु नाकेदारों और वेश्याओं ने उस पर विश्वास किया। यह देख कर भी तुम्हें बाद में पश्चात्ताप नहीं हुआ।"

इस दृष्टान्त की व्यंजना फ़रीसियों ने ग्रहण नहीं की, वे और महायाजक जानबूझ कर अवहेलना कर रहे थे। अन्यथा उसका अर्थ स्पष्ट है। आज्ञा-पालन शब्द से नहीं, कार्य से होता है और विश्वास का यही सच्चा प्रमाण है। तब ईसा ने एक दूसरा दृष्टान्त सुनाया : किसी ज़मींदार ने दाख की बारी लगवाई और उसके चारों ओर घेरा बनवाया, उसमें रस का कुण्ड खुदवाया और पक्का मचान बनवाया। तब उसने असामियों को पट्टे पर देकर परदेस चला गया। समय आने पर उसने असामियों के पास नौकर को भेजा, जिससे वह उनसे दाखबारी की फ़सल का हिसाब वसूल करे। असामियों ने नौकर को पकड़ कर मारा-पीटा और खाली हाथ वापस कर दिया। तब उसने दूसरे नौकर को भेजा। उन्होंने उसका सिर फोड़ दिया और अपमानित किया। उसने एक और नौकर को भेजा। उन्होंने उसे मार ही डाला। इसके बाद उसने बहुत से नौकरों को भेजा। उन्होंने उसमें से कुछ लोगों को पीटा और कुछ को मार डाला। अब उसके पास एक ही बच गया, उसका परमप्रिय पुत्र। अन्त में उसने यह सोच कर पुत्र को उनके पास भेजा कि वे मेरे पुत्र का आदर करेंगे। किन्तु उन असामियों ने आपस में कहा—"यह तो उत्तराधिकारी है। आओ, हम इसे मार डालें और इसकी विरासत हमारी हो जायगी।"

फिर उन्होंने उसे पकड़ कर मार डाला और दाखबारी के बाहर फेंक दिया। "दाखबारी का स्वामी लौटने पर इन असामियों का क्या करेगा ?" ईसा ने दृष्टान्त सुना कर जन-समाज से प्रश्न किया। उन्होंने उत्साह से उत्तर दिया —"वह इन दुष्टों का सर्वनाश करेगा और अपनी दाखबारी का पट्टा दूसरे असामियों को देगा, जो समय पर फ़सल का हिस्सा उसे देते रहेंगे।" तब ईसा ने उनसे कहा—"क्या तुम लोगों ने धर्मग्रन्थ में यह नहीं पढ़ा ? 'कारीगरों ने जिस पत्थर को निकम्मा समझ कर निकाल दिया था, वही कोने का पत्थर बन गया है। यह प्रभु का कार्य है। यह हमारी दृष्टि में अपूर्व है।' इसलिए मैं तुम लोगों से कहता है—स्वर्ग का राज्य तुमसे ले लिया जायगा और ऐसे राष्ट्र को दिया जायगा, जो इसका उचित फल उत्पन्न करेगा।" ईसा यहाँ ईश्वर और

उनके संदेश का संकेत करते हैं। अन्ततः वह अपने पुत्र को संदेश देकर भेजते हैं। परन्तु क्रूर यहूदी समाज, विशेषकर फ़रीसी, शास्त्री और महायाजक आदि उसके अधिकारी लोग उस स्वर्गिक जीवन के संदेश को न सुन कर पुत्र को भी मार डालते हैं। यह ईसा के क्रूसित होने का संकेत है। पर ईसा सतर्क करते हैं—"जो इस पत्थर पर गिरेगा, वह चूर-चूर हो जायगा और जिस पर वह गिरेगा, उसे पीस डालेगा।"

यहाँ यहूदी समाज को चेतावनी है। जो विश्वासी नहीं हैं, जो कार्य-रूप में धार्मिक विश्वासों को प्रतिफलित नहीं करते, उन्हें उसके लिए दंड सहना होगा। महायाजक और फ़रीसी उनके दृष्टान्त सुन कर समझ गये कि यह उनके विषय में है। वे उन्हें गिरफ़्तार करने का उपाय ढूंढ़ने लगे, किन्तु वे जनता से डरते थे; क्योंकि वह उन्हें नबी मानती थी। अतः उस समय वे चले गये। यहाँ आसामी यहूदी, विशेषकर उनके नेतृत्व के रूप में हैं और स्वामी के पुत्र को मार कर वे स्वतः दाखबारी का स्वामित्व हथियाना चाहते हैं। यह कैफ़स के इस कथन से कितनी मिलती-जुलती बात है—"यह उचित बात है कि राष्ट्र को नष्ट होने से बचाने के लिए यह व्यक्ति नष्ट हो जाय।"

५

मन्दिर के प्रांगण में ईसा का उपदेश चल रहा था। वह विस्तृत चले गये बारजों में टहलते-घूमते हुए जन-समाज को सम्बोधित करते थे। बीच-बीच में लोगों से बातचीत करते थे, उनके प्रश्नों के उत्तर देते थे और प्रश्न भी पूछ लेते थे। इन दिनों लगता है कि प्रायः सन्ध्या होते-होते वह अपने शिष्यों के साथ जैतून पर्वत के चढ़ाव-उतार को पार कर एकान्त कस्बे में रात बिताते हैं। यहाँ शान्ति के साथ वह मनन और ध्यान करने का अवसर पाते थे और उन्हें विश्राम भी मिलता था। इन दिनों वह यहूदी जाति, विशेष कर उसके नेताओं और धार्मिक पुरोहितों के खोखलेपन को उद्‌घाटित कर रहे थे। वह दृष्टान्तों के माध्यम से उनकी कथित मान्यताओं को सच्चे और आचरण में उतरनेवाले विश्वास की सापेक्षता में भ्रामक और पथभ्रष्ट करनेवाली प्रतिपादित कर रहे थे। उस दिन अपने उपदेशों में उनका ध्यान अपने विरोधियों की ओर गया, उन्होंने यहूदियों के अस्वीकार से साधारण जन-समाज के स्वीकार को स्पष्ट करनेवाला दृष्टान्त सुनाना शुरू किया। यह पिछले इसी प्रकार के दृष्टान्त (लूकस द्वारा उल्लिखित) से मूल भाव में अलग है। (मत्ती द्वारा उल्लिखित)।

"स्वर्ग का राजा उस राजा के सदृश है, जिसने अपने पुत्र के विवाह में भोज दिया। उसने आमंत्रित लोगों को बुला लाने के लिये अपने नौकरों को भेजा, पर वे आना नहीं चाहते थे। राजा ने फिर दूसरे नौकरों को यह कहकर भेजा—"अतिथियों से कह दो—देखिए! मैंने अपने भोज की तैयारी कर ली

है। मेरे बैल और मोटे जानवर मारे जा चुके हैं। सब कुछ तैयार है। विवाह-भोज में आप लोग पधारिए। अतिथियों ने इसकी परवाह नहीं की। कोई अपने खेत की ओर चला गया, तो कोई अपना व्यापार देखने। दूसरे अतिथियों ने राजा के नौकरों को पकड़ कर उनका अपमान किया। और उन्हें मार डाला। राजा बहुत क्रुद्ध हुआ। उसने अपनी सेना भेज कर उन हत्यारों का सर्वनाश कर दिया और उनका नगर जला दिया।''

ईसा थोड़े रुके। जन-समाज के बीच यहूदी भी थे और उनमें फ़रीसी, शास्त्री और महायाजकों को लक्ष्य करके दृष्टान्त चल रहा था। राजा ईश्वर है, राजा का पुत्र ईसा मसीह और विवाह-भोज मसीह के आध्यात्मिक राज्य की सुख-शान्ति है। नौकर ईसा के शिष्य हैं और निमन्त्रण अस्वीकार करनेवाले अतिथि ईसा के विरोधी यहूदो हैं। आध्यात्मिक सन्देशवाहकों का अपमान करने वालों और मार डालनेवालों के साथ ईश्वर कठोर दण्डविधान करता है। सभी के चेहरों पर इस तथ्य को ग्रहण करने का भाव देख कर ईसा आगे बढ़े : ''तब राजा ने अपने नौकरों से कहा, 'विवाह-भोज की तैयारी हो चुकी है, किन्तु अतिथि इसके योग्य नहीं ठहरे। इसलिए चौराहों पर जाओ और जितने भी लोग मिल जायें, सबको विवाह-भोज में बुला लाओ।' नौकर सड़कों पर चले गये और भले-बुरे जो भी लोग मिले, सबको इकट्ठा करके ले आये और विवाह-मण्डप अतिथियों से भर गया। राजा अतिथियों को देखने आया, तो उसकी दृष्टि एक मनुष्य पर पड़ी, जो विवाहोत्सव के वस्त्र नहीं पहने था। उसने उससे कहा—''भई, विवाहोत्सव के वस्त्र पहने बिना तुम कैसे आये?'' वह व्यक्ति तो चुप रहा। तब राजा ने नौकरों से कहा, 'इसके हाथ-पैर बाँध कर इसे बाहर अन्धकार में फेंक दो। वहाँ ये लोग रोयेंगे और दाँत पीसते रहेंगे।' क्योंकि बुलाये हुए तो बहुत थे, पर चुने हुए थोड़े थे।'' आगे इस दृष्टान्त में चौराहों से बुलाये गये लोग पापी तथा ग़ैर-यहूदी हैं और जलाया हुआ नगर येरुसालेम है। दृष्टान्त के अन्तिम अंश में विवाह के वस्त्रों के रूप में आध्यात्मिक राज्य में प्रवेश की योग्यता का संकेत है, जो निश्चय ही कम लोगों में होना सम्भव है।

• •

प्रकरण इक्कीस

मन्दिर के प्रांगण से जैतून पर्वत पर

१

ईसा समझ रहे थे कि समय निकट आ रहा है। वह अनुभव कर रहे थे कि यहूदी समाज उनके उपदेश को ग्रहण करता है और उनके सन्देश को समझता है, पर अपने नेताओं के कारण विभ्रमित हो जाता है। वह पूरी तरह और खुले मन से उन्हें स्वीकार नहीं कर पा रहा है। फ़रीसियों का पूरा वर्ग उनको स्वीकार करने में असमर्थ है और उनका विरोध करता है। सदूकी लोग उनसे मतभेद रखते हुए भी इस मामले में उनके साथ हैं और ईसा को सहन नहीं कर पाते। शास्त्री और महायाजक भी इन्हीं कारणों से उनके विरोधी हैं। और यह भी स्पष्ट था कि पूरी परम्परा में यहूदी समाज मसीह के स्वर्गिक राज्य की कल्पना के साथ अपने जातीय अभ्युदय और प्रभुत्व को जोड़कर चलता आया था। ईसा अब स्पष्टतः उनके विरोध में आते जा रहे थे।

इसी क्रम में एक दिन ईसा बेथानिया में रात में विश्राम करने के बाद सुबह तड़के उठे। उनके मन में निश्चय था कि अब इन सबके पाखण्ड और प्रपंच को उद्‌घाटित करने का समय आ गया है। वे सब उन्हें फँसा कर दण्डित करना चाहते हैं। इसके पहले कि वे इसमें सफल हों, वह पूरी तरह जन-समाज के सामने उनके चरित्र के सही रूप को रखना चाहते थे। शिष्यों के साथ प्रातः ही वह चल पड़े। अपना संकल्प उन्होंने शिष्यों को नहीं बताया। मार्ग में देवदारु, बाँझ और बलूत के वृक्ष झीम रहे थे। कुछ झाड़ियों के झुरमुट भी पड़ रहे थे। मार्ग वही जैतून पर्वत का—चढ़ाई और फिर उतराई का। जब सब लोग उसके सबसे ऊँचे स्थल पर पहुँचे तो उन्होंने देखा एक ओर मृत सागर का विस्तार गहराई में चला गया है और दूसरी ओर येरुसालेम नगर का एक पार्श्व है, उसकी नगर-प्राचीर और मन्दिर का ऊँचा शिखर। प्राचीर के सहारे उस ओर का प्रांगण भी दिखाई दे रहा था। एक क्षण के लिए नगर को और मन्दिर को देखकर ईसा का मन दुःख से भर गया। शिष्यों ने देखा कि गुरु का मन उदास है और आँखें गीली हैं। वे ठीक कारण समझने में असमर्थ थे। फिर सब लोग नगर की ओर वृच्छाच्छादित मार्ग से होकर उतरने लगे।

ईसा मन्दिर के बाहरी प्रांगण में शिष्यों के साथ पहुँच चुके थे और पूर्ववत् ऊँचे स्तम्भों पर आधारित गैलरी में घूमते हुए वहाँ एकत्र भीड़ को सम्बोधित कर रहे थे। फिर एक जगह खड़े होकर उन्होंने जनसमूह और शिष्यों से कहा—"फ़रीसी और शास्त्री मूसा की गद्दी पर बैठे हैं, इसलिए वे जो कुछ तुम लोगों

से कहें, उसे क़रते और मानते रहो। परन्तु उनके कर्मों का अनुसरण मत करो, क्योंकि वे कहते तो हैं, पर करते नहीं। वे बहुत से भारी बोझ बाँध कर लोगों के कन्धों पर लाद देते हैं, परन्तु स्वयं अँगुली से भी उठाना नहीं चाहते। वे हर काम लोगों का ध्यान आकर्षित करने के लिए ही करते हैं। वे अपने तावीज़ चौड़े बना लेते हैं और अपने वस्त्रों में झब्बे बढ़ाते हैं। भोजों में प्रथम स्थानों पर और सभा-घरों में प्रथम आसनों पर विराजमान हो जाना, बाज़ारों में प्रणाम-प्रणाम सुनना और जनता द्वारा गुरुवर कहलाना—यह सब उन्हें बहुत पसन्द है।'' इसमें सन्देह नहीं कि वहाँ जनसमूह में किसी विशेष स्थान पर फ़रीसी और शास्त्री भी उपस्थित रहे होंगे, जो यह सब सुन रहे थे और ईसा उनको सुनाना चाहते थे।

फिर ईसा ने मुख्यतः अपने शिष्यों से कहना शुरू किया—''तुम लोग 'गुरुवर' कहलाना स्वीकार न करो, क्योंकि तुम्हारा एक ही गुरु है और तुम सबके सब भाई हो। पृथ्वी पर किसी को अपना 'पिता' न कहो, क्योंकि तुम्हारा एक ही पिता है, जो स्वर्ग में है। 'आचार्य' कहलाना भी स्वीकार न करो, क्योंकि तुम्हारा ही 'आचार्य' अर्थात् 'मसीह' है। जो तुम लोगों में सबसे बड़ा है, वह तुम्हारा सेवक बने। और जो अपने को बड़ा मानता है, वह छोटा बनाया जाएगा और जो अपने को छोटा मानता है, वह बड़ा बनाया जाएगा।'' विभिन्न क्षेत्रों के यहूदी नेताओं के पाखण्ड और प्रदर्शन के विपरीत ईसा अपने अनुयायियों को नम्रता और शुद्ध आचरण की शिक्ष देते हैं। फिर अवसर पाकर वह बहुत स्पष्ट शब्दों में शास्त्रियों और फ़रीसियों को धिक्कारते हैं। यहाँ ध्यान देने की बात है कि मन्दिर के प्रांगण में साधारण यहूदी समाज और अन्य समूह दोनों प्रकार के लोग हैं, क्योंकि यहाँ तक किसी का निषेध नहीं है। वह समझ चुके थे कि ये लोग उनके विरुद्ध षड्यन्त्र में लगे हैं। और सफल भी हो जायेंगे, अतः उन्हें साधारण जन-समाज के बीच सच्चे रूप में उद्घाटित करना चाहिये।

उन्होंने कहा—''ढोंगी शास्त्रियो और फ़रीसियो! धिक्कार तुम लोगों को! तुम लोग मनुष्यों के लिए स्वर्ग का राज्य बन्द कर देते हो। तुम स्वयं प्रवेश नहीं करते और जो प्रवेश करना चाहते हैं, उन्हें रोक देते हो।''

''रे अन्धे नेताओ! धिक्कार तुम लोगों को। तुम कहते हो यदि कोई मन्दिर की शपथ खाता है, तो उसका कोई महत्त्व नहीं, परन्तु यदि मन्दिर को सोने की शपथ खाता है तो वह बँध जाता है। रे मूर्खो और अन्धो! कौन बड़ा है—सोना अथवा मन्दिर, जिससे वह सोना पवित्र हो जाता है? तुम यह भी कहते हो—यदि कोई वेदी की शपथ खाता है तो उसका कोई महत्त्व नहीं, परन्तु यदि कोई वेदी पर रखे हुए दान की शपथ खाता है, तो वह बँध जाता है। रे अन्धो! कौन बड़ा है—दान अथवा वेदी, जिससे वह दान पवित्र हो

जाता है ? इसलिए जो वेदी की शपथ खाता है, वह उसकी और उस पर रखी हुई चीजों की शपथ खाता है। जो मन्दिर की शपथ खाता है और जो स्वर्ग की शपथ खाता है, वह ईश्वर के सिंहासन और उस पर बैठने वाले की शपथ खाता है।''

''हे ढोंगी शास्त्रियो और फ़रीसियो ! धिक्कार तुम लोगों को ! एक चेला बनाने के लिए तुम जल और थल एक कर देते हो और जब कोई चेला बन जाता है, तो उसे अपने से दुगुना नारकी बना देते हो।''

''ढोंगी शास्त्रियो और फ़रीसियो ! धिक्कार तुम लोगों को ! तुम पुदीने, सौंफ़ और ज़ीरे का दशमांश तो देते हो, किन्तु न्याय, दया और ईमानदारी, संहिता की मुख्य बातों की उपेक्षा करते हो। इन्हें करते रहना और उनकी भी उपेक्षा न करना तुम्हारे लिए उचित था। अन्धे नेताओ ! तुम मच्छर छानते हो, परन्तु ऊँट निगल जाते हो।''

''रे ढोंगी शास्त्रियो और फ़रीसियो ! धिक्कार तुम लोगों को ! तुम प्याले और थाली को बाहर से माँजते हो, किन्तु भीतर से लूट और असंयम से भरे हुए हो। रे अन्धे फ़रीसी ! पहले भीतर से प्याले को साफ़ कर लो, जिससे वह बाहर से भी साफ़ हो जाय।''

''ओ ढोंगी शास्त्रियो और फ़रीसियो ! धिक्कार तुम लोगों को ! तुम पुती हुई कब्रों के सदृश हो, जो बाहर से तो सुन्दर दीख पड़ती हैं, किन्तु भीतर से मुरदों की हड्डियों और हर तरह की गंदगी से भरी हुई हैं। उसी तरह तुम भी बाहर से लोगों को धार्मिक दीख पड़ते हो, किन्तु भीतर से तुम पाखण्ड और अधर्म से भरे हुए हो।''

''हे ढोंगी शास्त्रियो और फ़रीसियो ! धिक्कार तुम लोगों को। तुम नबियों के मकबरे बनवा कर और धर्मात्माओं के स्मारक सँवार कर कहते हो, 'यदि हम अपने पुरखों के समय जीवित होते, तो हम नबियों की हत्या करने में उनका साथ नहीं देते।' इस तरह तुम लोग अपने विरुद्ध गवाही देते हो कि तुम नबियों के हत्यारों की सन्तान हो। तो, अपने पुरखों की कसर पूरी कर दो।''

ईसा ने यहाँ सात बार फ़रीसियों और शास्त्रियों को धिक्कारा और इनमें उनके सारे पाखंड, ढोंग, रूढ़िवाद और झूठे उत्साह को उद्‌घाटित किया है। उस समय, विशेष कर हेरोद के शासन-काल से यूदावाद के प्रचार और विस्तार का प्रयत्न शास्त्री, फ़रीसी और महायाजक कर रहे थे। वे स्वर्ग का आकर्षण देकर केवल लोगों को कर्मकाण्ड को प्रेरित कर पथ-भ्रष्ट कर रहे थे। पूजा-विधान में मूल वस्तु वेदी है, मन्दिर है, क्योंकि ये धर्म के मूल्यों के प्रतीक हैं। पर ये लोग दान और सोना पर बल देते थे, जिनका महत्त्व आधारभूत मूल्यों के सन्दर्भ में है। इसी प्रकार ये लोग न्याय, दया ईमानदारी जैसे मानवीय मूल्यों की उपेक्षा कर बाह्याचारों पर बल देते हैं। ऊपरी आडम्बरों को महत्त्व

देते हैं, चाहे उनके नीचे सड़े-गले आचार मात्र हों। जिन नबियों को पूर्वजों ने मार डाला, उनके मकबरे बना कर उनकी महिमा स्थापित करते हैं, परन्तु अपने युग के नबी योहन को इन लोगों ने किस प्रकार मृत्यु के हाथों सौंप दिया। उनके इन सब कृत्यों और पाखण्डों को ही यहाँ ईसा ने धिक्कारा है।

अपने प्रपंच और पाखंड का इस प्रकार उद्‌घाटन होता देख फरीसी, शास्त्री और महायाजक सभी ईसा के विरुद्ध और अधिक षड्‌यंत्र करने लगे। उनको लग रहा था, यह व्यक्ति समाज में उनके विशेषाधिकार को चुनौती दे रहा है। और ऐसा ही चला तो उनका महत्त्व समाप्त हो जायगा। ईसा को उनकी दुरभिसन्धि का पूरा आभास था और यह भी जानते थे कि वे उन्हें समाप्त करना चाहते हैं। यहूदी समाज पर जो उनके कार्यों और उपदेशों से प्रभाव था, उसी कारण ये लोग अपने उद्देश्य में सफल नहीं हो पा रहे थे। परन्तु वे आनेवाले मसीह का चित्र जन-समाज के सामने रखते आये थे और रख रहे थे, उसके कारण जन-समाज उन्हें पूरे मन से मसीह स्वीकार करने में हिचकता भी था। उनकी इस द्विविधा का लाभ ये लोग उठाना चाहते थे।

२

जैसा कहा गया है, ईसा और उनके प्रमुख शिष्य दिन में येरुसालेम आ जाते थे। मन्दिर के खुले और विस्तृत प्रांगणों में खम्भों पर चले गये छज्जों और बारजों पर जन-समाज से सम्पर्क करते थे और उपदेश भी देते थे। जैतून पर्वत के कस्बे कुछ घंटों के रास्ते पर थे और उनमें शान्ति थी, रात का विश्राम यहाँ मिल जाता था। भोजन-पानी की व्यवस्था हो जाती थी। ईसा के मन में ज्यों-ज्यों यह स्पष्ट होता जा रहा था कि अपने ईश्वरीय सन्देश के लिए उनके बलि-दान का समय निकट आ रहा है, वह अधिक स्पष्ट और प्रखर होते जा रहे थे। प्रातःकाल वह शिष्यों के साथ येरुसालेम आते हुए मार्ग के घने वृक्षों के नीचे और झाड़ियों के बीच से गुजरते हुए शान्त थे। अपना ध्यान एकाग्र करके ईश्वर की प्रार्थना कर रहे थे। क्रमशः पर्वत पर पहुँच कर नीचे उतरते गये और अन्ततः मन्दिर के प्रांगण में प्रवेश किया। उनके सामने फ़रीसी और शास्त्री थे। उनको देख कर ईसा का मन आवेग से भर गया और वह कहने लगे :

"अंधो! करैतों के बच्चो! तुम अपने पूर्वजों की कसर पूरी कर दो। तुम लोग नरक के दण्ड से क्यों कर बचोगे? देखो! मैं तुम्हारे पास नबियों, धर्म-पण्डितों और शास्त्रियों को भेजता हूँ, उनमें से कितनों को तुम मार डालोगे तथा क्रूस पर चढ़ाओगे, कितनों को अपने सभाघरों में कोड़े लगाओगे तथा नगर-नगर में सताते रहोगे; जिससे पृथ्वी पर धर्मात्माओं का जितना रक्त बहाया गया—धर्मी हाबिल के रक्त से लेकर बरखयिस के पुत्र जकरियस के रक्त तक, जिसे तुमने मन्दिर-गर्भ और वेदी के बीच मार डाला है—यह सब तुम्हारे सिर

पड़े। मैं तुमसे सच कहता हूँ—यह सब इस पीढ़ी के सिर पड़ेगा।"

यहाँ यहूदी जाति के पूर्व इतिहास के सन्दर्भ में ईसा ने धर्म के इब.पुरोहितों, शास्त्रियों और नेताओं का आचरण उद्‌घाटित किया है। इस इतिहास में उनकी रूढ़िवादिता और पाखण्ड के कारण अनेक नबियों और धार्मिक व्यक्तियों को अपना जीवन-दान करना पड़ा। ईसा के साथ उनका व्यवहार इसका चरम होगा और फिर उन्हें इसका दण्ड भोगना। ईसा ने येरुसालेम के जन-समाज के सामने निरन्तर सत्य का मार्ग प्रशस्त किया, अपने उपदेशों से उनको स्वर्गिक जीवन और ईश्वरीय मूल्यों की ओर प्रेरित करना चाहा। पर फ़रीसियों और शास्त्रियों के कारण वह अनुभव कर रहे थे कि इस नगर के लोग उस स्तर तक उनकी ओर उन्मुख नहीं हो पा रहे हैं। एक दिन जैतून पर्वत की चोटी पर वह अपने शिष्यों के साथ पहुँच चुके थे। प्रातः समय वृक्षों के शिखर झूम रहे थे और पक्षी चहचहा रहे थे। सूर्योदय हो रहा था। वह थोड़ा रुक गये। नीचे की ढाल के किनारे से येरुसालेम नगर शुरू होता था। वह कुछ समय एकटक नगर को देखते रहे। उनके मन में पुराना इतिहास कौंध गया और वर्तमान स्थिति भी स्पष्ट हो गई। उन्होंने दुःख और कष्ट के साथ कहा :

"येरुसालेम! येरुसालेम! तू नबियों की हत्या करता है और अपने पास भेजे हुए लोगों को पत्थर से मार डालता है। कितनी बार मैंने चाहा कि तेरी सन्तान को वैसे ही एकत्र कर लूँ, जैसे कि मुर्गी अपने चूजों को अपने डैनों के नीचे एकत्र कर लेती है परन्तु तुम लोगों ने इनकार कर दिया। देखो, तुम्हारा घर उजाड़ छोड़ दिया जायगा। मैं तुमसे कहता हूँ, अब से तुम मुझे नहीं देखोगे, जब तक तुम यह नहीं कहो—धन्य हैं वह, जो प्रभु के नाम पर आते हैं।" ईसा के शब्दों में इस नगर और उसके माध्यम से उसकी जाति के लिए वेदना है और अभिशाप भी। अविश्वासी जाति को विनाश और उन्मूलन सहना पड़ेगा और उसके लिये एकमात्र आशा है कि वे ईश्वर-पुत्र के आगमन पर विश्वास करें।

रात में विश्राम करने के बाद ईसा अगले दिन पुनः जैतून पर्वत के मार्ग से उतरे। कल की चर्चा से वह थकान का अनुभव कर रहे थे। अतः आज जन-समाज के विशाल प्रांगण में न जाकर महिलाओं के प्रांगण की ओर गये। यह विशाल आयताकार प्रांगण तीन ओर से गैलरी को धारण करनेवाले स्तम्भों से घिरा हुआ था। इस गैलरी में स्त्रियाँ बैठ कर शास्त्रीय विधि से संस्कारों को सम्पन्न होते देखती थीं। पूर्व और पच्छिम में विशाल फाटक लगे हुए थे। पच्छिमी दरवाज़े तक पहुँचने के लिए पन्द्रह सीढ़ियों का ज़ीना था जो इस्राएल के प्रांगण तक पहुँचने का रास्ता था। ईसा इन्हीं सीढ़ियों में किसी पर बैठे थे, और उन्हीं के पास उनके शिष्य बैठ गये थे। सामने पूर्वी द्वार से वह जैतून पर्वत का दृश्य देख रहे थे। नीचे की ओर बाईं ओर खज़ाने का कमरा था, जिसमें

पन्द्रह सन्दूक थे, जिनमें लोग अपना दान डाल रहे थे। त्योहार के अवसर पर यहाँ अधिक भीड़ का होना स्वाभाविक था। अपनी कमाई का दशमांश लोगों को दान में देना था। कभी-कभी यात्रियों के हिसाब में पुरोहित लोग दखल देते थे, हिसाब लगाने और बताने की दृष्टि से। वे यह ध्यान रखते थे कि लोग हिसाब से सही सिक्के पेटियों में डाल रहे हैं।

ईसा सीढ़ियों पर बैठे खजाने का दृश्य देख रहे थे। लोग खज़ाने में अपने दान के पैसों को डाल रहे थे। वहाँ अलग-अलग पेटियाँ थीं, और उनके ऊपर लिखा था कि किसमें कौन सी राशि (सिक्का) डाला जायगा। बहुत से धनी खुले हाथों दान दे रहे थे। उनके बीच एक कंगाल विधवा भी थी, उसके पास अधेले (ताँबे के सबसे छोटे सिक्के) थे। वह संकोच के साथ आगे बढ़ रही थी। उसे वहाँ के लोग हीन भाव से देख रहे थे। वह पढ़ी भी नहीं थी, अतः उसे वहाँ पुरोहितों की सहायता लेनी पड़ी। उसने जाना कि उसे किस पेटी में अपने अधेले डालने हैं। पुरोहित ने बताया, पर वहाँ की भीड़ ने जान लिया। आस-पास के लोगों के चेहरों पर उस निर्धन स्त्री के प्रति उपेक्षा का भाव आ गया और वह अपना दान पेटी में डालकर संकुचित भाव से चली गई। ईसा की दृष्टि निरन्तर उस विधवा पर थी, वह सबके व्यवहार को ध्यान से देख रहे थे। उनका मन दया से भर गया। अपने शिष्यों को पास बुलाकर उन्होंने कहा —"मैं तुमसे सच कहता हूँ। इस कंगाल विधवा ने खज़ाने में पैसा डालनेवालों में सबसे अधिक डाला है। क्योंकि सबने अपनी समृद्धि से कुछ डाला, पर इसने तंगी के रहते हुए भी जीविका के लिए जो कुछ अपने पास था, सब दे डाला है।"

इसके उपरान्त ईसा ने स्त्रियों के प्रांगण से निकल कर जन-साधारण के प्रांगण को पार किया। वह अपने शिष्यों के साथ केद्रोन की घाटी में उतर कर जैतून पर्वत की ढाल पर चढ़ने लगे। यहाँ अपने शिष्यों के साथ एक सघन वृक्ष के नीचे की समतल चट्टान पर बैठ कर उन्होंने मन्दिर पर एक दृष्टि डाली। उनकी आँखों में विषाद और उदासी थी, क्योंकि इस मन्दिर में फिर उनका आना नहीं होगा। उनकी दृष्टि का अनुसरण करते हुए एक शिष्य ने कहा— "हे गुरु! देखिए तो। कितने विशाल पत्थर! और कितने भव्य भवन हैं!" सामने विशाल पाषाण-खण्ड एक दूसरे पर इस प्रकार बिना मसाले के लगाये गये हैं कि उनके जोड़ों को पहिचानना कठिन है। पूरे मन्दिर की संरचना ऐसी लग रही थी कि पर्वतीय चट्टानों के बीच कल्पना-लोक का प्रासाद निर्मित किया गया है। ईसा ने थोड़ी देर मौन रह कर वेदना के साथ कहा—"तुम ये भव्य भवन देख रहे हो! यहाँ एक पत्थर पर दूसरा पत्थर पड़ा नहीं रह सकेगा। सब ढाहा जायगा।"

३

कुछ समय बाद वे लोग जैतून पर्वत के शिखर पर पहुँच गये। वहाँ ईसा अलग एकान्त पाकर एक चट्टान पर बैठ गये। वह चुप थे और विचारों में लीन थे। इस स्थान से उनकी दृष्टि में नगर का दृश्य था। वह अपने ऊँचे टॉवरों, हेरोद और हसमोनी महलों, विशाल मन्दिर के भव्य स्तम्भों की लम्बी श्रेणी और अस्त होते सूर्य की किरणों से चमकता पूजागृह देख रहे थे। धीरे-धीरे गुरु को अकेला देख कर उनके निकट के विश्वासपात्र शिष्य पेत्रुस, याकूब, योहन और अन्द्रेयस वहाँ पहुँच गये। मन्दिर के बारे में ईसा के भविष्य कथन से वे हतप्रभ थे। फिर अन्य शिष्य भी निकट आ गये। इस एकान्त में शिष्य उनसे कहने लगे—"हमें बताइए कि यह कब होगा? इस सबके घटित होने और युग के अन्त होने का चिह्न क्या होगा?" उनके मन में पूरे युग, पूरी सृष्टि के अन्त का विचार येरुसालेम के नाश के साथ उठा है, क्योंकि वे इस भविष्य दृष्टि को समझने में असमर्थ थे। वस्तुतः इस प्रकार के ईश्वरीय कथन को सामान्य ऐतिहासिक घटना-क्रम के रूप में नहीं देखा जा सकता। वह सत्य का आभास देता है, जो वस्तुस्थिति के आयाम, उसके रंग-रूप और छायातप से मुक्त होकर अनिर्भर पूर्णता की व्यंजना देता है। इसका अर्थ अनेक संदर्भों, पूर्व प्रसंगों और अनुभवों के आधार पर लिया जाता है।

ईसा ने उनके सामने कहना शुरू किया—"सावधान रहो, कहीं ऐसा न हो कि कोई तुम्हें बहका दे। क्योंकि बहुत से लोग मेरा नाम लेकर आयेंगे और कहेंगे, 'मैं मसीह हूँ' और वे बहुतों को बहका देंगे। तुम युद्धों के विषय में सुनोगे और युद्धों के बारे में अफ़वाहें सुनोगे। इससे मत घबराना, क्योंकि ऐसा हो जाना अनिवार्य है। परन्तु इतने में ही अन्त नहीं है। क्योंकि राष्ट्र के विरुद्ध राष्ट्र उठ खड़ा होगा और राज्य के विरुद्ध राज्य। स्थान-स्थान में भूकम्प होंगे, अकाल पड़ेगा। और यह विपत्तियों का आरम्भ मात्र होगा।"

आगे भविष्य में घटित के साथ ईसा की दृष्टि में अपना मिशन है। इस ईश्वरीय सन्देश को प्रचारित करने का उद्देश्य लेकर चलनेवालों के सामने क्या कुछ कठिनाइयाँ और बाधाएँ आयेंगी, उनका संकेत यहाँ दिया गया है। कुछ रुक ईसा ने पुनः कहना शुरू किया—"यह सब होने के पूर्व लोग मेरे नाम के कारण तुम पर हाथ उठायेंगे, तुम्हें सताएँगे, सभाघरों के हवाले कर देंगे, कैद में डालेंगे और राजाओं तथा शासकों के सामने खींच लाएँगे। मेरे नाम के कारण सब राष्ट्र तुमसे बैर करेंगे। तब बहुत से लोग विचलित हो जायेंगे। वे एक दूसरे को पकड़वा देंगे और एक दूसरे से बैर करेंगे। बहुत से झूठे नबी प्रकट हो जायँगे, किन्तु जो अन्त तक धीरज धरेगा, उसी को मुक्ति मिलेगी। सारे संसार में राज्य के इस सुसमाचार का प्रचार किया जायगा, जिससे सब राष्ट्रों को इनका साक्ष्य मिले। और तब (संसार) का अन्त आ जायगा।"

मानवीय इतिहास के क्रम में सन्देशवाहकों को अनेक कष्ट सहने पड़ेंगे और परीक्षाएँ देनी होंगी। विरोधी हर प्रकार के प्रहार करेंगे ही, पर साथ के लोग भी विचलित होकर आपस में एक दूसरे के विरुद्ध हो जायेंगे और हानि पहुँचायेंगे। परन्तु जो धैर्य के साथ इन कठिनाइयों और परीक्षाओं को पार कर सकेगा, अन्त तक वह सुसमाचार को मानव समाज में फैला सकेगा और अपनी मुक्ति पा सकेगा। ईसा की दृष्टि नगर से मन्दिर पर केन्द्रित हुई और उन्होंने आगे कहना शुरू किया—"जब तुम लोग मन्दिर में उजाड़ का वह वीभत्स दृश्य देखोगे, जिसके विषय में डानियल ने कहा है, और येरुसालेम की सेनाओं से घिरा पाओगे, तो जानना कि उसका विनाश निकट है। तब जो लोग यहूदिया में हों, वे पहाड़ों पर भाग जायें, जो येरुसालेम में हों, वे बाहर निकल जायें और जो देहात में हों, वे नगर में न जायें। जो छत पर हों, यह अपने घर का सामान लेने के लिये नीचे उतर कर भीतर न जायँ और जो खेत में हो, वह अपनी चादर लेने के लिए न लौटे। ये दण्ड के दिन होंगे, जिससे जो कुछ लिखा गया है, पूरा हो जाय।"

ईसा के कथन में उथल-पुथल और मार-काट के ऐसे युग की झलक मिलती है, जिसमें समस्त मूल्यों के विघटन, विनाश और हत्या के बीच इश्वरीय सन्देश के प्रकाश को सुरक्षित रखना होगा। वह आगे अपनी दृष्टि में ऐसे युग और समाज को रख कर कह रहे हैं—"उनके लिये शोक, जो इन दिनों गर्भवती अथवा दूध पिलाती होंगी, क्योंकि देश में घोर संकट और इस जाति पर प्रकोप छा जायगा। लोग तलवार की धार से मृत्यु के घाट उतारे जायेंगे, उनको बन्दी बनाकर सब जातियों में ले जाया जायेगा। और जब तक अन्य जातियों का समय पूरा न हो जाय, तब तक येरुसालेम उनसे रौंदा जायेगा। प्रार्थना करो कि तुम लोगों को जाड़े के समय अथवा विश्राम दिवस को भागना न पड़े, क्योंकि उन दिनों ऐसा घोर संकट होगा, जैसा संसार के आरम्भ से अब तक न कभी हुआ है और न कभी होगा। यदि प्रभु ने इन दिनों को घटाया न होता, तो कोई भी प्राणो न बचता। किन्तु चुने हुओं के कारण वे दिन घटा दिये जायेंगे।"

जैतून पर्वत के समतल शिखर पर बलूत और चीड़ वृक्षों की छाया में ईसा अपने शिष्यों के साथ एक विशाल चट्टान पर बैठे थे, नीचे केद्रोन की घाटी नालों और वृक्षराजियों से भरी हुई चली गई है। उसके परे दृष्टि नगर और मन्दिर के विस्तार पर टिकती है। ईसा ने अपने शिष्यों को सावधान किया—"उस समय यदि तुमसे कहे, 'देखो! मसीह यहाँ हैं' अथवा—'वह वहाँ हैं तो विश्वास नहीं करना, क्योंकि झूठे मसीह तथा झूठे नबी प्रकट हो जायँगे और ऐसे महान् चिह्न तथा चमत्कार दिखाएँगे कि यदि संभव होता, तो चुने हुए लोगों को भी बहकाते। देखो! मैंने तुम्हें पहले ही सचेत किया है।" अपने

सन्देशवाहक शिष्यों को.ईसा तमाम भ्रामक और पथभ्रष्ट करने वाली शक्तियों से आगाह करते हैं। अपने सन्देश को समस्त मानव जाति तक पहुँचाने के लिए इन प्रच्छन्न विभ्रम डालनेवाली शक्तियों से बचना होगा।

ईसा चट्टान पर बैठे थे और शिष्य चारों ओर घेरकर उनकी ओर एकटक देख रहे थे। उनके शब्दों के अन्तराल में निहित अर्थ को वे पाने की कोशिश कर रहे थे। शब्दों के साथ वे गुरु के व्यक्तित्व, उनकी दृष्टि तथा उपस्थिति से मूल भाव का अनुभव कर रहे थे। धीरे-धीरे ईसा ने पुनः कहना शुरू किया—"यदि वे तुम लोगों से कहें, 'देखो ! वह निर्जन प्रदेश में है, तो वहाँ न जाना, अथवा, 'वह यहाँ कोठरी में है' तो विश्वास नहीं करना, क्योंकि जैसे बिजली पूर्व से निकल कर पश्चिम तक कौंध जाती है, वैसे ही मानवपुत्र का आगमन होगा।" भ्रम और पाखंड के युग की इस प्रकार चर्चा की गई है। उसमें ईश्वरीय सन्देश का प्रकाश बिजली की कौंध के समान आकस्मिक और सारे आकाश को उद्दीप्त करनेवाला कहा गया है। फिर ईसा प्रतीक में अपनी बात कहते हैं—"जहाँ कहीं लाश होगी, वहीं गीध इकट्ठे हो जायँगे।" यहाँ गीध के रूप में तमाम लोगों के मानवपुत्र के आकस्मिक पुनरागमन पर स्वतः स्फुरित एकत्र होने की बात कही गई है। गीध दूर-दूर से लाश की गंध सहज प्रवृत्ति से पाकर आ जाते हैं।

४

अब ईसा का मुख दूसरी ओर है। पर्वतीय ढलान के बाद मैदान का मृत सागर तक फैला हुआ विस्तार उनकी दृष्टि में आया। ढलान नीचे उतरता चला गया है, क्योंकि मृत सागर पृथ्वी तल से सैकड़ों फीट नीचे हैं। वह कहना शुरू करते हैं—"उन दिनों के संकट के तुरन्त बाद सूर्य अन्धकारमय हो जायगा, चन्द्रमा प्रकाश नहीं देगा, तारे आकाश से गिर जायेंगे और आकाश की शक्तियाँ विचलित हो जायेंगी। तब आकाश में मानवपुत्र का चिह्न दिखाई देगा। पृथ्वी के समस्त राष्ट्र छाती पीटेंगे और मानवपुत्र को अपार सामर्थ्य और महिमा के साथ आकाश के बादलों पर आते हुए देखेंगे। वह तुरही की तुमुल ध्वनि के साथ अपने दूतों को भेजेगा और वे चारों दिशाओं से आकाश के कोने-कोने से, उनके चुने हुओं को एकत्र करेंगे।"

ईसा ने पुनरागमन का संकेत देते हुए उस आनेवाले युग का प्रतीक रूप उपस्थित किया है। मुख्यतः उन्होंने उस युग की मूल्यहीनता और पाखण्ड के साथ छद्म रूप में मसीहाई की घोषणा की चर्चा की है। साथ ही मानवपुत्र के पुनरागमन की आकस्मिकता का उल्लेख करते हुए पुनः सन्देशवाहक शिष्यों के एकत्र होने की बात कही गई है। मृत सागर सैकड़ों फ़ीट समुद्र-तल से नीचे अपने खारी और नीले जल के विस्तार में फैला हुआ था। ईसा के प्रेरित शिष्यों

के सामने उसके नीले जल का विस्तार अदृश्य सा फैला था, और उसी तरह गुरु के कथन का भविष्य चित्र भी उनके मन में अस्पष्ट ही है। ईसा ने अपनी वाणी से उनका ध्यान आकर्षित किया—"अंजीर के पेड़ से शिक्षा ग्रहण करो। जब उनकी पत्तियाँ कोमल बन जाती हैं और उनमें अंकुर फूटने लगते हैं, तो तुम जान लेते हो कि गरमी आ रही है। इसी तरह जब तुम लोग यह सब देखोगे, तो जान लो कि वह निकट है, द्वार पर है।" शिष्यों के मन को स्थिर करने के लिए और संकेत को बोधगम्य बनाने के लिए ईसा ने दृष्टान्त से उन्हें समझाया। ऊपर विध्वंस, नाश, पाखण्ड और मूल्यहीनता का जो वर्णन है, वह आगे आनेवाले भविष्य की भूमिका है। अन्य आकस्मिक प्रकट होनेवाले चिह्न उसके आगमन के सूचक हैं।

अपने चतुर्दिक् के वातावरण, पर्वतीय मार्ग, चट्टानों, खोहों और वृक्षराजियों तथा झाड़ियों के झुरमुट के बीच वापस आते हुए ईसा ने उन्हें आश्वासन दिया—"मैं तुमसे सच कहता हूँ, इस पीढ़ी का अन्त हो जाने के पूर्व ही ये सब बातें घटित हो जायँगी। आकाश और पृथ्वी टल जायें, पर मेरे वचन नहीं टल सकते।" फिर शिष्यों के मन में यह आना स्वाभाविक है कि यह सब कब घटेगा ? यह समय कब आयेगा ? ईसा ने स्पष्ट किया—"उस दिन और उस घड़ी के बारे में कोई भी कुछ नहीं कह सकता, कोई भी नहीं जामता, न तो स्वर्ग के देवदूत और न पुत्र। केवल पिता ही जानता है।" अपना-अपना निश्चित कार्य सब निश्चित समय से करेंगे, पर उसका समय नियोजित करनेवाला पिता जानता है, कार्य करनेवाले नहीं।

इस परिस्थिति का बोध इन पीढ़ियों को इन संकेतों से भी नहीं हो सकेगा। ईसा प्राचीन सन्दर्भ से इस बात का बोध कराना चाहते हैं—"जो नूह के दिनों में हुआ था, वही मानवपुत्र के आगमन के समय होगा। जल-प्रलय के पहले नूह में जहाज़ पर चढ़ने के दिन तक लोग खाते-पीते और शादी-ब्याह करते रहे। जब तक जल-प्रलय नहीं आया और सबको बहा नहीं दिया, तब तक किसी को इसका कुछ भी पता नहीं था। मानवपुत्र के समय वैसा ही होगा। उस समय खेत में दो पुरुष होंगे—एक उठा लिया जायगा और दूसरा छोड़ दिया जायगा। दो स्त्रियाँ चक्की पीसती होंगी—एक उठा ली जायगी और दूसरी छोड़ दी जायेगी।" ऊपर नूह के समय के दृष्टान्त से प्रलय की आकस्मिकता को निर्दिष्ट किया गया है। साथ ही इस युग के नैतिक तथा स्वर्गिक मूल्यों के पतन के बीच चुनाव का संकेत भी है।

५

सन्ध्या हो चुकी थी। सूर्य पच्छिम में बादलों के बीच लालिमा के विस्तार के साथ डूबने को था। अब बेथानिया की ओर वे सब उतार पर थे। मार्ग में

ईसा की दृष्टि सूर्यास्त पर थी, पर वह अपने शिष्यों को समझा रहे थे—"उस समय स्वर्ग का राज्य उन दस कुमारियों के सदृश होगा, जो अपनी-अपनी मशाल लेकर दुलहे की अगवानी करने निकलीं। उनमें पाँच नासमझ थीं और पाँच समझदार। नासमझ अपनी मशाल के साथ तेल नहीं लायीं। समझदार अपनी मशाल के साथ-साथ कुप्पियों में तेल भी लायीं। दुलहे के आने में देर हो जाने पर सब ऊँघने लगीं और सो गईं। आधी रात को आवाज़ आई, "देखो, दुलहा आ रहा है, उसकी अगवानी करने जाओ।" तब सब कुँवारियाँ उठीं और अपनी मशाल सँवारने लगीं। नासमझ कुँआरियों ने समझदारों से कहा, "अपने तेल में से थोड़ा सा हमें दे दो, क्योंकि हमारी मशालें बुझ रही हैं।" समझदारों ने उत्तर दिया, "क्या जानें, कहीं हमारे और तुम्हारे लिए तेल पूरा न हो। अच्छा हो, तुम लोग दुकान जाकर अपने लिए खरीद लो।" वे तेल खरीदने चली ही थीं कि दुलहा आ पहुँचा। जो तैयार थीं, वे उसके साथ विवाह-भवन में प्रवेश कर गयीं और द्वार बन्द हो गया। बाद में दूसरी कुँआरियाँ भी आकर कहने लगीं, "हे प्रभु! हमारे लिए द्वार खोल दीजिए।' इस पर उसने उत्तर दिया, 'मैं तुमसे कहे देता हूँ—'मैं तुम्हें नहीं जानता।' इसलिए जागते रहो, क्योंकि तुम न तो वह दिन जानते हो और न वह घड़ी।"

दृष्टान्त समाप्त हो गया। जैतून पर्वत से नीचे उतर कर अब ये लोग बेथानिया की ओर जा रहे थे। भूमि प्रायः समतल आ गई थी और वृक्षों की छाया बढ़ कर अन्धकार से मिल रही थी। शिष्यों के मन में स्पष्ट हो चुका था कि दुलहे का आगमन आकस्मिक होगा और उसके स्वागत के लिए हर क्षण तत्पर रहना होगा। यह निरन्तर की तत्पर प्रतीक्षा ही उस मिलन का एकमात्र उपाय है। और सारे मूल्य इसमें मात्र सहायक हैं। ईसा ने घिरते हुए अन्धकार को देखा और देखा कि आकाश में लालिमा फैल कर विलीन हो रही है। उन्होंने अपने शिष्यों से 'न्याय के दिन' की चर्चा शुरू की—"जब मानवपुत्र सब स्वर्गदूतों के साथ अपनी महिमा सहित आयेगा, तो वह अपने महिमामय सिंहासन पर विराजमान हो जायगा और सभी राष्ट्र उसके सम्मुख एकत्र किये जायँगे। जिस तरह चरवाहा भेड़ों से बकरियों को अलग कर देता है, उसी तरह वह लोगों को एक दूसरे से अलग कर देगा। वह भेड़ों को अपने दायें और बकरियों को अपने बायें खड़ा कर देगा।" ईसा कुछ देर के लिए मौन हो गये। शिष्यों ने ध्यान देकर अपने गुरु की बात को समझने का प्रयत्न किया। उनकी उत्सुकता बढ़ चुकी थी।

सब लोग उतार पर थे और बेथानिया का मार्ग सामने था। अब प्रकाश डूब चुका था, सन्ध्या बेला का झुटपुटा था। ईसा ने अपने दृष्टान्त को आगे बढ़ाया—"तब राजा अपने दायें के लोगों से कहेंगे, 'मेरे पिता के कृपापात्रो! आओ और इस राज्य के अधिकारी बनो, जो संसार के प्रारम्भ से तुम लोगों के

लिए तैयार किया गया है। क्योंकि मैं भूखा था और तुमने मुझे खिलाया। मैं प्यासा था और तुमने मुझे पिलाया। मैं परदेशी था और तुमने मुझे पहनाया। मैं बीमार था और तुम मुझसे भेंट करने आये; मैं बन्दी था और तुम मुझसे मिलने आये।' इसपर धर्मी उनसे कहेंगे, "प्रभु ! हमने आपको कब भूखा देखा और खिलाया ? कब प्यासा देखा और पिलाया ? हमने आपको कब परदेशी देखा और अपने यहाँ ठहराया ? कब नंगा देखा और पहनाया ? आपको कब बीमार अथवा बन्दी देखा और आपसे मिलने आये ?" राजा उन्हें यह उत्तर देंगे, 'मैं तुम लोगों से सत्य कहता हूँ—"तुमने मेरे इन भाइयों में किसी एक के लिए, चाहे वह कितना छोटा क्यों न हो, जो कुछ किया, वह तुमने मेरे लिए ही किया।"

यहाँ दान और दया, सेवा और त्याग जैसे उच्च मानव मूल्यों की महिमा को व्यंजित किया गया है। साधारण और निरीह व्यक्ति भी अगर इस मार्ग पर चलता है, तो प्रभु उसे अपने प्रति मानते हैं। एक स्तर पर ईसा के शिष्यों और अनुयायियों के प्रति किये गये कार्यों का अर्थ है। बेथानिया सामने दिखाई दे रहा था। सामने की पहाड़ी के पार्श्व से गुज़रते हुए ईसा ने अपनी चर्चा को आगे बढ़ाया—"तब वह अपने बायें के लोगों से कहेंगे, 'पापियो ! मुझसे दूर हट जाओ। उस अनन्त आग में जाओ, जो शैतान और उसके दूतों के लिए तैयार की गयी है। क्योंकि मैं भूखा था और तुम लोगों ने मुझे नहीं खिलाया, मैं प्यासा था और तुमने मुझे नहीं पिलाया, मैं परदेशी था और तुमने मुझे अपने यहाँ नहीं ठहराया, मैं नंगा था और तुमने मुझे नहीं पहनाया। मैं बीमार और बन्दी था और तुम मुझसे मिलने नहीं आये।" इस पर वे भी उनसे पूछेंगे, प्रभु ! हमने आपको कब भूखा, प्यासा, परदेशी, नंगा, बीमार या बन्दी देखा और आपकी सेवा नहीं की ?' तब राजा उन्हें उत्तर देंगे, 'मैं तुम लोगों से सत्य कहता हूँ—जो कुछ तुमने मेरे से छोटे-से-छोटे भाइयों में से किसी एक के लिए नहीं किया, वह तुमने मेरे लिए भी नहीं किया।' और वे अनन्त दण्ड भोगने लगेंगे परन्तु धर्मी अनन्त जीवन में प्रवेश करेंगे।" इस प्रकार ईश्वरीय न्याय के विधान की चर्चा के समाप्त होते-होते वे लोग बेथानिया पहुँच गये। मूल्यों के जीवन के साथ ईश्वरीय कृपा को प्राप्त करने के अन्य प्रसंगों में यह सबसे अधिक स्पष्टता से उसे व्यंजित करता है।

• •

प्रकरण बाईस

पास्का पर्व का भोज : शिष्यों को अन्तिम उपदेश

१

मंगलवार को अन्तिम बार मन्दिर में ईसा ने उपदेश दिया था। और उस दिन के उपदेश और सन्देश के बाद एक प्रकार से जन-समाज के बीच उनका सन्देश-कार्य समाप्त हो चुका था। निश्चय ही यहूदियों के द्वारा, विशेष कर धार्मिक और सामाजिक नेता महायाजकों और फ़रीसियों के नेतृत्व में, उनका विरोध बढ़ता गया था। कहा जा चुका है कि उनकी हत्या का षड्यन्त्र चल रहा था। इस परिस्थिति में उनका उदास होना स्वाभाविक था। भविष्य में इस परिस्थिति से उनके सन्देश के प्रसार को शक्ति और गति मिलेगी, इसका उन्हें आभास भी था। अब बेथानिया के छोटे से पहाड़ी कस्बे की शान्ति में अपने शिष्यों के साथ समय विताने का उन्होंने निश्चय किया। अगले दिन बुधवार को वह अपने शिष्यों के साथ कस्बे के बाहर की छोटी पहाड़ी वृक्षराजि में समय बिताने पहुँचे। वहाँ वह अपने शिष्यों के बीच यहूदियों के अविश्वास की चर्चा कर रहे थे।

यहूदी जन-समाज के सामने ईसा ने अनेक चमत्कार दिखाये थे, किन्तु उन्होंने उनमें विश्वास नहीं किया। वस्तुतः यह अनिवार्य था कि नबी इसायस का यह कथन पूरा हो—"हे प्रभु! किसने हमारे संदेश पर विश्वास किया? किस पर प्रभु का सामर्थ्य प्रकट हुआ?" वे विश्वास नहीं कर सके, क्योंकि इसायस का एक दूसरा कथन इस प्रकार है—"उसने उनकी आँखों को अन्धा कर दिया और उनकी बुद्धि कुंठित कर दी है। कहीं ऐसा न हो कि वे आँखों से देखें, बुद्धि से समझ लें, मेरी ओर लौट आयें और मैं उन्हें भला-चंगा कर दूँ।"

इसायस ने यह इसलिए कहा कि उसने उनकी महिमा देखी है। उसने उनके बारे में भविष्यवाणी की है। फिर भी नेताओं में बहुतों ने उनमें विश्वास किया। पर वे फ़रीसियों के कारण ईसा को प्रकट रूप में स्वीकार नहीं करते थे। कहीं ऐसा न हो कि सभागृह से उनका बहिष्कार किया जाये। उन्हें ईश्वर के सम्मान की अपेक्षा मनुष्य का सम्मान अधिक प्रिय था। पूरी परिस्थिति का संकेत उनकी वाणी में मिलता है, जिसकी ओर शिष्यों का ध्यान वह आकर्षित करते हैं। जैसा देखा गया है, यहूदी-समाज के कई प्रतिष्ठित व्यक्ति ईसा के

प्रति आकृष्ट हुए, पर फ़रीसियों के डर तथा दबाव से वे कुछ नहीं कर सके।

शिष्यों के बीच बाझ-बलूत वृक्षों की छाया में चट्टान पर बैठे हुए ईसा ने आन्तरिक वेदना से पुकार कर कहा—"जो मुझमें विश्वास करता है, वह मुझ में ही नहीं, बल्कि जिसने मुझे भेजा है, उसमें विश्वास करता है और जो मुझे देखता है, उसको देखता है, जिसने मुझे भेजा है। मैं ज्योति बनकर संसार में आया हूँ, जिससे जो कोई मुझमें विश्वास करे, वह अन्धकार में नहीं रहे। यदि कोई मेरी शिक्षा सुनकर उस पर नहीं चलता, तो मैं उसे दोषी नहीं ठहराता हूँ; क्योंकि मैं संसार को दोषी ठहराने नहीं, संसार का उद्धार करने आया हूँ। जो मेरा तिरस्कार करता है और मेरी शिक्षा ग्रहण करने से इंकार करता है, वह अवश्य ही दोषी ठहराया जायगा। जो शिक्षा मैंने दी है, वही उसे अन्तिम दिन दोषी ठहरा देगी। मैंने अपनी ओर से कुछ नहीं कहा। पिता ने, जिसने मुझे भेजा है, आदेश दिया कि मुझे क्या कहना और कैसे बोलना है। मैं जानता हूँ कि उनका आदेश अनन्त जीवन है। इसलिए मैं जो कुछ कहता हूँ, उसे वैसे ही कहता हूँ, जैसे पिता ने मुझसे कहा है।" यह एकान्त की शिक्षा शिष्यों के लिए दृष्टि और दिशा दोनों है। मसीह ईश्वर के प्रतिनिधि हैं, उनका अपना कुछ नहीं। वह ईश्वरीय सन्देशवाहक हैं और विधान को सम्पन्न करनेवाले।

२

उधर बुधवार के दिन पुरोहितों के नेता और अन्य महत्वपूर्ण नेता प्रधान याजक के यहाँ एकत्र हुए। यह महासभा की वैठक नहीं थी, वल्कि निजी बैठक थी, जिसमें वे महायाजक और जनता के नेता बुलाये गये थे, जो ईसा के विरुद्ध थे। महासभा के कतिपय ऐसे सदस्य भी थे, जो ईसा के प्रति अच्छा भाव रखते थे, कम से कम इस सीमा तक विरुद्ध नहीं थे। वे आपस में परामर्श करने लगे कि हम किस प्रकार ईसा को छल से गिरफ़्तार कर लें और मरवा डालें। परन्तु इस विषय में सहमत होते हुए उनमें मतभेद था। कुछ इस कार्य में विलम्ब नहीं करना चाहते थे। पर अन्यों का मत भिन्न था। वे कहते थे, 'पर्व के दिनों में नहीं। कहीं ऐसा न हो कि जनता में हंगामा हो जाय।"

जब वे लोग इस ऊहापोह में थे और उनको अपने लक्ष्य की सिद्धि के लिए कोई स्पष्ट मार्ग नहीं दिखाई दे रहा था, उनकी ऐसी दिशा से सहायता मिली, जिसकी आशा नहीं की जा सकती थी। सन्त लूकस के अनुसार तो उस समय शैतान यूदस में घुस गया। यह यूदस इसकारियोती था और बारहों शिष्यों में एक था। इसके बारे में पहले भी उल्लेख हुआ है कि वह लालची था और ईसा ने उसके अविश्वास की घोषणा भी की थी। यद्यपि यह केवल भविष्य संकेत था, क्योंकि ईसा के बारह प्रेरित शिष्यों में उसकी गणना थी और मूलतः उसे ऐसा नहीं माना जा सकता। ऐसा करने के लिए वह अपनी क्षुद्र प्रवृत्ति से प्रेरित

हुआ और दैवी योजना का उपकरण भी उसे बनना था। वह रात्रि के अंधकार में प्रधानयाजक के महल में पहुँचा। उसने महायाजकों और मन्दिर-आरक्षी के नायकों के पास जाकर उनसे परामर्श किया कि वह किस प्रकार ईसा को उनके हवाले कर दे। उसने उनसे कहा—"यदि मैं ईसा को तुम्हारे हवाले कर दूँ, तो आप मुझे क्या देने को तैयार हैं ?" वे बहुत प्रसन्न हुए और उन्होंने उसे तीस चाँदी के सिक्के देने का वादा किया। यूदस सहमत हो गया और वह जनता से छिपाकर ईसा को पकड़वाने का अवसर ढूँढ़ने लगा।

ईसा ने अपने शिष्यों के साथ रात बेथानिया में बितायी, वहाँ एक शान्त और एकांत में विश्राम की व्यवस्था थी। अगले दिन बृहस्पतिवार था। यह बेखमीर की रोटी का पास्का पर्व का दिन था। यहूदी लोग पास्का पर्व मिस्र देश से बहिर्गमन के वार्षिक स्मरण के उपलक्ष में मनाते थे। कहा जाता है कि प्रस्थान के पहले हर इस्राएली परिवार ने मेमना की बलि मरके रक्त को छिड़का, जिससे अमंगल का शमन हो। रात के गहराते ही उन्हें प्रस्थान करना था, अतः जल्दी में पैर में जूते पहने और हाथ में डंडा लिये हुए उन्होंने भूने हुए मेमना का भोजन किया। मूसा ने इसकी स्मृति में सात दिन का उत्सव मनाने का निर्देश दिया, जिसका पहला और अन्तिम दिन विश्राम का माना गया है।

दूसरे दिन, पास्का पर्व के बेखमीर की रोटी के दिन मेमने का बलि चढ़ाना आवश्यक था। ईसा ने अपने दो शिष्यों, पेत्रुस और योहन को यह कह कर भेजा—"जाकर हमारे लिए पास्का भोज की तैयारी करो।" उन्होंने ईसा से पूछा—"आप क्या चाहते हैं ? हम कहाँ उसकी तैयारी करें ?" ईसा ने उत्तर दिया—"शहर में जाने पर पानी का घड़ा लिये तुम्हें एक पुरुष मिलेगा। उसके पीछे-पीछे चलना और जिस घर में वह प्रवेश करे, उस घर के स्वामी से कहना, 'गुरुवर ने आपको कहला भेजा है—अतिथिशाला कहाँ है, जहाँ मैं अपने शिष्यों के साथ पास्का का भोजन करूँ ?' और वह तुम्हें ऊपर एक सजा-सजाया बड़ा कमरा दिखा देगा। वहीं तैयारी करना।" येरुसालेम के एक सम्पन्न शिष्य का पता ईसा ने शिष्यों को इस प्रकार बताया है। सम्भवतः उसने पहले प्रस्ताव किया हो। ईसा ने यह कार्य पेत्रुस और योहन को सौंपा, शायद वह यूदस को जानकारी नहीं देना चाहते थे, जबकि इस प्रकार का प्रबन्ध-कार्य उसी का था। पानी मटके में ले जाते हुए पुरुष का संकेत स्पष्ट है, क्योंकि झरने या बावली से प्रायः यहूदी स्त्रियाँ पानी भर के ले जाती थीं और वह भी प्रातः सायं झुटपुटे में। पुरुषों का घड़े में पानी भर कर ले जाना विशेष तथा आकस्मिक था।

ईसा के कथनानुसार पेत्रुस और योहन ने जैतून पर्वत को पार कर नगर में निर्झर द्वार से प्रवेश किया। और वे सिलोआम जलकुण्ड के समीप पहुँचे। उन्होंने देखा, एक व्यक्ति घड़ा भर कर ले जा रहा था। दोनों शिष्यों ने उसका अनुसरण किया। वह एक सुन्दर घर के सामने रुक गया। मकान-मालिक उनके

प्रश्न करने के साथ स्थिति समझ गया, वह मानसिक रूप से ईसा के आतिथ्य के लिए तत्पर था। उसने तुरन्त अपने घर की ऊपरी मंजिल का सुन्दर प्रशस्त कमरा उन्हें दिखा दिया, पास्का के भोज के लिए वह उपयुक्त था। उसमें चटाई बिछी थी, गद्दीदार कुर्सियाँ लगी हुई थीं। निश्चय ही यह व्यक्ति ईसा का अच्छा शिष्य था और उसने उनके लिये वह कमरा आरक्षित रखा था। शिष्यों ने पास्का पर्व के भोज की इस कमरे में तैयारी की और गुरु को सूचित किया।

फिर ईसा और उनके शिष्यों ने शेष दिन बेथानिया में बिताया। शाम होते-होते वे लोग जैतून पर्वत के ऊपर होते हुए निर्झर फाटक से येरुसालेम में आये। वहाँ सजा हुआ कमरा प्रतीक्षा कर रहा था, पेत्रुस और योहन ने सारी तैयारी करवा ली थी। पर्व के पहले दिन का यह रात्रि-भोजन का आयोजन था। ईसा जानते थे कि मेरी घड़ी आ गयी है और मुझे यह संसार छोड़ कर पिता के पास जाना है। वह अपनों को, जो इस संसार में थे, प्यार करते आये थे और अब अपने प्रेम का सबसे बड़ा प्रमाण देनेवाले थे।

३

समय आने पर ईसा प्रेरितों के साथ भोजन करने बैठे और उन्होंने उनसे कहा—"मैं कितना चाहता था कि दुःख भोगने के पहले पास्का का यह भोजन तुम्हारे साथ करूँ, क्योंकि मैं तुमसे कहता हूँ, जब तक यह ईश्वर के राज्य में पूर्न न हो जावें, मैं इसे फिर नहीं खाऊँगा।" इसके बाद ईसा ने प्याला लिया, धन्यवाद की प्रार्थना पढ़ी और कहा—"इसे ले लो और इसे आपस में बाँट लो; क्योंकि मैं तुमसे कहता हूँ, जब तक ईश्वर का राज्य न आये, मैं दाख रस सिर नहीं पिऊँगा।" यहाँ प्रतीक रूप में ईसा ने भविष्य का और अनन्त जीवन का संकेत दिया है। फिर ईसा के शिष्यों में विवाद छिड़ गया कि हममें से कौन बड़ा समझा जाये। ईसा ने उनसे कहा—"संसार में राजा अपनी प्रजा पर निरंकुश शासन करता है और सत्ताधारी संरक्षक कहलाना चाहते हैं। परन्तु तुम लोगों में ऐसा नहीं है। जो तुम में बड़ा है, वह सबसे छोटा जैसा बने और जो अधिकारी हैं, वह सेवक जैसा बने। आखिर कौन बड़ा है—वह जो मेज़ पर बैठता है अथवा जो परोसता है? वही न, जो मेज़ पर बैठता है। परन्तु मैं तुम दोनों में सेवक जैसा हूँ।" ईसा के वचनों में यहाँ सेवा और बड़प्पन का संकेत निहित है। उनके सन्देश में पद और अधिकार के बजाय सेवा से बड़प्पन निश्चित होता है।

ईसा के मन की उदासी उनकी आँखों में व्यक्त हो रही थी, वहाँ भोजन के समय तक सिमोन इसकारियोती का पुत्र यूदस उनके सामने था, जिसके मन में ईसा को पकड़वाने का शैतान-प्रेरित विचार घूम रहा था। ईसा जानते थे कि परमपिता ने मेरे हाथों में सब कुछ सौंप दिया है। उन्होंने भोजन पर से उठ

कर अपने कपड़े उतारे और कमर में अँगोछा बाँध लिया। तब वह परात में पानी भर कर अपने शिष्यों के पैर धोने और कमर में बँधे अँगौछे से पोंछने लगे।

जब वह पेत्रुस के पास पहुँचे तो पेत्रुस ने उनसे कहा—"प्रभु ! आप मेरे पैर धोते हैं ?" ईसा ने उत्तर दिया—"तुम अभी नहीं समझते कि मैं क्या कर रहा हूँ—बाद में समझोगे।" पेत्रुस ने कहा—"मैं आपको अपने पैर कभी धोने नहीं दूंगा।" तब ईसा ने उससे कहा—"यदि मैं तुम्हारे पैर न धोऊँ, तो तुम्हारा मेरे साथ कोई सम्बन्ध नहीं रह जाता।" इस पर सिमोन पेत्रुस ने उनसे कहा—"प्रभु ! तो मेरे पैर ही नहीं, मेरे हाथ और सिर भी धोइए।"

ईसा ने हाथ में पानी की परात लिये हुए कहा—"जो स्नान कर चुका है, उसे पैर के सिवा कुछ धोने की आवश्यकता नहीं। वह पूर्ण रूप से शुद्ध है। तुम लोग शुद्ध हो, पर सबके सब नहीं।" वह जानते थे कि कौन मेरे साथ विश्वासघात करेगा। इसीलिए उन्होंने कहा—"तुम सबके सब शुद्ध नहीं हो।" उनके पैर धोने के बाद वह अपने कपड़े पहन कर फिर बैठ गये और उनसे बोले—"तुम लोग समझते हो कि मैंने तुम्हारे साथ क्या किया है ? तुम मुझे गुरु और प्रभु कहते हो और ठीक ही कहते हो, क्योंकि मैं वही हूँ। इसलिए यदि मैंने प्रभु और गुरु होकर तुम्हारे पैर धोये हैं, तो तुम्हें भी एक दूसरे के पैर धोने चाहिए। मैंने तुम्हें उदाहरण दिया है, जिससे जैसा मैंने तुम्हारे साथ किया है, वैसा ही तुम भी किया करो। मैं तुमसे कहे देता हूँ—सेवक अपने स्वामी से बड़ा नहीं होता और न भेजा हुआ उससे, जिसने उसे भेजा है। यदि तुम ये बातें समझ कर इसके अनुसार आचरण करोगे, तो धन्य होगे।" यहाँ शारीरिक पवित्रता से आन्तरिक पवित्रता के संकेत के साथ ईसा ने प्रेम के धार्मिक संस्कार की व्यंजना की है। सेवा, प्रेम और कर्त्तव्य में सब समान हैं, अपने-अपने अधिकारक्षेत्र में बड़े-छोटे रह कर भी।

ऊपर के कमरे में प्रवेश करते ही सामने आयताकार खाने की मेज सजी थी। एक ओर छोड़कर तीन ओर कोच लगे थे, जिनमें तीन-तीन लोगों के बैठने की जगह थी। सामने की केन्द्रीय कोच पर केन्द्र में ईसा और उनके बायें पेत्रुस तथा दायें योहन बैठे थे। सभी शिष्य अपना स्थान ले चुके थे। बायीं कोहनी टेककर उस पर वक्ष को सहारा देकर दाहिने हाथ से खाने की परिपाटी थी। उसी के अनुसार यहाँ लोग बैठे थे। सब पास्का पर्व के भोजन पर बैठे थे, पर मन में अस्थिरता थी क्योंकि यह वाक्य मन में घूम रहा था—"तुम पवित्र हो, पर सब नहीं।" ईसा ने अनुमान लगा लिया और उन्हें समझाया—"यह मैं सबके विषय में नहीं कह रहा हूँ। मैं जानता हूँ कि मैंने किन लोगों को चुना है। परन्तु यह इसलिए हुआ कि धर्मग्रन्थ का वाक्य पूरा हो जाये, जो मेरी रोटी खाता है, उसने मुझे लंगी मारी है।" यह कहते-कहते ईसा का मन

व्याकुल हो उठा और उन्होंने कहा—"मैं तुम लोगों से कहे देता हूँ—तुममें से ही एक मुझे पकड़वा देगा।" यह सुन कर सभी शिष्य एक दूसरे के चेहरे देखने लगे, पर किसी के मुख पर अपराध का भाव पढ़ा नहीं जा सका। वे समझ नहीं रहे थे कि किसके बारे में कहा जा रहा है। यूदस एकदम स्थिर बैठा रहा।

ईसा का प्यारा शिष्य योहन, जो दाहिनी ओर बैठा था, ईसा के वक्ष पर झुका हुआ था। पेत्रुस ने पीछे से घूम कर धीरे से उससे कहा—"पूछो तो, वह किसके विषय में कह रहे हैं?" योहन ने और झुक कर फुसफुसा कर पूछा—"प्रभु, वह कौन है?" ईसा ने उसी प्रकार धीमे स्वर में उत्तर दिया—"मैं जिसे रोटी का टुकड़ा थाली में सब्जी से डुबो कर दूँगा, वही है।" यह वार्तालाप भोजन की मेज़ की सामने वाली कोच पर बैठे हुए लोगों ने सुना और किसी ने नहीं। पहले उल्लेख के आधार पर सभी शिष्यों ने आकस्मिक रूप से पूछा था—"प्रभु! मैं तो नहीं हूँ।" इस बार यूदस ने भी ऐसा कहा, क्योंकि वह अपने को प्रकट नहीं करना चाहता था। आपस की बातचीत के बाद ईसा ने रोटी डुबो कर यूदस को दी। यूदस ने उसे ले लिया, वह प्रतिरोध करने की स्थिति में नहीं था, शैतान उसके अन्दर क्रियाशील था। तब उन्होंने उससे कहा—"तुम्हें जो करना है, वह जल्द करो।" भोजन करनेवालों में से कोई भी नहीं समझ पाया कि ईसा ने उससे ऐसा क्यों कहा। यूदस उनका खजांची था और उसके पास थैली रहती थी। अतः लोगों ने समझा कि ईसा ने उससे यह कहा होगा कि हमें पर्व के लिए जो कुछ चाहिए, वह खरीद लेना अथवा गरीबों को कुछ दान देना। टुकड़ा लेकर यूदस तुरन्त बाहर निकल गया। उस समय रात हो चली थी।

४

यूदस के चले जाने के बाद ईसा ने कहा—"अब मानवपुत्र महिमान्वित हुआ और उसके द्वारा ईश्वर की महिमा प्रकट हुई। यदि उसके द्वारा ईश्वर की महिमा प्रकट हुई तो ईश्वर भी उसे अपने यहाँ महिमान्वित करेगा और वह शीघ्र ही उसे महिमान्वित करेगा।" यहाँ मृत्यु के अतिक्रमण के साथ पुनरुत्थान का संकेत निहित है। तब ईसा ने भरे मन से कहा—"बच्चो! मैं थोड़े समय तक तुम्हारे साथ हूँ। तुम मुझे ढूँढ़ोगे और मैंने यहूदियों से जो कहा था, वह अब तुमसे भी कह रहा हूँ—वहाँ तुम नहीं आ सकते।" फिर कुछ देर चुप रहने के बाद उन्होंने उद्वेलित हृदय से कहा—"मैं तुम लोगों को नई आज्ञा देता हूँ—तुम एक दूसरे को प्यार करो। जैसे मैंने प्यार किया है, वैसे ही तुम भी एक दूसरे को प्यार करो। यदि तुम एक दूसरे को प्यार करोगे, तो उसी से सब लोग यह जान जायेंगे कि तुम मेरे शिष्य हो।" गुरु की वाणी से शिष्यों का

मन भाव-विह्वल था, वे स्पष्ट नहीं समझ रहे थे कि उनका संकेत किस भविष्य की ओर है। पर भविष्य की छाया उनके मन पर पड़ रही थी।

रात गहराने लगी थी। भोजन का समय हो चुका था। भोजन शुरू करते समय ईसा ने रोटी ले ली और आशीष की प्रार्थना करने के बाद उसे तोड़ा और यह कहते हुए शिष्यों को बाँट दिया—"ले लो और खाओ। यह मेरा शरीर है।" तब उन्होंने प्याला लेकर धन्यवाद की प्रार्थना की और उसे उन्हें यह कहते हुए दिया—"तुम सब इसमें से पियो, क्योंकि यह मेरा रक्त है, विधान का रक्त, जो बहुतों की पापक्षमा के लिए बहाया जा रहा है। मैं तुम लोगों से कहता हूँ—जब तक मैं अपने पिता के राज्य में तुम्हारे साथ नवीन रस नहीं पी लूँ, तब तक मैं दाख का रस फिर नहीं पिऊँगा।" यह शरीर और रक्त के महाप्रसाद का उल्लेख एक वर्ष पूर्व कफ़रनाहूम में किया गया था। तब इससे शिष्य विभ्रमित हुए, पर अब उनकी समझ में आ रहा है।

इस बीच ईसा ने अपने जाने की चर्चा बार-बार की थी। शिष्यों के मन में चिन्ता और उद्वेग था। साहस करके सिमोन पेत्रुस ने उनसे कहा—"प्रभु! आप कहाँ जा रहे हैं?" ईसा ने उसे उत्तर दिया—"मैं वहाँ जा रहा हूँ जहाँ तुम इस समय मेरे पीछे नहीं जा सकते। तुम वहाँ बाद में आओगे।" पेत्रुस ने उत्सुक भाव से कहा—"मैं इस समय आपके पीछे क्यों नहीं आ सकता? मैं आपके लिए अपने प्राण दे सकता हूँ।" ईसा ने कुछ रुक कर उत्तर दिया—"तुम मेरे लिए अपने प्राण दोगे? मैं तुमसे कहता हूँ—मुरगे के बाँग देने के पहले ही तुम मुझे तीन बार अस्वीकार करोगे।" वास्तव में पेत्रुस द्वारा अस्वीकार का यह संकेत बाद में गेतसेमनी के मार्ग में दिया गया, पर इसका वर्णन यहाँ किया गया है।

शिष्य सुन कर चुप रह गये। प्रश्न करने का साहस उन्हें नहीं हो रहा था, क्योंकि उनके मन दुर्भाग्य की बात सुनने की आशंका से भयभीत थे। तब ईसा ने उनके मन को ढाढ़स देने के लिए कहा—"तुम मन में घबराओ नहीं। ईश्वर में विश्वास रखो और मुझमें भी विश्वास रखो।" मेरे पिता के यहाँ बहुत से निवास-स्थान हैं। यदि ऐसा नहीं होता तो मैं तुम्हें बता देता, क्योंकि मैं तुम्हारे लिए स्थान का प्रबन्ध करने जा रहा हूँ। मैं वहाँ तुम्हारे लिए प्रबन्ध करने के बाद फिर आऊँगा और तुम्हें अपने साथ वहाँ ले जाऊँगा, जिससे जहाँ मैं हूँ, वहाँ तुम भी रहो। मैं जहाँ जा रहा हूँ, तुम वहाँ का मार्ग जानते हो।" प्रभु ईसा की मुक्तिदात्री मृत्यु उनके मार्ग पर चलनेवालों के लिए स्वर्ग में स्थान सुरक्षित करने वाली है और उनका आरोहण स्वर्ग के द्वार मुक्त करनेवाला है। ईसा के कई अवतरण का उल्लेख हुआ है। पुनरुत्थान के बाद वह शिष्यों से मिलने के लिए वापस आते हैं, वह न्याय-धर्म के लिए मरने वाले को स्वर्गिक पिता के सम्मुख उपस्थित करने के लिए ले जाने आते हैं।

तब थॉमस ने उनसे कहा,—"प्रभु ! हम यह भी नहीं जानते कि आप कहाँ जा रहे हैं, तो वहाँ का मार्ग कैसे जान सकते हैं ?" वस्तुतः वह कह चुके हैं कि मैं पिता के यहाँ जा रहा हूँ। पर उन्होंने उससे कहा—"मार्ग सत्य और जीवन मैं हूँ। मुझसे होकर गये बिना कोई पिता के पास जा नहीं सकता।" जिस मार्ग पर अर्थात् मूल्यों के जीवन से होकर व्यक्ति ईश्वर तक पहुँचता है, जिस सत्य के विश्वास के सहारे ईश्वर प्राप्त होता है और जिस जीवन की आशा से ईश्वरीय अनुभव प्राप्त होता है, उस तक पहुँचने का यही मार्ग है। यहाँ ईसा ने उसे अपने रूप में माना है। ईसा ने आगे कहा—"यदि तुम मुझे पहचानते हो तो मेरे पिता को भी पहचानोगे। अब तो तुम लोगों ने उसे पहचाना भी है और देखा भी है।" स्पष्टतः ईसा का संकेत है कि वह पिता ईश्वर के हर स्तर पर माध्यम रहे हैं, उनके रूप हैं और मूल्यों के वाहक हैं, अतः उनके साथ रहकर उनके कार्य के साक्षी बन कर शिष्यों ने पिता को ही देखा-पहचाना है।

फिलिप के मन में यहूदी परम्परा से चली आई प्राचीन विधान की यह कल्पना थी कि ईश्वरी वैभव का प्रत्यक्ष दर्शन हो सकता है। इससे प्रेरित हो कर उसने कहा,—"प्रभु, हमें पिता का दर्शन कराइए। हमारे लिए इतना ही बहुत है।" ईसा फिलिप की सहजता पर सदा प्रसन्न होते थे। उन्होंने उत्तर दिया—"फिलिप ! मैं इतने समय तक तुम लोगों के साथ रहा, फिर भी तुमने मुझे नहीं पहचाना ? जिसने मुझे देखा है, उसने पिता को भी देखा है। फिर तुम यह क्या कहते हो—हमें पिता के दर्शन कराइए ? क्या तुम विश्वास नहीं करते कि मैं पिता में हूँ और पिता मुझमें है।" हल्की झिड़की से कहा हुआ यह कथन किस सीमा तक अपनी अर्थ की गहराई में फिलिप द्वारा ग्रहण किया गया है पर वह मौन था। ईसा ने आगे कहा—"मैं जो शिक्षा देता हूँ, वह मेरी अपनी शिक्षा नहीं है। मुझमें निवास करनेवाला पिता मेरे द्वारा अपने महान् कार्य सम्पन्न करता है। मेरी इस बात पर विश्वास करो कि मैं पिता में हूँ और पिता मुझमें है। नहीं तो उन महान् कार्यों के कारण ही इस पर विश्वास करो।"

ईसा के कथन में इस बात पर बल है कि वह जो कुछ कर रहे हैं, वह उनके पिता का कार्य है। वह माध्यम हैं और माध्यम जो अपने पिता से एक स्तर पर अभिन्न है। आगे उन्होंने कहा—"मैं तुम लोगों से कहे देता हूँ—जो मुझमें विश्वास करता है, वह स्वयं वे ही कार्य करेगा, क्योंकि मैं पिता के पास जा रहा हूँ। तुम मेरा नाम लेकर जो कुछ माँगोगे, मैं तुम्हें वही प्रदान करूँगा, जिससे पुत्र के द्वारा पिता की महिमा प्रकट हो जाय। यदि तुम मेरा नाम लेकर मुझसे कुछ भी माँगोगे, तो मैं तुम्हें वहीं प्रदान करूँगा।"

५

चर्चा करते-करते रात अधिक गहरा गई थी। आज ईसा अपने शिष्यों

को अपना अन्तिम सन्देश दे रहे थे। इसमें मानवीय मूल्यों के उच्चतम जीवन और आध्यात्मिक जीवन के संकेत और सन्दर्भ चलते जा रहे हैं। शिष्य तन्मय भाव से ग्रहण करने का प्रयत्न कर रहे हैं और प्रश्नों से अपनी जिज्ञासा प्रकट कर इसका प्रमाण देते हैं। ईसा ने आकाश के अन्धकार में चमकते हुए तारों को दृष्टि में रख कर कहा—"यदि तुम मुझे प्यार करोगे, तो मेरी आज्ञाओं का पालन करोगे। मैं पिता से निवेदन करूँगा और वह तुम्हें एक दूसरा सहायक प्रदान करेगा, जो सदा तुम्हारे साथ रहेगा। वह सत्य का आत्मा है, जिसे संसार ग्रहण नहीं कर सकता है, क्योंकि वह उसे न तो देखता है और न पहचानता है। तुम उसे पहचानते हो, क्योंकि वह तुम्हारे साथ रहता और तुम में निवास करता है।" प्यार करनेवाला अपने प्रेमपात्र का अनुवर्ती होता है। और अपने ऐसे शिष्यों को ईसा का आश्वासन है कि वह पिता की आज्ञा से पवित्र आत्मा के रूप में सदा साथ रहेंगे और मार्ग निर्देशन करेंगे।

शिष्यों को ईसा ने बच्चे कहा है, इसी भाव से वह आगे कहते हैं—"मैं तुम लोगों को अनाथ छोड़ कर नहीं जाऊँगा, मैं तुम्हारे पास आऊँगा। थोड़े ही समय बाद मुझे संसार फिर नहीं दीखेगा। तुम मुझे देखोगे, मैं जीता हूँ और तुम भी जीते रहोगे। उस दिन तुम जान जाओगे कि मैं पिता में हूँ, तुम मुझमें हो और मैं तुम में। जो मेरी आज्ञाएँ जानता और उनका पालन करता है, वही मुझे प्यार करता है और जो मुझे प्यार करता है, उसे मेरा पिता प्यार करेगा और उसे मैं भी प्यार करूँगा और उस पर अपने को प्रकट करूँगा।" अधिक स्पष्टता के साथ अपने आने की बात वह कहते हैं, पर उनका यह आगमन संसार द्वारा नहीं देखा जा सकेगा। वह अनन्त जीवन है, अतः उनका जीवन सदा रहेगा और वह उनके साथ रहेगा, जो उनके सन्देशवाहक हैं।

यूदस ने, जो इसकारियोती से भिन्न था, इस पर जिज्ञासा प्रकट की—"प्रभु ! आप हम पर अपने को प्रकट करेंगे, संसार पर नहीं, इसका कारण क्या है ?" ईसा ने उसे उत्तर दिया—"यदि कोई मुझे प्यार करेगा और मेरी शिक्षा पर चलेगा, मेरा पिता उसे प्यार करेगा और हम उसके पास आकर उसमें निवास करेंगे। जो मुझे प्यार नहीं करता, वह मेरी शिक्षा पर नहीं चलता। जो शिक्षा तुम सुनते हो, वह मेरी नहीं, बल्कि उस पिता की है, जिसने मुझे भेजा।" यद्यपि यूदस की जिज्ञासा का यह सीधा समाधान नहीं है, पर गहरे अर्थ-संकेत के साथ कहा गया है कि जो प्यार करता, शिक्षा पर चलता है, वह पवित्र आत्मा को ग्रहण कर सकेगा।

इस प्रसंग में द्रष्टव्य है कि चारों शिष्यों की जिज्ञासाओं को सन्तुष्ट करने के क्रम में ईसा ने क्रमशः अपने सन्देश को व्यक्त किया है। पेत्रुस के प्रश्न पर उन्होंने शिष्यों को कभी न छोड़ने का आश्वासन दिया और पुनः उनको ले जाने के लिए अपने आगमन का विश्वास दिलाया। थॉमस की जिज्ञासा के उत्तर में

अपने को मार्ग, सत्य और जीवन घोषित करते हुए पिता तक जाने का एकमात्र माध्यम अपने को बताया। फ़िलिप के उत्तर में स्वर्गिक आत्मा के रूपान्तर की चर्चा की है तथा यूदस के प्रश्न के उत्तर में स्वर्गिक जीवन की पवित्रता में भागी बनने की बात कही गई है।

कुछ समय शान्ति व्याप्त थी। सभी चुप थे, जैसे गुरु के वचनों के गहरे और सघन अर्थ को ग्रहण करने का प्रयत्न कर रहे हों। तक ईसा ने कहना शुरू किया, "तुम्हारे साथ रहते समय मैंने तुम लोगों को इतना ही बताया है। किन्तु वह सहायक, वह पवित्र आत्मा, जिसे पिता मेरे नाम पर भेजेगा, तुम्हें यह सब समझा देगा। मैंने तुम्हें जो कुछ बताया, वह उसका स्मरण दिलायेगा।" वह शिष्यों को अपने स्थान पर आनेवाले पवित्र आत्मा का आश्वासन देते हैं। वह उनके बाद उनके साथ रह कर मार्ग-निर्देशन करेगा। वह आगे कहते हैं—"मैं तुम्हारे लिये शान्ति छोड़ जाऊँगा। अपनी शान्ति तुम्हें प्रदान करना है। वह संसार की शान्ति जैसी नहीं है। तुम्हारा जी न घबड़ा जाये। भीरु मत बनो। तुमने सुना है कि मैंने तुमसे कहा—"मैं जा रहा हूँ और फिर तुम्हारे पास आऊँगा। यदि तुम मुझे प्यार करते, तो आनन्दित होते कि मैं पिता के पास जा रहा हूँ, क्योंकि पिता मुझसे महान् है। इस प्रकार मैंने पहले ही तुम लोगों को बतला दिया, जिससे वैसा होने पर तुम विश्वास करो।" यहाँ जिस शान्ति को ईसा अपने शिष्यों को प्रदान करते हैं, वह आध्यात्मिक जीवन की है। अपने जाने की बात से विचलित न होने और घबरा न जाने की बात कहते हुए वह बार-बार वापस आने का वचन देते हैं।

समय अधिक हो रहा था। अन्तिम रूप से शिष्यों से बातचीत करने और उपदेश देने के अवसर पर उनका मन उदास अवश्य था और उद्वेलित मन से वह बार-बार उन्हें समझा रहे थे। अन्त में उन्होंने कहा—"अब मैं तुम लोगों से अधिक बात नहीं करूँगा, क्योंकि इस संसार का नायक आ रहा है। वह मेरा कुछ नहीं बिगाड़ सकता, किन्तु यह आवश्यक है कि संसार जान जाये कि मैं पिता को प्यार करता हूँ और पिता से मुझे जैसा उपदेश मिला है, मैं वैसा ही करता हूँ। उठ ! अब यहाँ से चलें।" इतना कह कर भोजन-कक्ष से अपने शिष्यों के साथ निकल आये।

• •

प्रकरण तेईस

नगर की गलियों से जैतून पर्वत तक

१

अपने मेहमान से विदा लेकर ये लोग नगर की गलियों और सड़कों पर चलते जा रहे थे। सकरी और चक्करदार गलियों से सब सड़क पर आ गये। फिर सड़क पर होकर पास्का पर्व के प्रारम्भ की रात्रि के नगर-उत्सव को देखते हुए वापस लौट रहे थे। संभवतः रात के विश्राम के लिए उन्हें बेथानिया वापस जाना था। उसके लिए उन्हें नगर के निर्झर द्वार ने सिलोआम जलकुण्ड होकर जैतून पर्वत को पार करना था। मार्ग पर चलते हुए प्रायः ईसा मौन थे और शिष्य भी शान्त भाव से उनका अनुसरण कर रहे थे। उनके मन में तमाम पिछले प्रसंग आ रहे थे, जब उन्होंने अपने शिष्यों को उपदेश दिया था, दृष्टान्त सुनाये थे और धर्म का सन्देश समझाया था। शिष्यों की स्मृति में उसी प्रकार ये दृश्य घूम रहे थे।

ईसा सड़कों को पार करते हुए याद कर रहे थे, जब उन्होंने पहाड़ी घाटियों को पार करते हुए शिष्यों को बताया था—"मैं सच्ची दाखलता हूँ और मेरा पिता बागवान। उस डाली को, जो मुझमें है, पर फलती नहीं, काट देता है और उस डाली को जो, फलती है, छाँटता है जिससे वह और भी अधिक फले। मैंने तुम लोगों को जो शिक्षा दी है, उसके कारण तुम शुद्ध हो गये हो। तुम मुझमें रहो और मैं तुममें रहूँगा। जिस तरह दाखलता में रहे बिना डाली स्वयं नहीं फल सकती, उसी तरह मुझमें रहे बिना तुम भी नहीं फल सकते।" ईसा के मन में चलनेवाला यह दृष्टान्त-रूपक शिष्यों के मन में घाटी के मार्ग में टकरा कर गूँज रहा है। यह क्रम आगे बढ़ता है—मैं दाखलता हूँ और तुम डालियाँ हो। जो मुझमें रहता है और मैं जिसमें रहता हूँ, वही बहुत फलता है। क्योंकि मुझसे अलग होकर तुम कुछ भी नहीं कर सकते। यदि कोई मुझमें नहीं रहता, तो वह सूखी डाल है और फेंक दिया जाता है। लोग ऐसी डालियाँ बटोर लेते हैं और आग में झोंक कर जला देते हैं। यदि मुझमें रहे और तुममें मेरी शिक्षा बनी रहे, तो तुम जो चाहो माँगो, वह तुम्हें दिया जायेगा। मेरे पिता की महिमा इससे प्रकट होगी कि तुम लोग खूब फलो और मेरे शिष्य बने रहो।" शिष्यों को आज के कथन के आधार पर स्मरण आ गया है कि ईसा ने अपने को दाखलता मान कर उन्हें डाली कहा था, सार्थकता उन्हीं डालियों की है, जो फूलती-फलती हैं। अन्यों को तो काट कर नष्ट किया जाता है। ईसा के मन का यह भाव कि शिष्यों के साथ वह एक-प्रकृति और एकात्म हैं, शिष्यों के मन

में व्यंजित था। दृष्टान्त-रूपक की दाखलता इस्राएली जीवन में बहुत महत्व रखती थी।

अब सब लोग निर्झर-द्वार पर पहुँच गये हैं और नगर के बाहर जा रहे हैं। ईसा के मन में पूर्व स्मृतियाँ जाग रही हैं और उनका क्रम सामने से गुज़र रहा है। घाटी के बीच में पहुँच कर एक शिला-खण्ड पर बैठ कर वह अपने शिष्यों से बात कर रहे हैं। आज जो उन्होंने कहा था, उसी क्रम में यह उपदेश भी जुड़ गया है—"पिता ने जैसे मुझे प्यार किया है, वैसा ही प्यार मैंने तुमको किया है। तुम मेरे प्रेम में दृढ़ बने रहो। यदि तुम मेरी आज्ञाओं का पालन करोगे, तो मेरे प्रेम में दृढ़ बने रहोगे। मैंने भी अपने पिता की आज्ञाओं का पालन किया है और उसके प्रेम में दृढ़ बना रहता हूँ। मैंने तुम लोगों से ये बातें कही हैं, जिससे तुम मेरे आनन्द के भागी बनो और तुम्हारा आनन्द परिपूर्ण हो।"

उन्हें स्मरण आ रहा है कि उस दिन शिष्यों को वह शिक्षा दे रहे थे—"यह मेरी आज्ञा है—मैंने जिस प्रकार तुम लोगों को प्यार किया है, वैसे ही तुम भी एक दूसरे को प्यार करो। अपने मित्रों के लिए अपने प्राण अर्पित करने से बड़ा किसी का प्रेम नहीं। यदि तुम मेरी आज्ञाओं का पालन करते हो, तो तुम मेरे मित्र हो।" यह उन्होंने स्फुट शब्दों में कहा, शिष्यों का ध्यान भी टूटा। उन्होंने सुना, वह कह रहे हैं—"अब मैं तुम्हें सेवक नहीं कहूँगा। सेवक नहीं जानता कि उसका स्वामी क्या करनेवाला है। पर मैंने तुम्हें मित्र कहा है, क्योंकि मैंने अपने पिता से जो कुछ सुना है, वह सब तुम्हें बता दिया।" शिष्यों ने आज के उपदेश से इसे सम्बद्ध किया और पुरानी बातें भी उन्हें स्मरण आ रही थीं। ईसा घाटी की शिला पर अपना कथन पूरा कर रहे थे—"तुमने मुझे नहीं चुना है, बल्कि मैंने तुम्हें चुना और नियुक्त किया है, जिससे तुम जाकर फल उत्पन्न करो और तुम्हारा फल बना रहे। तब तुम मेरा नाम लेकर पिता से जो कुछ माँगोगे, वह तुम्हें वहीं प्रदान करेगा। मैं तुम लोगों को यह आज्ञा देता हूँ—एक दूसरे को प्यार करो।"

२

अब सिलोआम जल-कुण्ड के समीप से तलहटी की ओर ये लोग मुड़ रहे थे। ऊपर आकाश में तारे चमक रहे थे और दोनों ओर वृक्षों की छायाएँ फैली थीं। केद्रोन नाला पार कर जैतून पर्वत की ढाल सामने थी। ईसा का मन फिर पिछली स्मृतियों में फैल गया। वह पर्वतीय मार्ग में यात्रा करते हुए अपने शिष्यों से कह रहे हैं—"यदि संसार तुम लोगों से बैर करे तो याद रखो कि तुमसे पहले उसने मुझसे बैर किया है। यदि तुम संसार के होते, तो संसार तुम्हें अपना कर प्यार करता। परन्तु तुम इस संसार के नहीं हो, क्योंकि मैंने

तुम्हें संसार में से चुन लिया है। इसीलिए संसार तुमसे बैर करता है। मैंने तुमसे जो बात कही, उसे याद रखो—सेवक अपने स्वामी से बड़ा नहीं होता। यदि उन्होंने मुझे सताया है, तो वे तुम्हें भी सताएँगे। यदि उन्होंने मेरी शिक्षा का पालन किया है, तो वे तुम्हारी शिक्षा का भी पालन करेंगे। वे वह सब मेरे नाम के कारण तुम लोगों के साथ करेंगे, क्योंकि जिसने मुझे भेजा है, उसे वे नहीं जानते।'' साथ ही शिष्यों के मन में गुरु का कथन गूँज रहा था कि वे अब चुने हुए लोग हैं, उनकी शिक्षा और सन्देश को संसार में फैलाने का दायित्व उनका है। इस कार्य में उन्हें गुरु के विरोधियों का बैर-भाव सहना पड़ेगा। परन्तु जो उनकी शिक्षा से प्रेरित और प्रभावित हो चुके हैं, उनकी सहायता शिष्यों को प्राप्त हो सकेगी।

पिछली यात्रा के बीच के स्मरण से ईसा के मन में यह विचार चलने लगा। वह शिष्यों के साथ केद्रोन नाला पार कर जैतून पर्वत की ढाल पर चढ़ने लगे थे और सोच रहे थे—''यदि मैं नहीं आता और इन्हें शिक्षा नहीं देता, तो उन्हें पाप नहीं लगता, परन्तु अब तो उनके पास अपने पाप का कोई बहाना नहीं। जो मुझसे बैर करता है, वह मेरे पिता से भी बैर करता है। यदि मैंने उनके सामने महान् कार्य नहीं किये होते, जिन्हें किसी और ने कभी नहीं किया, तो उन्हें पाप नहीं लगता। परन्तु अब तो उन्होंने देख कर भी मुझसे और मेरे पिता से बैर किया है। वह इसलिए हुआ कि उनकी संहिता का यह कथन पूरा हो जाये—उन्होंने अकारण ही मुझसे बैर किया।'' उस समय यहूदी-समाज के बारे में सोचते हुए उनके मन में शिष्यों से कहा हुआ उनका पूर्व कथन फिर चलने लगा—''जब वह सहायक, पिता के यहाँ से आनेवाला वह सत्य का आत्मा आवेगा, जिसे मैं पिता के यहाँ से तुम लोगों के पास भेजूँगा, तो वह मेरे विषय में साक्ष्य देगा। और तुम लोग भी साक्ष्य दोगे, क्योंकि तुम आरम्भ से मेरे साथ रहे हो।''

अब ये लोग जैतून पर्वत के ऊपर पहुँच रहे थे। नीचे पीछे की ओर येरुसालेम छूटता जा रहा था। ऊँचाई पर चलते हुए ईसा ने अपने शिष्यों से धीरे-धीरे कहना शुरू किया—''मैंने तुम लोगों से आज ये बातें इसलिए कहीं कि तुम विचलित नहीं हो जाओ। वे तुम्हें सभाघरों से निकाल देंगे। इतना ही नहीं; वह समय आ रहा है जब तुम्हारी हत्या करनेवाला समझेगा कि मैं ईश्वर की सेवा कर रहा हूँ। वे यह सब इसलिए करेंगे कि उन्होंने न तो पिता को पहचाना है और न मुझको। मैंने तुम लोगों से ये बातें इसीलिए कहीं, जिससे समय आने पर तुम्हें यह स्मरण रहे कि मैंने तुम्हें पहले ही सचेत किया है।'' भोजन-कक्ष के अपने कथनों में ईसा शिष्यों को सचेत कर चुके हैं, पर उनके मन में यह बात घूम रही है। बार-बार वह भविष्य के प्रति उन्हें जागरूक करते हैं और

उन विरोधों, कष्टों और अत्याचारों के प्रति आगाह करते हैं जो उन्हें सहने और झेलने हैं।

अब रात अधिक हो रही थी। शांत भाव से सब चले जा रहे थे। ईसा अपने शिष्यों से अलग होने की कल्पना से विचलित थे, यद्यपि वह उन्हें निरन्तर दायित्व के प्रति सजग और भविष्य के प्रति आश्वस्त कर रहे थे। इस क्रम में उन्हें पुरानी बातें भी याद आ रही थीं और वह अपने सन्देश को दुहरा भी रहे थे। बीच-बीच में नये सन्दर्भ भी आ जाते थे। उन्होंने पुनः कहना शुरू किया—"मैंने आरम्भ से ही तुम लोगों से बातें नहीं कहीं, क्योंकि मैं तुम्हारे साथ था। अब मैं उनके पास जा रहा हूँ, जिसने मुझे भेजा है और तुम लोगों में से कोई मुझसे यह नहीं पूछता कि आप कहाँ जा रहे हैं। मैंने तुमसे ये बातें कहीं, इसलिए ही तुम्हारे हृदय शोक से भर गये हैं। फिर भी मैं तुम लोगों से सच कहता हूँ—तुम्हारा कल्याण इसमें है कि मैं चला जाऊँ। यदि मैं नहीं जाता, तो सहायक तुम्हारे पास नहीं आयेगा। यदि मैं जाता हूँ, तो सहायक तुम्हारे पास आयेगा। यदि मैं जाता हूँ, तो मैं उसे तुम्हारे पास भेजूंगा। जब वह आयेगा, तो पाप, धार्मिकता और दण्डाज्ञा के विषय में संसार का भ्रम प्रमाणित कर देगा—पाप के विषय में, क्योंकि वे मुझमें विश्वास नहीं करते; धार्मिकता के विषय में, क्योंकि मैं पिता के पास जा रहा हूँ और तुम मुझे और नहीं देखोगे, दण्डाज्ञा के विषय में, क्योंकि इस संसार का नायक दोषी ठहराया जा रहा है।"

ईसा के मन में यहूदी समाज का अविश्वास और उनका षड्यन्त्र घूम रहा था। आगे वे लोग उनके शिष्यों को भी सतायेंगे और उनके नाश का प्रयत्न करेंगे। पर वह आश्वासन देते हैं कि वह पवित्र आत्मा के रूप में उनके बीच आकर उनकी सहायता करेंगे, रक्षा करेंगे और ईश्वरीय सन्देश के प्रचार में उनको सहायता करेंगे। मार्ग पर चलते हुए उन्होंने पुनः कहा—"मुझे तुम लोगों से बहुत कुछ कहना है, पर अभी तुम वह नहीं सह सकते। जब वह सत्य आत्मा आयेगा, तो वह तुम्हें पूर्ण सत्य तक ले जायगा, क्योंकि वह अपनी ओर से नहीं कहेगा, बल्कि उसने जो सुना है, वही कहेगा और तुम्हें आगे आनेवाली बातों के बारे में बतायेगा। वह तुम्हें महिमान्वित करेगा, क्योंकि उसे जो मेरी ओर से मिला है, वह तुम्हें वही बतायेगा। जो कुछ पिता का है, वह मेरा है। इसलिए मैंने कहा कि उसे मेरी ओर से जो मिला है, वह तुम्हें वही बतायेगा।" ईसा बार-बार शिष्यों को बताते हैं कि उनके सन्देश के प्रचार में अनेक कष्ट और आपत्तियाँ आनेवाली हैं और उनका सामना करना होगा। पर अभी उनकी चर्चा न करके वह अपने बाद आनेवाले सत्य आत्मा पर छोड़ते हैं।

शान्त भाव से सभी शिष्य ईसा के साथ जैतून पर्वत के मार्ग पर आगे बढ़ रहे थे। रात अधिक होती जा रही थी। ईसा का मन उद्विग्न था, उनके

सामने भविष्य की घटनाएँ स्पष्ट आभासित हो रही थीं। वह जानते थे, यह होना है और मानव कल्याण के लिये अनिवार्य और ईश्वरीय विधान के अनुसार है। पर मानवीय सम्बन्ध और सन्दर्भ में उनका खिन्न होना स्वाभाविक था। पुनः शिष्यों का ध्यान आकर्षित करते हुए उन्होंने कहना शुरू किया—"थोड़े ही समय बाद तुम लोग मुझे नहीं देखोगे और फिर थोड़े ही समय बाद मुझे देखोगे।" शिष्यों की समझ में यह स्पष्ट नहीं हो सका। वे आपस में कहने लगे—वह हमसे यह क्या कहते हैं—'थोड़े ही समय बाद तुम मुझे नहीं देखोगे और फिर थोड़े ही समय बाद तुम मुझे देखोगे' और क्योंकि मैं पिता के पास जा रहा हूँ। इसलिए उन्होंने आपस में कहा—यह जो 'थोड़ा समय' कहते हैं, उसका अर्थ क्या है ? हम उनकी बात नहीं समझ पा रहे हैं।

उनकी अस्फुट बातचीत और अस्थिरता से ईसा ने जान लिया कि ये मुझसे कुछ पूछना चाहते हैं, प्रश्न करना चाहते हैं। तब उन्होंने उनसे कहा—"तुम आपस में मेरे इस कथन पर विचार-विमर्श कर रहे हो कि थोड़े ही समय बाद तुम मुझे नहीं देखोगे और फिर थोड़े ही समय बाद मुझे देखोगे।' मैं तुम लोगों से कहे देता हूँ—तुम रोओगे और विलाप करोगे, परन्तु संसार आनन्द मनायेगा। तुम शोक करोगे, किन्तु तुम्हारा शोक आनन्द बन जायगा। प्रसव निकट आने पर स्त्री को दुःख होता है, क्योंकि उसका समय आ गया है; किन्तु बालक को जन्म देने के बाद वह अपनी वेदना भूल जाती है, क्योंकि उसे आनन्द होता है कि संसार में एक मनुष्य का जन्म हुआ है। इसी तरह तुम लोग अभी दुःखी हो, किन्तु मैं तुम्हें फिर देखूँगा और तुम आनन्द मनाओगे। तुमसे तुम्हारा आनन्द कोई भी नहीं छीन सकेगा। उस दिन तुम मुझसे कोई प्रश्न नहीं करोगे। मैं तुम लोगों से सत्य कहता हूँ—तुम पिता से जो कुछ माँगोगे, वह तुम्हें मेरे नाम पर वही प्रदान करेगा। अब तक तुमने मेरा नाम लेकर कुछ भी नहीं माँगा है। माँगो और पाओगे, जिससे तुम्हारा आनन्द परिपूर्ण हो।"

जिस मनःस्थिति में ये लोग चल रहे थे, उसमें विश्राम-स्थल पर पहुँच कर रात बिताने का विचार डूब गया था। उन्होंने 'थोड़े समय' के बारे में शिष्यों को बताया और भविष्य में उनके द्वारा सहे जानेवाले परिताप और दुःख का उल्लेख किया। वह भी स्पष्ट किया कि प्रसव की वेदना के समान दुःख और पीड़ा सहने के बाद उन्हें आनन्द भी प्राप्त होगा। आगे फिर ईसा ने कहा—"मैंने तुम लोगों से यह सब दृष्टान्तों में कहा है। वह समय आ रहा है जब मैं फिर तुम लोगों से दृष्टान्तों में कुछ नहीं कहूँगा, बल्कि तुम्हें स्पष्ट शब्दों में पिता के विषय में बताऊँगा। तुम उन दिन मेरा नाम लेकर प्रार्थना करोगे। मैं नहीं कहता कि तुम्हारे लिए पिता से निवेदन करूँगा। पिता तो तुम्हें स्वयं प्यार करता है, क्योंकि तुमने मुझे प्यार किया और यह विश्वास किया है कि मैं ईश्वर के यहाँ से आया हूँ। मैं पिता के यहाँ से संसार में आया हूँ। अब मैं

संसार को छोड़कर पिता के पास जा रहा हूँ।" इस अन्तिम अवसर पर ईसा शिष्यों को ईश्वर, पिता से अपना सम्बन्ध बताते हैं, और अपने माध्यम से शिष्यों का ईश्वर से सम्बन्ध घोषित करते हैं।

३

जैतून पर्वत पर एक स्थान पर आकाश के नीचे वे लोग रुक गये। चट्टानों पर ताराओं का प्रकाश था। ईसा के स्पष्ट वचनों से शिष्य प्रभावित थे। उनके प्रश्न शान्त हो चुके थे। उन्होंने लगभग एक साथ गुरु से कहा—"देखिए, अब आप दृष्टान्तों में नहीं, बल्कि स्पष्ट शब्दों में बोल रहे हैं। अब हम समझ गये हैं, कि आप सब कुछ जानते हैं—प्रश्नों की कोई ज़रूरत नहीं रह गई है। इसलिए हम विश्वास करते हैं कि आप ईश्वर के यहाँ से आये हैं।" सारी चर्चा और उपदेश के पीछे ईसा के कार्यों के साक्ष्य की लम्बी परम्परा भी है। अतः उनकी यह स्वीकृति स्वाभाविक है।

कुछ देर ईसा मौन रहते हैं। शिष्य मौन हैं। वातावरण स्तब्ध है। उनकी स्वीकृति का ईसा ने उत्तर दिया—"क्या तुम सब विश्वास करते हो? देखो! वह घड़ी आ रही है, आ ही गयी है, जब तुम तितर-बितर हो जाओगे और अपना-अपना रास्ता लेकर मुझे अकेला छोड़ दोगे। फिर भी मैं अकेला नहीं हूँ, क्योंकि पिता मेरे साथ है। मैंने तुम लोगों से ये बातें कहीं, जिससे तुम मुझमें शान्ति प्राप्त कर सको। संसार में तुम्हें क्लेश सहना पड़ेगा। परन्तु ढाढ़स रखो, मैंने संसार पर विजय पायी है।" अन्ततः ईसा ने अपने शिष्यों से भविष्य-कथन भी किया कि उस उत्सर्ग की घड़ी में वे उन्हें त्याग जायेंगे। उनके लिए यह विवशता होगी। ईसा के द्वारा बार-बार शिष्यों को आश्वासन दिया गया है, इस घड़ी उनके लिए आवश्यक था।

तब कुछ समय शांत और मौन रहने के बाद ईसा ने प्रार्थना की मुद्रा में अपनी आँखें ऊपर उठायीं और प्रार्थना की—"हे पिता! वह घड़ी आ गई है। अपने पुत्र को महिमान्वित कर, जिससे पुत्र तेरी महिमा प्रकट कर दे। तूने उसे समस्त मानव-जाति पर अधिकार दिया है, जिससे वह उन सबों को, जिन्हें तूने उसे सौंपा है, अनन्त जीवन प्रदान करे। वे तुझे, एक ही सच्चे ईश्वर को और ईसा मसीह को, जिसे तूने भेजा है, जान लें—यही अनन्त जीवन है।" स्मरणीय है कि विशेष अवसरों पर, किसी भी संकट या संक्रांति के समय, ईसा अपने पिता ईश्वर की प्रार्थना करते रहे हैं। प्रार्थना का उल्लेख है, पर प्रार्थना-विस्तार या रूप नहीं है। यह अन्तिम संक्रान्ति का अवसर है और ईसा महापुरोहित के रूप में प्रार्थना करते हैं। पुत्र के महिमान्वित होने के साथ पिता की महिमा प्रकट हो जायगी।

आगे अपनी प्रार्थना में ईसा इस भाव को विस्तार देते हैं—"जो कार्य तूने

मुझे करने को दिया था, वह मैंने पूरा किया है। इस तरह पृथ्वी पर तेरी महिमा प्रकट की है। हे पिता! मुझे तेरे यहाँ संसार की सृष्टि से पहले जो महिमा प्राप्त थी, अब उससे मुझे विभूषित कर।" ईश्वरीय महिमा से अभिन्न हो जाने की भावना के साथ वह अपने माध्यम से शिष्यों के पिता की महिमा के भागी होने की प्रार्थना करते हैं—"तुमने लोगों को संसार में से चुन कर मुझे सौंपा है, उन पर मेरा नाम प्रकट किया है। वे तेरे ही हैं। तूने उन्हें मुझे सौंपा है, और उन्होंने मेरी शिक्षा का पालन किया है। अब वे जान गये हैं कि तूने मुझे जो कुछ दिया है, वह सब तुझसे आता है। तूने जो सन्देश मुझे दिया है, मैंने वह सन्देश उन्हें दे दिया। उन्होंने उसे ग्रहण कर यह जान लिया है कि मैं तेरे यहाँ से आया हूँ और उन्होंने यह विश्वास किया कि तूने मुझे भेजा है।"

ईसा की प्रार्थना में अपने प्रेरितों के महत्त्व और दायित्व का उल्लेख है। उनका चुनाव ईश्वरीय इच्छा पर आधारित है और ईसा के द्वारा उनका स्वीकार भी ईश्वरीय योजना के अनुसार है। वस्तुतः ईसा के ईश्वरीय सन्देश के वाहक उन्हें बनना है। आगे उन शिष्यों के लिए ईसा ने प्रार्थना की—"मैं उनके लिए विनती करता हूँ। मैं संसार के लिए नहीं, वरन् उनके लिए जिन्हें तूने मुझे सौंपा है, विनती करता हूँ। वे तेरे ही हैं। जो कुछ मेरा है, वह तेरा है और जो तेरा, वह मेरा है। मैं उनके द्वारा गौरवान्वित हुआ हूँ।" पिता और पुत्र की एकता प्रतिपादित करते हुए शिष्यों को उस सन्देश का माध्यम कहा गया है, जो पिता और पुत्र का एक साथ है।

ईसा अपने शिष्यों से अलग हट कर एकान्त में प्रार्थना कर रहे थे। एक शिला-खण्ड पर शिष्य बैठे थे और उससे हट कर ईसा वृक्ष के नीचे एकान्त में प्रार्थना कर रहे थे—"अब मैं संसार में नहीं रहूँगा परन्तु वे संसार में रहेंगे और मैं तेरे पास आ रहा हूँ। हे परमपिता! तूने जिन्हें मुझे सौपा है, उन्हें अपने नाम के सामर्थ्य से सुरक्षित रख, जिससे वे हमारी ही तरह एक बने रहें। तूने जिन्हें मुझे सौंपा है, अब तक मैं उनके साथ रहा, मैंने उन्हें तेरे नाम के सामर्थ्य से सुरक्षित रखा है। मैंने उनकी रक्षा की है। उनमें से किसी का भी सर्वनाश नहीं हुआ है। विनाश का पुत्र इसका एक ही अपवाद है क्योंकि धर्म-ग्रन्थ का पूरा हो जाना अनिवार्य था।" पुनः शिष्यों की एकता, उनके दायित्व-बोध और उनकी सुरक्षा के लिए प्रार्थना की गई है।

फिर वह अपने आप में प्रार्थना कर रहे थे—"अब मैं तेरे पास आ रहा हूँ। जब तक मैं संसार में हूँ, यह सत्र कह रहा हूँ, जिससे उन्हें मेरा आनन्द पूर्ण रूप से प्राप्त हो जाये। मैंने उन्हें तेरी शिक्षा प्रदान की है। संसार ने उनसे बैर किया, क्योंकि जिस तरह मैं संसार का नहीं हूँ, उसी तरह वे भी संसार के नहीं हैं। मैं यह निवेदन नहीं करता कि तू उन्हें संसार से उठा ले, बल्कि यह कि तू उन्हें बुराई से बचा। वे संसार के नहीं हैं, जिस तरह मैं संसार का नहीं हूँ। तू

सत्य की सेवा में उन्हें समर्पित कर। तेरी शिक्षा ही सत्य है। जिस तरह तूने मुझे संसार में भेजा है, उसी तरह मैंने भी उन्हें संसार में भेजा है। मैं उनके लिए अपने को समर्पित करता हूँ, जिससे वे भी सत्य की सेवा में समर्पित हो जायें।'' प्रार्थना में बार-बार बल पिता, पुत्र और प्रेरितों के सम्बन्ध पर है। ईश्वरीय महिमा को संसार में अभिव्यक्त करने के माध्यम के रूप में उन्हें क्लेश और संताप झेलना है और फिर आनन्द प्राप्त करना है।

ईसा प्रार्थना कर रहे थे और शिष्य कुछ दूर विह्वल मन से अपने गुरु को देख रहे थे। धीरे-धीरे आधी रात हो रही थी। वे सही-सही अन्दाज़ नहीं लगा पा रहे थे कि क्या घटित होनेवाला है। पर उन्हें यह आभास होने लगा था कि भय और आतंक की घड़ी निकट है। ईसा की प्रार्थना का क्रम चल रहा था---''मैं न केवल इसके लिए विनती करता हूँ, बल्कि उनके लिए भी, जो इनकी शिक्षा सुन कर मुझमें विश्वास करेंगे। सब के सब एक हो जायँगे। हे पिता ! जिस तरह तू मुझमें है, उसी तरह वे भी हममें एक हो जायें, जिससे संसार यह विश्वास करे कि तूने मुझे भेजा है। तूने मुझे जो महिमा प्रदान की है, वह मैंने उन्हें दे दी, जिससे वे हमारी ही तरह एक हो जायँ---मैं उनमें रहूँ और तू मुझमें, जिससे वे पूर्ण रूप से एक हो जायँ और संसार यह जान ले कि तूने मुझे भेजा है और तूने जैसे मुझे प्यार किया है, वैसे ही उन्हें प्यार किया है।'' यहाँ प्रार्थना में नया सन्दर्भ शिष्यों की शिक्षा सुननेवालों का जुड़ा है। विश्वासी समाज ईश्वर की कृपा-दृष्टि का अधिकारी बने और वे महिमा प्राप्त कर पिता-पुत्र की एकता का प्रमाण बन सकें।

शान्त वातावरण व्याप्त था। आकाश के तारों के प्रकाश में वृक्षों की छाया गहरी होकर फैली थी। ईसा के मुख पर प्रकाश था, शिष्य थोड़ी दूर से देख रहे थे। उनकी अस्फुट वाणी में वेदना की कराह सुनाई पड़ जाती थी। मौन भाव से कभी-कभी अस्फुट स्वरों में उनकी प्रार्थना चल रही थी---''हे पिता ! मैं चाहता हूँ कि तूने जिन्हें मुझे सौंपा है, वे, जहाँ मैं हूँ, मेरे साथ रहें, जिससे वे मेरी महिमा देख सकें, जिसे तूने मुझे प्रदान किया है। क्योंकि तूने संसार की सृष्टि के पहले मुझे प्यार किया है। हे स्वामी ! हे पिता ! संसार ने तुझे नहीं जाना, परन्तु मैंने तुझे जाना है और ये जान गये हैं कि तूने मुझे भेजा है। और उन पर तेरा नाम मैंने प्रकट किया है, प्रकट करता रहूँगा, जिससे तूने जो प्रेम मुझे दिया है, वह प्रेम उनमें बना रहे और मैं भी उनमें बना रहूँ।'' शिष्य साथ रह कर गुरु की महिमा के साक्षी बनें और ईश्वर के अनन्त प्रेम के सन्देश-वाहक बन सकें, जो प्रेम उनके माध्यम से वे ग्रहण कर सके हैं।

४

जैतून पर्वत के शिखर पर एकान्त में प्रार्थना करते समय बीतता गया।

ईसा अपने शिष्यों के पास आ गये, जो उत्सुकता से प्रतीक्षा कर रहे थे कि क्या घटित होनेवाला है। इसी ऊँचाई पर थोड़ा हट कर जैतून का उपवन था, जिसको पत्थरों और काँटों से घेरा गया था। वह एकान्त बिताने और प्रार्थना करने का अच्छा स्थान था। ईसा बेथानिया और येरुसालेम के मार्ग पर आते-जाते यहाँ एकान्त ध्यान और प्रार्थना में बिताते थे। अब वह अपने शिष्यों के साथ इसी जैतून के उपवन यानी गेतसेमनी में गये। वहाँ की एक गुफ़ा के द्वार पर अपने शिष्यों को बैठने के लिए कहा—"तुम लोग यहाँ बैठे रहो, तब तक मैं प्रार्थना कर आऊँ।" फिर वह पेत्रुस, याकूब और योहन को अपने साथ ले गये।

दुःख की घड़ी निकट आ रही थी। तब ईसा भयाकुल और व्याकुल होने लगे। परिस्थिति का आतंक उन्होंने स्वीकार किया, क्योंकि अपने मानवीय जीवन में अनेक सम्बन्धों और सन्दर्भों में अपना जीवन बिताया था। भावाकुल होकर उन्होंने अपने पास के तीनों शिष्यों से कहा—"मेरी आत्मा इतनी उदास है कि मैं मरण के निकट पहुँच गया हूँ। यहाँ ठहरो और जागते रहो।" यह आत्मा का मंथन पूरी परिस्थिति की नाटकीयता को उदात्त और प्रभावी बनाता है। व्यक्तिगत सन्दर्भ से उठकर पूरी मानवता को व्याप लेनेवाला है।

फिर ईसा कुछ आगे बढ़ कर भूमि पर गिर पड़े और इस प्रकार प्रार्थना करने लगे—"यदि हो सके तो यह घड़ी मुझसे टल जाय।" कुछ क्षणों के लिए उनका मन अपने निकट के लोगों के लिए भर आया और उन्हें यह भी लगा कि जन-समाज भी उनके बिना दिशाहीन हो सकता है। और उन्होंने कहा—"हे पिता! तेरे लिए सब कुछ संभव है, यह कटोरा मुझसे हटा ले, परन्तु जो मैं चाहता हूँ, वही नहीं, वरन् जो तू चाहता है, वही हो।" अन्ततः वह अपने क्षणिक भावावेग से मुक्त होते हैं और प्रभु की इच्छा पर अपने को छोड़ देते हैं। प्रारम्भ में इस संकट और दुःख की घड़ी के टलने की प्रार्थना करते हैं, परन्तु अन्ततः प्रभु पर छोड़ते हैं। उन्होंने ऊपर दृष्टि की, सामने स्वर्ग का एक दूत दिखाई पड़ा। वह उनको आश्वासन दे रहा था। ईश्वरीय विधान उन्हें पूरा करना है, अतः उसे वह स्वीकार करें।

वह प्राण-पीड़ा, आन्तरिक वेदना, को सहन कर रहे थे और उस व्यथा के श्रम से उनका पसीना रक्त की बूंदों की तरह भूमि पर टपक रहा था। वह निरन्तर प्रार्थना में लीन थे। वह एकाग्र और मौन थे। धीरे-धीरे वह प्रकृतिस्थ होकर उठे और अपने शिष्यों के पास लौट कर आये। उन्होंने उनको सोते पाया। पेत्रुस को जगाकर उन्होंने कहा—"तुम घंटे भर भी मेरे साथ नहीं जाग सके? जागते रहो और प्रार्थना करो, जिससे तुम परीक्षा में न पड़ो। आत्मा तो तत्पर है, परन्तु शरीर दुर्बल है।" इस संकट और परीक्षा की घड़ी में वह अपने शिष्यों को सजग रखना चाहते थे।

उनको सतर्क करके ईसा पुनः दूसरी बार अलग जाकर प्रार्थना करने लगे —"हे मेरे पिता ! यदि यह कटोरा मेरे पिये बिना हट नहीं सकता, तो तेरी इच्छा पूरी हो ।" एकाग्र भाव से परमपिता की प्रार्थना में लीन रह कर उन्होंने अपने को उनकी इच्छा पर पूरी तरह छोड़ दिया । ध्यान से उबर कर वह अपने शिष्यों के पास फिर वापस आये और उन्हें सोता पाया, क्योंकि उनकी आँखें नींद से भारी थीं । रात अधिक हो चुकी थी, सब थके और क्लान्त थे । सारी शाम ऐसे घटना-क्रम से गुजरी थी कि उनका मन उद्विग्न, विचलित और भ्रमित रहा था । थकान के कारण सो जाना स्वाभाविक था । उन्होंने जगाया नहीं और तीसरी बार पुनः प्रार्थना करने चले गये ।

वह प्रार्थना कर रहे थे—"हे पिता, अनिवार्य घटित हो और पिता, तेरी इच्छा पूरी हो ।" उन्होंने अब पूरी तरह मन बना लिया है कि इस दुःख की घड़ी को उन्हें सहज भाव से स्वीकार करना है । इसके बाद अपने शिष्यों के पास लौट कर उन्होंने कहा—"अब तक सो रहे हो ? विश्राम कर रहे हो ? देखो, घड़ी आ पहुँची है । मनुष्य का पुत्र पापियों के हवाले कर दिया जायगा । उठो चलें, मेरा विश्वासघाती आ पहुँचा है । जैतून पर्वत पर ईसा की प्रार्थना बहुत कुछ शिष्यों के साथ और शिष्यों के लिए थी । उसमें पूर्व स्मृतियाँ, सन्दर्भ और उपदेशों का सामंजस्य भी था । फिर उसके अन्तर्गत ईश्वर (पिता), ईसा (पुत्र) और शिष्य (प्रेरितों) के एकात्म भाव का कथन अनेक प्रकार से हुआ था । अन्ततः ईसा के सन्देश पर चलनेवालों के लिए आश्वासन भी था । परन्तु इस प्रार्वना में एकान्त भाव है और ठीक दुःखभोग की स्थिति से सम्बद्ध है ।

● ●

प्रकरण चौबीस

गेतसेमनी उपवन में गिरफ्तारी और पेशियाँ

१

महायाजकों, शास्त्रियों और फ़रीसियों की दुरभिसन्धि का उल्लेख किया जा चुका है। यूदस ने लोभ से शैतानी प्रेरणावश विश्वासघात करने का वादा कर लिया था। महासभा में ईसा को दण्ड देने का निर्णय भी हो चुका था। प्रधान महायाजक की सेवा में नौकर और सिपाही थे, और अच्छी संख्या में थे। परन्तु उनका उपयोग मुख्यतः मन्दिर की व्यवस्था और सुरक्षा के लिए किया जाना अपेक्षित था। विशेष कर जहाँ मारपीट और खून-खराबा की बात होती, वहाँ प्रधान महायाजक और महासभा पर उसका अधिक दायित्व बढ़ जाता था। रोमन शासन उनसे उत्तर माँग सकता था। अतः महायाजकों तथा प्रधान महायाजक ने रोमीय शासक को पहले सूचित कर दिया और उसकी सहायता माँग ली। एक सैनिक टुकड़ी शतपति (कप्तान) के साथ उन्होंने माँग ली। उसके साथ अपने नौकरों और सिपाहियों को भी भेजा।

विश्वासघाती यूदस को मालूम था कि ईसा जैतून पर्वत और उसकी कन्दराओं में ही होंगे। पास्का पर्व के भोज के बाद विधान के अनुसार येरुसालेम के वृत्त के बाहर जाना वर्जित था, अतः बेथानिया वापस जाने की संभावना नहीं थी। उसे यह भी मालूम था, प्रार्थना करने का एक स्थान गेतसेमनी का उपवन भी है। उसे विश्वास था कि अपने शिष्यों के साथ ईसा उन्हीं स्थानों में होंगे। यूदस के साथ रोमीय सैनिक टुकड़ी शतपति के आदेश में और महायाजकों तथा फ़रीसियों के भेजे हुए प्यादे-नौकर थे। उनके पास दीपक, मशालें और हथियार थे। रोमन सैनिक अपने अस्त्रों से सज्जित थे, अन्य सिपाही-प्यादे भी हथियारबन्द थे। अगर बादल पास्का के चन्द्रमा को ढक कर अँधेरा कर दें तो उनके पास रोशनी का प्रबन्ध था। वृक्षों की सघन छाया में ढूँढ़ने के लिए भी प्रकाश की अपेक्षा थी ही।

जब गेतसेमनी के समीप पहुँच गये और यह जान लिया कि ईसा वहाँ हैं, तो यूदस ने यह कह कर उन्हें संकेत किया—"जिसका मैं चुम्बन करूँगा, वही है। उसे पकड़ लेना और सावधानी से ले जाना।" फिर वह उपवन में ईसा के पास पहुँचा और कहा—"प्रणाम गुरु", और उसने उनका चुम्बन किया। ईसा जान रहे थे, उन्होंने कहा—"मित्र, तुम क्या करने आये हो ? यूदस, क्या तुम चुम्बन देकर मानवपुत्र के साथ विश्वासघात करते हो ?" यूदस ने मिलने पर जिस प्रकार आलिंगन करके चुम्बन किया, वह विशेष अवसरों पर

अथवा लम्बे अर्से के बाद मिलन पर ही स्वाभाविक था, ऐसा ही प्रचलन था। उसके असहज व्यवहार पर ईसा का 'मित्र' कह कर उसे सम्बोधित करना स्वाभाविक था, जिसमें परिस्थिति का व्यंग निहित है।

अपने ऊपर गुज़रनेवाली सभी बातों को जानते हुए ईसा आगे बढ़े और उनसे बोले—"किसे ढूँढ़ते हो ?" उन्होंने ईसा को उत्तर दिया—"ईसा नाज़री को।" ईसा ने उनसे कहा—"मैं ही हूँ।" उनका विश्वासघाती यूदस प्यादों के पीछे खड़ा था। जैसे ही ईसा ने कहा—"मैं ही हूँ।" वे पीछे हट गये और भूमि पर एक पर एक गिर पड़े। उनके मन पर ईसा के व्यक्तित्व का गहरा प्रभाव तो पड़ा ही, साथ ही उनके मन में वे सारे कार्य और चमत्कार कौंध गये जिन्हें ईसा ने पिछले दिनों सम्पन्न किया था और जिनके समाचार सबको मिलते रहे थे। साथ ही उनके मन में यह भय भी रहा होगा कि पिछले नबियों के साथ दुर्व्यवहार करनेवालों को क्या कुछ नहीं सहना पड़ा।

रोमीय शासक की सैनिक टुकड़ी अपने शतपति के साथ पीछे खड़ी केवल स्थिति को देख रही थी। महायाजकों के प्यादों ने अपने को सँभाला और पुनः ईसा के सामने आये। ईसा ने पुनः उनसे पूछा—"किसे ढूँढ़ते हो ?" वे सँभल कर बोले—"ईसा नाज़री को।" ईसा ने उत्तर दिया—"मैं तो तुम लोगों से कह चुका हूँ कि मैं ही हूँ। इसलिए यदि तुम मुझको ढूँढ़ते हो, तो इनको जाने दो।" यहाँ ईसा के ईश्वरीय सामर्थ्य को प्रकट करने में भी यह बताना उद्देश्य जान पड़ता है कि वह अपने पिता के विधान को पूरा करने के लिए यह सब दुःख ओर दण्ड सहन कर रहे हैं। उन्होंने शिष्यों को 'जाने देने' की बात कहकर उन्हें इस दोष से बचाया है कि उन्होंने अपने गुरु को आपत्ति आने पर त्याग दिया।

तब उन सिपाहियों ने हाथ बढ़ाकर ईसा को पकड़ लिया। उस समय ईसा के पास खड़े हुए शिष्यों ने यह देखकर कि क्या होनेवाला है, बोल उठे—"हे प्रभु, क्या हम तलवार चलाएँ ?" उनमें सबसे अधिक उत्तेजित सिमोन पेत्रुस ने तलवार खींचकर प्रधान याजक के एक नौकर पर चला दी और उसका दाहिना कान कट गया। उस दास का नाम मलकुस था। पर ईसा ने कहा—"यहीं तक रहने दो।" फिर उसका कान छूकर अच्छा कर दिया। पुनः उन्होंने स्पष्ट किया कि उनमें चमत्कार की शक्ति है और जो कुछ वह सहन कर रहे हैं, वह ईश्वरीय विधान के अनुसार तथा मानव भविष्य के लिए।

प्यादों के बीच ईसा के मुख पर शान्ति और दृढ़ता थी। उपवन के द्वार पर चाँदनी में उनका मुख चमक गया। उन्होंने पेत्रुस से कहा—"अपनी तलवार म्यान में रख लो, क्योंकि जो तलवार उठाएँगे, वे सब तलवार ही से मरेंगे। जो कटोरा मेरे पिता ने मुझे दिया है, क्या मैं उसे न पिऊँ ? क्या तुमको इसमें सन्देह है कि यदि मैं अपने पिता से निवेदन करूँगा तो वह अभी

स्वर्ग-दूतों की बारह सेनाओं से अधिक नहीं भेज देगा ? लेकिन तब धर्मग्रन्थ का कथन कैसे पूरा होगा ? उसमें लिखा है कि ऐसा होना आवश्यक है।"

इतने में महायाजक, मन्दिर के अधिकारी और वयोवृद्ध ईसा के पास आ गये थे; उनसे ईसा ने कहा—"क्या तुम मुझको डाकू समझ तलवारें और हथियार लेकर निकले हो। मैं प्रतिदिन तुम्हारे सामने मन्दिर में शिक्षा दिया करता था, और तुमने मुझ पर हाथ नहीं उठाया। परन्तु यह तुम्हारा ही समय है, अब अन्धेरे का बोलबाला है।" तब उन लोगों ने रोमीय सैनिकों तथा उनके नायक शतपति और यहूदियों के प्यादों को ईसा को पकड़ लेने की आज्ञा दी। उन्होंने ईसा को पकड़ कर बाँध लिया। ईसा के शिष्य अलग हट गये। यह सब इसलिए हुआ कि नबियों ने जो लिखा था, वह पूरा हो। तब सभी शिष्य ईसा को छोड़कर भाग गये।

ईसा को पकड़ कर मन्दिर के प्यादे रवाना हुए। आकाश में तारे चमक रहे थे, चाँदनी के प्रकाश में जैतून पर्वत का मार्ग साफ़ दिखाई दे रहा था, जिससे होकर वह अपने शिष्यों के साथ आते-जाते थे। गेतसेमनी का उपवन पीछे रह गया है। जैतून पर्वत का ढाल चल रहा है। फिर उन सबने केद्रोन जलस्रोत की घाटी को पार किया और सिलोआन जलकुण्ड के पास से गुज़रे। नगर में फिर उसी मार्ग से ईसा जा रहे थे, जहाँ से होकर कुछ घण्टे पहले वह शिष्यों के साथ गुज़रे थे। उस इमारत के पास से वे लोग गुज़रे, कहाँ उन्होंने अपने शिष्यों के साथ पास्का का भोजन किया था। आधी रात के सन्नाटे में नगर से गुज़रने में कोई बाधा नहीं उपस्थित हुई। यही योजना भी थी। पास्का पर्व का भोज लेने के बाद उत्सव मना कर लोग घरों में सो चुके थे।

अगला दिन मुख्य पर्व के प्रारम्भ का दिन था। परन्तु कुछ लोग साथ लग गये होंगे, ऐसा स्वाभाविक है। यद्यपि वे भयभीत और आतंकित थे। उस मकान के सामने से गुज़रते समय एक युवक अपने नंगे बदन पर सोने का ढीला वस्त्र पहने हुए उत्सुकता से बाहर निकल आया। यह युवक मारकुस नामक था, जो बाद में पेत्रुस के साथ धर्म का कार्य करता रहा था। वह ईसा के पीछे-पीछे चलने लगा। वह ईसा के प्रति श्रद्धा भाव रखता था। सिपाहियों ने उसे पकड़ लिया। उसे अकस्मात् स्थिति का बोध हुआ और वह अपने सोने के वस्त्र को छोड़कर नंगा ही उनके हाथ से निकल गया। वह उच्च परिवार का व्यक्ति था और इस वर्ग के व्यक्ति रात में ढीला चोगा पहन कर सोते थे।

२

महायाजकों, फ़रीसियों और शास्त्रियों का कुचक्र आसानी से सफल हो चुका था। एक तो पास्का पर्व की रात्रि में लोग अपने-अपने घरों में भोजन करके और उत्सव मना कर इतनी रात गये सो चुके थे। सड़कों पर सन्नाटा था,

दूसरे जो लोग यहाँ-वहाँ इकट्ठा भी हुए, वे रोमीय सैनिकों के आतंक से कुछ कर नहीं सकते थे। इस प्रकार जंजीर में बँधे हुए ईसा ने महासभा के प्यादों के साथ जैतून पर्वत, केद्रान स्रोत की घाटी, सिलोआम जलकुण्ड आदि को पार किया, जहाँ होकर दो-तीन घंटे पहले वह अपने शिष्यों के साथ प्रार्थना के लिए गये थे। अब वह सियोन पहाड़ी पर प्यादों के साथ चढ़ रहे थे। साथ में कुछ कट्टर महासभा के सदस्य और फ़रीसी भी थे। ईसा के मुख पर शान्ति छायी हुई थी और वह अपने प्रभु के प्रति पूर्ण समर्पण की भावना में डूबे हुए थे। वे पहले उन्हें अन्नस के महल में ले जा रहे थे।

उस समय प्रधान याजक कैफस था, और अन्नस उसका ससुर था। यह पहले बहुत प्रभावी प्रधान याजक रह चुका था। यद्यपि वर्षों पहले वह इस पद से रोमन शासकों द्वारा हटा दिया गया था, पर जन-समाज के बीच उसकी धाक थी। उसके पुत्र भी प्रधान याजक रह चुके थे और अब उसका दामाद बारह-चौदह वर्षों से प्रधान याजक के पद पर था। अन्नस बहुत सम्पन्न था। वह इस दुरभिसन्धि में विशेष रुचि ले रहा था। इन सब कारणों से पहले प्यादे और अन्य लोग ईसा को लेकर अन्नस के यहाँ पहुँचे। यहाँ अभी तक महासभा के ऐसे ही सदस्य पहुँचे थे जो कट्टरपंथी और ईसा के घोर विरुद्ध थे। वस्तुतः महासभा की बैठक तो कैफस की अध्यक्षता में उसके महल में होनी थीं। पर अन्नस कुशलता और नीति से ईसा से कुछ ऐसा कबुलवा लेना चाहता था जो उनके विरुद्ध इस्तेमाल किया जा सके।

अन्नस ने ईसा से उनके शिष्यों के बारे में पूछा और उनकी शिक्षा के बारे में प्रश्न किया। वह पूछ रहा था कि आप किस प्रकार की रहस्यमयी शिक्षा देते हैं और आपके शिष्य उसका प्रचार जन-समाज में करते हैं। ईसा ने उसे उत्तर दिया—"मैं संसार के सामने प्रकट रूप से बोला हूँ। मैंने सदा सभाघर और मन्दिर में, जहाँ सब यहूदी एकत्र होते हैं, शिक्षा दी है। गुप्त रूप से मैंने कुछ नहीं कहा। आप मुझसे क्यों कहते हैं कि मैंने क्या-क्या कहा है?" अन्नस को आशा नहीं थी कि ईसा का उत्तर इतना स्पष्ट होगा, उसमें कोई पकड़ नहीं थी। वह स्तब्ध था। पास खड़े प्यादों ने देखा कि इस व्यक्ति ने उनके स्वामी को अपने उत्तर से हतप्रभ कर दिया है। इस पर पास खड़े प्यादे में से एक ने ईसा को थप्पड़ मार कर कहा—"तुम प्रधान याजक को इस प्रकार उत्तर देते हो?" ईसा ने अविचलित और शान्त भाव से उन्हें उत्तर दिया—"यदि मैंने गलती कहा है, तो ग़लती बता दो; परन्तु यदि मैंने ठीक कहा है, तो मुझे क्यों मारते हो?" यह उत्तर उनके व्यक्तित्व की उस महानता को व्यक्त करता है, जो उन्हें मानवपुत्र की गरिमा प्रदान करता है। बिना किसी उद्वेग अथवा उत्तेजना, आक्रोश अथवा आवेग के शान्त भाव से आततायी और अत्याचारी से प्रश्न करना उनके स्वर्गिक व्यक्तित्व का परिचय देता है।

३

अन्नस की कुशल बुद्धि ने समझ लिया कि ईसा से न कुछ कहलाया जा सकता है और न उन्हें किसी कानूनी दाँव में लिया जा सकता है। तब अन्नस ने प्यादों के साथ जंजीर में बँधे हुए ईसा को प्रधान याजक कैफ़स के पास भेज दिया। उसके दामाद कैफ़स का महल उसी अहाते में सियोन पहाड़ी पर था। अतः प्यादों को उन्हें वहाँ ले जाने में देर नहीं लगी। रोमीय शासक वलेरस ग्रतस ने उसे प्रधान याजक बनाया था। यह ईसा सन् १८ की बात है। उसको इस पद पर बारह वर्ष बीत चुके थे। वह उस प्रदेश के रोमीय प्रतिनिधि अधिकारी पिलातुस को पटाये रहा था। वह हर तरह से भ्रष्ट और लालची था, हर कुछ करके अपना पद बनाये रहा। उसके समय यहूदी लोग अधिक दबाये और सताये गये और उसने सहयोग ही दिया। आगे चल कर सन् ३६ में पिलातुस के हटने के साथ वह भी प्रधान याजक के पद से हटा दिया गया।

यह कैफ़स वही था, जिसने यहूदियों को यह सलाह दी थी, "यह अच्छा है कि जाति के लिए एक ही मनुष्य मर जाय।" इस प्रधान याजक के यहाँ ईसा को ले जाया गया। वहाँ महासभा के सदस्य, महायाजक, शास्त्री और वयोवृद्ध एकत्र हो रहे थे। इन वर्गों से महासभा के सदस्य होते थे। जैसा कहा गया है, ईसा के शिष्य मौक़ा देख अलग चले गये थे, पर सिमोन पेत्रुस का मन नहीं माना। वह एक अन्य शिष्य के साथ ईसा के कुछ पीछे हटकर साथ चल रहे थे। यह सामान्य शिष्य प्रधान याजक का परिचित था, इसलिए ईसा के साथ प्रधान याजक के प्रांगण में प्रवेश करने में उसे किसी ने रोका नहीं, वह अन्दर चला गया। पर पेत्रुस बाहर द्वार पर खड़ा रहा, क्योंकि उसे किसी ने जाने नहीं दिया। बाद में वह प्रधान याजक का परिचित शिष्य (योहन) बाहर जाकर द्वारपालों से कहकर पेत्रुस को अन्दर ले गया।

जाड़े का मौसम था। प्रधान-याजक के प्रांगण में ठंड से लोग आग जला कर ताप रहे थे। ईसा को पकड़ कर लानेवाले प्यादे और नौकर पूरे रास्ते चल कर आये थे और शीत का अनुभव कर रहे थे। वे कोयले की आग सुलगाकर खड़े-खड़े तापने लगे, अब वे निश्चित स्थान पर पहुँच चुके थे। पेत्रुस को ठंड लग रही थी और वह भी उनके पास जाकर तापने लगा। इतने में प्रधान-याजक की एक दासी आई, उसने पेत्रुस को आग तापते देखा। वह उसको ध्यान से देख कर कहने लगी—"तुम ईसा नाज़री के साथ थे ?" पेत्रुस शंकित हो उठा, उसने यह कह कर इन्कार किया—"मैं न तो जानता हूँ और न समझता हूँ कि तुम क्या बक रही हो।" इसके बाद वह चुपचाप बाहर निकल कर अलिंद में आया और तभी मुरगे ने बाँग दी।

वह वहाँ खड़ा होकर इन्तज़ार कर रहा था। इस बीच एक दूसरी दासी ने उसको देखा। और वह पास खड़े लोगों से कहने लगी—"यह भी ईसा नाज़री

के साथ था ।" पेत्रुस ने शपथ खा इन्कार किया—"मैं इस व्यक्ति को नहीं जानता ।" वह शंकित हुआ कि यहाँ लोग उसे पहचान रहे हैं । प्रांगण से वह उस जगह अपने को एकान्त में मान कर चला आया था, पर अलिंद से होकर नौकर, पहरेदार, दासियाँ प्रांगण से अन्दर के कक्ष में जा रहे थे । नीचे के खण्ड में रहने के कमरे में, जिनमें परिवार के सदस्यों के कक्ष थे । ऊपर के खण्ड में बैठक और सभा के बड़े-बड़े कक्ष थे, जो उसके लिए सज्जित थे ।

पेत्रुस उस आच्छादित मार्ग जैसे बरामदों को असुरक्षित मान कर पुनः प्रांगण में आ गया । वहाँ आग तापनेवालों के बीच अपने को छिपाये रखना चाहा । करीब घंटे भर बाद किसी दूसरे व्यक्ति की दृष्टि उस पर पड़ी । उसने दृढ़तापूर्वक पेत्रुस को देख कर कहा—"सचमुच तुम भी उनमें से एक हो; तुम्हारी बोली ही तुमको प्रकट कर रही है ।" इस बीच पेत्रुस ने किसी व्यक्ति से कुछ पूछा था और उनकी गलीली बोली से उस व्यक्ति ने उन्हें पहचान लिया था । इसी बीच एक दूसरा व्यक्ति वहाँ आ गया, वह उस व्यक्ति का सम्बन्धी था, जिसका कान पेत्रुस ने अपनी तलवार से काट डाला था । वह प्रधान-याजक के प्यादों में से था । उसने पेत्रुस को पहचान कर कहा—"क्या बारी में मैंने तुमको उसके साथ नहीं देखा था ?" इस पर पेत्रुस अपने को कोसने लगा और शपथ खाकर कहने लगा—"जिस आदमी के विषय में तुम कहते हो, उसे मैं जानता भी नहीं ।" सुबह होने वाली थी, उस समय मुरगे ने फिर बाँग दी । पेत्रुस ने अनुभव किया कि प्रभु ने ऊपर के सभा-कक्ष से मुड़ कर उसकी ओर देखा । उसे तुरन्त प्रभु का यह कहना याद आ गया : 'मुरगा के बाँग देने से पहले तुम मुझे तीन बार अस्वीकार करोगे ।' उसका मन मथने लगा, अपने परम पूज्य गुरु के प्रति उसका यह कैसा व्यवहार है ! वह प्रांगण से द्वार पार कर बाहर आ गया और फूट-फूट कर रोने लगा । परन्तु उसके सामने गुरु का सन्देश भी था, जिसे उसे संसार में फैलाना है ।

अभी महासभा के सदस्य एकत्र नहीं हो सके थे, उनको बुलाया गया था । रात में न्याय करने और दण्ड देने का विधान नहीं था । एक ओर प्यादे जंजीर में ईसा को बाँध कर पहरा दे रहे थे । वे उनका उपहास कर रहे थे, बीच-बीच पीटते भी थे और कभी उन पर थूक देते थे । ईसा सहज और शांत भाव से वह सब सहन कर रहे थे । वे उनकी आँख ढक कर उनसे पूछते थे—"हे नबी होने का दावा करनेवाले, किसने तुझे मारा है ?" ऐसी बहुत-सी बातों से वे उनका अपमान कर रहे थे ।

सुबह होते-होते सभा-कक्ष भर गया । महासभा के एकहत्तर सदस्यों में अधिकांश एकत्र हो गये । रात की सभा में कम सदस्य भाग ले सके थे । ऐसे विचार के लिए रात की सभा वैध भी नहीं थी । कुछ सदस्य मन में ईसा के पक्षधर थे, उन्हें ठीक सूचना नहीं दी गई अथवा अपने अल्प मत को समझ कर

जानबूझ कर बैठक में नहीं आये। इनमें महायाजक, शास्त्री और जाति के वयोवृद्ध थे। शास्त्री प्रायः फ़रीसी थे, जो अपने विरोध में सबसे अधिक मुखर रहे थे। अधिकांश कट्टरपंथी सदस्य ईसा को मरवा डालने के लिए परामर्श करने लगे। महायाजक तथा सभा के अन्य सदस्य ईसा के विरुद्ध गवाही की खोज में थे, जिससे उनको प्राणदण्ड दे सकें। पर उनको कोई गवाही नहीं मिल रही थी। एक तो ईसा के प्रति जन-समाज का भाव आदर और श्रद्धा का था, क्योंकि उनके कार्यों तथा व्यक्तित्व से वे सब प्रभावित थे। उनको ईसा के विरुद्ध कहने के लिए तैयार नहीं किया जा सका। दूसरे जो लोग प्रभाव अथवा दबाव से महासभा के सामने गवाही देने आ भी रहे थे, उनकी झूठी गवाहियाँ आपस में मेल नहीं खाती थीं, एक-दूसरे के विरुद्ध पड़ने से उनको स्वीकार करना सम्भव नहीं था।

प्रधान-याजक कैफ़स महासभा की अध्यक्षता कर रहा था। वह स्थिति को देख कर उत्तेजित हो रहा था। अन्त में कई लोग उठकर ईसा के विरुद्ध इस प्रकार की झूठी गवाही देने लगे—"हमने उसे यह कहते हुए सुना है! मैं हाथ के बनाये हुए इस मन्दिर को तोड़ डालूँगा और तीन दिन में एक दूसरा खड़ा कर दूँगा जो हाथ का बनाया हुआ नहीं होगा।" इस आरोप से भी ईसा का ऐसा भारी अपराध सिद्ध नहीं होता था कि प्राणदण्ड की आज्ञा दी जाय। इस कथन के प्रतीक अर्थ को छोड़ दिया जाय कि यह नश्वर शरीर नष्ट किया जायगा, शाश्वत जीवन की प्रतिष्ठा होनी है, तब भी मन्दिर को तोड़कर नये मन्दिर के बनाने की बात किसी पाप को प्रमाणित नहीं करती। येरुसालेम का मन्दिर तोड़ा गया था और नया बनाया गया था। हेरोद ने नया मन्दिर बनवाया था। अतः यह गवाही दण्ड के लिए काफ़ी नहीं मानी गई। इस प्रकार के आरोपों में मेल भी नहीं था।

तब प्रधान-याजक कैफ़स ने खड़े होकर ईसा से कहा—"ये लोग तुम्हारे विरुद्ध जो कुछ कहते हैं, क्या तुम्हारे पास उनका कोई उत्तर है?" ईसा ने समझ लिया कि कैफस उनको उत्तर के आधार पर फँसाना चाहता है। वह चुप रहे और उन्होंने कोई उत्तर नहीं दिया। अब कैफ़स ने अपने तर्क में फँसाने की दृष्टि से उनसे फिर पूछा—"तुम्हें जीवित ईश्वर की शपथ, हमें बताओ, क्या तुम ख्रीस्ट हो, ईश्वर का पुत्र!" ईसा ने उनसे कहा—"यदि मैं आपसे कहूँ तो आप मेरा विश्वास नहीं करेंगे, और यदि मैं प्रश्न करूँ तो आप उत्तर नहीं देंगे। पर अब से मानवपुत्र सर्वशक्तिमान ईश्वर की दाहिनी ओर बैठा रहेगा।" इस पर सबके-सब बोल उठे—"तो क्या तुम ईश्वर के पुत्र हो?" ईसा ने कहा —"आप लोगों ने सच कह दिया, मैं वही हूँ। मैं आप लोगों से कहता हूँ, आप मानवपुत्र को सर्वशक्तिमान् ईश्वर की दाहिनी ओर बैठे और आकाश के बादलों पर आते देखेंगे।"

इस पर प्रधान-याजक ने अपना वस्त्र फाड़ दिया। उनके समाज में प्रचलित था कि अगर कोई पाप की बात सुने तो इस प्रकार के किसी कृत्य से उसका परिहार करे। अपने को ईश्वर को बेटा मानना ईशनिन्दा मानी गई और कैफ़स ने यह प्रकट करने के लिए ऐसा किया। ईसा ने अपनी ओर से उन्हें आरोप लगाने का मौक़ा नहीं दिया था, इस कारण उसने सभा के सदस्यों से कहा—"इसने ईशनिन्दा की है, अब हमें गवाहों की क्या जरूरत है! अभी आप लोगों ने ईशनिन्दा अपने कानों से सुनी है, अब आप लोगों का क्या विचार है?" अधिकांश सदस्य एक साथ बोल उठे—"यह प्राणदण्ड के योग्य है।" वहाँ कुछ सदस्य ऐसे भी थे, जो चुप थे और मन में समझ रहे थे कि यह ज्यादती है। ईसा को प्यादे पुनः बाहर ले गये, वे तरह-तरह से उनका अपमान कर रहे थे।

कैफ़स ने यह न्याय का नाटक पूरा तो किया, पर वह समझ रहा था कि उनकी महासभा को इस प्रकार के दण्ड-विधान का पूरा अधिकार नहीं है। इसलिए वह महासभा से सलाह करना चाहता था कि इस स्थिति में क्या ठीक होगा। ईशनिन्दा का अपराध वैसे भी ऐसा नहीं था कि मृत्युदण्ड दिया जाय। फिर उसके लिये रोमीय राज्यपाल की स्वीकृति आवश्यक थी। यहूदी दण्ड-संहिता के अनुसार मृत्यु-दण्ड में पत्थर मार कर अपराधी को मार डालने का विधान था। राज्यपाल पिलातुस इससे सहमत होगा—यह संदिग्ध था। इसके अतिरिक्त महायाजक और फ़रीसी शास्त्री यह भी सोचते थे कि मृत्यु दण्ड का दायित्व रोमीय राज्यपाल पर पड़े तो जन-समाज के विरोध और आक्रोश से वे लोग सहज ही बच जायेंगे। इसलिये उन्होंने यह तै किया कि ईसा पर राज्यपाल पिलातुस के समक्ष अभियोग लगाकर दण्ड दिलाया जाय।

४

सुबह ही ईसा को राज्यपाल पिलातुस के पास ले जाया गया। सम्राट् तिबेरियस ने उसे सन् २६ में यहूदिया का राज्यपाल नियुक्त किया था। दस साल तक उसने वहाँ का शासन किया। सामान्यतः वह कठोर और निर्मम शासक माना गया है। फिर भी अपनी शासकीय योग्यता और व्यवस्थाप्रियता के कारण सम्राट् का संरक्षण उसे प्राप्त था। उसने अपने सैनिक झण्डों में मूर्तियाँ और देवताओं के चित्रों और चिह्नों से सज्जा की। पर यहूदियों के तीव्र विरोध से उसे दबना पड़ा। इसी प्रकार हेरोद के महल में कैसर के नाम की शील्ड को उसने सजाया, तब तिबेरियस ने उसे स्थानीय लोगों की भावनाओं को सम्मान देने का आदेश दिया। इस परिस्थिति में ईसा को दण्ड देने के बारे में उसका व्यवहार समझा जा सकता था। वह यहूदियों के विरोध और षड्यंत्र से परिचित था, पर साथ ही जन-समाज के उनके प्रति आकर्षण को भी जानता था।

अब काफ़ी दिन चढ़ चुका था। वे लोग ईसा को लेकर राज्यपाल के भवन के समीप पहुँच चुके थे। आज पास्का पर्व की तैयारी का दिन था और पर्व के दिन ग़ैर-यहूदी के घर में प्रवेश से वे अपवित्र होना नहीं चाहते थे। उन्हें रात्रि-भोज में पर्व का मेमना खाना था। पिलातुस उनके इस विश्वास से परिचित था, अतः वह स्वयं बाहर निकल आया। उनसे मिलने पर पूछा—"आप लोग इस व्यक्ति पर कौन-सा अभियोग लगाते हैं ?" साथ आये हुए सदस्यों ने उत्तर दिया—"यदि यह कुकर्मी न होता, तो हम आपके हवाले नहीं करते।" पिलातुस ने टालने के भाव से कहा—"इसे आप लोग ले जाइए और अपने नियम के अनुसार इसका न्याय कीजिए।" इस पर महायाजकों और शास्त्रियों ने उससे कहा—"किसी को प्राणदण्ड देने का हमें अधिकार नहीं है।"

जैसा कहा गया है कि महासभा को मृत्युदण्ड देने का अधिकार पूर्णतः नहीं था, क्योंकि उसकी सम्पुष्टि राज्यपाल से करानी होती थी। एक और बात है, यहूदी संहिता के अनुसार मृत्युदण्ड पत्थरों से मार कर दिया जाता था, जबकि ईसा के बारे में भविष्यकथन किया गया था कि उन्हें क्रूस पर चढ़ाया जायगा। पिलातुस के टालने के भाव से उनको लगा कि शायद वह ईसा पर लगाये गये अभियोग को समझना चाहता है। इसलिये वे यह कह कर अभियोग लगाने लगे —"हमें मालूम हो गया है कि यह मनुष्य हमारी जनता को भड़काता है, कैसर को कर देने से लोगों को मना करता है और अपने को ख्रीस्त राजा कहता है।" वे इस प्रकार के आरोप लगा रहे थे, जिससे राज्यपाल समझें कि ईसा कैसर के विरुद्ध जनता को भड़काते हैं।

तब पिलातुस अपने भवन में चला गया और ईसा को अपने कक्ष में बुलाया। वह समझ गया था कि ये लोग ईसा को दण्ड दिलवाने पर तुले थे। उसने अपनी ओर से न्याय की प्रक्रिया को पूरी करने के लिये पूछा—"क्या तुम यहूदियों के राजा हो ?" ईसा ने उत्तर दिया—"क्या आप यह अपनी ओर से कहते हैं या मेरे विषय में दूसरों ने आपसे कहा है ?" पिलातुस ने उत्तर दिया —"क्या मैं यहूदी हूँ ? तुम्हारी ही जाति के लोगों ने, महायाजकों ने तुमको मेरे हवाले कर दिया है। तुमने क्या किया है ?" राज्यपाल ने यह बात कुछ व्यंग से कही, क्योंकि वह जानता था कि वे लोग ईसा के विरुद्ध हैं। ईसा ने उत्तर दिया—"मेरा राज्य इस संसार का नहीं है। यदि मेरा राज्य इस संसार का होता तो मेरे अनुयायी लड़ते, और मैं यहूदियों के हाथ नहीं पड़ता। परन्तु मेरा राज्य यहाँ का नहीं है।"

तब पिलातुस ने पुनः प्रश्न को रखा, जिससे वह कुछ कहने के लिये बाध्य हों—"तो तुम राजा ही हो ?" ईसा ने उत्तर दिया—"आप सच कहते हैं; मैं राजा ही हूँ। मैं इसीलिये जन्मा और इसीलिये संसार में आया हूँ कि सत्य का साक्ष्य दूँ। जो कोई सत्य की ओर से है, वह मेरी वाणी ध्यान से सुनता है।"

पिलातुस ने ईसा क़ी बात को पूरे सन्दर्भ में समझने का प्रयत्न भी नहीं किया। उसने यह समझ लिया कि यह व्यक्ति सांसारिक राज्य की चर्चा न करके किसी रहस्य की बात करता है। उसके जैसा प्रत्यक्ष को मान कर चलनेवाला और भोगवादी व्यक्ति इस प्रकार के आदर्शों और स्वप्नों पर ध्यान नहीं देता। अतः पिलातुस ने उनसे कहा—"सत्य क्या है?" पर उसने उनके उत्तर की प्रतीक्षा नहीं की।

तब वह बाहर गया। महायाजक और यहूदियों के नेता ईसा पर वहाँ अभियोग लगा रहे थे, परन्तु उन्होंने कोई उत्तर नहीं दिया। इस पर पिलातुस ने ईसा से कहा—"क्या तुम नहीं सुनते कि वे तुम्हारे विरुद्ध कितनी गवाहियाँ दे रहे हैं?" परन्तु ईसा ने उत्तर में एक शब्द भी नहीं कहा; इससे राज्यपाल को बहुत आश्चर्य हुआ। उसे लगा कि यह व्यक्ति रोमन शासन के लिए खतरनाक नहीं हो सकता। तब उसने महायाजकों, शास्त्रियों, नेताओं और एकत्र भीड़ के सामने अपना निर्णय सुनाया—"मैं इस मनुष्य में कोई दोष नहीं पाता।" पर विरोधी जन-समूह इस निर्णय से सन्तुष्ट नहीं था। उन्होंने यह कह कर आग्रह किया—"यह यहूदिया के कोने-कोने में घूम कर अपनी शिक्षा द्वारा जनता में विद्रोह फैला रहा है। वह गलीलिया से प्रारम्भ कर यहाँ तक पहुँच गया है।" आरोप लगानेवाले जो भी सूझ रहा था आरोप लगा रहे थे, पर गलीलिया के उल्लेख से पिलातुस ने अपनी बचत का रास्ता निकाल लिया। उसने समूह से पूछा कि क्या यह व्यक्ति गलीली है? और यह जानकर कि वह हेरोद के राज्य का है, उसने ईसा को हेरोद के पास भेज दिया। वह उस समय इत्तिफ़ाक से येरुसालेम में ही था।

● ●

प्रकरण पच्चीस

दण्ड-विधान और दण्ड-स्थल की यात्रा

१

हेरोद अन्तिपस गलीलिया और पेरेआ प्रान्तों का शासक था, रोमन सम्राट् की ओर से ही। सन्त योहन को उसने अपनी पत्नी हेरोदियस की प्रेरणा से मरवा दिया था। वह चालाक और भीरु था। वह जन्म से एदोमी था और रोम में उसकी शिक्षा-दीक्षा हुई थी, अतः बाह्य आवरण के अलावा यहूदीपन उसमें नहीं था। हेरोद के वंशजों में रोमन साम्राज्य के शासक के रूप में फ़िलिप मूर्तिपूजक जनता के बीच रहकर यूदावाद से प्रायः अलग पड़ गया था, पर अन्य शासक इस सीमा तक नहीं जा सके थे। उन्होंने अपने नगरों में क्रीड़ागृह और रंगशालाएँ ज़रूर बनवाई थीं, जिन्हें यहूदी वितृष्णा के भाव से देखते थे और उन्होंने अपने नगरों को यूनानी नगरों की शैली में मूर्तियों और मन्दिरो से सजाया था। परन्तु उन्होंने यहूदी सभागृहों और पूजागृहों का निर्माण किया था। वे बलिदान करते थे और मूसा संहिता का पालन भी करते थे। वे तीर्थ-यात्रा करने के बारे में भी विश्वासी थे। यही कारण था, पास्का पर्व पर हेरोद अन्तिपस येरुसालेम में आया हुआ था।

वह मन्दिर के सामने हसमोनी महल में रुका था, जो तिरोपीअन घाटी की दूसरी ओर स्थित था। अन्तोनिया के निकट ही साधारण जनता के प्रांगण से एक्सेस्टस चौराहे को मिलानेवाले पुल के पास इस महल की स्थिति थी। हेरोद ईसा के मिलने के लिए बहुत उत्सुक था। उसने उनके चमत्कारों के बारे में सुन रखा था। उसकी कल्पना में यह गलीली उपदेशक घूमता रहा था, क्योंकि उसके बारे में उसने बहुत कुछ सुना था। उसने यह भी सुना कि योहन बपतिस्ता ईसा के रूप में फिर जीवित हो गया है। वह सोचता कि 'मैंने उसका तो सिर कटवा लिया है, फिर यह कौन व्यक्ति है ?' उसने सुना कि रोमीय राज्यपाल पिलातुस ने ईसा को न्याय के लिए उसके पास भेजा है, तो उसे बहुत खुशी हुई, उसने समझा कि पिलातुस ने मित्र-भाव का परिचय दिया है। अब तक उन दिनों में अनबन चलती रही थी और राज्यपाल उसे उपेक्षा-भाव से देखता आया था।

पिलातुस जानता था कि इस प्रदेश में हेरोद का न्यायाधिकार नहीं है। वह ईसा के बारे में कोई दण्ड-विधान नहीं कर सकता था। पर ईसा गलीली थे और उनका कार्य-क्षेत्र भी गलीलिया रहा था। अतः वह चाहता था कि वहाँ का शासक उनके बारे में अपना निर्णय दे, जिससे उसे अपने निर्णय में सहारा

मिल सके। वह एक ओर ईसा को निरपराध समझ रहा था, दूसरी ओर महायाजकों और शास्त्रियों के द्वारा भड़काये हुए जन-समाज को सन्तुष्ट रखना चाहता था। जहाँ तक रोमन साम्राज्य के हित और उसकी व्यवस्था का सवाल था, पिलातुस कठोरता और निर्ममता के साथ दमन नीति और सैनिक शक्ति का सहारा ले सकता था। पर इस सन्दर्भ में उसको इस बात का कोई खतरा नहीं लग रहा था। अतः वह न्याय के पक्ष में था और जनसमाज को सन्तुष्ट रखने के पक्ष में था। इसी कारण उसने हेरोद के पास ईसा को भेजा।

ईसा हेरोद के सामने लाये गये। उसके मन में आतंक के साथ उनके प्रति आदर-भाव भी था। वह उनके द्वारा चमत्कार का प्रदर्शन देखना चाहता था। उसे विश्वास था कि इस परिस्थिति में अपनी जान बचाने के लिए ईसा चमत्कार दिखाने में संकोच नहीं करेंगे। चमत्कार की बात उसने इतनी सुन रखी थी कि उसे विश्वास था। इसी दृष्टि से वह ईसा से अनेक तरह के प्रश्न करने लगा। ईसा उसके चरित्र के बारे में भली-भाँति परिचित थे और उसके भाव को भी समझते थे, अतः उन्होंने उसके किसी प्रश्न का उत्तर नहीं दिया। दूसरी ओर महायाजक और शास्त्री पास खड़े होकर जी-जान से ईसा पर अभियोग लगा रहे थे।

पिलातुस के सामने जिन अभियोगों का महत्त्व नहीं था, उनको वे हेरोद के सामने उपस्थित कर रहे थे क्योंकि वह यहूदी समाज से सम्बद्ध होने के कारण उनके नियमों और विधानों को जानता-मानता था। रोमन न्याय-संहिता के अनुसार उनका कोई महत्त्व नहीं था। उन्होंने आरोप लगाया कि ईसा विश्राम दिवस का नियम नहीं मानते, मन्दिर के विरुद्ध बोलते हैं, धर्म की निन्दा करते हैं और अपने को ईश्वर का पुत्र घोषित करते हैं। पर हेरोद ने इन आरोपों पर कोई ध्यान नहीं दिया। ईसा उसके प्रश्नों का उत्तर बिल्कुल नहीं दे रहे थे, जबकि वह उनके प्रति प्रारम्भ में उदार-भाव रखता था। ईसा ने योहन के हत्यारे को जवाब देना उचित नहीं समझा और वह यह भी समझते थे कि पिलातुस के समान उसमें बात को ग्रहण करने की क्षमता भी नहीं है।

हेरोद अन्तिपस ने कोई निर्णय नहीं लिया, लेकिन उनकी चुप्पी से अपने को अपमानित अनुभव किया। वह बहुत क्रोधित और क्षुब्ध हुआ। उसने अपने भद्दे ढंग से ईसा का अपमान किया, उनका उपहास उड़ाया। जैसा होता है, राजा की देखा-देखी दरबारियों ने भी उनका अपमान किया और मज़ाक उड़ाया। फिर यह सुन कर कि ईसा अपने को राजा कहते हैं, इस बात का उपहास करने के लिए उनको भड़कीला वस्त्र पहना कर पिलातुस के पास वापस भेज दिया। पहले जो विरोधी और शत्रु थे, वे हेरोद तथा पिलातुस आगे से मित्र बन गये।

२

पिलातुस परिस्थिति और आवश्यकता के अनुसार क्रूर कर्म कर सकता था।

वह विद्रोह को शक्ति से दबा सकता था और शासन में व्यवस्था क़ायम रखने के लिए ख़ून बहा सकता था। पर बिना ऐसे उद्देश्य के वह प्रकृति से क्रूर कर्म करने वाला नहीं था। रोमीय साम्राज्य में जिस वातावरण में वह रहा था, जिस प्रकार के अधिकार उसे सौंपे गये थे, जिस प्रकार के न्याय को देखने की उसकी आदत थी और जैसा न्याय-विधान वह स्वयं करता आया था उससे उसके मन में कुछ न्याय-बुद्धि उत्पन्न हो गई थी। वह समझ चुका था कि ईसा का कोई अपराध नहीं है, यहूदी उनसे शत्रुता-भाव रखते हैं। वह उनके साथ न्याय करना अपना दायित्व समझता था। सारी बातें सोच-समझकर पिलातुस ने महायाजकों, शास्त्रियों और जनता के सामने जाकर उनसे कहा—"आप लोगों ने यह अभियोग लगा कर इस व्यक्ति को मेरे सामने पेश किया है कि वह जनता में विद्रोह फैलाता है। मैंने आपके सामने ही इनकी जाँच की, पर जिन बातों का आप लोग इस व्यक्ति पर अभियोग लगाते हैं, मैंने उनके विषय में उनमें कोई दोष नहीं पाया। और हेरोद ने भी दोष नहीं पाया, क्योंकि उन्होंने उनको मेरे पास लौटा दिया। आप लोग देखते ही हैं : उसने ऐसा कुछ नहीं किया है जिससे कि उसे प्राणदण्ड दिया जाय। इसलिए मैं उसे पिटवा कर छोड़ दूंगा।"

पिलातुस ने ईसा को निर्दोष घोषित किया, पर पिटवाने का दण्ड भी दिया। संभवतः वह अभियोग लगानेवालों को सन्तुष्ट करना चाहता था कि अगर ईसा नियमों का अतिक्रमण करते हैं अथवा ईश-निन्दा आदि करते हैं, तो यह दंड उन्हें सचेत कर देगा। परन्तु राज्यपाल को न्यायासन पर ही उसकी पत्नी का भेजा हुआ संदेश मिला : 'इस धर्मात्मा के मामले में हाथ न डालना, क्योंकि मैंने उसी के कारण स्वप्न में आज बहुत कष्ट सहा है।' पिलातुस की पत्नी का वहाँ होना स्वाभाविक था, क्योंकि उस समय तक रोमन साम्राज्य के राज्यपालों के साथ पत्नियाँ रहने लगी थीं। पहले उनका कार्यकाल कम होने के कारण पत्नियों को साथ रहने की अनुमति नहीं थी। पिलातुस की पत्नी धर्मभीरु थी और स्वप्न पर उसका विश्वास था। सन्देहवादी होने के बावजूद रोमीय लोगों में तरह-तरह के अन्धविश्वासों का प्रचलन था। संभवतः ईसा की प्रसिद्धि से वह अवगत थी। उस समय वह न्याय-कक्ष में उपस्थित नहीं थी, क्योंकि उनमें साथ बैठने की प्रथा नहीं थी। इसी कारण उसने सन्देश भेजा।

पास्का पर्व यहूदियों का राष्ट्रीय दिवस था, क्योंकि इस दिन मिस्रियों से उन्हें मुक्ति मिली थी। अतः यह उत्सव मुक्ति-दिवस के रूप में मनाया जाता था। रोमीय शासक उनकी भावना का आदर करने के लिए इस दिन उनकी प्रार्थना पर एक राजबन्दी को मुक्त करते थे। पिलातुस भी जनता की इच्छानुसार किसी एक बन्दी को इस पर्व के अवसर पर रिहा करता रहा था। पिलातुस ने न्यायासन पर बैठे-बैठे सोचा कि अगर इस अवसर का लाभ उठा

कर जनता ईसा की रिहाई की माँग करे तो वह सहज ही इस उलझन से मुक्त हो सकता है। उसे मन में विश्वास था कि जनता के मन में ईसा का आदर और प्यार है। अतः उसने कहा—"क्या तुम लोग चाहते हो कि मैं तुम्हारे लिए इस अवसर पर यहूदियों के राजा को रिहा कर दूँ ?" जनता की माँग थी कि हर वर्ष के समान इस वर्ष भी उनके लिए किसी को रिहा किया जाय।

पिलातुस ने उपाय ठीक सोचा, पर उसने महायाजकों और फ़रीसियों की कुटिलता तथा चतुराई का सही अन्दाज़ नहीं लगाया। उसी समय कैद किये हुए राजद्रोहियों के साथ एक बराब्बस नामक व्यक्ति था। उन राजद्रोहियों ने राजद्रोह के समय हत्या भी की थी। इस बीच महायाजकों और यहूदी नेताओ ने जनता को समझाया और भड़काया। इस प्रकार उन्हें ईसा के विरुद्ध कर दिया। जन-समाज अस्थिर-चित्त और सहज प्रभाव में आनेवाला होता ही है। अतः वह उनके प्रभाव में आकर ईसा के बजाय राजद्रोही बराब्बस को छुड़ाने की माँग करने को तैयार हो गई। जब राज्यपाल ने पुनः पूछा—"तुम लोग क्या चाहते हो ? इन दोनों में से किसे तुम्हारे लिए छोड़ दें।" पिलातुस ईसा को छोड़ने का संकेत पहले ही दे चुका था और उसे आशा थी, जनता यही चाहेगी। पर चारों ओर की भारी भीड़ एक साथ चिल्ला उठी—"उसे दूर कीजिए। बराब्बस को हमारे लिए छोड़ दीजिए।"

पिला ने ईसा को मुक्त करने की इच्छा से लोगों को फिर समझाया और कहा—"तब मैं ईसा का क्या करूँ, जो ख्रीस्त कहलाता है ?" सब के सब बोल उठे—"उसे क्रूस दीजिए।" राज्यपाल ने तीसरी बार फिर उनसे कहा—"क्यों ? उसने कौन-सा अपराध किया है ? प्राणदण्ड के योग्य मैं इसमें कोई दोष नहीं पाता। इसलिए मैं इसे पिटवा कर छोड़ दूँगा।" पर महायाजकों, शास्त्रियों, फ़रीसी नेताओं के द्वारा भड़काई भीड़ चिल्ला-चिल्ला कर यह आग्रह करती रही कि उसे क्रूस दिया जाय। उनका शोर प्रबल होता जा रहा था। अब पिलातुस के पास चारा नहीं था, सिवाय इसके कि सैनिक शक्ति से उन्हें शान्त किया जाय। पर यह रोमीय नीति नहीं थी, क्योंकि जब तक साम्राज्य के विरुद्ध कार्य न हो, जन-समाज की भावना को मानना उनकी नीति थी।

३

पिलातुस ने समझ लिया कि जिस प्रकार फ़रीसियों और महायाजकों ने यहूदी भीड़ को भड़का रखा है, उसमें ईसा को इस रीति से मुक्त कर पाना संभव नहीं है। तब उसने उनकी माँग पूरी करने का निश्चय किया। बराब्बस विद्रोह और हत्या के अपराध में बन्दी था, पर वे उसे छुड़ाना चाहते थे। पिलातुस ने विवश-भाव से उसे रिहा कर दिया। अब भी उसने ईसा को मुक्त करने का विचार छोड़ा नहीं। एक तो उसे आरोप निराधार लग रहा था और वह जानता

था कि उनके विरुद्ध षड्यंत्र है। साथ ही उसकी पत्नी की भावना भी उसके मन पर प्रभाव डाल रही थी। उसने ईसा को ले जाकर कोड़े लगाने की आज्ञा दी। वह सोच रहा था कि इस प्रकार सज़ा पाने के बाद जनता को ईसा पर दया आ सकती है।

राज्यपाल के सिपाही ईसा को दण्ड देने के कक्ष में ले गये। सामान्यतः मृत्युदण्ड के अन्तर्गत क्रूसित करने के पहले कोड़े लगाने का विधान भी था। यहूदी नियम से चालीस कोड़े लगाने की बात थी, पर उन्तालीस की संख्या पर रोक थी, जिससे चालीस से अधिक न हो। पर स्वतंत्र रूप से कोड़े लगाने का दण्ड भी था। राज्यपाल ने पहले कोड़े लगाने का आदेश दिया, जिससे लोगों का ध्यान बँट जाय और वे फिर मृत्युदण्ड का आग्रह न करें। सैनिक प्रायः कम संस्कारी तथा निर्मम होते हैं, पर रोमीय सैनिक कई प्रदेशों के वेतनभोगी थे और ईसा के प्रति उनके मन में किसी प्रकार का आदर-भाव नहीं था। उन्होंने ईसा को ले जाने के साथ और सैनिकों को भी बुला लिया, क्योंकि उन्हें नृशंस खेलवाड़ का मौक़ा मिल गया था। उन्होंनें ईसा के कपड़े उतार कर उनको लाल चोगा पहना दिया, फिर काँटों का मुकुट बना कर उनके सिर पर रखा और उनके दाहिने हाथ में एक सरकंडा थमाया। तब वे उनके सामने घुटने टेककर, यह कहते हुए उनका उपहास करने लगे—"प्रणाम। यहूदियों के राजा।" उन्होंने बार-बार सुना था कि ईसा अपने को राजा कहते हैं और उन पर यहूदी ईश-निन्दा का अपराध लगा रहे हैं। अतः इस बात को लेकर वे उनका उपहास करते थे। और वे उन पर थूकने लगे तथा सरकंडा छीन कर उनके सिर पर मारने लगे।

उस काल में कोड़ों की सज़ा बहुत क्रूर थी। चमड़े के गाँठदार कोड़े में लोहे के बिच्छू (काँटे) लगे रहे थें। उसकी मार से खाल उधड़ आती थी और मांस निकल आता था। स्थान-स्थान से खून बहने लगता था। पिलातुस ने सोचा कि इस अवस्था में ईसा को देख कर जन-मानस की उत्तेजना शान्त हो सकती है और तब ईसा को छोड़ना सम्भव हो जायगा। उसको दण्ड के बारे में पूरा समाचार था। वह समझ रहा था कि इस दशा में लोगों को दया आ सकती है। उसने फिर बाहर आकर कहा—"देखो, मैं उसे तुम लोगों के सामने बाहर ले आता हूँ, जिससे तुम देख लो कि मैं उसमें कोई भी दोष नहीं पाता।" इतना कह कर उसने आज्ञा दी। तब ईसा काँटों का मुकुट और लाल कपड़ा पहने बाहर निकले। पिलातुस ने जन-मानस को सम्बोधित किया—"देखो, यही मनुष्य है।" उनको देखकर महायाजक और यहूदी चिल्ला उठे—"इसे क्रूस दीजिए।"

पिलातुस ने देखा कि इन लोगों के दुराग्रह और षड्ग्रह के सामने उसकी चल नहीं पा रही है। तब उसने खीझ के साथ कहा—"तुम्हीं इसे ले जाओ

और क्रूस पर चढ़ाओ, क्योंकि मैं इसमें कोई भी दोष नहीं पाता।" यहूदी लोग जानते थे, रोमीय शासक विभिन्न देशों के लोगों के नियमों को मानते हैं, जहाँ तक कि वे उनकी शासन-व्यवस्था के विरोध में न पड़ते हों या उनसे साम्राज्य को कोई खतरा न हो। इसीलिए यहूदियों ने उत्तर दिया—"हमारा एक नियम है और इस नियम के अनुसार इसे प्राणदण्ड मिलना चाहिए, क्योंकि उसने ईश्वर का पुत्र होने का दावा किया है।" पिलातुस जितना ही ईसा को बचाने का प्रयत्न करता है, महायाजक और शास्त्री आदि उस पर उतना ही दबाव डालकर दण्ड दिलवाना चाहते थे।

उनके इस तर्क से पिलातुस और भी डर गया। उसने भवन में जाकर पुनः ईसा को बुलवाया। और अकेले में उनसे कहा—"तुम कहाँ के हो ?" पर ईसा ने कोई उत्तर नहीं दिया, वह चुप थे। इस पर पिलातुल ने उनसे कहा—"तुम मुझसे भी नहीं बोलते ? क्या तुम नहीं जानते हो कि मुझे तुमको रिहा करने का अधिकार है और तुमको क्रूस पर चढ़ाने का भी अधिकार है ?" ईसा ने उत्तर दिया—"यदि आपको स्वर्ग से अधिकार न मिला होता तो आपको मुझ पर कोई अधिकार नहीं होता; इसलिए जिसने मुझे आपके हवाले कर दिया है, वही अधिक दोषी है।" यहाँ ईसा एक ओर दैवी विधान की ओर संकेत करते हैं और दूसरी ओर अपने विरोधियों का उल्लेख भी।

इस उत्तर से पिलातुस के मन में स्पष्ट हो गया कि यहूदी नेतागण हर प्रकार से इस व्यक्ति को दण्डित करना चाहते हैं और जनता को भी भड़का कर उसके विरुद्ध कर रहे हैं। वह ईसा को मुक्त करने का और भी उपाय सोचने लगा। जैसा कहा गया, महायाजक, शास्त्री और अन्य नेता नीतिवश चाहते थे कि मृत्यु-दण्ड राज्यपाल की ओर से दिया जाय, क्योंकि इस प्रकार ईसा को आदर और प्यार करने वाले जन-समाज के आक्रोश के कोप-भाजन होने से वे बच सकेंगे। इसीलिए वहाँ एकत्र यहूदी चिल्ला-चिल्ला कर कहने लगे—"यदि आप इसे रिहा कर दें, तो आप सम्राट् कैसर के मित्र नहीं हैं। जो कोई अपने को राजा कहता है, वह कैसर का विरोध करता है।" यह यहूदियों की चाल थी, क्योंकि वे समझते थे कि पिलातुस इस प्रकार के आरोप से सदा बचना चाहेगा। वैसा ही हुआ।

यह सुन कर पिलातुस ने ईसा को बाहर ले आने का आदेश दिया। वह उस स्थान पर न्यायासन पर बैठ गया, जो पत्थर जड़कर चबूतरा जैसा था। यह लियोसत्रोतोस यानी कुट्टिम कहलाता था। हिब्रानी में इसको गब्बथा कहते थे। यह पास्का की तैयारी का दिन था और धीरे-धीरें दोपहर का समय हो गया था। उसने यहूदियों को फिर एक बार प्रभावित करने के भाव से कहा—"देखो, यह तुम्हारा राजा है।" उसका विचार था कि राजा कहने से साधारण जनता ईसा के प्रति राष्ट्रीय भाव से प्रेरित होगी। पर स्पष्टतः वहाँ सब लोग

फ़रीसियों और महायाजकों के द्वारा भड़का कर लाये गये थे । अतः वे चिल्ला कर कहने लगे—"दूर कीजिए ! दूर कीजिए ! इसे क्रूस दीजिए ।" पिलातुस ने उनसे अन्तिम बार फिर कहा—"क्या मैं तुम्हारे राजा को क्रूस दूँ ?" अब महायाजकों ने उत्तर दिया—"कैसर को छोड़ कर हमारा कोई राजा नहीं है ।" इस प्रकार वे ईसा के अपराध को रेखांकित करना चाहते थे कि वह कैसर के विरुद्ध प्रचार करते हैं ।

पिलातुस देख रहा था कि उसकी एक भी नहीं चल पा रही है । और उलटे हुल्लड़ बढ़ता जा रहा था । वह ऐसे उपाय करना नहीं चाहता था, जो उसके या उसके राज्य के विरोध में विद्रोह होने पर वह करता, क्योंकि वह इसे यहूदियों का निजी मामला मान कर चल रहा था । अन्त में उसने पानी मँगाकर लोगों के सामने हाथ धोए और कहा—"मैं इस रक्त का उत्तरदायी नहीं हूँ । अब तुम लोग जानो ।" यह वहाँ की लम्बी और मान्य परम्परा चली आ रही थी कि किसी अज्ञात हत्या आदि से अपनी निर्दोषिता सिद्ध करने के लिए हाथ में पानी लेकर शपथ ली जाती थी । उसकी बात सुन कर और सब लोगों ने उत्तर दिया—"इसका रक्त हम पर और हमारी संतान पर उतरे ।" तब उस भीड़ को सन्तुष्ट करने के लिए पिलातुस ने ईसा को उनके हवाले कर दिया कि वह क्रूस पर चढ़ा दिए जाएँ ।

भड़काये गये उत्तेजित जनसमूह ने पिलातुस के संकोच और द्विविधा को दूर करने के लिए मृत्युदण्ड का सारा उत्तरदायित्व उठा लिया । विडंबना की बात है कि जिन रोमनों की सहायता से यहूदी लोग न्याय का गला घोट रहे थे, उन्हीं के द्वारा भविष्य में निर्दयता के साथ उनके बच्चों, बूढ़ों, स्त्रियों की हत्या की गयी । उनको तरह-तरह की यातनाएँ दी गईं, उनसे बेगार ली गयी । उनका अभागा राष्ट्र रक्तस्नात होता रहा । इतिहास साक्षी है कि चालीस वर्षों के अन्दर ही यह जाति भारी विप्लव सैलाब में निमग्न हो गई । आपसी झगड़ों, विदेशी युद्धों, भुखमरी और महामारी तथा तरह-तरह की आधि-व्याधियों में सारी जाति डूब गई । पर उनका मनोबल नहीं टूटा । तब से इस्राएल अपने अस्तित्व के लिए लड़ता आ रहा है ।

४

कहा जा चुका है कि पिलातुस की सैनिक छावनी अन्तोनिया में थीं, अतः यहाँ से ईसा को दण्ड स्थल तक ले जाना था । कुछ लेखकों ने हेरोद के महल को यह स्थान माना है, पर यह मन्दिर से काफ़ी दूर पड़ता है । राज्यपाल को शान्ति बनाये रखने और जनता का निरीक्षण करते रहने के लिए अन्तोनिया की पहाड़ी पर स्थित किला अधिक उपयुक्त था । इसमें पूरी तरह सज्जित महल भी था, अतः सभी सुविधाएँ उपलब्ध थीं । उसके सामने के प्रांगण में पत्थर जड़े

कुट्टिम के न्यायासन से पिलातुस ने विवश होकर ईसा को यहूदी जन-समूह को सिपुर्द कर दिया और तब यहाँ से दण्ड-स्थल के लिए यात्रा शुरू होती है।

रोमन विधान के अनुसार अपराधी के न्याय का निर्णय और उसका दण्ड लिखित रूप में रहता था, जिसका एक शब्द भी बाद में बदला नहीं जा सकता था। उसकी प्रति सम्राट् के पास रोम भीं भेजी जाती थी। उसका आरोप तथा दण्डवाला मुख्य अंश एक पट्टी को जस्ता या सिलखड़ी से मढ़ कर, उस पर यह आलेख लाल या काले अक्षरों में लिख दिया जाता था। यह तीन भाषाओं में रहता था, लतीनी में क्योंकि वह शासकों की भाषा थी, यूनानी में क्योंकि यह भाषा उस सारे भू-भाग में बोली-समझी जाती थी और इब्रानी या अरामी जो यहूदियों की अपनी भाषा थी। यह पट्टी या तो अपराधी पर टाँग दी जाती थी अथवा कोई मजदूर लेकर चलता था, जिससे अन्य लोग अपराधी को जान लें।

पिलातुस ने इस नियम के अनुसार एक दोषपत्र लिखवाया और उसको ईसा के साथ कर दिया। उसमें लिखा था—"ईसा, नाज़री, यहूदियों का राजा।" बाद में यही दोषपत्र अपराधी के क्रूस पर टाँगा जाता था। यहूदियों ने इस दोषपत्र पर आपत्ति की, क्योंकि वे उन्हें राजा तो मानते ही नहीं थे, बल्कि यह उन पर अपराध लगाते थे। इसलिए यहूदियों के महायाजकों ने पिलातुस से कहा—"आप 'यहूदियों का राजा' न लिखिए, वरन् यह लिखिए, 'इसने कहा कि मैं यहूदियों का राजा हूँ।" पिलातुस ईसा को निर्दोष मानता था, केवल जन-समाज के दबाव से यह दण्डाज्ञा देनी पड़ी थी। पर वह सीधे शब्दों में ईसा पर अपराध नहीं लगाना चाहता था, जिस बात के लिए महायाजकों का आग्रह था। उसने चिढ़कर हठ के साथ कहा—"मैंने जो लिख दिया सो लिख दिया।"

उन दिनों मृत्यु-दण्ड देने में बिलम्ब नहीं किया जाता था। थोड़े समय के अन्दर सज़ा देने के लिए नियुक्त सैनिक अपनी वर्दी में अपने नायक के साथ उपस्थित हो गये। दो अन्य अपराधियों को कैदखाने से ईसा के साथ क्रूसित किये जाने के लिए लाया गया। तीन क्रूस तैयार किये गये। पर यह सब तैयारी थोड़े ही समय में पूरी हो गयी और वे गोलगोथा अर्थात् कलवरी ले जाने को प्रस्तुत हो गये। गोलगोथा ऐसा स्थान था जहाँ पहाड़ी चट्टान खोपड़ी के आकार में लगती थी, इसी कारण उसका यह नाम पड़ा भी। वैसे कुछ बिद्वानों के अनुसार इस कारण भी इसका यह नाम पड़ गया है कि यहाँ मृतकों की खोपाड़ियाँ पड़ी रहती थीं। यह बात बहुत संगत नहीं मानी जाती है। जब कि सामी भाषाओं में पहाड़ियों के भाग शरीर के अंगों पर कहे जाते थे।

तब सैनिकों ने ईसा का लाल चोंगा उतार कर उन्हें उनके वश्त्र पहना दिये। फिर जलूस के रूप में ईसा को क्रूस पर चढ़ाने के लिए ले चले। आगे नायक घोड़े पर चल रहा था। उसके पीछे तीनों दण्ड पाने वाले बन्दी, जिनमें बीच में ईसा थे। बन्दियों को प्रायः नगर की सड़कों से ले जाया जाता था,

जिससे नागरिकों के मन पर दण्ड का आतंक छा सके। परन्तु पास्का पर्व के अवसर पर भीड़-भाड़ को बचाने और पर्व के उत्सव को बाधित न करने की दृष्टि से प्रायः सीधा मार्ग अपनाया गया। अन्तोनिया से इस स्थान पर पहुँचने के लिए तिरोपीअन घाटी पार करके जाने का रास्ता था। लेकिन यह मार्ग थोड़े समय का था। परन्तु साथ के लोगों तथा सड़क पर इकट्ठा होनेवाली भीड़ के कारण कुछ अधिक समय लग रहा था। पर्व के दिन सड़क पर अधिक भीड़ होना स्वाभाविक था।

जैसा नियम था, ईसा अपना क्रूस कन्धे पर लिये हुए थे। पर वह बहुत क्लान्त और शिथिल हो चुके थे। रात भर वे सो नहीं सके थे, फिर उन्होंने अत्यधिक मानसिक और शारीरिक कष्ट झेले थे। उनके पैर लड़खड़ा रहे थे। घोड़-सवार नायक ने देखा और उसे लगा कि ईसा गिर पड़ेंगे। उसी समय उधर से उन्होंने देहात से सिमोन नामक एक कुरेने-निवासी को आते देखा। नायक ने उसे पकड़वा लिया और उस पर क्रूस रखकर ईसा के पीछे-पीछे ले चले। कुरेने उत्तर-अफ्रिका की एक ऐसी बस्ती थी जिसमें अच्छी संख्या में यहूदी रहते थे और उनका एक सभाघर येरुसालेम में भी था। जब सिमोन ईसा के पीछे उनका क्रूस ढो रहा था, वह क्या अनुभव कर रहा था, यह स्पष्ट नहीं है। यह ठीक ज्ञात नहीं कि उस समय तक वह ईसा का शिष्य बना था या नहीं। पर उसके दो पुत्र सिकन्दर और रुफुस का उल्लेख मिलता है जिन्हें प्रारम्भिक ईसाई धर्म के प्रचार में अच्छा स्थान प्राप्त था।

क्रूस के बोझ के हट जाने से ईसा को थोड़ी चैन मिली। उन्होंने चारों ओर दृष्टि डाली। लोगों की एक भारी भीड़ उनके पीछे-पीछे चल रही थी। उनमें स्त्रियाँ भी थीं, जो दुःखी थीं। और अपनी छाती पीटते हुए विलाप कर रही थीं। ध्यान देने की बात है कि स्त्रियों ने प्रभु ईसा पर विश्वास किया और किसी एक ने भी उनके दुःख-भोग से सम्बन्ध नहीं रखा। सारे पुरुष वर्ग के लोग ही उनके विरुद्ध थे। स्त्रियाँ उनके लिए विलाप करती हुई साथ चल रही थी। ईसा ने उनकी ओर मुड़कर कहा—"येरुसालेम की बेटियो ! मेरे लिये मत रोओ, अपने लिए और अपने बच्चों के लिए रोओ। क्योंकि ऐसे दिन आ रहे हैं, जब लोग कहेंगे : धन्य हैं वे स्त्रियाँ जो बाँझ हैं; धन्य हैं वे गर्भ जिन्होंने जन्म नहीं दिया, और धन्य हैं वे स्तन जिन्होंने दूध नहीं पिलाया। तब लोग पहाड़ों से कहने लगेंगे, हम पर गिर पड़ो। और पहाड़ियों से हमको ढंक लो। क्योंकि हरी लकड़ी का यह हाल है, तो सूखी का क्या होगा ?" ईसा के कथन पुनः भावी संकट का संकेत हैं। जैसा इतिहास से स्पष्ट है कि इस पीढ़ी ने न जाने कितना विध्वंस, संहार और देश-निष्कासन देखा, सहा और भोगा।

घाटी के पुल को पार करते ही यह जुलूस गोलगोथा पहुँच गया। इस स्थान को ठीक पहाड़ी पर कहना उचित न होगा, बल्कि यह मनुष्य की खोपड़ी का

आभास देनेवाली एक विशद चट्टान थी, जो नगर की खाई पर झुक आई थी और पहाड़ी तलहटी के ही विस्तार के रूप में थी। वहाँ पहुँचने पर नायक के साथ के सैनिक जो सुरक्षा और व्यवस्था के लिए अलग हो गये। और चार सिपाही जो दण्ड को कार्यान्वित करने के लिए आये थे, उन्होंने तीनों क्रूस गाड़ने का काम शुरू किया। अब तक काफ़ी लोग साथ-साथ आये थे। इनमें विरोधी यहूदी महायाजकों और फ़रोसी शास्त्रियों के साथ थे। पर बहुत सी स्त्रियाँ भी साथ वहाँ तक पहुँच गई थीं, जो दुःख और विलाप कर रही थीं। यह प्रथा वहाँ प्रचलित चली आ रही थी कि मृत्यु-दण्ड दिये जानेवाले व्यक्ति को कुछ द्रव्य मिलाकर दाखरस पिलाया जाय, जिससे मृत्यु की यातना का कष्ट कुछ सहनीय हो सके। इस दृष्टि से संभवतः इन्हीं स्त्रियों ने उन्हें द्रव्य मिला हुआ दाखरस दिया। पर ईसा अपने दुःखभोग को उसकी पूर्णता में ग्रहण कर रहे थे, अतः उनकी भावना की रक्षा के लिए उन्होंने उसे चख लिया, किन्तु पिया नहीं।

● ●

प्रकरण छब्बीस

ईसा का क्रूस पर मरण

१

सिपाहियों ने इस बीच तीनों क्रूस गाड़ कर खड़े कर दिये थे। संभवतः राज्यपाल का आदेश था कि ईसा को सम्मान दिया जाय, इस कारण उन्होंने उनके क्रूस को अन्य अपराधियों के क्रूस से अधिक ऊँचा रखा। अनेक बार क्रूस पर अपराधी को बाँध कर छोड़ दिया जाता था, अथवा क्रूसित करने का जैसा अर्थ है, उसकी दोनों हथेलियों और दोनों पैर के तलवों में चार कीलें ठोंक दी जाती थीं। इस प्रकार अपराधी भूख-प्यास तथा कष्ट से मर जाता था। कभी-कभी पक्षी क्रूस पर अपराधी को नोंच भी खाते थे। केवल चार कीलों के सहारे इस पर किसी शरीर का सधा रहना संभव नहीं है, अतः संभावना है कि क्रूस पर अपराधी को रस्सी से बाँधते भी हों। यहाँ इस प्रसंग में इसका उल्लेख न किया गया हो।

अन्य अपराधियों के साथ ईसा के कपड़े उतारे गये। उन्हें नंगा किया गया, पर इसका अर्थ यह नहीं है कि वह एकदम नंगे कर दिये गये हों। वहाँ की भाषा में नंगा का अर्थ शरीर का खुला होना है, जैसा कि हमारी भाषा में अर्थ लिया जाता है। फिर ईसा के साथ दोनों डाकुओं को भी क्रूस पर चढ़ाया गया, एक को उनकी दाहिनी ओर; दूसरे को उनकी बाईं ओर। ईसा की दोनों हथेलियों और तलवों में कील से क्रूसित कर दिया गया। उन्होंने मानवता के सारे दुःख और ताप को अपने शरीर के दुःखभोग के माध्यम से सहन किया।

किसी भी व्यक्ति के मृत्यु के समय शब्दों का बहुत महत्व माना जाता है। उसके सगे-सम्बन्धी और मित्र उसे अपनी स्मृति में सुरक्षित रखते हैं। इस क्षण की सघन अनुभूति में अनेक बार व्यक्ति अपने व्यक्त विचारों से कहीं अधिक आत्मीय स्तर पर और प्रभावी ढंग से अपने को व्यक्त करता है। सामान्य परि-स्थिति में दण्ड पानेवाला व्यक्ति मृत्यु-दण्ड का निर्णय सुन कर, सज़ा पाने के लिए निश्चित स्थान पर ले जाये जाने के समय और क्रूस पर चढ़ाये जाने की तैयारी तक अपने को उस यातना से भुलाये रख सकता है। तमाम तरह के शोरगुल और कार्य-कलाप इसमें उसकी मदद करते हैं। पर क्रूस पर कीलों के जड़े जाने के साथ ही आतंक और भय के साथ जिस पीड़ा तथा दंश को उसे सहन करना पड़ता है, उस मृत्यु का सामना निश्चय ही बहुत कठिन है।

परन्तु कलवारी का आज का दृश्य भिन्न था। नाटक के इस अन्तिम दृश्य के प्रारम्भ से ईसा शान्त हैं। वह महनीय शान्त भाव से कैफ़स, हेरोद और

पिलातुस के न्यायालयों में उपस्थित हुए थे, उसी प्रकार वह यहाँ भी शान्त और चुप हैं। वहाँ जमा हुए लोगों में कुछ उधर से जाते हुए अपना सिर हिला-हिलाकर ईसा की निन्दा करते हुए कहते हैं—"ये मन्दिर को तोड़ देनेवाले और तीन दिन में फिर बनानेवाले ! यदि तू ईश्वर का पुत्र है तो अपने को बचा; क्रूस पर से नीचे उतर आ।" ईसा ने इस सबको अविचलित भाव से सहन कर लिया। वह अपने प्रभु के नाम पर मानवता के लिए सारी क्रूसित होने की पीड़ा झेल रहे थे। वह उनके लिए व्यक्तिगत नहीं थी।

इस बीच क्रूस पर चढ़ाने के बाद सिपाहियों ने उनके कपड़े ले लिये और कुरते को छोड़ कर अन्य सभी कपड़ों के चार भाग कर दिए और दण्ड देनेवाले चारों सिपाहियों ने एक-एक भाग ले लिया। उसका कुरता ऊपर से नीचे तक बुना हुआ था, उसमें सीवन नहीं थी। बराबर भाग करने में और कपड़े बँट चुके थे, अतः इसके बाँटने की समस्या थी और वह मूल्यवान् भी था। उन्होंने आपस में कहा—"हम इसे न फाड़ें, उसके लिए चिट्ठी निकाल कर देख लें कि वह किसको मिलता है।" यह इसलिए हुआ कि धर्मग्रन्थ का कथन पूरा हो जाय : 'उन्होंने मेरे कपड़े आपस में बाँट लिये और मेरे वस्त्र पर चिट्ठी डाली।'

क्रूस पर ईसा को देख कर इधर महायाजक, फ़रीसी, शास्त्री तथा अन्य यहूदियों के नेता यह कहकर उपहास कर रहे थे—"इसने दूसरों को बचाया, अपने को नहीं बचा सकता। यह तो इस्राएल का राजा है; अब वह क्रूस पर से उतरे और हम उस पर विश्वास करेंगे। इसे ईश्वर का भरोसा था, यदि ईश्वर इसकी चिन्ता करता है तो वह अब इसे छुड़ा दे। इसने तो कहा था : "मैं ईश्वर का पुत्र हूँ।" उनकी प्रेरणा से अन्य लोग हँसी उड़ा रहे थे और सिपाही भी उनका उपहास करते थे—"यदि तू यहूदियों का राजा है तो अपने को बचा।" सारी इस विडम्बना की परिस्थिति में ईसा शान्त थे। उन्होंने केवल कहा—"हे पिता, उन्हें क्षमा कर, क्योंकि वे नहीं जानते कि वे क्या कर रहे हैं।" ऐसा माना जा सकता है कि ईसा ने ईश्वर से यह क्षमा-प्रार्थना उन नासमझों के लिए की है, जो महायाजकों आदि के भड़काने से ऐसा कह रहे थे। एक पक्ष यह मानता रहा है। पर यह भी माना जाता है कि ईसा ने अपनी परम दया के आधार पर महायाजकों, शास्त्रियों तथा अन्य फरीसियों के लिए भी क्षमा-याचना की, यद्यपि वे सब उनके विरुद्ध षड्यन्त्र करते आ रहे थे।

सामान्यतः दण्डित व्यक्तियों की आपस में सहानुभूति होना स्वाभाविक है। अन्य लोगों की घृणा एवं उपेक्षा के सामने वे आपस में सहानुभूति रख कर कुछ सहारा पाते हैं। पर गोलगोथा के क्रूस पर चढ़नेवाले कुकर्मियों में एक के मन में सम्भवतः यहूदियों के विरोध के कारण ईसा के प्रति अच्छा भाव नहीं था। वह इस प्रकार ईसा की निन्दा करने लगा—"तू ख्रीस्त है न ? अपने को और हमें भी बचा।" अपने कष्ट और अपराध की खीझ तथा पीड़ा को उसने इस

प्रकार व्यक्त किया। पर दूसरे के मन में ईसा के प्रति श्रद्धा-भाव था, उसने उनके कार्यों के बारे में सुना था। दूसरे ने उसको डाँट कर कहा—"क्या तुम्हें ईश्वर का भी डर नहीं है? तू भी तो वही दण्ड भोग रहा है। हमारा दण्ड न्यायसंगत है, क्योंकि हम अपनी करनी का फल भोग रहे हैं। पर उन्होंने कोई अपराध नहीं किया है।" तब उसने फिर ईसा से कहा—"हे ईसा, जब आप अपने राज्य जायें तो मुझे याद कीजिएगा।" ईसा ने उससे कहा—"मैं तुमसे सच कहता हूँ: आज ही तुम मेरे साथ स्वर्गराज्य में रहोगे।" अपराधी डाकू ने केवल स्मरण की बात कही थी, पर पूरी तरह विश्वास करने के आधार पर ईसा ने उसे स्वर्ग के राज्य का आश्वासन प्रदान किया है।

वहाँ कलवारी के स्थल पर अन्य ऐसे लोग थे, जिनके मन इस करुण घटना से अभिभूत थे। पर यह ध्यान देने की बात है कि ईसा के प्रति आदर और प्रेम रखनेवाले व्यक्तियों में वहाँ योहन को छोड़कर सारी स्त्रियाँ थीं। अन्य पुरुष विरोधियों के भय के कारण नहीं आये थे। संभवतः स्त्रियों को सताये जाने का डर नहीं था। उन स्त्रियों में ईसा के क्रूस के पास उनकी माता, उनकी माता की बहन, क्लेओफ़स की पत्नी और मरिया मगदलेना खड़ी थीं। ये सब पास्का पर्व पर येरुसालेम में आई हुई थीं। ईसा ने क्रूस पर से अपनी माता को और उनके पास अपने शिष्य योहन को खड़ा देखा। उसे वे प्यार करते थे। तब बहुत धीमे स्वर में उन्होंने अपनी माता से कहा—"भद्रे, देखिए, यह आपका पुत्र है।" और फिर उन्होंने शिष्य से कहा—"देखो, यह तुम्हारी माता है।" उसी समय से उस शिष्य ने उन्हें अपने यहाँ आश्रय दिया। यह दृश्य का वह पक्ष है, जिसमें मानवीय प्रेम की गहरी अभिव्यक्ति हुई है। एक बार अपनी माँ को व्यापक ईश्वरीय सन्दर्भ में उन्होंने अस्वीकार किया था। आज दुःखभोग के अवसर पर उन्होंने अपने प्रिय शिष्य और माँ का स्मरण किया और दोनों को स्नेह-सूत्र में बाँध दिया। यहाँ ईसा की माता मरियम के स्वर्गिक मातृत्व का संकेत भी माना गया है।

२

धीरे-धीरे दिन ढलने लगा और अपराह्न के तीन बज चुके थे। लोग धीरे-धीरे जा चुके थे, अपने-अपने कामों पर चले गये। रोमन सैनिक अपने भालों के सहारे खड़े होकर आराम कर रहे थे या निश्चिन्त भाव से भूमि पर फैले हुए थे। दोपहर से आकाश में बादल छा जाने से कुछ अँधेरा हो गया था, जो तीसरे पहर तक था। एकाएक ईसा ने ऊँचे स्वर से पुकारा—"हे मेरे ईश्वर, हे मेरे ईश्वर, तूने मुझे क्यों त्याग दिया है?" (एलोई, एलोई, लम्मा सबक्थानी)। ध्वनियों के साम्य से भ्रम हो सकता था अथवा जानबूझ कर ऐसा किया हो, पर कुछ लोगों ने कहा—"यह एलियस को बुला रहा है।" उनका

मतलब था कि एलियस को मदद के लिए उनका बुलाना क्या अर्थ रखता है ? एलियस तो संसार के अन्त में आयेंगे अथवा मसीहाई समय में । परन्तु ईसा के मुख के ये शब्द न तो कोई पुकार थी, न कोई शिकायत और न कोई निराशा की अभिव्यक्ति ही थी । वह उनकी प्रार्थना के शब्द थे ।

इसके बाद यह जानकर कि अब सब कुछ पूरा हो चुका है, ईसा ने धर्मग्रन्थ का कथन पूरा करने के लिए कहा—"मैं प्यासा हूँ ।" कष्ट, पीड़ा और रक्त-स्राव से प्यास लगना स्वाभाविक है । वहाँ सैनिकों का सिरके जैसा दाखरस का भरा हुआ पात्र रखा हुआ था । उनमें से एक दया-भाव से तुरन्त दौड़ कर आया और उस पनसोख्ता दाखरस में डुबो कर सरकंडे अथवा भाले पर लगाकर उन्हें पीने को दिया । इस पर विरोधियों ने ऊँचे स्वर से पुकार कर कहा, 'ठहरो, देखें, एलियस इसे छुड़ाने आता है या नहीं ।" ईसा ने खट्टी अंगूर चख कर कहा—"सब पूरा हो चुका है ।" धर्मशास्त्र में जो कुछ भविष्यवाणी की गई थी, वह अब पूरी हो चुकी थी । उनका यह कथन आगे इस प्रकार की प्रार्थना में रूपान्तरित हो गया—"पिता, आपने मुझे जो कार्य सौंपा, वह मैंने पूरा किया है ।"

ईसा का अन्तिम समय आ गया था । सामान्यतः क्रूस पर चढ़ाया हुआ व्यक्ति काफ़ी समय में प्राण त्यागता था । पर उनकी आत्मा शरीर के साथ उत्पीड़न और क्लेश सहन कर रही थी । और वह अपना सारा उद्देश्य पूरा कर चुके थे, अतः वह अपना प्राण त्यागने के लिए तत्पर थे । अन्त में उन्होंने ऊँचे स्वर से पुकार कर कहा—"हे पिता, मैं अपनी आत्मा को तेरे हाथों सौंप देता हूँ ।" और फिर उन्होंने अपना सिर झुकाकर प्राण त्याग दिये । ईसा ने प्रार्थना-भाव से अपने को परमपिता को सौंप दिया और फिर स्वेच्छा से प्राण त्याग दिये । उनकी गरदन मरणोपरान्त नहीं लटकी, वरन् उनका सिर प्रार्थना-भाव से झुका और तब उन्होंने प्राण त्याग दिये ।

३

ईश्वरीय महिमा विविध रूपों में प्रकट होती हैं । ईसा को ईश्वरपुत्र माना गया है, अतः जन्म पर स्वर्गिक प्रकाश के फैल जाने की चर्चा की गई है । उसी प्रकार उनके मरण के अवसर पर प्रकृति दैवी घटना की व्यंजना करने में सहायक होती है । दोपहर से अपराह्न तक अन्धकार छाया हुआ था । मरण के क्षण सारे देश में अन्धकार गहरा गया । येरुसालेम के मन्दिर के पूजागृह का परदा फट गया । इस मन्दिर में दो परदों का उल्लेख हुआ है । एक पवित्र स्थान पर और दूसरा पवित्र से पवित्र स्थल पर लगा रहता है । एक ग़ैरयहूदियों को छोड़कर समस्त इस्राएलियों के पहुँचने के स्थान से देखा जा सकता था, यह पवित्र स्थल के सामने ८२ फ़ीट लम्बा और २४ फ़ीट ऊँचा पड़ा रहता था ।

दूसरा पवित्र से पवित्र स्थल (वेदी-स्थल) के सामने ६० फ़ीट लम्बा और २० फ़ीट ऊँचा था, जो मुख्य यज्ञ-वेदी के सामने पड़ा था, जो केवल दो बार वेदी पर धूपदान करने के लिए जानेवाले प्रमुख याजक के द्वारा देखा जाता था। पहला सामने का परदा चार—सफ़ेद, नीले, पीले और लाल रंगों वाले धागों से बुना हुआ था, जो पृथ्वी के चार तत्त्वों—पानी, हवा, पृथ्वी और अग्नि के प्रतीक माने जाते थे।

ऐसा माना जा सकता है कि अन्दर का पर्दा उस अवसर पर फट कर दो टुकड़े हो गया था। यह इस बात का चिह्न माना गया है कि पुराने नियमों का विधान समाप्त हो चुका है और प्राचीन प्रसंविदा आगे अर्थहीन हो जायगी। अब तक का धर्म केवल यहूदी जाति तक सीमित था, पर अब वह विश्वव्यापी धर्म होने जा रहा था, जैसा कि ईश्वरीय राज्य है। इस धर्म में आत्मा और सत्य की पूजा होगी, जिसकी यज्ञवेदी, बलि और पुरोहित ईसा होंगे। इसी के साथ भूकम्प होने लगे, चट्टानें फट गईं। कहते हैं उसी समय क़ब्रें खुल गईं और मरे हुए सन्तों के शरीर फिर जी उठे। बाद में ईसा के पुनरुत्थान के बाद वे अपनी क़ब्रों से बाहर निकले और पवित्र नगर में जाकर बहुतों को दिखाई दिये।

यह सब ईसा के मरण के साथ घटित हो रहा था। कलवारी में नायक और उसके सैनिक प्रकृति के इस विपर्यय को देख रहे थे। पहरा देते हुए भूकम्प और इन घटनाओं को देखकर वे अत्यन्त भयभीत हो उठे और आपस में कहने लगे—"यह सचमुच ईश्वर का पुत्र था।" अब तक कुछ ऐसे लोग रुके हुए थे, वे अविश्वासी नहीं थे। वे इस दृश्य को देख रहे थे। जब उन्होंने इन घटनाओं को देखा तो वे छाती पीटते हुए सबके सब वापस चले गये। कुछ दूर हट कर ईसा से सम्बन्ध रखनेवाली श्रद्धालु स्त्रियाँ भी यह सब देख रही थी। इनमें मरिया, मगदलेना, छोटे याकूब और यूसुफ़ की माता मरिया और सलोमी प्रमुख थीं। ये सब गलीलिया के भ्रमण में ईसा के साथ रहती थीं और उनकी सेवा-सत्कार करती थीं। कुछ अन्य स्त्रियाँ थीं, जो ईसा का अनुसरण कर उनके साथ येरुसालेम पर्व के अवसर पर आई थीं। वे सभी इस घटना-क्रम से भयभीत और आतंकित थीं।

४

जैसा कहा जा चुका है, यह पास्का पर्व की तैयारी का दिन था और तारीख संभवतः शुक्रवार ७ अप्रैल सन् ३० ईस्वी थी। यह मान्यता थी कि पर्व के अवसंर पर क्रूस पर दण्डित व्यक्ति को नहीं रहना चाहिए। मृत्यु के बाद क्रूस से शव उतारा जाता था और उसके सम्बन्धी को दे दिया जाता था। यहूदियों के नेताओं ने पिलातुस से निवेदन किया कि अपराधियों की टाँगें क्रूस पर तोड़

दी जायँ और उन्हें क्रूस से हटा दिया जाय। वह नहीं चाहते थे कि विश्रमा के दिन (शनिवार) शव क्रूस पर रहें, क्योंकि इस विश्राम के दिन पास्का का इतना बड़ा पर्व भी पड़ रहा था। इस तर्क के आधार पर पिलातुस को आज्ञा देनी पड़ी।

तब सिपाही भेजे गये और वे गोलगोथा पहुँचे। सैनिक ने नायक की आज्ञा बताई और उसकी सहमति से ईसा के साथ क्रूस पर चढ़ाये गये अपराधियों में एक-एक कर दोनों की टाँगें तोड़ दीं। नायक और सैनिकों ने बताया कि ईसा मर चुके हैं। और जब वे ईसा के पास आये, तो उन्हें अपने आप भी पता चल गया कि वह मर चुके हैं। तब नायक के प्रस्ताव को उन्होंने मान लिया और उनकी टाँगें नहीं तोड़ीं। पर उनमें से एक सिपाही ने उनकी मृत्यु के बारे में निश्चित होने के लिए बर्छे से उनकी बगल को छेद दिया। बरछे की नोक ने उनका हृदय बेध दिया और उससे रक्त और जल बह निकला। कहा जाता है कि मृत व्यक्ति के रक्त से जल तत्त्व अलग होने लगता है। यह इसलिए भी हुआ कि धर्मग्रंथ का यह कथन पूरा हो जाय : "उसकी एक भी हड्डी नहीं तोड़ी जायगी।" और दूसरी जगह धर्मग्रन्थ में लिखा है : "जिसे उन्होंने छेदा उसी की ओर वे देखेंगे।

ईसा की मृत्यु का समाचार महासभा के यूसुफ़ नामक धनी सदस्य को मिला। वह भला और धार्मिक व्यक्ति था। वह महासभा के उन सदस्यों में था, जो सभा के निर्णय और कार्यों से सहमत नहीं थे। वह यहूदिया के अरिमथेया नगर का निवासी था। निकोदेमुस की तरह वह भी ईसा के प्रति श्रद्धा-भाव रखता, यह निकोदेमुस पहले रात में ईसा से मिलने आ चुका था। यूसुफ़ यहूदियों के डर से गुप्त रूप से ईसा का शिष्य था। वह भला और धार्मिक था और ईश्वर के राज्य की प्रतीक्षा कर रहा था। वह महायाजकों तथा शास्त्रियों आदि की सारी चालों से परिचित था और उसको यह सूचना भी मिल चुकी थी कि ईसा क्रूसित होने के बाद क्रूस पर मर चुके हैं। सन्ध्या होते-होते वह साहस करके पिलातुस के पास गया और उससे ईसा का शव माँगा। पिलातुस को अब तक ईसा के मरण की सूचना नहीं मिली थी। उसने सैनिक नायक (शतपति) को बुलाकर पता चलाया कि उनकी मृत्यु हो गई है या नहीं। जब नायक ने बताया कि ईसा की मृत्यु हो चुकी है, उसने यूसुफ़ को शव देने की आज्ञा दी।

आज्ञा दिलवा कर यूसुफ़ नायक के साथ कलवारी आया। वहाँ पूर्ण शान्ति पुनः व्याप्त थी। अब तक प्रायः सभी लोग जा चुके थे। यूसुफ़ ने सैनिकों से शव प्राप्त किया। इसी बीच निकोदेमुस को सारा समाचार मिल चुका था, और वह यह भी सुन चुका था कि यूसुफ़ ईसा का शव लेने कलवारी गया है। वह क़रीब एक मन गंधरस और अगरु का सम्मिश्रण लेकर वहाँ पहुँच गया। फिर दोनों ने मिल कर ईसा के शव को ले जाकर सुगन्धित द्रव्यों के साथ छालटीन कपड़े की

पट्टियों में लपेटा, जैसे यहूदियों में दफ़नाने की प्रथा थी। फिर इस क्रूसित किये जाने के स्थान के पास ही एक बारी थी, खाईं पर झुकी हुई चट्टान और पर्वत-श्रेणी के बीच में। इस बारी के बीच में एक नई क़ब्र थी, जिसमें अभी तक कोई नहीं रखा गया था। यूसुफ़ ने जल्दी अपनी इस बारी की क़ब्र में ईसा के शव को रखवाया, क्योंकि सूर्यास्त के बाद विश्रामवार आरंभ होनेवाला था। फिर पत्थर की पट्टी से भली-भाँति उसे ढँक दिया, जिससे शव सुरक्षित रहे।

कल्पना की जा सकती है कि यूसुफ़ और निकोदेमुस ने बड़ी कोमलता और चिन्ता के साथ ईसा के शव को क्रूस से उतारा, चारों कीलों को बड़ी सावधानी से निकाला और रस्सियों को खोला। गलीलिया से आई हुई ईसा का अनुसरण करने वाली स्त्रियाँ दूर पर खड़ी होकर अश्रुपात कर रही थीं और वे स्त्री होने के कारण क्रूस से शव उतार नहीं सकती थीं। अब वे भी पास आकर सहारा दे रही थीं। जब उनके शव को उतारकर यूसुफ़ और निकोदेमुस पास की बारी में ले जा रहे थे, वे सब पीछे-पीछे चल कर बारी तक आईं और उन्होंने नयी क़ब्र में ईसा के शव को रखते भी देखा। कहा जा सकता है, सन्ध्या के मिटते हुए प्रकाश में यही उनकी शव-यात्रा का जलूस था। तब स्त्रियों ने लौट कर सुगन्धित द्रव्य और इत्र तैयार किया, जिसका उपयोग अन्तिम संस्कार में वे करना चाहती थीं। इसके बाद अगले शनिवार के विश्राम के दिन नियम के अनुसार उन्होंने विश्राम किया। निश्चय ही उनके हृदय दुःख और वेदना से भरे हुए थे।

५

पास्का पर्व की तैयारी का दिन महान् मानवीय कारुणिक नाटक के पटाक्षेप के साथ समाप्त हुआ। रात बीतने के बाद ही महायाजकों और फ़रीसियों के मन में पुनः दुश्चक्र घूम रहा था। वे पिलातुस के यहाँ एकत्र होकर कहने लगे—"महोदय, हमें याद है कि इस धूर्त ने अपने जीवन-काल में कहा था कि मैं तीन दिनों के बाद फिर जी उठूंगा। इसलिए आज्ञा दीजिए कि तीसरे दिन तक क़ब्र को सुरक्षित कर दिया जाय, कहीं ऐसा न हो कि उनके शिष्य आकर उसे चुरा ले जाएँ और लोगों से कहने लगें; वह मुरदों में से जी उठा है। यह अन्तिम धोखा पहले से भी बुरा होगा।" पिलातुम इस सारे प्रसंग से काफ़ी ऊब चुका था, उसने खीझ कर कहा—"पहरेदारों को ले जाइए, और जैसा समझिए, क़ब्र को सुरक्षित कर लीजिए।" वे वहाँ से चले गये। उन्होंने क़ब्र को ढकने वाले पत्थर पर मुहर लगा दी, फिर पहरा बैठा कर क़ब्र को सुरक्षित कर दिया।

उधर उसी पर्व की तैयारी वाले दिन की रात यूदस के लिए मानसिक मंथन और आत्मपीड़न की रात थी। ईसा के प्रति किये गये विश्वासघात के प्रति पश्चात्ताप की भावना दण्ड-विधान के साथ ही तीखी होती जा रही थी। पास्का

पर्व के पूर्व भी रात्रि-भोजन के कक्ष में वह लोभवश इस बात की परिणति के प्रति बिल्कुल जागरूक नही था। फिर वह जब महायाजकों के प्यादों के साथ ईसा को गिरफ्तार कराने पर्वत पर बारी में गया, तब उसका मन विचलित नहीं हुआ था। पर जब उसने दण्डाज्ञा सुनी तो उसका मन ग्लानि से दग्ध होने लगा। उसने अनुभव किया कि चाँदी के तीस सिक्के के लोभ में उसने कितना बड़ा जघन्य पाप किया है। उसने उद्विग्न मन से महायाजकों और नेताओं को चाँदी के तीस सिक्से वापस करते हुए कहा—"मैंने निर्दोष रक्त का सौदा कर पाप किया है।" उन्होंने ठण्डेपन से कहा—"हमें इससे क्या ! तुम जाओ।" इस पर यूदस ने चाँदी के सिक्के मन्दिर में फेंक दिये और वहाँ से चला गया। उसके लिए यह मानसिक ताप असह्य होता जा रहा था। वह इस सीमा तक असह्य हो गया कि उसी रात उसने फाँसी लगा कर आत्महत्या कर ली।

इधर महायाजकों ने चाँदी के सिक्के उठा कर आपस में कहा—"इसे खजाने में जमा करना उचित नहीं है, यह तो रक्त की क़ीमत है।" फिर आपस में परामर्श करने के बाद उन्होंने तै किया कि इस रक़म से परदेशियों को दफ़नाने के लिए कुम्हार की ज़मीन खरीद ली जाय। इसी कारण यह ज़मीन रक्त की ज़मीन कहलायी। और इस प्रकार नबी येरेमियस का यह कथन पूरा हो गया, उन्होंने चाँदी के तीस सिक्के लिये—यही दाम इस्राएल के पुत्रों ने उनके लिए निर्धारित किया था—और कुम्हार की जमींन के लिए दे दिये—जैसा कि प्रभु ने मुझे आदेश दिया था।

●●

प्रकरण सत्ताईस

पुनरुत्थान से स्वर्गारोहण

१

ईसा के व्यक्तित्व की दैवी परिकल्पना में उनके मरण के साथ उनका पुनरुत्थान अनिवार्यतः जुड़ा है। क़ब्र का खाली होना एक ऐतिहासिक घटना है, इसका प्रमाण उनके प्रेरित शिष्य देते हैं। साथ-ही-साथ वे अपने दृढ़ विश्वास के संबंध में साक्ष्य देते हैं। इस विवाद के ऊहापोह में पड़ने के बजाय उसमें निहित महान् मानवीय सन्दर्भ के साथ उसके आध्यात्मिक मूल्य को सत्य के रूप में ग्रहण करना अधिक सार्थक है। मत्ती के अनुसार स्वतः ईसा ने शास्त्रियों और फ़रीसियों से कहा था—"जिस प्रकार योनस तीन दिन और तीन रात मच्छ के पेट में रहा, उसी प्रकार मानवपुत्र भी तीन दिन और तीन रात पृथ्वी के गर्भ में रहेगा।" और ईसा का यह पुनरुत्थान पिता ईश्वर के द्वारा प्रेरित माना गया है। पौलुस ने इसी कारण कहा है—ईसा ने अपमान और अवहेलना सह कर भी क्रूस पर चढ़ कर मृत्यु-पर्यन्त पिता की आज्ञा पालन की, अतः ईश्वर ने उन्हें महानता प्रदान की और सर्वोपरि स्थान प्रदान किया। वस्तुतः उनके पुनरुत्थान को इस कारण अत्यधिक महत्त्व का माना जाता है कि इस प्रकार पुनरुत्थान और स्वर्गारोहण के बीच ईसा ने अपने शिष्यों को अपने सन्देश को व्यापक रूप में और दृढ़ता के साथ फैलाने की प्रेरणा दी। और ईसा के इस कथन, 'मेरा पिता मुझे प्यार करता है, क्योंकि मैंने अपना जीवन पुनः-जीवन पाने के लिए समाप्त किया है' की सार्थकता इसी रूप में समझी जा सकती है।

विश्राम का दिन बीत गया। ईसा से सम्बन्ध रखनेवाली स्त्रियों ने दुःख और परिताप सहन करके दिन चुपचाप बिताया। उन पर श्रद्धा रखनेवाले यूसुफ और निकोदेमुस जैसे महानुभाव भी इस प्रतीक्षा में थे कि अगले दिन ईसा का अन्तिम संस्कार किया जायगा। उनके प्रेरित शिष्य भय और आशंका से छिप कर प्रतीक्षा कर रहे थे। उधर महायाजकों तथा यहूदी नेताओं ने पिलातुस से आज्ञा लेकर क़ब्र पर सैनिक पहरा बैठा दिया था। सप्ताह के पहले दिन, रविवार को उषाकाल में, जब सूर्योदय हो रहा था, लालिमा आकाश में धीरे-धीरे फैल रही थी, एकाएक प्रकृति में चंचलता और कम्प व्यापने लगा। भारी भूकम्प शुरू हुआ और वनराजि झकझोर उठी। उसी समय स्वर्ग का एक दूत स्वर्ग से उतरा और ईसा की क़ब्र को ढकनेवाले पत्थर को अलग लुढ़का कर उस पर बैठ गया। उसका मुखमण्डल बिजली की तरह चमक रहा था और उसका

वस्त्र हिम के समान उज्ज्वल था। दूत को देख कर सैनिक पहरेदार भय से काँपने लगे और मृतप्राय हो गये।

विश्राम का दिन बीत जाने पर मरिया मगदलेना, याकूब की माता मरिया और सलोमी ने ईसा के शरीर पर लेपन के लिए सुगन्धित द्रव्य खरीद रखा था। रविवार की सुबह ईसा की क़ब्र पर आते समय ही भयानक भूकम्प आ गया। शान्त होते-होते सूर्योदय के साथ ये स्त्रियाँ क़ब्र के पास पहुँचीं। उन्होंने देखा वहाँ पहरेदार नहीं हैं और क़ब्र के द्वार से पत्थर हटा हुआ है। उन्होंने आपस में कहा—"हमारे लिए क़ब्र के द्वार से पत्थर कौन हटा देगा?" क़ब्र के द्वार से पत्थर एक ओर लुढ़का हुआ था, पत्थर बहुत भारी और बड़ा था। इनमें मरिया मगदलेना ने जान लिया कि क़ब्र में ईसा का शव नहीं है। बिना किसी से कहे वह भागी-भागी सिमोन पेत्रुस और प्रिय शिष्य योहन के पास आई, क्योंकि वह जानती थी कि वे कहाँ हैं। उनसे वह कहने लगी—"वे प्रभु को क़ब्र में से ले गये हैं और हमें पता नहीं कि इन्होंने उनको कहाँ रख दिया है?" उद्विग्न और चकित होकर दोनों मरिया के साथ निकल पड़े।

जब स्त्रियाँ उस बाड़ी की ओर जा रही थीं, उसी समय पहरेदारों ने आपस में होश आने पर विचार किया कि ईसा के शव के ग़ायब हो जाने से उन पर बैठे क्या विपत्ति आयेगी। उन्होंने दिव्य पुरुष को पत्थर को लुढ़का कर उस पर बैठे देखा था, पर शव कब ग़ायब हो गया, यह मूर्च्छा जैसी स्थिति में होने के कारण उन्होंने नहीं देखा था। उन्होंने विचार किया कि इसकी सूचना महायाजकों को देनी चाहिए, क्योंकि वे जानते थे कि महायाजकों आदि का ही यह कार्य है, पिलातुस को इसमें रुचि नहीं है। उनके पास जाकर उन्होंने जैसा कुछ घटित हुआ था, बताया। उनकी परेशानी का ठिकाना नहीं था। तुरन्त महायाजकों ने सभा बुलाई, जिसमें वयोवृद्धों से मिलकर परामर्श किया। वे समझ रहे थे कि अगर जन-समाज में इस दैवी घटना का प्रचार हुआ तो ईसा के स्वर्गिक व्यक्तित्व की प्रतिष्ठा होगी और उनकी अप्रतिष्ठा होगी तथा उनका प्रभाव कम हो जायगा।

उन्होंने विचार कर निश्चय किया। फिर सिपाहियों को बहुत-सा रुपया देकर कहा—"तुम लोग यह कहो कि रात में जब हम सोये हुए थे, ईसा के शिष्य आकर उनका शव चुरा ले गये। यदि राज्यपाल सुन भी पायेंगे कि शव चुरा लिया गया, तब हम उन्हें समझा देंगे और तुम्हारे लिए कोई चिन्ता की बात नहीं है।" यह तर्क विरोधाभासी था, क्योंकि अगर पहरेदार सो गये थे तो उन्होंने यह कैसे देखा या जाना कि शव शिष्यों के द्वारा ले जाया गया है। पहरेदारों ने रुपया लिया और उनके सिखलाने के अनुसार यही प्रचार किया कि रात में ईसा के शिष्य उनका शव चुरा ले गये। इस अफ़वाह पर

विश्वास करना सहज था, क्योंकि उनके शिष्यों का शव ले जाना स्वाभाविक भी था।

मरिया मगदलेना के पेत्रुस और योहन के पास चले जाने के बाद अन्य स्त्रियों को क़ब्र की खोह के भीतर जाने पर ईसा का शव नहीं मिला। वे इस पर आश्चर्य कर रही थीं कि उजले वस्त्र पहने दो पुरुष उनके सामने आ खड़े हुए। वे स्त्रियाँ दबकर धरती की ओर सिर झुका कर खड़ी रहीं। तब उन दिव्य पुरुषों ने उनसे कहना शुरू किया—"घबराओ नहीं। तुम लोग ईसा नाज़री को ढूंढ़ती हो, जो क्रूस पर चढ़ाये गये थे ? तुम जीवित को मृतकों में क्यों ढूंढ़ती हो ? वह यहाँ नहीं हैं, वह जी उठे हैं, जैसा कि उन्होंने कहा था। जाओ, उस जगह को देखो जहाँ प्रभु पड़े थे। याद करो कि उन्होंने गलीलिया में रहते समय तुम लोगों से कहा था : यह आवश्यक है कि मानवपुत्र पापियों के हवाले कर दिया जाये, क्रूस पर चढ़ाया जाय और तीसरे दिन जी उठे। जाकर उनके शिष्यों से और पेत्रुस से कहो कि ईसा आप लोगों से पहले गलीलिया जायेंगे, वहाँ आप लोग उनके दर्शन करेंगे, जैसा कि उन्होंने आप लोगों से कहा था।"

तब उन स्त्रियों को ईसा का कहना याद आया। योहन और याकूब की माता मरिया और सलोमी आदि स्त्रियों ने क़ब्र से लौट कर प्रेरितों तथा अन्य सभी शिष्यों को यह सब बता दिया। सभी स्त्रियों ने इन दिव्य पुरुषों की बात को पुष्ट किया। परन्तु यह उनको प्रलाप ही जान पड़ा और स्त्रियों की बातें उन्हें विश्वसनीय नहीं लगीं। इस बीच मरिया मगदलेना के कहने से पेत्रुस और योहन निकल पड़े थे और क़ब्र की ओर चले। वे दोनों साथ-साथ प्रायः दौड़ रहे थे। योहन पेत्रुस से आगे निकल कर क़ब्र पर पहले पहुँचा।

उसने झाँक कर क़ब्र में देखा कि पट्टियाँ पड़ी हुई हैं, किन्तु वह पहले भीतर नहीं गया। तब पेत्रुस उसके पीछे-पीछे आकर वहाँ पहुँचा। वह क़ब्र के पास अन्दर गया। उसने क़ब्र में पट्टियाँ पड़ी हुई देखीं और वह शिरोवस्त्र भी, जो ईसा के सिर पर बँधा था। वह क़ब्र में पट्टियों के साथ नहीं वरन् एक जगह अलग तहा हुआ रखा था। तब योहन, जो क़ब्र के पास पहले पहुँचा था, भीतर गया और उसने देखकर विश्वास किया। क्योंकि वे अब तक धर्मग्रन्थ नहीं समझ पाये थे, जिसके अनुसार ईसा मृतकों में से जी उठने वाले थे। इसके बाद दोनों शिष्य वापस लौटे।

मरिया क़ब्र के पास खड़ी रो रही थी, वह रुकी हुई थी। रोते-रोते उसने झुककर क़ब्र के भीतर दृष्टि डाली, जहाँ ईसा का शव रखा गया था, उसने उज्ज्वल वस्त्र पहने दो दूतों को बैठे देखा—एक को सिरहाने पर और दूसरे को पैताने पर। वह चकित और स्तब्ध थी। दूतों ने आश्वासन के स्वर में कहा—"भद्रे ! आप क्यों रोती हैं ?" मरिया ने उनके कहा—"वे मेरे प्रभु को ले गये हैं और पता नहीं कि उन्होंने उन्हें कहाँ रखा है।" यह कहती हुई वह पीछे

मुड़ी और उसने ईसा को खड़ा हुआ देखा, परन्तु वह पहचान नहीं सकी कि वह ईसा है, ईसा ने उससे कहा—"भद्रे, आप क्यों रोती हैं ? किसे ढूँढ़ती हैं ?" मगदलेना ने उन्हें माली समझ कर कहा—"महाशय, यदि आप उन्हें उठा ले गये हैं, तो मुझे बताइए कि आपने उन्हें कहा रखा है और मैं उन्हें ले जाऊँगी।" तब ईसा ने सहज प्रेम भाव से पुकारा—"मरिया।" उसने उन्हें पहचान लिया और इब्रानी में उसके मुख से निकला—"रब्बोनी !" अर्थात् गुरुवर। तब ईसा ने उससे कहा—"चरणों में लिपटी रहकर मुझे न रोकना। मैं अब तक अपने पिता के पास नहीं गया हूँ। मेरे भाइयों के पास जाकर उनसे कह देना कि मैं अपने पिता और तुम्हारे पिता, अपने ईश्वर और तुम्हारे ईश्वर के पास जा रहा हूँ।"

मरिया मगदलेना आत्मविभोर-भाव से देख-सुन रही थी। वह पूरी तरह सजग होकर प्रभु को देख रही थी। फिर जब वह अकेली रह गई, तो कलवारी के निकट की बारी से वह चल पड़ी। पेत्रुस और योहन खाली क़ब्र और उसमें पट्टियाँ तथा शीश-वस्त्र को देखकर ही रवाना हुए थे, उन्हें उनके पुनरुत्थान का पूरा भान नहीं था। इस बीच इन समाचारों को पाकर येरुसालेम से क्लेओफस और लूकस एम्माउस नामक कस्बे के लिए रवाना हो चुके थे। मरिया ने वापस आकर अन्य शिष्यों से कहा कि मैंने प्रभु को देखा है और उन्होंने मुझसे ऐसा कहा है। शिष्यों ने मरिया की बात का विश्वास नहीं किया, कि ईसा जीवित हैं और उनको दिखाई दिये हैं।

२

एम्माउस कस्बे के लिए जानेवाले दोनों शिष्य पिछली घटनाओं पर बात-चीत कर रहे थे। यह कस्बा येरुसालेम से कोई आठ-नौ मील दूर था। वस्तुतः पास्का पर्व पर मुख्य दिनों पर रुककर बहुत से लोग घर वापस चले जाते थे। ईसा के मरण की घटना से शिष्यों का मन सहज ही उद्विग्न था, इस कारण भी उनका वापस चल पड़ना स्वाभाविक था। उनकी क़ब्र से ईसा के ग़ायब होने की बात ज्ञात थी, पर मरिया के दर्शन का समाचार नहीं था। जब शिष्य आपस में बातचीत और विचार-विमर्श कर रहे थे, तभी ईसा स्वयं आकर उनके साथ चलने लगे। जब पीछे से एकदम साथ आकर चलने लगे, तब भी उन्होंने पहचाना नहीं और उन्हें साधारण यात्री के रूप में जाना।

तब साथ चलनेवाले यात्री ने उन दोनों से पूछा—"यह कौन-सा प्रसंग है, जिस पर तुम रास्ते में बातचीत कर रहे हो ?" इस पर वे रुककर कुछ देर उदास खड़े रहे। वह समझ नहीं पा रहे थे कि क्या कहा जाय। फिर उनमें से जिसका नाम क्लेओफ़स था, उसने उत्तर दिया—"येरुसालेम के रहनेवालों में आप ही एक ऐसे हैं, जो यह नहीं जानते कि इन दिनों में वहाँ क्या-क्या हुआ

है ?" यह कह कर उसने पर्वतीय शृङ्खला को पार करते हुए घाटी के रास्ते पर खड़े उस व्यक्ति पर एक दृष्टि डाली। उसने सरसरी निगाह में पर्वतीय पार्श्व पर दृष्टि डालते हुए पूछा—"क्या हुआ ?" एक किनारे पड़े हुए शिलाखण्ड का सहारा लेकर तीनों थोड़ा रुक गये थे। तब क्लेओफ़स ने उत्तर दिया—"बात ईसा नाज़री की है। वह ईश्वर और सारी जाति की दृष्टि से कर्म और वचन के शक्तिशाली नबी थे। हमारे महायाजकों और शासकों ने उनको प्राण-दण्ड दिलाया और क्रूस पर चढ़ाया है। हम तो आशा करते थे कि वही इस्राएल का उद्धार करनेवाले थे। परन्तु यह सब बीते आज तीसरा दिन है।" फिर वह चुप हो गया।

थोड़ी देर तक वातावरण में नीरवता छाई रही। आकाश के नीले विस्तार के नीचे हरियाली से आच्छादित पर्वत-श्रेणियाँ और घाटियाँ फैली थीं। दूर से निर्झर प्रपात के जल का कलरव सुनाई ज़रूर दे रहा था। क्लेओफ़स ने फ़िर धीरे-धीरे शुरू किया—"यह सच है कि हममें से कुछ स्त्रियों ने हमको बड़े आश्चर्य में डाल दिया है। वे बड़े सबेरे क़ब्र पर गई थीं। पर वहाँ उसमें ईसा का शव नहीं दिखाई दिया। वापस आकर उन्होंने बताया कि हमें स्वर्गदूत दिखाई दिये और उन्होंने बताया कि ईसा जीवित हैं। इस पर हमारे कुछ साथी क़ब्र के पास गये और उन्होंने भी सब कुछ ऐसा ही पाया, जैसा कि स्त्रियों ने कहा था। परन्तु ईसा को उन्होंने नहीं देखा।"

तब साथ के यात्री-रूप में ईसा ने उनसे कहा—"हे निर्बुद्धियो ! तुम नबियों के सब वचनों पर विश्वास करने में कितने मन्दमति हो ! क्या यह आवश्यक नहीं था कि ख्रीस्त यह सब सह लें और इस प्रकार अपनी महिमा में प्रवेश करें।" तब उन्होंने मूसा से आरम्भ करके सब नबियों ने धर्मग्रन्थों में उनके बारे में जो कुछ कहा है, वह सब उन्हें समझाया। इस बातचीत में समय बीत रहा था।

अब उन्होंने अपने कस्बे की ओर बढ़ना शुरू कर दिया था और अपरिचित यात्री साथ चल रहा था। एम्माउस कस्बा पास आ रहा था। जब घाटी के बाद रास्ता कस्बे की ओर मुड़ रहा था, ईसा ने अपने पग आगे बढ़ाये, जैसे आगे निकल जाना चाहते हों। परन्तु दोनों शिष्यों ने उनसे यह कह कर आग्रह किया—"आप हमारे साथ रह जाइए; अब साँझ हो रही है और दिन ढल चुका है। आगे कहाँ जायेंगे !" अपरिचित यात्री के रूप में ईसा ने स्वीकार कर लिया और उनके साथ रहने के लिए कस्बे में प्रवेश किया।

भोजन का समय हो चुका था। थोड़ा स्थिर होकर उनके साथ भोजन करने वह बैठे। भोजन शुरू करने के पहले उन्होंने रोटी लेकर आशीष दी और फिर उसे तोड़ कर उन्हें बाँट दिया। उनके इस कार्य से शिष्यों की आँखें खुल गईं और उन्होंने ईसा को पहचान लिया। किन्तु उनके पहचानते ही वह उनकी

दृष्टि से ओझल हो गये। तब दोनों शिष्य, क्लेओफ़स और लूकस, आपस में कहने लगे—"हमारा हृदय कितना प्रदीप्त होता जा रहा था, जब वह रास्ते में हमसे बातचीत करते हुए धर्मग्रन्थ की व्याख्या कर रहे थे।"

इस घटना के बाद उनके लिए वहाँ रुक पाना सम्भव नहीं था। वे ईसा के पुनरुत्थान के समाचार को अन्य शिष्यों तथा सहयोगियों को बताने के लिए उत्सुक थे। अँधेरा हो चुका था, पर आकाश में चन्द्रमा ऊपर आ गया था। दोनों पुनः आठ-नौ मील चल कर पर्वतीय मार्ग से घाटी पार करते हुए येरुसालेम पहुँच गये। वहाँ उन्होंने अन्य प्रेरितों तथा साथियों को एकत्र पाया। अब तक मरिया और सिमोन ने उन्हें अपने ईसा-दर्शन की बात बताई थी। अतः वह कह रहे थे—"प्रभु सचमुच ही जी उठे हैं और दिखाई भी पड़े हैं। मरिया और सिमोन ने देखा है।" यह सुन कर इन दोनों ने अपना अनुभव भी बताया—मार्ग में क्या-क्या हुआ था और उन्होंने खाने की मेज़ पर रोटी को आशीष के साथ तोड़ते समय ईसा को किस प्रकार पहचान लिया था।

३

इसी घटना-क्रम में उसी दिन अर्थात् सप्ताह के प्रथम दिन सन्ध्या समय ईसा के शिष्य यहूदियों के भय से एक घर में एकत्र होकर द्वार बन्द कर बैठे थे। यह भोजन-कक्ष था, जिसमें वे सभी खाने के लिए बैठे थे। तभी ईसा उनके बीच प्रकट हो गये, वह उनके सामने खड़े थे। उन्होंने आशीर्वचन की मुद्रा में कहा—"तुम्हें शान्ति मिले।" वे विस्मित और भयभीत होकर समझने लगे कि कोई प्रेत देख रहे हैं। ईसा ने उनसे कहा—"तुम लोग क्यों घबराते हो?" उनके स्वर में आश्वासन था। फिर कुछ देर उनको देख कर कहना शुरू किया—"तुम्हारे मन में सन्देह क्यों उठता है? मेरे हाथ और पैर देखो। मैं ही हूँ। मेरा स्पर्श करो और देख लो; प्रेत के मेरे जैसा हाड़-मांस नहीं होता।" यह कह कर उन्होंने उनको अपने हाथ-पैर दिखलाये। इस पर भी आनन्द के मारे शिष्यों को विश्वास नहीं हो रहा था, क्योंकि उन्हें इतनी आशा नहीं थी। वे सब आश्चर्यचकित थे। तब फिर ईसा ने कहा—"क्या तुम्हारे पास कुछ खाने को है?"

भोजन की मेज़ पर उन्होंने ईसा के सामने भूनी मछली का टुकड़ा परोस दिया। उन्होंने उसे ले लिया और उसके सामने ही खा लिया। उससे उन्होंने व्यक्त किया कि जीवित व्यक्ति के समान उन्हें भूख लगी थी और उन्होंने खाया भी। तब उन्होंने उनसे फिर आशीर्वचन कहे—"तुम्हें शान्ति मिले। जैसे पिता ने मुझे भेजा है, वैसे ही मैं भी तुम्हें भेजता हूँ।" इतना कह कर ईसा ने उन पर फूंक कर कहा—"पवित्र आत्मा को ग्रहण करो। जिन लोगों के पाप तुम क्षमा करोगे, वे अपने पापों से मुक्त हो जायेंगे; जिन लोगों के पाप तुम नहीं क्षमा

करोगे, वे अपने पापों से बँधे रहेंगे।" यहाँ ईसा अपने पुनरुत्थान के जीवन में अपने शिष्यों को पाप-क्षमा का अधिकार प्रदान करते हैं।

इस अवसर पर जब ईसा ने दर्शन दिये थे, प्रेरित शिष्यों में एक थॉमस, जो दिदिमुस कहलाता था, उनके साथ नहीं था। वह किसी कार्य से बाहर गया था। वह वापस आया तो अन्य शिष्यों ने उससे कहा—"हमने प्रभु को देखा है।" परन्तु वह विश्वास करने को तैयार नहीं हुआ और कहा—"जब तक मैं उनके हाथों में कीलों के चिह्न न देख लूं और कीलों की जगह मैं अपनी अँगुली न रख दूँ, और साथ ही उनकी बगल में अपना हाथ न लगाऊँ, तब तक मैं विश्वास नहीं करूँगा।" वस्तुतः थॉमस अपने विश्वास के लिए ईसा के हाथों और बगल के घावों की परीक्षा करना चाहता था।

आठ दिन बीत चुके थे। उनके शिष्य फिर घर में एकत्र थे। आज थॉमस भी उनके साथ था। द्वार बन्द था। पर ईसा ने अन्दर प्रवेश किया और उनके बीच आकर खड़े हो गये। फिर कहने लगे—"तुम्हें शान्ति मिले।" तब उन्होंने थॉमस से कहा—"अपनी उँगुली यहाँ रखो, ये मेरे हाथ हैं, अपना हाथ बढ़ाकर मेरी बगल में ले जाओ और अविश्वासी नहीं विश्वासी बनो।" थॉमस ने वैसा ही किया और सही पाया। तब उसने उत्तर में ईसा से कहा—"मेरे प्रभु! मेरे ईश्वर!" ईसा ने उससे कहा—"तुमने मुझे देखा है, इसलिए विश्वास कर रहे हो, धन्य हैं वे, जो बिना देखे ही विश्वास करते हैं।" पहली बार थॉमस ने ईसा को प्रभु और ईश्वर कहा है।

४

फिर पास्का पर्व से उनके शिष्य गलीलिया आये। यहूदियों के नेताओं, शास्त्रियों और महायाजकों का आतंक येरुसालेम में अधिक था। वे उनसे बचना चाहते थे। इस प्रदेश में वे अधिक सुरक्षित अनुभव करते थे, क्योंकि कई लोग इसी प्रदेश के निवासी थे और लम्बे अर्से तक उनका कार्य-क्षेत्र रहा। यहाँ गलीली झील, जिसे तिबेरियस समुद्र कहते थे, उसके किनारे वे प्रायः समय बिता रहे थे। उसके किनारे की पर्वतीय श्रेणियों की ढालों, उनकी घाटियों और समुद्र की खाड़ियों में पैदल या नाव पर घूमने-फिरने में वे अधिक सुरक्षित अनुभव करते थे। उनके मन में ईश्वरीय निर्देश पाने की अज्ञात प्रतीक्षा भी थी। गाँव-कस्बों से उन्हें भोजन-सामग्री प्राप्त हो सकती थी, और झील से मछलियाँ भी मिल सकती थीं।

फिर इस प्रकार हुआ। सिमोन पेत्रुस थोमस (दिदिमुस), नथानाएल (गलीलिया के काना का निवासी), जवेदी के बेटे, क्लेओफ़स और योहन (दो शिष्यों के रूप में उल्लिखित) साथ-साथ समुद्र-तट पर थे। यहाँ समुद्र की पतली सी खाड़ी पर्वतीय शृङ्खला के बीच अन्दर चली गई थी। किनारे नावें थीं।

सिमोन पेत्रुस ने उनसे कहा—"मैं मछली मारने जाता हूँ ।" भोजन का उपक्रम करना ही था । साथ के सभी लोगों ने कहा—"हम भी आपके साथ चलते हैं ।" वे सभी निकले और समुद्र-तट पर लगी नाव पर बैठ गये । नाव समुद्र के तट से अन्दर की ओर बढ़ती गई । वे लोग मछली पकड़ने का प्रयत्न करते रहे, पर उनको कुछ भी नहीं मिला । रात धीरे-धीरे गहराती जा रही थी । आकाश में तारे चमक रहे थे, उनका प्रतिबिम्ब झील के नीले जल में चमक रहा था । चन्द्रमा भी धीरे-धीरे पहाड़ी श्रेणी के ऊपर चढ़ चुका था । उसका प्रकाश चारों ओर फैल गया था, पर अर्द्धचन्द्र का प्रकाश बहुत हल्का था । वे लोग पानी में जाल डालते-खींचते रहे; पर उनके हाथ कुछ भी नहीं लगा था । श्रम और असफलता से वे निराश हो रहे थे । धीरे-धीरे रात बीत चली थी ।

वे सब हारे-थके नाव पर बैठे हुए थे और नाव समुद्र के स्थिर जल पर रुकी हुई थी, केवल पानी की लहरों से ऊपर-नीचे हिल जाती थी । पूर्व में लाली छा रही थी, आकाश में लालिमा के साथ प्रकाश फैलने लगा था । प्रातःकाल हो रहा था । तभी ईसा तट पर खड़े थे । परन्तु शिष्यों ने उन्हें देख कर भी नहीं पहचाना । तब ईसा ने उनसे कहा—"मित्रो, खाने को कुछ मिला ?" उन्होंने निराश मन से उत्तर दिया—"जी नहीं ।" तब ईसा ने उनसे आश्वासन के स्वर में कहा—"नौका की बाईं ओर जाल डालो और तुम्हें मिलेगा ।" उन्होंने नाव की बाईं ओर जाल डाला, नाव बढ़ती गई और जाल फैलता गया । थोड़ी देर में उन्होंने जाल खींचना शुरू किया, पर बोझ के कारण वह ऊपर नहीं आ सका ।

इस बीच योहन, जो ईसा का प्यारा था, उसकी दृष्टि तट पर खड़े व्यक्ति पर पड़ी और वह एकाएक कह उठा—"यह तो प्रभु ही हैं !" विशेषकर उसने पेत्रुस को सम्बोधित किया था । पेत्रुस ने सुना कि प्रभु हैं । उसने देख कर पहचान लिया । उसने अपना कुर्ता तुरन्त पहन लिया, क्योंकि उसने ऊपर कुछ पहन नहीं रखा था । फिर वह गुरु के समीप जाने के लिए नौका से पानी में कूद पड़ा । वे लोग किनारे से केवल दो सौ हाथ दूर थे । दूसरे लोग मछलियों से भरा हुआ जाल खींचते हुए नौका को तट पर लाये ।

जब वे सब तट पर उतरे तो उन्होंने कोयले की आग और उस पर रखी हुई मछली और रोटी देखी । तब तट पर खड़े हुए ईसा ने कहा—"जिन मछलियों को तुमने अभी पकड़ा है, उनमें से कुछ खाओ ।" सिमोन पेत्रुस नाव पर चढ़ कर जाल किनारे खींच लाया, उसमें एक सौ तिरपन बड़ी-बड़ी मछलियाँ थीं और इतनी मछलियाँ होने पर भी जाल नहीं फटा था । ईसा ने उनसे कहा —"जाओ, जलपान करो ।" उनमें से किसी को साहस नहीं हुआ कि उनसे पूछे—"आप कौन हैं ?" क्योंकि वे पहचानते थे, जानते थे कि कि सामने प्रभु

ईसा हैं। तब ईसा पास आये और रोटी लेकर उन्हें देने लगे; और उसी प्रकार मछली भी।

इस प्रकार मृतकों में से जीवित होने के बाद यह तीसरी बार ईसा अपने शिष्यों के सामने प्रकट हुए।

सबने जलपान किया। तब ईसा ने सिमोन पेत्रुस से कहा—"सिमोन, योहन के पुत्र ! क्या इनकी अपेक्षा तुम मुझे अधिक प्यार करते हो ?" उसने प्रभु से कहा—"जी हाँ, प्रभु, आप जानते हैं कि मैं आपको प्यार करता हूँ।" धीरे-धीरे प्रकाश फैल चुका था और सूर्य पहाड़ी श्रेणी पर झलकने लगा था। समुद्रतट पर लहरें टकरा रही थीं, और उनमें प्रकाश-किरणें चमक उत्पन्न कर रही थीं। थोड़ा हट कर पहाड़ी की उठती हुई ढालों पर वृक्ष की चोटियाँ हवा के झोंकों से झूम रही थीं। ईसा ने दूसरी बार उससे कहा—"सिमोन, योहन के पुत्र, क्या तुम मुझे प्यार करते हो ?" उसने पुनः निश्चल भाव से दुहराया—"जी हाँ, प्रभु, आप जानते हैं कि आपको प्यार करता हूँ।"

थोड़ा रुक कर ईसा ने अपनी दृष्टि में समुद्र की उठती हुई लहरों से पहाड़ी श्रेणी के ऊपर की वृक्षराजि तक को समेटते हुए कहा—"मेरी भेड़ें चराओ।" और फिर तीसरी बार उससे कहा—"सिमोन, योहन के पुत्र, क्या तुम मुझे प्यार करते हो ?" पेत्रुस को दुःख हुआ कि उन्होंने तीसरी बार कहा था—क्या तुम मुझे प्यार करते हो; और उसने उनसे कहा—"प्रभु, आपको तो सब कुछ मालूम है, आप जानते हैं कि मैं आपको प्यार करता हूँ।" उन्होंने अपनी दृष्टि को श्रेणियों, घाटियों और वनराजियों में विस्तार देते हुए कहा—"मेरी भेड़ों को चराओ। मैं तुझसे सच-सच कहता हूँ : जवानी में तुम स्वयं अपनी कमर कस कर जहाँ चाहते थे, वहाँ घूमते-फिरते थे, परतु बुढ़ापे में तुम अपने हाथ फैला दोगे और कोई दूसरा तुम्हारी कमर कसेगा और जहाँ तुम नहीं चाहोगे, वहाँ तुम्हें ले जायगा।" इन शब्दों से ईसा ने संकेत किया कि किस प्रकार की मृत्यु से पेत्रुस द्वारा ईश्वर की महिमा का विस्तार होनेवाला था। अन्त में ईसा ने पेत्रुस से कहा—"मेरा अनुसरण करो।"

पेत्रुस ने तब घूम कर उस शिष्य को देखा, जिसे ईसा प्यार करते थे और जिसने व्यारी के समय उनके वक्ष पर झुक कर पूछा था—"प्रभु, वह कौन है, जो आपको पकड़वा देगा।" यह वस्तुतः योहन था। पेत्रुस ने उसे आते देख कर ईसा से पूछा—"प्रभु ! इसका क्या होगा ?" ईसा ने उससे कहा—"यदि मैं चाहूँ कि वह मेरे आने तक ठहरे, तो तुमको इससे क्या ? तुम मेरा अनुसरण करो।" यही कारण है कि भाइयों में यह अफ़वाह फैल गयी कि वह शिष्य नहीं मरेगा। परन्तु ध्यान देने की बात है कि यह नहीं कहा था कि "वह नहीं मरेगा", वरन् यह कहा था कि "यदि मैं चाहूँ कि यह मेरे आने तक रह जाये, तो इससे तुम्हें क्या ?" इसका भाव यही है कि किसको क्या सौंपना है, यह

उनका दायित्व है, शिष्यों को इसकी चिन्ता नहीं करनी है। आगे पेत्रुस ने इस आदेश और दायित्व का पालन किया और इसी कारण उसे ईसा से परम अधिकार भी प्राप्त हुए थे।

५

फिर ईसा ने उन ग्यारह प्रेरितों को गलीलिया पर्वत पर बुलाया था, जहाँ मिलने का आश्वासन दिया। इस पर्वत पर ईसा ने एकान्त साधना की थी, शिष्यों से आशीर्वचन कहे थे और उन्हें उपदेश दिये थे। निश्चित दिन सभी शिष्य क्रमशः श्रेणियों के बीच के मार्ग से और घाटियों को पार कर पर्वत के ऊपर चढ़ रहे थे। उनके मन में आनन्द और उल्लास था। उनकी दृष्टि में ऊँची तरंगों से आलोड़ित समुद्र का नीला विस्तार था और ऊपर प्रकाश से आपूरित नीला आकाश फैला था। क्रमशः पर्वत के ऊपर उस शिलाखण्ड के पास पहुँच गये जहाँ बैठ कर उन्होंने उपदेश सुने थे और जिसके एक पार्श्व में वृक्षों से आच्छादित साधना का कुंज था। वहाँ वे सभी प्रतीक्षा करते रहे, तभी दिव्य प्रकाश के साथ शिलाखण्ड पर ईसा प्रकट हो गये। कुछ शिष्य एकाएक भ्रम में पड़ गये कि क्या ये ही उनके गुरु हैं? उनके आकार-प्रकार से सामने का दिव्य पुरुष भिन्न लग रहा था। पर सबने पहचाना, वह ईसा थे। ईसा को सामने पाकर सबने उनकी आराधना की।

तब पास आकर ईसा ने उनसे कहा—"मुझे स्वर्ग और पृथ्वी का पूरा अधिकार दिया गया है। जाओ और सब जातियों को शिष्य बना कर उन्हें पिता, पुत्र और पवित्र आत्मा के नाम पर बपतिस्मा दो। जो-जो आज्ञाएँ मैंने तुम्हें दी हैं, उन सबका पालन करना उन्हें सिखलाओ। जो कोई विश्वास करे और बपतिस्मा ग्रहण करे। वह मुक्ति पायेगा। पर जो विश्वास न करे, उसे दण्ड की आज्ञा मिलेगी। विश्वास करनेवालों के साथ ये चमत्कार होते रहेंगे : मेरा नाम लेकर वे नरक दूतों को निकालेंगे, नई-नई भाषाएँ बोलेंगे, साँपों को उठा लेंगे, और यदि विष भी पी जायें तो उससे उन्हें कोई हानि नहीं होगी, रोगियों पर हाथ रखेंगे और रोगी चंगे हो जायेंगे। देखो, मैं संसार के अन्त तक सदा तुम्हारे साथ हूँ।" यह सारा निर्देश-आदेश उसी शिलाखण्ड पर खड़े होकर ईसा दे रहे थे, जिस पर वे प्रवचन करते थे और आशीर्वचन कह चुके थे।

फिर ईसा के साथ शिष्य मार्ग पर चल रहे थे। वे सब एक साथ भोजन के लिए जा रहे थे। तब ईसा ने उनसे फिर कहना शुरू किया—"तुम्हारे साथ रहते हुए मैंने तुम लोगों से यह कहा था कि जो कुछ मूसा के विषय में, और नबियों तथा भजनों में मेरे विषय में लिखा है, सबका पूरा हो जाना आवश्यक है।" सूर्य ऊपर चढ़ रहा था। वातावरण नीरव और शान्त था। हवा के हल्के झोंकों से वृक्षों के शिखर हिल रहे थे। नीचे उतरते समय सामने समुद्र का नीला

विस्तार था। उस पर सफेद झाग भरी लहरें उठ-गिर रही थीं। मार्ग में उन्होंने उनके मन का अन्धकार दूर किया कि वे धर्मग्रन्थ समझ सकें और उनसे कहा—"ऐसा ही लिखा था और इसीलिए आवश्यक था कि खीस्त दुःख भोगे और तीसरे दिन मृतकों से जी उठें : और उनके नाम पर येरुसालेम से आरम्भ करके सभी जातियों को पाप-क्षमा के लिए पछतावे का उपदेश दिया जाये। तुम इन बातों के साक्षी हो।" उनके साथ सब उतर रहे थे।

तब कस्बे में एक शिष्य के घर के भोजन-कक्ष में प्रेरितों के साथ ईसा भोजन कर रहे थे। उस समय ईसा ने यह आज्ञा दी—"पिता की जो प्रतिज्ञा तुमने मुझसे सुनी है, उसी की बाट जोहते रहो। उसे मैं तुम्हारे पास भेजूंगा। जब तक तुम ऊपर की शक्ति से सम्पन्न न हो जाओ, तब तक नगर में ठहरे रहो। क्योंकि योहन ने जल का बपतिस्मा दिया है, परन्तु तुम थोड़े ही दिनों के बाद पवित्र आत्मा का बपतिस्मा ग्रहण करोगे।"

भोजन के बाद सब एकत्र थे। तब वे ईसा से पूछने लगे—"प्रभु ! क्या आप इसी समय इस्राएल का राज्य फिर स्थापित करेंगे ?" यहूदी जाति के मन में अपने सर्वशक्ति-सम्पन्न सार्वभौम की कल्पना सदा बनी रही है। ईसा ने उनका ध्यान उधर से हटाते हुए कहा—"जिस समय को और जिन तिथियों को पिता ने अपने अधिकार से निश्चित किया है, उन्हें जानना तुम्हारा काम नहीं है। पवित्र आत्मा तुम लोगों पर उतरेगा और तुम उसने बल प्राप्त करोगे; और येरुसालेम में, सारे यहूदिया में, गलीलिया में और पृथ्वी के अन्तिम छोर तक तुम मेरे साक्षी होगे।"

× × ×

पुनरुत्थान का अन्तिम दिन था। ईसा अपने शिष्यों को बेथानिया तक ले गये। इस अवधि के अन्दर उन्होंने अपने प्रेरित शिष्यों को आगे के लिए पूरा दिशा-निर्देश कर दिया था, सारी शिक्षा दे दी थी, भविष्य के लिए पूरे दायित्व से उन्हें अवगत कर दिया था। अब वह बिदा लेने के लिए, स्वर्गारोहण के लिए तत्पर थे। बेथानिया उनके कार्य-क्षेत्र का काफ़ी समय केन्द्र रहा था। उनके प्रांतर भाग में पहाड़ी के पार्श्व में वह अपने शिष्यों के साथ खड़े थे। कुछ दूर पर समुद्र की झलक मिल रही थी। उन्होंने धीरे-धीरे अपना हाथ उठा कर उन्हें आशिष दी। फ़िर आशिष देते-देते ईसा उनके देखते-देखते उठा लिए गये और बादल ने ईसा को उनकी आँखों से ओझल कर दिया। वह स्वर्ग में ले लिये गये और अब ईश्वर के दाहिनी ओर विराजमान हैं।

ईसा आशीर्वाद की मुद्रा में आकाश में उठा लिये गये, तब उनके स्वर्गारोहण के समय प्रेरित आकाश की ओर एकटक देख रहे थे। आकाश में बादल और प्रकाश में उन्हें विलीन होते उन्होंने देखा। तब उज्ज्वल वस्त्र पहने दो पुरुष प्रेरितों के पास आ खड़े हुए थे। वे उनके विस्मय और विषाद-भाव को देखकर

उनसे कहने लगे—"हे गलीलियो, तुम स्वर्ग की ओर ताकते हुए क्यों खड़े हो? जो तुम्हारें बीच में से स्वर्ग में ले लिये हैं, वही ईसा उसी प्रकार फिर आयेंगे, जिस प्रकार तुमने उनको स्वर्ग जाते देखा है।" यह कह कर दोनों दिव्य पुरुष विलीन हो गये।

और ईसा को मन ही मन दण्डवत् करने के बाद वे प्रेरित आनन्दित होकर येरुसालेम लौटे। वे निरन्तर मन्दिर में रहकर ईश्वर की स्तुति करते थे और ईश्वरीय आदेश की प्रतीक्षा कर रहे थे, जब से उन्हें अपना सन्देश पहुँचाने का कार्य प्रारम्भ करना था।